성령론적 요한계시록

I

REVELATION

기이한 빛 속으로

| 손요한 지음 |

쿰란출판사

기이한
빛 속으로

추천의 글

마지막 시대에 접어든 지금 우리는 지식이 더하고 소위 정보의 홍수 속에서 살아가고 있습니다. 하지만 참된 지식, 사람들에게 생명과 구원을 주는 복음, 영원한 가치를 지닌 지식을 얻기란 마치 홍수 속에서 식수를 얻는 것만큼이나 어렵습니다.

종말 시대에 있는 오늘의 교회들은 수많은 계시록 해석과 강해를 접하며 살고 있습니다. 홍수처럼 범람하는 요한계시록 관련 책과 자료들은 오히려 성도들의 마음을 혼란하고 불안하게 하고 또한 수많은 이단들을 양산하기까지 합니다. 이와 같은 현실에서 하나님의 종말 사역은 어떻게 누구에게 그리고 어떤 방법으로 일하고 계실까 우리는 생각해 보아야 합니다.

지금 우리가 살고 있는 이 시대는 미혹의 시대입니다. 주님께서 경고하신 대로 온 세상이 미혹으로 뒤덮여 있고, 특히 교회 안에는 양의 옷을 입은 거짓 종, 의의 일꾼으로 위장된 종들로 가득합니다. 그러나 그 속에도 주님의 재림을 소망하며 신령과 진정으로 예배드리는 참되고 충성된 종들이 있기에 주님은 하늘 보좌에서 종들을 향한 중보와 함께 천사들과 함께 응원하시리라 믿습니다.

요한계시록을 해석하는 일과 설교하는 일은 결코 쉬운 일이 아닙니다. 그 이유는 장차 될 일들에 관한 메시지이기 때문입니다. 계시록을 해석하는 입장에 따라서 신앙의 진위가 결정되고 신학적 위치가 정해집니다.

세속문화의 악한 도전은 그리스도인의 경건한 삶을 뒤흔들고 예수 그리스도의 재림을 무가치한 것으로 취급하는 잘못을 범하게 했습니다. 그런가 하면 성경을 떠난 시한부 종말론이 기승을 부리며 혼돈을 일으키고 있습니다. 이러한 때 성경적이고 복음적인 입장을 지키는 계시록 강해 설교집 《기이한 빛 속으로》가 출간되니 참으로 다행스럽고 축하할 일이 아닐 수 없습니다.

이 설교집이 주님의 재림을 고대하는 성도들에게는 대망의 메시지가 되고 재림을 없는 일로 치부하는 불신자들에게는 경종의 메시지가 될 것입니다. 코로나 사태로 고난의 시대를 살아가는 사람들에게 위로의 메시지가 되고, 재림신앙이 흔들리는 사람들에게는 위로와 확신의 길을 보여 주는 소망의 메시지가 될 것입니다.

본서를 통해서 성도들이 계시록 말씀을 좀 더 깊이 각성하고 가치를 깨닫고 재림신앙으로 무장하기를 바랍니다. 주님은 예언의 성취를 위하여 그리고 최후의 심판을 위하여 반드시 재림하십니다. 준비된 사람들은 마라나타를 외칠 수 있을 것이요 그렇지 못한 사람들은 전전긍긍 공포에 떨 것입니다.

설교는 설교자를 통해서 제한된 공간과 시간에 강단에서 전달됩니다. 하지만 설교집은 서로 다른 시간과 공간에 있는 사람들에게 하나님의 말씀을 전하게 하는 통로입니다.

하나님께서는 위대한 선지자들과 사도들을 통해 말씀을 전하게 하셨을 뿐만 아니라 이를 기록하여 후대의 사람들도 동일한 말씀을 듣게 하셨습니다. 손요한 목사님 역시 하나님의 말씀이 에스라 성경연구원에 나오는 사람들뿐만 아니라 더 많은 사람들에게 선포되고 들리길 바라는 마음으로 이 책을 출판하고자 했을 것입니다.

계시록에 대하여 많은 부분 오해하는 내용이 있으며, 여러 난제들에 대하여는 지금도 논쟁이 끊이지 않습니다. 다른 한편 손 목사님 자신도 혹시 아직 부족함과 미숙함으로 인해 바로 해석하고 강의했는지에 대한 염려도 없지 않아 출판을 망설이고 주저했었습니다. 그러나 성령께서 깨우쳐 주시는 말씀만 바로 전하겠다는 다짐으로 기도했고, 그 응답으로 하나님의 말씀을 바로 대언했다는 작은 기대로 이 책을 출판하게 되었다고 합니다. 그래서 제목이 《기이한 빛 속으로》입니다.

저는 지금까지 손요한 목사님과의 사귐과 말씀의 교제를 통해서 그의 성경 연구에 대한 열정과 지칠 줄 모르는 탐구력을 보고 놀라고 감탄을 금할 수가 없었습니다. 먹고 잠자는 시간을 제외한 거의 모든 시간은 오직 성경 연구에만 몰두하는 모습을 보았습니다.

저자의 줄기찬 노력과 노고에 치하와 감사를 드리고, 이 책을 읽는 분들에게 깊은 영감과 큰 은혜의 선물이 될 것을 믿으며 기쁜 마음으로 추천하는 바입니다.

뉴저지 벧엘감리교회

정성만 원로목사

추천의 글

"고난 받는 교회에 위로와 격려를 드리며 승리하는 교회가 되기를 충실한 원어의 해석을 통한 성경의 자의적 증거를 잘 드러내면서 생명과학, 유전공학 시대에 탁월한 적용의 성과를 거둔 성경 주해서"

신랑의 관심은 신부에 있듯 하나님의 관심은 교회에 있습니다.

이스라엘을 낳고 키우고 돌보고 축복하며 번성하게 하심으로 하나님의 성품과 능력과 그의 영광을 보여 주신 것같이, 종말에 예수 그리스도의 죽으심과 부활로 창세 전에 예비하신 새 이스라엘 교회가 탄생하였습니다. 교회는 영욕을 거치며 역사 가운데 성장해 왔습니다.

특별히 종말의 시간에 고난 받는 교회를 위로하며 승리하는 교회가 되도록 격려하는 서신이 요한계시록입니다. 요한계시록은 교회를 돌보는 주의 종들에게 초점을 맞추고 있습니다. 변화무쌍하고 혼돈된 세상 역사 가운데서 믿음을 지키고 교회를 보양하며, 예수 그리스도께서 승리하신 세상의 주시며 만왕의 왕이 되심을 굳게 믿고, 고난 가운데서도 낙망하지 말고 소망 가운데 다시 오실 재림의 주님을 기다리며 종말의 시대를 지혜롭게 살아가라는 당부입니다.

손요한 목사님은 원래 법학을 공부하고 일찍이 미국에 와서 생명공학과 의학에 관심을 갖고 공부하던 중 한의학에 뜻을 품고 많은 제자들을 양성하였습니다. 뉴욕의 맨해튼에서 한의원을 개업하여 10여 년간 운영하다 사람의 인체 속에서 하나님의 비밀이 있음을 발견하고 선교사로서 주의 종의 길을 가게 된, 깊은 영성의 소유자십니다.

지난 10년 동안 한국에서 목회자를 대상으로 한 에스라성경신학연구원을 운영하면서 깊은 말씀의 영성으로 많은 제자들을 양성했으며, 특히 구약과 요한계시록의 정기적인 강의를 통해서 섬겼습니다.

변화와 혼돈의 시기, 한 치 앞도 내다보기 힘든 어둠의 시기에 요한계시록을 읽고 우리는 그 사명을 다하여야 합니다. 일제 강점기 때도 계시록은 한국교회와 우리 민족에 위로와 소망이 되었습니다. 4차 산업혁명 시대 사회주의와 민주주의의 대립이 극심한 오늘날 요한계시록을 통해 잠자고 있는 교회와 성도를 깨우는 일을 해야 합니다.

그러나 시간과 공간의 무대가 달라지면서 오해와 독선적·자의적 해석이 난무하면서 많은 사람들에게 잘못된 인식과 함께 기피의 책이 되기도 했습니다.

여기에는 개신교를 파괴하려는 예수회의 음모가 작용하여 세대주의 종말론이라는 잘못된 가르침이 한몫하기도 했음을 간과해서는 안 됩니다. 그 중 대표적인 것이 환난 전 교회 휴거라는 터무니없는 신학 이론과 같은 것들입니다.

최근 많은 요한계시록 관련 서적이 출간되어 있지만 손 목사님이 집필한 《기이한 빛 속으로》는 본문에 충실하면서도 현대적이며 현실적 적용에 탁월한 다리 역할을 하고 있습니다. 그동안 연구한 내용이 성령의 조명하심을 따라 누구나 이해하기 편한 설교식의 문체로 기록되어 있다는 특징도 있습니다.

한국과 미국의 이민교회를 담당하는 주의 종들과 성도들에게 종말의 빛으로 전해지길 바라며 일독을 권하는 바입니다.

미국 뉴저지 팰리세이즈파크 한인회장

Jesus Community Church

오대석 목사

시작하면서

세상은 성경적 종말을 향하여 달려가고 있다.

성경적 종말이란 이 세상의 끝을 말하는 것이 아니라 이 세상의 새로운 시작을 의미한다. 즉 사람이 다스리고 통치하는 시간에서 예수 그리스도께서 다스리고 통치하시는 세상으로의 변화이다.

인류 역사에서 한 번도 경험해 보지 않은 코로나19 사태를 보면서, 최근 들어서 많은 사람들은 예전에는 지역적으로 국한되었던 성경에서 말하는 온역병이 이제는 전 세계적으로 확산되며 모든 나라가 고통 받고 있는 현실을 직감하고 있다. 이것을 누가복음 21장 35절에서는 "이날은 온 지구상에 거하는 모든 사람에게 임하리라"라고 말씀한다.

성경이 갖는 권위와 힘은 이미 세상의 역사 속에서 입증되었고, 세상은 성경에서 말씀하시는 하나님의 예언대로 운영되어 왔음을 우리는 알고 있다. 이것은 세상의 운영은 하나님의 섭리와 통솔하에 있음을 말하는 것으로, 바로 지금 우리가 살고 있는 이 시간대가 종말의 시간을 향하여 달려가고 있는 시간이다.

그러므로 종말의 시간은 지금까지 살았던 평범한 시간이 아니라 하나님의 진노가 내려지는 시간으로, 우리는 이것을 환난이라고 말한다. 이것에 대하여 예레미야 30장 24절은 "나 여호와의 진노는 내 마음의 뜻한 바를 행하여 이루기까지는 쉬지 아니하나니 너희가 말일에 그것을 깨달으리라"라고 말씀한다. 말일 곧 종말에는 이 모든 것이 하나님의 뜻이라는 것을 깨닫게 되리라는 것이다.

그래서 종말에 사는 하나님의 사람들은 깨어 있어야 한다.

주님은 마태복음 24장 42절에서 "그러므로 깨어 있으라 어느 날에 너희 주가 임할는지"라며 깨어 있을 것(keep watch)을 종들에게 명령하고 있다. 깨어 있는 자만이 말일 곧 종말에 일어나는 일들에 대하여 하나님의 뜻을 깨달을 수 있기 때문이다.

아모스 3장 7절에서는 "주 여호와께서는 자기의 비밀을 그 종 선지자들에게 보이지 아니하시고는 결코 행하심이 없으시리라"라고 말씀하고 있다. 이것은 하나님은 종말에 일어날 일들을 깨어 있어 준비된 종들에게 반드시 알리고 행하신다는 약속이다.

그러므로 깨어 있는 종은 마태복음 24장 43-46절에서와 같이 "너희가 알지 못함이니라 너희도 아는바니 만일 집 주인이 도적이 어느 경점에 올 줄을 알았더면 깨어 있어 그 집을 뚫지 못하게 하였으리라 이러므로 너희도 예비하고 있으라 생각지 않은 때에 인자가 오리라 충성되고 지혜 있는 종이 되어 주인에게 그 집 사람들을 맡아 때를 따라 양식을 나눠 줄 자가 누구뇨 주인이 올 때에 그 종의 이렇게 하는 것을 보면 그 종이 복이 있으리로다"라고 말씀한다.

결국 종말은 깨어 있는 종들과 깨어 있지 못한 종들로 나뉘며, 이들에 의하여 백성들의 운명이 갈라지게 된다.

요한계시록 1장 1절도 "예수 그리스도의 계시라 이는 하나님이 그에게 주사 반드시 속히 될 일을 그 종들에게 보이시려고 그 천사를 그 종 요한에게 보내어 지시하신 것이라"라고 전한다. 여기서 그 종들 그리고 그 천사라고 할 때의 '그'는 바로 소유격 '하우투'(αὐτοῦ)로 그의 종들 또한 그의 천사들이라는 의미를 가지며, 이는 바로 예수 그리스도의 소유된 종들과 천사들이라는 의미로 해석할 수 있다.

세상에는 자칭 예수 그리스도의 종들이라는 수많은 종들이 있지만 하나님은 그의 종들 곧 예수 그리스도의 참되고 진실한 종들에게 계시하고 있는 것이다

마태복음 24장 48-51절에서처럼 "만일 그 악한 종이 마음에 생각하기를 주인이 더디 오리라 하여 동무들을 때리며 술친구들로 더불

어 먹고 마시게 되면 생각지 않은 날 알지 못하는 시간에 그 종의 주인이 이르러 엄히 때리고 외식하는 자의 받는 율에 처하리니 거기서 슬피 울며 이를 갊이 있으리라"라고 하는 것처럼 지금 이 세상에는 백성들을 잘못된 길로 인도하는, 깨어 있지 않은 악한 종들이 많음을 깨달아야 한다.

그러므로 종말은 예수 그리스도의 소유가 된 깨어 있는 종들과 세상에 미혹되고 유혹에 빠진 악한 종들과의 영적인 대결이 펼쳐지는 시간으로 이 싸움은 이미 WCC(World Council of Churches, 세계교회협의회)와 WEA(World Evangelical Alliance, 세계복음주의연맹)를 통하여 세상 속에 확연하게 드러나 있다.

2천 년의 교회사는 사단이 교회를 점령하는 시간으로 보아야 하는데, 이것은 이미 주님께서 예언하신 것으로 누가복음 8장 16-18절에 드러나 있다. "누구든지 등불을 켜서 그릇으로 덮거나 평상 아래 두지 아니하고 등경 위에 두나니 이는 들어가는 자들로 그 빛을 보게 하려 함이라 숨은 것이 장차 드러나지 아니할 것이 없고 감추인 것이 장차 알려지고 나타나지 않을 것이 없느니라 그러므로 너희가 어떻게 듣는가 스스로 삼가라 누구든지 있는 자는 받겠고 없는 자는 그 있는 줄로 아는 것까지 빼앗기리라 하시니라"라는 말씀을 통하여 세상의 등불로서 모든 사람들을 빛 가운데로 인도해야 할 교회가 그 진리의 등불을 모든 사람들이 보는 등경 위가 아니라 그릇으로 덮고 평상 아래에 둠으로 진리를 숨기고 감추었다는 것이다. 바로 사단이 교회 속에 역사하는 어둠의 세력들을 두어 그들로 하여금 하나님의 진리의 빛을 감추고 숨겨왔다는 것이다.

그러므로 마지막 시대에 종말의 종들은 자신이 진리의 빛에 속해 있는지 아니면 사단에 의해서 숨기고 감추인 비진리 속에 있는지 자신의 영적 상태를 분별하는 것이 선행되어야 한다.

성경은 사단에 의하여 숨기고 감추인 이 모든 것들이 드러나고 나타날 것을 말씀한다. 바로 종말에 깨어 있는 종들에게 이 사실들이 나타난다는 것이다. 베드로후서 1장 19-20절에서는 "또 우리에게 더 확실한 예언이 있어 어두운 데 비취는 등불과 같으니 날이 새어 샛별이 너희 마음에 떠오르기까지 너희가 이것을 주의하는 것이 가하니라 먼저 알 것은 경의 모든 예언은 사사로이 풀 것이 아니니"라고 하고 있기 때문이다.

여기서 '우리에게 더 확실한 예언이 있다'고 한다. 바로 요한계시록을 두고 한 베드로의 고백이다. 이 요한계시록은 종말에 어두움을 비추는 등불의 역할을 한다는 것이다. 종말의 시간대에 살고 있는 주님의 종들은 요한계시록이라는 등불 곧 진리의 등불을 어두움의 교회 안에 비추어야 한다는 것이다.

그러나 주의할 것이 있는데 바로 "날이 새어 샛별이 너희 마음에 떠오르기까지"라는 단서다. 샛별이라는 예수 그리스도께서 종들의 마음에 떠올라야만 한다는 것이다.

"날이 새어 샛별이 너희 마음에 떠오르기까지"라는 말씀은 종말에 사역하는 모든 종들에게 샛별이 떠오른다는 것일까, 아니면 주님의 강림을 사모하며 깨어 있어 백성들을 바른 길로 인도하는 충성된 종들에게일까? 필자는 후자라고 믿는다.

또한 요한복음 4장 23절의 "아버지께 참으로 예배하는 자들은 신령과 진정으로 예배할 때가 오나니 곧 이때라 아버지께서는 이렇게 자기에게 예배하는 자들을 찾으시느니라"라는 말씀과 같이 예배드리는 것이 범죄와 같이 여겨지는 오늘의 현실에서 어떤 눈치도 보지 않고 오직 하나님과 어린양이 인도하는 대로 따라가는 종들에게 샛별이 떠오를 것이라는 확신이 든다.

종말의 시대에는 성령도 강하게 역사하시지만 사단의 세력도 물불을 가리지 않고 하나님의 자녀들을 미혹하고 쓰러뜨리기 위해 일한다.

데살로니가후서 2장 9-10절의 말씀처럼 "악한 자의 임함은 사단의 역사를 따라 모든 능력과 표적과 거짓 기적과 불의의 모든 속임으로 멸망하는 자들에게 임하리니 이는 저희가 진리의 사랑을 받지 아니하여 구원함을 얻지 못함이니라"라는 경고를 하고 있기 때문이다.

지금 우리가 살고 있는 이 시대는 미혹의 시대이다.

주님의 제자들이 주님에게 "주의 임하심과 세상 끝에는 무슨 징조가 있사오리이까"라고 마태복음 24장 3절에서 질문할 때, 주님은 "너희가 사람의 미혹을 받지 않도록 주의하라"(마 24:4)라고 대답하시며 경고하셨다. 주님께서 경고하신 대로 온 세상은 미혹으로 뒤덮여 있다. 특히 교회에는 양의 옷을 입은 거짓 종들 또한 의의 일꾼으로 위장된 종들로 가득하다.

그러나 그 속에도 주님의 강림을 소망하며 신령과 진정으로 예배드리는 참되고 충성된 종들이 있기에 우리 주님은 하늘보좌에서 종들을 향한 중보와 함께 천사들과 함께 응원하고 계시리라 믿는다.

필자는 10년이란 시간 동안 에스라성경신학연구원을 운영하면서 많은 목회자들과 교제하며 성경을 강의해 왔다. 그동안 책을 출판하는 것에 대하여 확신이 없었는데, 기도중 하나님이 세상이 더욱 악해지고 교회가 쓰러져 가고 성도들이 진리가 무엇인지 알지 못하여 방황하는 현실과 세계적으로 유행하는 코로나19 사태를 보면서 이제는 "때가 되었다"라는 응답을 주셨다. 이에 부족하지만 성령님과 기도로 교제하면서 주시고 깨닫게 하신 것들을 요한계시록 강해집으로 출간하면서 함께 나누고자 한다.

그동안 한국에서 수차례의 요한계시록 세미나를 통해서 말씀을 전하면서도 항상 부족한 것이 많았는데, 이번 집필을 통해서 오직 성령께서 주시는 말씀만을 기록하겠다는 다짐과 함께 기도와 응답으로 하나님의 소리를 대언했다는 작은 기대를 전한다. 그래서 책의 제목을 《기이한 빛 속으로》로 결정하였다.

10년 동안 에스라성경신학연구원을 위하여 헌신하며 봉사하고 충성하며 부족한 가운데서도 재정적인 도움의 손길을 베풀어 주신 모든 에스라의 종들에게 진심으로 감사를 드리고, 이곳 미국 뉴저지에서 집필에 도움을 주신 정성만 목사님, 그레이스 목사님, 최현숙 목사님, 옥한나 목사님, 오대석 목사님, 강지연 사모님에게 진심으로 감사를 드린다.

모두 종말에 주님의 사랑 안에 거하는 영적인 아름다운 신부들로 주님이 주시는 면류관의 영광이 영원할 것을 믿는다.

이 책을 읽는 모든 자에게 샛별이 그들의 마음에 떠올라, 주님이 강림하실 때 그에게 붙은 자가 되어 영원한 영광에 거하는 자가 될 것을 소원한다.

목차

제2장 (Revelation 2)

제 3장 (Revelation 3)

제4장 (Revelation 4)

제5장 (Revelation 5)

제6장 (Revelation 6)

제7장 (Revelation 7)

제8장 (Revelation 8)

제9장 (Revelation 9)

제10장 (Revelation 10)

제11장 (Revelation 11)

성령론적 요한계시록

I

REVELATION

제1장

(Revelation 1)

I.
때가 가까움이라

계 1:1 예수 그리스도의 계시라 이는 하나님이 그에게 주사 반드시 속히 될 일을 그 종들에게 보이시려고 그 천사를 그 종 요한에게 보내어 지시하신 것이라

⬇

계 1:20 네 본 것은 내 오른손에 일곱 별의 비밀과 일곱 금촛대라 일곱 별은 일곱 교회의 사자요 일곱 촛대는 일곱 교회니라

계 1:3 이 예언의 말씀을 읽는 자와 듣는 자들과 그 가운데 기록한 것을 지키는 자들이 복이 있나니 때가 가까움이라

요한계시록은 특별히 예수 그리스도의 계시의 말씀이라는 특징이 있다. 예수 그리스도께서 마지막 종말에 이루어질 일들을 그의 사랑하는 제자 요한에게 지시하여 기록한 말씀인 것이다.

본 계시의 말씀은 하나님으로부터 예수 그리스도로 그리고 사도 요한으로 말씀의 계시가 전달되어 종말을 계시하고 있다.

[표1] 요한계시록의 전래

하나님	➡	예수 그리스도의 계시	➡ (천사)	사도 요한이 기록	➡	종말의 종들

'계시'란 '아포칼륍시스'(ἀποκάλυψις)로 '덮개를 벗김, 출현, 조명, 드러냄, 폭로'를 의미한다. 하나님의 창조 이후 숨겨졌던 비밀들이 덮개가 벗겨지고 드러나며 나타난다는 의미이다.

성경의 모든 기록은 종말을 향하여 움직이는 살아 있는 생명체이다.

히브리서 4장 12-13절은 이것에 대하여 "하나님의 말씀은 살았고 운동력이 있어 좌우에 날 선 어떤 검보다도 예리하여 혼과 영과 및 관절과 골수를 찔러 쪼개기까지 하며 또 마음의 생각과 뜻을 감찰하나니 지으신 것이 하나라도 그 앞에 나타나지 않음이 없고 오직 만물이 우리를 상관하시는 자의 눈앞에 벌거벗은 것같이 드러나느니라"라고 말씀한다.

종말은 우리의 구원의 마지막 시간이며 단계이다. 그러므로 히브리서 9장 28절은 "그리스도도 많은 사람의 죄를 담당하시려고 단번에 드리신바 되셨고 구원에 이르게 하기 위하여 죄와 상관 없이 자기를 바라는 자들에게 두번째 나타나시리라"라고 선언한다. 곧 주님의 두 번째 나타나심은 구원을 이루기 위해서라고 한다. 또한 이 구원에 합당한 자가 누구냐면 주님의 재림을 바라는 자들이라고 한다.

여기서 우리가 분명히 알아야 할 것이 있다. 우리의 마음이 주님의 재림을 바라고 있는지 아닌지를 우리 스스로가 판단하고 결정하는 것이 아니라, 하나님의 말씀이 우리의 혼과 영과 관절과 골수를 쪼개어 우리의 마음의 생각과 뜻을 감찰하시며 이를 벌거벗은 것같이 밝히 드러낸다는 것이다.

이것은 결국 주님의 재림을 바라는 성도인지, 아니면 그냥 주님으로부터 복을 바라며 이 땅에서 살기를 원하는 성도인지를 우리가 결정하는 것이 아니며, 말씀이신 하나님께서 우리의 심령을 밝히 드러내시므로 결정하신다는 것이다.

계시는 하나님이 그동안 역사와 피조물과 자연세계 속에 숨겨진 그리고 앞으로 종말에 일어날 일들에 대한 비밀한 것들을 실제적으로 드러낸다는 의미도 있지만, 더욱 우리가 관심을 가져야 할 계시는 영적인 것이다. 성령의 전이라고 하는 우리 자신 속에 숨겨진 하나님이 아닌 것들, 잘못된 믿음의 것들, 그리고 변질되고 세속화되어 있는 것들을 밝히 드러내는 것을 말한다.

주님의 초림 시에 시므온 선지자가 예수 그리스도의 오심에 대하여 누가복음 2장 35절에서 "또 칼이 네 마음을 찌르듯 하리라 이는 여러 사람의 마음의 생각을 드러내려 함이니라 하더라"라고 하였듯, 예수 그리스도가 오심, 곧 초림 시에도 종말의 재림 시에도, 사람의 마음의 생각을 드러내는 데에 목적이 있음을 깨달아야 할 것이다.

1. 반드시 속히 될 일

계 1:1 예수 그리스도의 계시라 이는 하나님이 그에게 주사 반드시 속히 될 일을 그 종들에게 보이시려고 그 천사를 그 종 요한에게 보내어 지시하신 것이라

'반드시 속히 될 일'은 '반드시 빠르게 일어날 것으로 결정된 일'이라는 의미이다. 이것은 사람의 힘이나 능력으로 변개시킬 수 있는 일이 아니고 하나님의 권세 아래 이미 예정되고 약정된 일이라는 것이다.

알파와 오메가이신 하나님의 시간 속에는 이미 창조로부터 종말까지의 모든 계획이 수립되어 있다. 창조 역사와 인간의 타락, 홍수 심판과 믿음의 사람 아브라함의 등장, 모세의 등장과 이스라엘 역사의 시작, 또한 예수 그리스도가 오신 것과 복음을 받은 이방인, 교회 시대와 종말이라는 거대한 서사적인 장르가 성경 안에서 펼쳐지고 있는 것이다.

요한계시록은 성경의 마지막 그리고 인간 역사의 마지막을 알리는 아주 중요한 계시의 말씀이다.

하나님의 창조의 6일, 곧 짐승과 사람을 창조하신 시간, 그리고 하나님의 형상으로 지음 받은 사람으로 하여금 '정복하고 다스리라'(창 1:28)라는 명령을 통해 사람은 세상을 다스리고 정복하며 통치하는 권세를 받았다. 이제 그 통치의 시간, 곧 6일이란 사람에게 주어진 통치의 시간이 끝나가고 있는 것이다.

하나님은 6일째 사람을 만들고 또한 다스리는 권세를 주시고 7일째 안식하시며 "하나님이 일곱째 날을 복 주사 거룩하게"(창 2:3) 하셨다.

종말은 바로 6일째의 시간에서 7일째 안식의 시간으로 그리고 복되고 거룩한 시간으로 들어가기 위해 세상에서 사람에게 주어진 마지막 클라이맥스의 시간이다.

그러나 세상은 환난이라는 용어를 사용하여 모든 자들에게 두려움을 준다. 결국은 하나님의 백성들에게 두려움을 줌으로 세상에 안주하도록 만들려는 사단의 교묘한 술책이 들어 있음을 깨달아야 한다.

영화나 연극에서 클라이맥스는 마음 졸이고 아슬아슬하던 장면들이 완전히 반전됨으로 보는 이로 하여금 기쁨과 환희를 가져다준다. 이처럼 종말의 시간은 바로 하나님의 백성들을 영원한 불못으로, 지옥의 심판으로 끌고 가고자 갖가지의 술책으로 속이고 미혹했던 사단의 정체가 드러나고, 이것을 끝까지 보고 깨달으며 모든 핍박과 억눌림 속에서도 인내로 견디어 낸 하나님의 백성들에게 승리가 주어지는 환희의 시간이다.

그런 이유로 주님은 일곱 교회에게 “이기는 자는”이라는 말을 반복적으로 사용하고 계신다. 결국 마지막 종말의 싸움은 ‘이기는 자’에게 주어지는 축복의 시간이며, 마태복음 11장 12절에서 “세례 요한의 때부터 지금까지 천국은 침노를 당하나니 침노하는 자는 빼앗느니라”라고 하신 것처럼 ‘침노하는 믿음과 신앙’을 요구하는 때이다.

여기서 우리가 한 가지 주의해야 할 것이 있다. 그 종들을 우리가 어떻게 알며 어떻게 분별할 수 있는가 하는 것이다. 그것은 사도 요한과 같은 증거를 소유한 자들을 말하는 것으로 그 증거는 ‘하나님의 말씀과 예수 그리스도의 증거’이다.

요한은 자기의 본 것을 다 증거하였다고 한다.

여기서 ‘본 것’이라는 헬라어는 ‘에이도’(εἴδω)로 ‘알다, 곧 알았다’(기본 동사와 과거 시제에만 사용)로 해석된다. 결국 이것은 사도 요한은 하나님의 말씀과 예수 그리스도의 증거를 알았고 이를 증거했다는 것이다.

사도 요한이 밧모라 하는 섬에 귀양을 가게 된 이유도 바로 "하나님의 말씀과 예수의 증거를 인하여"(계 1:9)라고 기록되어 있듯이, 하나님이 계시를 보이는 종들은 하나님의 말씀과 예수 그리스도의 증거를 알고 있었고 또한 깨닫고 있었다.

이것은 계시록 전체에서 종들의 신분을 알려 주는 중요한 잣대로 쓰인다. 첫째로 계시록 6장 9절에서 다섯째 인이 떼어질 때 하늘에 죽임을 당한 영혼들이 제단 아래서 신원하는 장면이 나온다. 이때도 신원하는 자들이 '하나님의 말씀과 저희의 가진 증거'로 인하여 죽임을 당한 영혼들이라고 한다.

둘째로 계시록 12장 9절에서 "용이 내어 쫓기니 옛 뱀 곧 마귀라고도 하고 사단이라고도 하는 온 천하를 꾀는 자라 땅으로 내어 쫓기니 그의 사자들도 저와 함께 내어 쫓기니라"는 말씀과 함께, 저들의 이 땅에서의 싸움의 대상자들이 바로 "그 여자의 남은 자손 곧 하나님의 계명을 지키며 예수의 증거를 가진 자들"이라고 지칭하고 있다는 것이다.

또한 셋째로 계시록 20장 4절은 보좌에서 심판하는 권세를 받은 자들 그리고 천년동안 왕 노릇 할 자들의 신분에 대하여 말씀하시면서 "예수의 증거와 하나님의 말씀을 인하여 목 베임을 받은 자의 영혼들"이라고 그 신분에 대하여 명확하게 칭하고 있음을 본다.

이것은 곧 주님께서 계시를 보여 줄 종들로 '하나님의 말씀과 예수 그리스도의 증거'를 소유한 자들이라는 종들의 신분을 명확하게 구분 짓고 있다고 보아야 할 것이다.

2. 하나님의 말씀과 예수 그리스도의 증거

계 1:2 요한은 하나님의 말씀과 예수 그리스도의 증거 곧 자기의 본 것을 다 증거하였느니라

가) 하나님의 말씀

계시의 주체이신 예수 그리스도는 당신의 종으로 '하나님의 말씀과 그리스도의 증거'를 가진 자들에 대하여 말씀하신다. 계시록은 특별히 이것을 강조하고 있는데, 사도 요한 자신도 스스로를 '하나님의 말씀과 예수의 증거를 가진 자'라고 말하고 있기 때문이다. 이것은 마지막 종말의 시간에 계시를 받을 종들이 구비해야 할 조건이 바로 '하나님의 말씀과 예수 그리스도의 증거'라는 것으로 해석할 수 있다.

그러면 '하나님의 말씀과 예수 그리스도의 증거'는 무엇인가?

성경은 두 부분의 언약으로 구성되어 있다. 그 첫째는 모세를 통해서 시내산에서 하나님이 직접 주신 율법의 언약이고, 둘째는 예수 그리스도를 통해서 예루살렘에서 주어진 복음의 언약이다. 이것을 우리는 구약과 신약이라고 하며 또한 성경 전체를 의미한다.

여기서 우리가 깊이 생각해 보아야 할 것이 있는데, 유대인과 이방인이라는 구별이다. 특히 로마서는 이 유대인과 이방인을 명확하게 구별하고 있다. 그러나 하나님 안에는 유대인만 있는 것이 아니고 또한 이방인만 있는 것도 아님을 우리는 알고 있다.

하나님 안에는 유대인과 이방인이 동일하며, 특히 하나님이 보시는 유대인은 로마서 2장 28-29절에서 "대저 표면적 유대인이 유대인이 아니요 표면적 육신의 할례가 할례가 아니라 오직 이면적 유대인이 유대인이며 할례는 마음에 할지니 신령에 있고 의문에 있지 아니한 것이라 그 칭찬이 사람에게서가 아니요 다만 하나님에게서니라"라고 말씀하고 있음을 본다.

그러나 이러한 하나님의 말씀에도 불구하고 유대인들은 자신들만이 하나님의 택한 선민이며 백성이라는 의식이 강력하다. 하나님이 보시는 진정한 유대인은 이면적 유대인을 말하는 것이며 심령에 마음의 할례를 받은 사람들을 말하는 것임에도 불구하고 이들은 이것을 인정하기를 거부하고 있다. 그래서 계시록의 일곱 교회는 자칭 유대인이라는 용어를 사용한다.

그러므로 우리는 하나님이 인정하시는 유대인의 실체에 대하여 반드시 알아야 한다. '하나님이 인정하시는 유대인'이란 심령으로 예수 그리스도를 구주, 메시아로 받아들이고 영접한 사람들을 말하는 것으로, 이들을 이면적 유대인이라고 하며 또한 마음의 할례를 받았다고 한다. 그런데 현재의 유대인들은 이와 같은 하나님의 뜻을 무시하고 자신들이 정한 규례를 따라 유대인을 결정하고 있으며, 특히 이러한 유대인들은 예수 그리스도와는 무관한 모세의 율법 안에서만 살고 있다.

예수님과 그의 제자들 특히 베드로와 요한과 바울과 같은 종들에 의해 기록된 신약의 증거 말씀들을 부정하고 이를 보는 것을 큰 죄악시하는 오늘의 유대인들이 마지막 종말의 시대에도 존재하고 있다.

표면적 유대인이며 외형적이고 육체적인 유대인이라는 권위에 빠져서 자신들의 조상들이 십자가에 못 박아 돌아가게 하신 예수 그리스도를 2천 년이 지난 지금까지도 '메시아가 아니다'라고 부정하고 있는 이들을 과연 하나님은 어떻게 보시겠는가?

만약 모세의 율법에만 심취해 있고 예수님의 복음에는 무지하고 관심조차 없는 표면적 유대인들을 종말의 종들로 부르신다면, 그것은 곧 죽은 말씀이고 생명 없는 헛된 꽹과리 소리에 지나지 않을 것이다.

하나님은 유대인들이 자신들의 권리를 주장하며 하나님의 말씀은 자신들만이 해석할 수 있다고 생각하는 교만을 가지고 율법 안에서만 모든 종말을 바라보려는 이들, 그리고 요한계시록이 신약의 마지막 계시임에도 이를 보지 않고 무시하는 표면적 유대인들의 심령을 이미 감찰하시고 계신다.

구약의 기록은 모세와 선지자들을 통하여 하나님께서 직접 주신 말씀이라는 것을 우리는 이미 알고 있다. 그러므로 이 구약의 말씀을 '하나님의 말씀'이라고 한다. 예수님의 사역 속에서도 주님은 구약의 말씀 곧 하나님의 말씀을 사용하여 사단을 물리치고 환자들을 치료한 것을 우리는 신약의 복음서를 통하여 알고 있다.

누가복음 24장 27절에서도 예수님의 부활 후에 엠마오로 내려가는 제자들과의 만남에서 예수님은 그들에게 "모세와 및 모든 선지자의 글로 시작하여 모든 성경에 쓴바 자기에 관한 것을 자세히 설명하시니라"라고 말씀하시므로 구약에 기록된 하나님의 말씀을 사용하셨다. 여기서 말씀하시는 성경은 곧 구약의 말씀을 가리키는 것으로 이 구약의 말씀은 곧 예수 그리스도에 대한 기록임을 명시하고 있는 것이다.

또한 사도 바울도 사도행전 28장 23절에서 로마에서 복음을 전할 때 "저희가 일자를 정하고 그의 우거하는 집에 많이 오니 바울이 아침부터 저녁까지 강론하여 하나님 나라를 증거하고 모세의 율법과 선지자의 말을 가지고 예수의 일로 권하더라"라고 말씀한다. 모세의 율법과 선지자의 글인 구약의 말씀 곧 그 당시의 성경의 기록이 예수 그리스도에 대한 기록임을 가리키고 있다.

이런 사실을 볼 때, 오늘날 표면적 유대인들이 예수 그리스도에 대한 기록인 구약의 말씀 곧 모세의 율법과 선지자의 글 속에서 예수 그리스도를 발견하는 것을 꺼리고 있다는 사실은 너무나 아이러니하다. 이것은 모세가 신명기를 통하여 예언했듯이 "그러나 깨닫는 마음과 보는 눈과 듣는 귀는 오늘날까지 여호와께서 너희에게 주지 아니하셨느니라"(신 29:4)라는 말씀의 응답이라고 생각된다.

표면적 유대인은 하나님의 말씀은 가질지 몰라도 그리스도의 증거는 갖고 있지 못하다는 사실은 분명하다. 그러므로 사도 요한과 같은, 또한 계시록 6장의 하늘에서 신원하는 영혼들처럼, 그리고 계시록 20장의 보좌에 앉는 권세를 갖고 왕 같은 제사장이 될 목 베임을 받은 자들의 영혼들처럼 종말의 종들은 될 수 없을 것이다. '하나님의 말씀과 예수 그리스도의 증거'를 갖고 있지 못하기 때문이다.

마태복음 17장에서 주님이 베드로와 야고보와 요한을 데리고 높은 산에 올라 모세와 엘리야와 더불어 말씀하시는 장면을 생각해 보자. 이는 단순한 환상이 아니라 예수님의 시대에 모세의 율법과 선지자의 글(엘리야는 선지자의 대표)이 함께해야 함을 영적으로 제자들에게 보여 주는 장면이라고 해석할 수 있다.

반석으로 그 위에 교회가 세워질 베드로는 "내가 여기서 초막 셋을 짓되 하나는 주를 위하여, 하나는 모세를 위하여, 하나는 엘리야를 위하여 하리이다"(마 17:4)라는 고백을 하였다. 이것은 이 땅의 교회에는 주님의 복음과 모세의 율법과 선지자의 글이 필수적으로 있어야 함을 암시하는 비밀의 말씀으로 보아야 할 것이다.

그렇다면 우리는 정통 유대인들과 메시아닉 유대인들을 구분해야 한다.

첫째로 정통 유대인들은 자신들을 야곱의 후손으로 생각하고 오직 모세의 율법만이 하나님의 말씀이라고 여기며 예수 그리스도와 신약의 복음을 배척하는 자들이다. 그들 스스로는 하나님의 말씀에 정통하다고 여기지만 사실은 구약의 말씀 속에 있는 예수 그리스도를 발견하지 못하니 눈뜬 소경에 불과하다. 그러면서 유대인이라 자랑하니, 이면적 유대인이 아닌 표면적 유대인으로 자칭 유대인임에 틀림없다.

둘째로 메시아닉 유대인들은 그 수가 소수이긴 하지만 정통 유대인에서 예수 그리스도를 발견하고 깨닫고 표면적 유대인의 껍질을 벗은 자들이다. 곧 이면적 유대인이자 마음의 할례를 통하여 새롭게 태어난 유대인들로 보는 것이 합당하다.

그러므로 메시아닉 유대인들은 구약 속에 모세의 율법과 선지자의 글을 통하여 그 안에 있는 예수 그리스도를 만났고, 또한 신약의 주님의 복음과 종들의 증거를 깨닫고 받아서 '하나님의 말씀과 그리스도의 증거'를 가진 자들이라 하겠다.

지금 종말의 이 시점에서 하나님의 말씀과 예수 그리스도의 증거를 가장 잘 갖추고 주님의 계시를 받기에 합당한 종들은 일차적으로 새로 태어난 거듭난 유대인들일 가능성이 높다고 생각한다.

그렇다면 이방인이라 불리는 우리 하나님의 성도들은 어떠할까?

[표2] 유대인 구분

	구약의	신약의	
정통 유대인들	모세의 율법과 선지자의 글만 하나님의 말씀으로 인정	예수님의 복음과 제자들의 증거와 말씀을 부정	표면적 유대인 (자칭 유대인)

	구약의	신약의	
메시아닉 유대인	모세의 율법과 선지자의 글을 하나님의 말씀으로 인정	예수님의 복음과 제자들의 증거와 말씀을 인정	이면적 유대인 (마음의 할례로 태어난, 거듭난 유대인)

나) 예수 그리스도의 증거

이방인들은 예수 그리스도 이후 이 땅에 세워진 교회로부터 성도라는 이름으로 태어난 자들이다. 주님이 이 땅에 오시지 않았다면 이방인 속에 하나님의 자녀는 나타나지 않았을 것이다.

주님이 세우고 가신 교회를 통하여 만들어진 이방인 백성들은 구약의 율법과는 무관하게 제자들이 전하여 준 복음에 의하여, 곧 주님의 일의 증거를 통하여 배우고 깨닫고 믿게 된 자들이다. 이와 같이 이방인들은 제자들이 기록한 신약 성경의 증거의 말씀을 통하여 주님을 영접하고 믿게 되었기 때문에 이미 예수 그리스도의 증거를 가진 자들이라고 보아야 할 것이다.

주님이 승천하시기 전 사도행전 1장 8절에서 "오직 성령이 너희에게 임하시면 너희가 권능을 받고 예루살렘과 온 유대와 사마리아와 땅끝까지 이르러 내 증인이 되리라"라고 당부하신 대로 신약 성경은 예수 그리스도를 증거하는 제자들의 기록이다.

문제는 이방인들에게는 구약의 하나님의 말씀, 곧 모세의 율법과 선지자의 글에 대한 지식이 부족하다는 것이다. 물론 이것은 이방인 전체를 말하는 것은 아니다.

그러나 그동안 교회사는 이방인들로 하여금 진리를 발견하지 못하도록 숨기고 감추어 왔다는 사실을 기록하고 있다. 마가복음 4장 21-23절은 "사람이 등불을 가져오는 것은 말 아래나 평상 아래나 두려 함이냐 등경 위에 두려 함이 아니냐 드러내려 하지 않고는 숨긴 것이 없고 나타내려 하지 않고는 감추인 것이 없느니라 들을 귀 있는 자는 들으라"는 말씀을 통하여 이미 세상에서 등불의 역할을 해야 할 교회가 말 아래나 평상 아래 있어 그 진리의 빛을 세상에 비추지 못하고 오히려 숨기고 감추어 왔음을 주님은 예언하셨다.

주님은 누가복음 8장 16-18절에도 동일한 말씀을 하고 계신데 "누구든지 등불을 켜서 그릇으로 덮거나 평상 아래 두지 아니하고 등경 위에 두나니 이는 들어가는 자들로 그 빛을 보게 하려 함이라 숨은 것이 장차 드러나지 아니할 것이 없고 감추인 것이 장차 알려지고 나타나지 않을 것이 없느니라 그러므로 너희가 어떻게 듣는가 스스로 삼가라 누구든지 있는 자는 받겠고 없는 자는 그 있는 줄로 아는 것까지 빼앗기리라 하시니라"라고 경고하고 계신다.

그렇다. 이방인들은 신약의 증거를 통하여 주님을 영접하였고 하나님의 백성이 되었다. 그러나 이 신약의 증거가 예수님의 부활 이후 이 땅에 두고 가신 교회들로부터 진리의 등불로서의 역할을 감당하지 못했다면, 그럼으로써 주님을 증거하는 기록들이 왜곡되고 변질되며 진리가 숨겨지고 감추어져 왔다면, 오늘의 이방인들이 갖고 있는 예수 그리스도의 증거는 하나님이 보실 때 온전하다고 할 수 없을 것이다.

그래서 우리는 2천 년의 교회 역사를 갖고 있으면서도 세상에서는 교회가 힘을 잃고 있으며 무너지고 영적으로 타락하고 우상화되어 간다. 많은 이방인 그리스도인들이 마지막 종말이 되어갈수록 교회를 떠나가는 현실을 목도하고 있다.

그동안 진리의 빛이 세상을 비추어 왔다면 오늘의 교회는 세상에서 강력한 영적 주권과 하나님의 힘을 가지고 세상으로부터 존경받는 기관이 되었을 것이다.

그러나 교회는 핍박의 대상이 되었고, 세상에서 일어나는 문제의 근원이 되었다. 결국 빛으로서의 교회가 어둠의 교회가 되어 있음을 실토하지 않을 수 없게 되었다.

이러한 현상에 대하여 이미 주님은 요한복음 12장 35절에서 예언하셨다. 곧 "아직 잠시 동안 빛이 너희 중에 있으니 빛이 있을 동안에 다녀 어두움에 붙잡히지 않게 하라 어두움에 다니는 자는 그 가는 바를 알지 못하느니라"라고 말씀하심으로, 주님이 이 땅에 계시는 시간 동안을 빛의 시간이라고 하며, 그 후에는 어두움의 시간이 올 것을 경고하셨다.

그러므로 주님의 부활 이후 이 세상은 어두움의 시간이었다. 교회 속에서는 미혹과 유혹의 세력들이 주님의 증거의 말씀들을 왜곡하고 변질시킴으로 이방인인 우리들로 하여금 진리의 빛을 보지 못하고 따르지 못하게 하였다는 사실을 인지해야 한다.

그것은 계시록 12장에서 그 원인을 발견하게 된다. 하늘에 전쟁이 있으니 미가엘과 그의 사자들이 용으로 더불어 싸울새 용과 그의 사자들도 싸우나 이기지 못하여 다시 하늘에서 저희의 있을 곳을 얻지 못한지라 큰 용이 내어 쫓기니 옛 뱀 곧 마귀라고도 하고 사단이라고도 하는 온 천하를 꾀는 자라 땅으로 내어 쫓기니 그의 사자들도 저와 함께 내어 쫓기니라"(계 12:7-9)라는 말씀이다.

이 하늘의 전쟁과 싸움은 예수 그리스도의 십자가 사건과 부활 이후의 사건으로, 사단과 그의 사자들 곧 마귀들이 이 땅으로 내쫓기어 이제는 이 땅에서, 특히 교회와 신학 안에서 거짓된 미혹의 세력으로 그리스도의 사도로 가장하여 주님의 말씀과 제자들의 증거의 말씀을 변질시키고 왜곡시키는 일을 해왔다는 것이다.

곧 고린도후서 11장 14-15절에서는 이것에 대하여 "이것이 이상한 일이 아니라 사단도 자기를 광명의 천사로 가장하나니 그러므로 사단의 일꾼들도 자기를 의의 일꾼으로 가장하는 것이 또한 큰 일이 아니라 저희의 결국은 그 행위대로 되리라"는 바울의 경고대로 교회사가 진행되어 왔다.

이와 같은 교회사를 볼 때, 이방인들이 예수 그리스도의 증거를 얼마나 갖고 있는지는 미지수다. 그러나 하나님은 어두움 속에서도 성령을 통한 자신의 빛을 종들에게 전하고 보여 주셔서 그 길을 가게 하심을 믿어야 한다.

그러므로 그 길은 바로 좁고 협착한 길이 될 수밖에 없다.

그것에 대하여 마태복음 7장 13-14절에서 “좁은 문으로 들어가라 멸망으로 인도하는 문은 크고 그 길이 넓어 그리로 들어가는 자가 많고 생명으로 인도하는 문은 좁고 길이 협착하여 찾는 이가 적음이니라”라고 말씀하시며, 또한 누가복음 13장 24-27절에서도 “좁은 문으로 들어가기를 힘쓰라 내가 너희에게 이르노니 들어가기를 구하여도 못하는 자가 많으리라 집 주인이 일어나 문을 한번 닫은 후에 너희가 밖에 서서 문을 두드리며 주여 열어 주소서 하면 저가 대답하여 가로되 나는 너희가 어디로서 온 자인지 알지 못하노라 하리니 그때에 너희가 말하되 우리는 주 앞에서 먹고 마셨으며 주는 또한 우리 길거리에서 가르치셨나이다 하나 저가 너희에게 일러 가로되 나는 너희가 어디로서 왔는지 알지 못하노라 행악하는 모든 자들아 나를 떠나가라 하리라”라고 말씀하고 있다.

여기서 우리는 중요한 사실을 하나 발견하게 된다. 그들이 주 앞에서 먹고 마시고 주님이 그들의 길거리에서 가르치셨는데, 그들은 왜 주님으로부터 ‘어디로서 왔는지 알지 못한다, 행악하는 모든 자들아’라는 책망을 듣게 되는 것일까?

바로 여기서 우리는 그동안 사단의 거짓된 미혹의 실체가 얼마나 교묘하게 이방인 성도들을 속여 왔는지를 발견하게 된다. ‘우리는 주 앞에서 먹고 마시며 주님이 우리 길거리에서 가르쳤다’라고 하는 부분이다.

대부분의 이방인 성도들은 이것에 대하여 깨달음이 없고, 주 앞에서 먹고 마시는 것을 당연하다고 생각하게끔 가르침을 받았고 그것을 잘하고 있다고 생각하도록 만들어졌다.

다른 모든 종교는 그 신 앞에서 하는 신앙이다. 즉 불교는 부처 앞에서 공을 들이면 된다. 이슬람교는 메카를 향하여 하루에 네 번씩 머리를 숙이고 절을 하면 되고, 힌두교도 힌두 여신 앞에서 두 손을 앞에 모으고 합장하며 공경과 경외를 표하면 된다.

그러나 전지전능하신 여호와 하나님, 곧 우리 영의 아버지는 우리 인간 속에 들어오셔서 우리와 함께하며 동거하신다. 그러므로 우리의 신앙은 앞에서 하는 신앙과 믿음이 아니고 주님 안에서 먹고 마시는 신앙이어야 한다.

요한복음 6장 53-56절은 그것에 대하여 명확하게 말씀하고 있다. "예수께서 이르시되 내가 진실로 진실로 너희에게 이르노니 인자의 살을 먹지 아니하고 인자의 피를 마시지 아니하면 너희 속에 생명이 없느니라 내 살을 먹고 내 피를 마시는 자는 영생을 가졌고 마지막 날에 내가 그를 다시 살리리니 내 살은 참된 양식이요 내 피는 참된 음료로다 내 살을 먹고 내 피를 마시는 자는 내 안에 거하고 나도 그 안에 거하나니."

구약의 율법이 행위적인 신앙이라면 신약의 주님의 복음은 주님 안에서 그리고 우리 안에서 서로 교제하며 가르침을 받으며 인도함을 받는 영적이며 내적인 신앙이다.

그러나 주님의 책망을 듣는 행악하는 자들은 주님 안에서 먹고 마시지 않았는데 주님 앞에서 먹고 마셨다고 기록함으로 주님으로부터 '네가 어디로서 온 자인지 알지 못한다'는 음성을 듣고 있다는 것이다.

그리고 행악하는 자들이 '우리 길거리에서 가르치셨다'라는 말을 자랑스럽듯이 하고 있는데, 여기서 '우리 길거리'는 자기들이 만든 교리와 신학 그리고 사상과 철학 등이다. 결국 하나님의 말씀 가르침을 받을 때 성경의 말씀대로 성령의 인도하심을 따라 주님의 길에서 가르치심을 받는 것이 아니라 우리, 곧 사람이 만든 것들로 사람의 시각과 이론, 방법, 요령 등 사람이 만든 길에서 가르침을 받았다는 것이다.

주님은 이런 자들을 어디서 왔는지 모른다고 말씀하신다.

2천 년의 기독교 역사를 보면, 사단은 주님 안에서 그리고 주님의 길에서 먹고 마시며 가르친 것이 아니라 지금 보는 것과 같이 주님 앞에서 먹고 마시며 인간의 길에서 가르치며 이방인, 하나님의 백성들을 속여 왔다.

사단의 본질은 요한복음 8장 44절에서 "너희는 너희 아비 마귀에게서 났으니 너희 아비의 욕심을 너희도 행하고자 하느니라 저는 처음부터 살인한 자요 진리가 그 속에 없으므로 진리에 서지 못하고 거짓을 말할 때마다 제 것으로 말하나니 이는 저가 거짓말쟁이요 거짓의 아비가 되었음이니라"라고 말하듯 거짓의 역사다.

이사야 선지자도 이런 예언을 이사야서 4장 1절에서 하고 있다. "그날에 일곱 여자가 한 남자를 붙잡고 말하기를 우리가 우리 떡을 먹으며 우리 옷을 입으리니 오직 당신의 이름으로 우리를 칭하게 하여 우리로 수치를 면케 하라 하리라."

여기서 '일곱 여자'는 교회 시대의 일곱 교회를 말하는 것으로, 일곱 여자가 예수 그리스도인 한 남자를 붙잡고 "우리가 우리 떡을 먹으며 우리 옷을 입으리니"라고 말한다는 것이다. '우리가 만든 떡'은 성경의 말씀 위에 또 신학 위에 우리의 생각과 이론과 철학 등 모든 학문이 결합되고 혼합된 떡을 만들고 이를 먹겠다는 의미다. 또한 우리의 옷, 곧 인간이 손수 뜨고 짜깁기하거나 공장에서 기계로

찍어내듯 만들어 낸, 그럴듯하게 보이는 옷을 입겠다는 것이다. 이것이 오늘의 교회 안에 벌어지고 있는 하나님의 일로 편집되고 가공된 가증한 일들이다.

이사야 선지자는 정확하게 종말에 있을 교회 안의 모습을 지적하고 이를 기록했다. 여기서 더욱 뻔뻔스러운 것은 "오직 당신의 이름으로 우리를 칭하게 하여 우리로 수치를 면케 하라"는 말씀이다. '당신'으로 지칭한 예수 그리스도의 이름으로, 교회라는 이름으로 칭하게 해달라고 요청하며 이렇게 해서 자신들의 수치를 감추어 달라는 말이다. 사단에 의해서 움직이고 광명의 천사처럼 사역을 하고 있는 자들도 자신들이 의의 일꾼으로 불리고 싶고 양의 옷을 입고 거룩한 종처럼 보이고 싶다며 수치를 감추어 달라는 웃지 못할 부탁을 주님께 하고 있다. 참으로 어이없는 일이다.

이미 성경은 교회 시대에 일어날 일들, 특히 종말에 일어날 일들을 여러 곳에 기록하고 있다. 이러한 일들은 지금 종말을 사는 우리에게는 너무나 확실하게 나타나고 있다. 그러므로 우리 모두는 자신의 신앙과 믿음을 말씀 앞에 점검해야 한다.

결국 하나님은 이방인들도 주님의 계시를 받는 종들이 되기 위해서는 예수 그리스도의 증거와 하나님의 말씀을 소유해야 한다고 말씀하시는 것이다. 이렇게 된 이방인들을 성경은 이면적 유대인이라고 부른다. 우리는 표면적으로는 결코 유대인이 될 수 없지만 주님의 말씀으로 이면적 유대인이 될 수 있다. 그동안 사단은 교회 속에서 이 사실을 숨기고 감추어 이방인인 우리는 절대로 유대인이 될 수 없다는 거짓된 말씀으로 우리를 속였다.

이렇게 사단은 표면적 유대인들과 이방인들 사이에 큰 장벽을 세워 놓고 서로가 넘지 못할 벽을 만들어 온 것이다. 이것은 결국 서로를 적으로 보게끔 하여 시기와 질투, 멸시와 천대, 탄압과 살인 등 서로가 상대방을 죽이고 싶은 감정을 갖도록 만들었고, 그것을 우리 역사에서 보았고 또 보고 있다.

하나님의 뜻은 에베소서 1장 10절에서 "하늘에 있는 것이나 땅에 있는 것이 다 그리스도 안에서 통일되게 하려 하심이라"라는 말씀대로 모든 피조물이 그리스도 안에서 하나로 통일되는 것이다. 유대인들과 이방인들도 예수 그리스도 안에서 믿음으로 하나 되어 모두가 믿음의 아버지 아브라함의 품에 있기를 원하신다.

그러나 그동안 사단은 교회사 속에서 이 비밀을 숨기고 감추어 유대인과 이방인을 서로 이간질시킴으로 하나 되지 못하게 하였고, 종말인 오늘까지도 이것이 지속되고 있다는 것은 그만큼 사단이 우리를 철저하게 속여 왔다.

그래서 요한계시록에 본격적으로 들어가기에 앞서 그동안 교회와 신학 그리고 하나님의 말씀이 얼마나 사단에게 우롱 당했고 거짓에 속아 왔는지를 발견하는 것이 매우 중요하다. 바로 이것을 발견할 때 우리는 사단에 속지 않고 요한계시록을 성령의 가르치심으로 해석할 수 있다.

이방인들이 하나님의 말씀인 구약에 대한 지식이 약한 것도 '구약은 이스라엘이라는 유대인의 역사라서 이방인인 우리와는 별로 관계없는 말씀이다'라는 의식이 우리 안에 있기 때문이고, 그런 식의 가르침을 받아 왔다. 이것이 바로 철저하게 사단에 의해서 거짓으로 속아온 결과다.

이와 같은 사실로 볼 때 지금 이방인 하나님의 종들은 과연 하나님의 말씀과 예수 그리스도의 증거를 갖고 있을까? 사도 요한을 비롯해서 믿음 안에서 순교를 한 영혼들(계 6장), 그리고 계시록 20장에서 심판의 권세와 함께 천년 동안 왕 노릇 할 자들에게는 모두가 '하나님의 말씀과 예수 그리스도의 증거'가 있었음을 말하고 있다.

그러므로 우리 이방인들은 '내가 하나님의 말씀과 예수 그리스도의 증거를 갖고 있는 자인가?' 하는 것을 살펴보아야 한다.

하나님의 말씀은 곧 "모세의 율법과 선지자의 글"을 말한다.

예수님은 부활 후에 엠마오로 내려가는 두 제자에게 나타나서 말씀하셨다. "이에 모세와 및 모든 선지자의 글로 시작하여 모든 성경에 쓴바 자기에 관한 것을 자세히 설명하시니라"(눅 24:27). 바울도 로마에서 복음을 전할 때 "모세의 율법과 선지자의 말을 가지고 예수의 일로 권하더라"(행 28:23)라고 기록하고 있다.

예수님의 참되고 진실된 종들은 '하나님의 말씀과 예수 그리스도의 증거'를 갖고 복음을 전파했던 것이다

여기서 우리는 분명히 알아야 할 것이 있다. 바로 하나님의 말씀과 예수 그리스도의 증거는 떨어지려야 떨어질 수 없는 불가분의 관계, 곧 하나라는 것이다.

로마서 1장 17절에서도 "복음에는 하나님의 의가 나타나서 믿음으로 믿음에 이르게 하나니 기록된바 오직 의인은 믿음으로 말미암아 살리라 함과 같으니라"라고 말씀하듯 복음 안에 하나님의 의가 있다.

복음은 바로 예수 그리스도의 증거의 말씀인데 이 안에 하나님의 의가 나타난다고 한다.

여기서 하나님의 의는 구약의 말씀 곧 하나님의 말씀, 다시 말하면 모세의 율법과 선지자의 글로써 이 모든 것이 결국은 하나님의 의이신 예수 그리스도에 대한 것이다.

그러므로 복음 안에는 하나님의 말씀인 모세의 율법과 선지자의 글을 품고 있어 하나가 되어 있어서 결코 분리되거나 나누어지지 않는다.

만일 나무가 있고 그 나무의 가지와 잎사귀 그리고 꽃과 열매가 매우 아름답다고 하자, 아름다운 외형은 사실 가시적인 것에서 만들어지는 것이 아니라 실제로는 그 나무의 땅 속에 숨겨진 뿌리로부터 그와 같은 아름다움이 열리도록 올라오는 수분과 영양이 공급된 결과다. 나무의 밑둥이 잘려 더 이상 진액이 공급되지 않는다면 그와 같은 아름다움이 나타날 수 없는 것과 같다.

성경 안에서 구약과 신약 또한 하나님의 말씀과 예수 그리스도의 증거로, 땅 속에 숨겨진 뿌리와 겉으로 드러나고 나타난 가지와 잎사귀 그리고 꽃과 열매에 비교할 수 있다. 종교개혁자 마틴 루터도 이 로마서 1장 17절의 말씀 속에 들어 있는 비밀을 발견하고 하나님의 뜻을 깨달았다.

그러므로 오늘날 종말에 사는 이방인의 종들은 반드시 유대인과 이방인 그리고 모세의 율법과 선지자의 글로 대변되는 하나님의 말씀과 복음으로 보인 예수 그리스도의 증거의 말씀이 하나라는 사실을 깨달아야 한다.

그러나 사단은 그동안 이방인 교회들에게 교회사를 통해서 이들을 분리시키고 나누어 하나님의 뜻을 발견하지 못하게 하였음은 이미 설명한 바이다.

예수님이 이 세상에 오실 때 그의 육체 안에는 이미 시내산에서 모세를 통해서 주었던 율법과 선지자의 글로 가득 차 있었다. 예수님은 그 안에 이미 하나님의 의로 가득 차 있었는데 이것을 설명하는 것이 바로 요한복음 2장의 가나의 혼인잔치이다. "거기 유대인의 결례를 따라 두세 통 드는 돌항아리 여섯이 놓였는지라 예수께서 저희에게 이르시되 항아리에 물을 채우라 하신즉 아구까지 채우니" (요 2:6-7)라고 말씀한다.

결례란 곧 율법을 말하는 것으로, '결례를 따라 두세 통 드는 돌항아리 여섯'이 놓였다고 한다.

이것이 영적으로는 율법을 따라서 이 땅에 육체를 입고 오신 예수 그리스도를 비유하는 말씀이다. "항아리에 물을 채우라하니 아구까지 채우니"는 돌항아리인 육체의 예수님 속에 구약의 말씀 곧 모세의 율법과 선지자의 글을 가득 아구까지 채워 오셨음을 의미하는 것이다.

율법과 선지자의 글 곧 하나님의 말씀으로 가득 채워져 오신 예수님은 신약 시대 곧 복음의 시대를 열게 된다. 이것이 세상에 잔치가 벌어진 연회장의 모습으로, 주님이 이 땅에 오심으로 세상은 생명의 잔치가 벌어진 것이라 하겠다.

그러나 예수님이 오신 당시의 이스라엘은 잔치에서 포도주가 떨어진 것처럼 생명의 말씀이 사라진 시대였다. 구약의 마지막 선지자인 말라기 선지자가 이것을 밝히고 있다.

예수님이 오셔서 그 안에 가득 채워진 하나님의 말씀인 모세의 율법과 선지자의 글이 물이 되어 연회장에 떠다 주니 이를 마신 자마다 생명의 물 곧 포도주로 바뀌었다는 사실은, 결국 예수님이 이 세상에 오신 목적, 곧 생명의 포도주를 주기 위하여 오셨음을 설명하는 영적인 말씀인 것이다.

예수님이 돌항아리로 표현되는 자신의 육체 안에 하나님의 말씀을 가득 채우고 있었듯이 마지막 종말의 종들도 당연히 우리 안에 하나님의 말씀, 곧 모세의 율법과 선지자의 글로 가득 채워야 한다.

이미 예수 그리스도의 증거의 말씀이 주님의 죽으심과 부활 그리고 영원한 심판에 관한 것이라는 것을 우리는 알고 있다. 여기서 우리는 하나님의 말씀과 예수 그리스도의 증거의 말씀이 어떻게 연결되어 있으며 어떤 관계인가를 발견해야 한다.

예수 그리스도를 만나고 마음에 할례를 받아 표면적 유대인에서 이면적 유대인으로 새롭게 태어난 유대인들을 우리는 '메시아닉 유대인' 또는 '메시아닉 쥬'라고 부른다. 이들은 하나님의 말씀을 갖고 있고 또 예수 그리스도의 증거를 갖는 자들이 되었다. 우리 이방인 종들도 예수 그리스도의 증거를 갖고 이제는 하나님의 말씀으로 나아가 이면적 유대인으로 태어나야 한다.

로마서 3장 29-30절에서 "하나님은 홀로 유대인의 하나님뿐이시뇨 또 이방인의 하나님은 아니시뇨 진실로 이방인의 하나님도 되시느니라 할례자도 믿음으로 말미암아 또는 무할례자도 믿음으로 말미암아 의롭다 하실 하나님은 한 분이시니라"라고 한다.

이제 하나님 앞에는 유대인이나 이방인이나 모두가 같다는 사실을 알아야 한다. 오직 하나님이 인정하시는 유대인 곧 이면적 유대인은 예수 그리스도를 믿음으로 말미암아 새롭게 태어날 수 있다.

[표3] 이방인 구분

자연적 이방인	구약의 모세의 율법과 선지자의 글(하나님의 말씀)을 이스라엘의 역사로 인정, 유대인과 이방인을 구별	신약의 예수 그리스도의 증거(십자가에 죽으심, 부활, 심판)에만 관심	성경이 말씀하는 이방인의 전통적 틀을 벗어나지 못함

거듭난 이방인	구약의 모세의 율법과 선지자의 글(하나님의 말씀)을 하나님의 의의 말씀으로 인정, 하나님 안에서 유대인과 이방인을 동일시함	신약의 예수 그리스도의 증거(십자가에 죽으심, 부활, 심판, 주님의 재림)에 관심, 믿음	자연적 이방인의 틀을 벗고 영적으로 이면적 유대인으로 태어남

다) 읽는 자와 듣는 자들과 지키는 자들

계 1:3 이 예언의 말씀을 읽는 자와 듣는 자들과 그 가운데 기록한 것을 지키는 자들이 복이 있나니 때가 가까움이라

"이 예언의 말씀을 읽는 자와 듣는 자들과 그 가운데 기록한 것을 지키는 자들이 복이 있나니 때가 가까움이라"라고 한다.

첫째, 단수로 표현된 예언의 말씀을 읽는 자는 누구일까?

우선 마태복음 24장 3절에서 주님의 제자들은 "주의 임하심과 세상 끝에는 무슨 징조가 있사오리이까"라고 질문한다. 그때 주님은 "너희가 사람의 미혹을 받지 않도록 주의하라 많은 사람이 내 이름으로 와서 이르되 나는 그리스도라 하여 많은 사람을 미혹게 하리라"(마 24:4-5)라고 말씀하신다.

요한계시록은 마지막 종말을 예언하고 그 일어날 일들에 대하여 기록한 책이다. 이 책에서 종말의 때에 자신이 그리스도라고 하는

거짓된 자들이 많이 일어난다고 했다. 바로 그런 자들은 자신이 그리스도인 것처럼 사람들을 속이고 계시록의 말씀을 읽는 자가 되어 가르치려고 할 것이다.

이런 현상은 지금도 수많은 곳에서 일어나고 있다. 특히 믿음으로 주님의 재림을 준비하는 사람들을 미혹하며 잘못된 길로 인도하는 것을 본다.

주님은 왜 종말의 징조로 '사람의 미혹'을 주의하라고 당부하셨을까? 종말은 사단의 강력한 미혹이 일어나는 때이고 이 미혹은 사람을 통해서 나타나기 때문이다.

그러므로 마태복음 24장 23-24절은 "그때에 사람이 너희에게 말하되 보라 그리스도가 여기 있다 혹 저기 있다 하여도 믿지 말라 거짓 그리스도들과 거짓 선지자들이 일어나 큰 표적과 기사를 보이어 할 수만 있으면 택하신 자들도 미혹하게 하리라"라고 말씀하고 있다.

이 거짓된 자들의 대부분은 요한계시록의 말씀을 가지고 미혹한다.

계시록은 종말을 기록한 말씀이고, 종말에는 주님의 재림을 바라는 많은 하나님의 백성들이 있으며 사단은 거짓 그리스도들과 거짓 선지자들을 통하여 이들을 미혹함으로 주님의 길에서 멀어지게 하고 떨어지게 한다.

종말의 시대가 영적으로 혼탁한 시대가 되는 것은 이와 같은 거짓된 종들이 많이 나타나 사단의 강력한 무기를 갖고 활동하기 때문이다. 이것에 대하여 데살로니가후서 2장 9-10절도 "악한 자의 임함은 사단의 역사를 따라 모든 능력과 표적과 거짓 기적과 불의의 모든 속임으로 멸망하는 자들에게 임하리니 이는 저희가 진리의 사랑을 받지 아니하여 구원함을 얻지 못함이니라"라고 경고하고 있다.

그러므로 하나님은 계시의 말씀을 읽는 자로 사람을 세우지 않으신다. 하나님의 영인 진리의 성령님을 읽는 자로 세워 하나님의 계시를 전할 것이다. “진리의 성령이 오시면 그가 너희를 모든 진리 가운데로 인도하시리니 그가 자의로 말하지 않고 오직 듣는 것을 말하시며 장래 일을 너희에게 알리시리라”(요 16:13)라고 말씀하기 때문이다.

오직 성령만이 우리 안에서 우리를 바른 길로 인도하며 가르칠 수 있다.

요한복음 14장 17절도 “저는 진리의 영이라 세상은 능히 저를 받지 못하나니 이는 저를 보지도 못하고 알지도 못함이라 그러나 너희는 저를 아나니 저는 너희와 함께 거하심이요 또 너희 속에 계시겠음이라”라고 하여, 우리 안에 함께 거하시는 성령님이 계시의 말씀을 읽는 자가 되어 우리를 가르침을 말씀한다.

이것은 “보혜사 곧 아버지께서 내 이름으로 보내실 성령 그가 너희에게 모든 것을 가르치시고 내가 너희에게 말한 모든 것을 생각나게 하시리라”(요 14:26)라는 명백한 주님의 말씀이 있기에 알 수 있다.

‘읽는다’라는 헬라어는 ‘아나기노스코’(ἀναγινώσκω)인데 ‘다시 알다, 확실히 알다, 인식하다, 깨닫다’라는 의미이다. 계시록을 인식하고 깨달아 확실히 알고 있다는 뜻이다. 이는 분명 예수님밖에 없으며, 예수님을 대신하는 대언의 영이신 성령님밖에 없다.

[표4]

하나님	예수 그리스도	계시	종들(하나님의 말씀과 예수 그리스도의 증거)
	성령님(읽는 자)	가르침	종들(듣는 자들): 충성되고 진실한 종, 때를 따라 양식을 나누는 종

둘째, 듣는 자들에 대해 알아보자.

'누가 계시의 말씀을 들어야 하며 주님은 어떤 자에게 계시의 말씀을 듣게 하겠는가?'라는 것이다.

여기서 '듣는다'라는 말은 '아쿠오'(ἀκούω)라고 하고 '듣다, 청취하다, 귀를 기울이다, 알아듣다, 알다, 깨닫다'라는 뜻이다. 따라서 듣는 자들은 '귀를 기울여 청취하고 알아듣고 깨닫는 자들'이라고 해석할 수 있다. 곧 성령이 계시의 말씀을 읽을 때 이에 그 가르침의 소리에 귀를 기울여 청취하고 알아들으며 깨닫고 있다는 의미다.

마태복음 13장 11절에서 주님은 제자들에게 "천국의 비밀을 아는 것이 너희에게는 허락되었으나 저희에게는 아니되었나니"라고 말씀한다. 이는 하늘의 비밀을 알아야 할 자들이 정해져 있다는 것이다.

주님은 계시록 1장 1절에서도 "그 종들에게 보이시려고"라는 단서를 붙이고 있다. 여기서 종들은 사도 요한처럼 '하나님의 말씀과 예수 그리스도의 증거'를 가진 종을 말한다. '하나님의 말씀과 예수 그리스도의 증거'를 가진 종들은 유대인이나 이방인이나 관계없이 하나님으로부터 이면적 유대인으로 인정받은, 새롭게 태어난 종들이다. 이 종들은 깨어 있고 충성되고 진실하며 때를 따라 양식을 나눠주는 종들이다.

이러한 종들은 깨어 있어 주님의 오심을 사모하며 기다린다.

마가복음 13장 28-30절에는 "무화과나무의 비유를 배우라 그 가지가 연하여지고 잎사귀를 내면 여름이 가까운 줄을 아나니 이와 같이 너희가 이런 일이 나는 것을 보거든 인자가 가까이 곧 문앞에 이른 줄을 알라 내가 진실로 너희에게 말하노니 이 세대가 지나가기 전에 이 일이 다 이루리라"라고 말씀한다.

무화과나무로 비유되는 죽었던 이스라엘이 다시금 그 가지가 연하여지고 잎사귀를 낸 것이 바로 1948년 5월 14일이라는 것은 지금을 살아가는 현대인들이라면 누구나 다 아는 사건이다.

우리가 함께 살고 있는 세대는 이 엄청난 사건을 눈으로 보며 목격한 세대이다. 주님은 이런 세대에게 "인자가 가까이 곧 문 앞에 이른 줄을 알라"라고 경고하신다. 물론 주님이 오시는 "때와 시기에 관하여는 너희에게 쓸 것이 없음은"(살전 5:1)이라고 하신다.

데살로니가전서 5장 2-8절에서는 "주의 날이 밤에 도적같이 이를 줄을 너희 자신이 자세히 앎이라 저희가 평안하다, 안전하다 할 그때에 잉태된 여자에게 해산 고통이 이름과 같이 멸망이 홀연히 저희에게 이르리니 결단코 피하지 못하리라 형제들아 너희는 어두움에 있지 아니하매 그날이 도적같이 너희에게 임하지 못하리니 너희는 다 빛의 아들이요 낮의 아들이라 우리가 밤이나 어두움에 속하지 아니하나니 그러므로 우리는 다른 이들과 같이 자지 말고 오직 깨어 근신할지라 자는 자들은 밤에 자고 취하는 자들은 밤에 취하되 우리는 낮에 속하였으니 근신하여 믿음과 사랑의 흉배를 붙이고 구원의 소망의 투구를 쓰자"라고 말씀한다.

종말에는 밤과 어두움에 속한 자들이 있고, 낮과 빛에 속한 자들이 있다고 한다.

전자는 항상 평안하다, 안전하다 하며 노아의 때와 같이, "또 롯의 때와 같으리니 사람들이 먹고 마시고 사고 팔고 심고 집을 짓더니"(눅 17:28) 하며 홀연히 다가올 멸망의 소리에 귀를 기울이지 않는다. 그러나 후자는 깨어 근신하며 믿음과 사랑의 흉배를 붙이고 주님의 재림을 사모하며 신부로 단장한다. 바로 계시의 말씀을 듣는 자들은 이처럼 낮에 속하고 빛에 속한 종들로 밤이나 어두움에 속하지 아니하고 오직 깨어 근신하는 종들이다.

종말의 시대는 밤과 어두움에 속한 종들과 빛과 낮에 속한 종들의 영적 싸움이 치열하게 벌어진다.

밤과 어두움에 속한 종들은 베드로후서 3장 3-5절에서 말씀하듯 “말세에 기롱하는 자들이 와서 자기의 정욕을 좇아 행하며 기롱하여 가로되 주의 강림하신다는 약속이 어디 있느뇨 조상들이 잔 후로부터 만물이 처음 창조할 때와 같이 그냥 있다”라고 주장한다.

이들은 과학과 현대적인 학문을 동원해서 하나님의 창조 섭리를 왜곡하고 부인한다. 이들은 주님의 강림을 기롱한다고 하는데 여기서 ‘기롱’은 ‘엠파이그모네’(ἐμπαιγμονή)라 하여 곧 ‘조소, 비웃음, 냉소, 희롱, 조롱’을 한다는 말이다. 주님의 강림을 말하고 준비하라 외치는 종들을 조롱하고 비웃는다는 것이다.

유다서 1장 17-19절에도 동일한 말씀이 기록되어 있는데 “사랑하는 자들아 너희는 우리 주 예수 그리스도의 사도들의 미리 한 말을 기억하라 그들이 너희에게 말하기를 마지막 때에 자기의 경건치 않은 정욕대로 행하며 기롱하는 자들이 있으리라 하였나니 이 사람들은 당을 짓는 자며 육에 속한 자며 성령은 없는 자니라”라고 선언한다.

이 말씀을 보면 기롱하는 자들은 하나님을 모르고 믿지 아니하는 자들이 아니라 자신의 정욕대로 믿기 때문에 당을 짓기 좋아하고 육에 속해 있으며 성령은 없는 자들이다.

이들이 어떤 위치에 있는가를 유다서 1장 12-13절은 말씀하고 있다. “저희는 기탄 없이 너희와 함께 먹으니 너의 애찬의 암초요 자기 몸만 기르는 목자요 바람에 불려가는 물 없는 구름이요 죽고 또 죽어 뿌리까지 뽑힌 열매 없는 가을 나무요 자기의 수치의 거품을 뿜는 바다의 거친 물결이요 영원히 예비된 캄캄한 흑암에 돌아갈 유리하는 별들이라.”

이들은 자신이 주님의 종이라고 하는 자칭 목자들이며 양의 옷을 입고 노략질하는 이리다. 이러한 거짓 종들은 지금도 요한계시록을 가르치고 말씀을 전하면 이단 취급을 하며 계시록의 강의 자체를 금기시하고 비웃으며 조롱한다.

사단은 바로 이것을 틈타 교회 속에서 요한계시록만을 전문으로 하는 신천지와 같은 이단들을 양성하여, 믿음의 자녀들로 하여금 계시록에 식상하게 하므로 교회 안의 분위기를 부정적인 쪽으로 몰아가게 했다. 그런 까닭에 요한계시록을 말하고 이에 관심을 갖는 목사나 성도는 이상한 부류로 취급받는 현실이 되었다.

이제 요한계시록은 목숨을 내걸고 또는 핍박을 각오하고 전해야 하는 말씀이 되었다.

그러나 이러한 시대에 주님은 계시의 말씀을 들을 자들, 곧 종들을 지금도 찾으신다. 하나님의 말씀과 예수 그리스도의 증거를 가졌으며 주님의 강림을 기다리면서 백성들에게 때를 따라 양식을 나누어 주는, 진실하고 참된 깨어 있는 종들 말이다.

마지막 종말의 시대는 계시의 말씀을 들을 선택된 자들을 진정한 하나님의 종이라 부른다. 이들은 에베소서 6장 13절의 전신 갑주를 입고 “악한 날에 너희가 능히 대적하고 모든 일을 행한 후에 서기 위함이라”라는 말씀같이 종말에 주님을 따르는 영적 군사들이다.

셋째, 그 가운데 기록한 것을 지키는 자들이다.

여기서 지키는 자들에서 '지킨다'는 말은 '테레오'(τηρέω)라고 하여 '보호하다, 지켜보다, 경계하다, 주의하다, 감시하다'로 해석된다. 이것은 외형적인 것을 지키고 보호하고 감시하는 것이 아니라 내적인 것 곧 우리의 마음 안에서 지키고 보호하고 감시한다는 의미다. 영어로는 'Take to Heart'로 '마음으로 받는다, 가슴으로 받는다'라는 뜻이다.

결국 기록된 계시의 말씀 곧 성령님으로부터 듣고 가르침을 받은 계시의 말씀을 마음으로 받아 이를 지키며 보호한다는 뜻이다. 종말에는 주님의 계시의 말씀을 마음으로 받아 지키는 일이 어렵기 때문이다.

계시록 12장에서 말씀하듯 사단과 그의 사자들 곧 마귀들이 이 땅으로 쫓겨나 환경적으로 또 영적으로 교회와 하나님의 종들을 무자비하게 공격하고 훼방하며 미혹한다. 이러한 혼돈의 시대이기 때문에 확실한 믿음과 신앙 위에 서 있지 않다면 계시의 말씀을 마음으로 지킨다는 것은 어렵다. 잠언 4장 23절에도 "무릇 지킬 만한 것보다 더욱 네 마음을 지키라 생명의 근원이 이에서 남이니라"라고 말씀한다.

사람의 일은 모든 것이 마음으로부터 출발한다. 마음에 기록되고 새겨져 있으면 반드시 그 일 하게 되며 또한 좇게 된다. 그러나 마음에 기록되어 있지 않다면 우리의 생각으로부터 흐지부지 사라지고 만다.

주님은 "그 가운데 기록한 것을 지키는 자들이 복이 있나니"(계 1:3)라고 말씀한다. 곧 계시의 말씀을 듣는 자로 끝나는 것이 아니라 그 가운데 기록한 것을 지키는 자들에게 복이 있다는 것이다.

이것은 행위적인 지킴이 아니고 우리 마음, 심령에 기록된 계시의 말씀을 신실하게 끝까지 유지하며 깨어 있는 자를 말한다.

참되고 신실한 신부, 즉 신랑이 돌아와 자신을 데려가기를 기다리며 그 언약을 꼭 붙잡듯이 말씀을 통하여 이 땅에서 주님의 신부로 언약된 자들은 그 언약의 말씀을 마음에 기록하고 새긴다.

계시의 말씀을 성령을 통하여 듣고 깨달은 종들이라면 세상의 환난과 풍파 속에서도 그 계시의 언약을 마음속에 기록하고 좌로나 우로나 치우치지 아니하고 정절을 지킬 것이다. 계시록 14장 4-5절은 이러한 종들을 향하여 "이 사람들은 여자로 더불어 더럽히지 아니하고 정절이 있는 자라 어린양이 어디로 인도하든지 따라가는 자며 사람 가운데서 구속을 받아 처음 익은 열매로 하나님과 어린양에게 속한 자들이니 그 입에 거짓말이 없고 흠이 없는 자들이더라"라고 말씀한다.

또한 요한복음 15장 5절의 "나는 포도나무요 너희는 가지니 저가 내 안에, 내가 저 안에 있으면 이 사람은 과실을 많이 맺나니 나를 떠나서는 너희가 아무것도 할 수 없음이라"라는 말씀처럼 주님 안에 함께 거하는 자들이 바로 그들이다.

이는 결국 읽는 자로부터 듣는 자와 지키는 자들은 서로 분리되어 있는 것이 아니라 성령 안에서 하나가 된 자들을 말함을 뜻한다.

[표5]

하늘	예수님	
	계시	
땅	성령님(읽는 자)	듣는 자들 ☞ 그 가운데 기록한 것을 지키는 자들

3. 일곱 교회와 일곱 영

계 1:4 요한은 아시아에 있는 일곱 교회에 편지하노니 이제도 계시고 전에도 계시고 장차 오실 이와 그 보좌 앞에 일곱 영과

가) 일곱 교회(The Seven Churches)

계 1:4 요한은 아시아에 있는 일곱 교회에 편지하노니 이제도 계시고 전에도 계시고 장차 오실 이와 그 보좌 앞에 일곱 영과

주님은 사도 요한에게 아시아에 있는 일곱 교회에 계시의 말씀을 편지로 전하라고 하신다. 그러므로 계시록 2-3장은 바로 일곱 교회에게 전하는 요한의 편지이다.

먼저, 일곱 교회는 어떻게 탄생되었는가?

외형적으로는 일곱 교회의 탄생은 사도들의 복음 전도를 통해서 시작되었다. 그중 일곱 교회의 탄생의 지대한 공은 사도 바울에게 돌려야 할 것이다.

그러나 성경이 말하는 일곱 교회, 특히 계시록에서 말하는 일곱 교회는 외형적인 교회가 아니라 우리 안에 있는 영적인 일곱 교회다. 주님은 부활 승천하시고 이 땅에 자신의 몸인 교회를 두고 가셨다.

에베소서 5장은 이 교회를 자신의 아내라고 비유하며 말하고 있다.

"이러므로 사람이 부모를 떠나 그 아내와 합하여 그 둘이 한 육체가 될지니 이 비밀이 크도다 내가 그리스도와 교회에 대하여 말하노라라"(엡 5:31-32).

주님은 교회를 자신의 아내라고 표현하며 주님 자신과 교회가 하

나의 육체가 될 것을 말한다. 세상에서 남편과 아내가 결혼하여 한 몸을 이루듯이 그리스도와 교회가 한 몸을 이룰 것을 말하며 이것이 비밀이라고 한다.

주님은 이 일을 위하여 이 세상에 오시어 교회와 아내가 될 자들을 위하여 자신의 몸을 주셨다고 한다. "그리스도께서 교회를 사랑하시고 위하여 자신을 주심같이 하라"(엡 5:25). 이어서 에베소서 5장 26-27절에서 "이는 곧 물로 씻어 말씀으로 깨끗하게 하사 거룩하게 하시고 자기 앞에 영광스러운 교회로 세우사 티나 주름잡힌 것이나 이런 것들이 없이 거룩하고 흠이 없게 하려 하심이니라"라고 하신 말씀처럼 아내인 교회들은 주님이 강림하실 때까지 말씀으로 씻어 거룩하고 흠이 없게 하라고 명령하신다.

주님은 거룩하고 흠 없는 영광스런 교회를 찾으시듯이 바로 그런 아내를 찾으신다.

여기서 우리는 현실적이고 실질적인 교회를 생각할 수 있다. 주님은 현실에서 눈에 보이는 가시적인 교회가 아니고 신부가 될 자녀들의 심령 속에 있는 보이지 않는 교회를 말한다. 심령 속에 하나님의 성전이 되어 있어서 하나님의 영이 임재해 있는 영적인 교회 말이다.

고린도전서 3장 16-17절은 이것에 대하여 "너희가 하나님의 성전인 것과 하나님의 성령이 너희 안에 거하시는 것을 알지 못하느뇨 누구든지 하나님의 성전을 더럽히면 하나님이 그 사람을 멸하시리라 하나님의 성전은 거룩하니 너희도 그러하니라"라고 말씀하고 있다. 성령이 임재해 있는 곳이 바로 성전이며 교회라는 것이다.

구약 시대에는 성막, 성전이라는 용어를 사용했지만 신약 시대에 와서는 성전이신 예수님께서 직접 육체를 입고 오시고 사역을 마치신 후에 부활하면서 교회를 이 세상에 남겨두고 가셨다.

주님은 제자 베드로를 향하여 마태복음 16장 18-19절에서 "또 내가 네게 이르노니 너는 베드로라 내가 이 반석 위에 내 교회를 세우리니 음부의 권세가 이기지 못하리라 내가 천국 열쇠를 네게 주리니 네가 땅에서 무엇이든지 매면 하늘에서도 매일 것이요 네가 땅에서 무엇이든지 풀면 하늘에서도 풀리리라"라고 말씀하셨다. '베드로'는 '페트로스'(πέτρος)라고 하는 말로 '바위, 돌, 옥석, 반석'을 의미한다.

주님은 12명의 제자들 중에서 수제자인 베드로라는 반석 위에 교회를 세우겠다고 선언하셨다. 이 교회는 눈에 보이는 외형적이며 가시적인 교회이다.

주님은 먼저 이 교회가 해야 할 일 곧 사명을 주시는데 그것이 "내가 천국 열쇠를 네게 주리니 네가 땅에서 무엇이든지 매면 하늘에서도 매일 것이요 네가 땅에서 무엇이든지 풀면 하늘에서도 풀리리라"이다. 곧 베드로에게 천국 열쇠를 주면서 이와 같은 큰 임무를 부여하신 것이다.

오늘날 베드로를 반석으로 세워진 교회라고 주장하는 곳이 바로 로마 교황청이며 가톨릭이다. 그러나 로마 교황청은 하나님의 교회가 아닌 우상의 집으로 변한 지 이미 오래이고 세계 12억의 가톨릭 교인들은 갈 길을 몰라 방황하는 자들이 되고 말았다.

우리는 먼저 교회에게 준 사명, 곧 땅에서 매는 것이 무엇이고 땅에서 푸는 것은 또 무엇인가를 알아야 한다. 교회는 천국을 소망하는 하나님의 백성들이 모여 천국에 가는 길을 인도함과 가르침을 받는 곳이다.

그리고 교회는 주님이 이 세상에 남겨 놓고 가신 하나님의 집으로 성도들의 예배와 기도와 찬양이 있는 곳이다. 교회 안에서 운행하는 영은 성령이시며, 성령은 하나님의 백성들을 가리키고 인도하며 상담하는 영으로 진리이신 예수 그리스도에게로 나가게 하는 진리의 영이다.

주님 자신도 자신에 대하여 "내가 곧 길이요 진리요 생명이니 나로 말미암지 않고는 아버지께로 올 자가 없느니라"(요 14:6)라고 말씀하고 있으며, 또한 "내가 아버지께로서 너희에게 보낼 보혜사 곧 아버지께로서 나오시는 진리의 성령이 오실 때에 그가 나를 증거하실 것이요"(요 15:26)라는 말씀으로 진리의 성령은 예수 그리스도를 증거하는 영이라고 하신다.

한편 요한복음 16장 13절에서는 "그러하나 진리의 성령이 오시면 그가 너희를 모든 진리 가운데로 인도하시리니 그가 자의로 말하지 않고 오직 듣는 것을 말하시며 장래 일을 너희에게 알리시리라"라고 성령이 하시는 일에 대하여 자세히 언급하고 있다.

주님은 교회가 성령의 가르치심으로 우리 안에서 천국에 대하여 그리고 진리에 대하여 매인 것을 풀어 자유케 하는 장소라고 하신다.

특히 요한복음 16장 8절에서 "그가 와서 죄에 대하여, 의에 대하여, 심판에 대하여 세상을 책망하시리라"라는 말씀처럼 교회는 죄와 의와 심판에 관한 바른 교육을 통하여 하늘을 향한 천국의 문이 활짝 열리게 해야만 한다.

그러나 주님은 성령이 오시면 죄와 의와 심판에 대하여 세상을 책망하신다고 한다. 이것은 곧 세상 속에 있는 교회를 책망하신다는 것이다.

왜냐하면 진리를 가르쳐야 할 교회가 해야 할 일을 하지 못했기 때문이다.

그 해야 할 일이 바로 교회에게 준 사명 곧 땅에서 매이면 하늘에서도 매이고 땅에서 풀면 하늘에서도 풀리리라는 말씀이다.

하나님은 땅과 하늘이 하나 되는 것을 원하신다. 이것은 영적으로는 땅에 있는 교회와 하늘에 계신 주님이 하나가 되는 것을 말한다. 교회가 바로 이 문제를 해결함으로 우리의 마음속에 하늘을 향하여 닫히고 매였던 것들이 풀어지며, 우리의 마음속에 자유와 기쁨이 오고 하늘의 문이 열리며 주님과 내가 하나 되게 하는 이 땅의 유일한 처소이기 때문이다.

하나님과 우리의 막혔던 관계를 해결하기 위하여 오신 분이 예수 그리스도시고, 그 핵심이 바로 죄의 문제이고 의와 심판이다. 그러나 세상의 교회들은 이 사명을 망각하고 죄와 의와 심판에 대한 교훈을 잘못 가르치고 있다는 것으로 해석할 수 있다.

이 땅의 성도들이 이 문제가 해결되지 않으면 항상 마음이 매이고 닫혀 주님과의 관계가 마음에서 풀리지 않으므로 하늘로부터 내려오는 주님의 은혜와 축복으로부터 멀어지게 된다. 이 문제를 해결하기 위해 세워진 자들이 바로 주의 종들이며 우리 개신교에서는 그들을 목사라고 한다.

주님은 지금도 '오른손에 일곱 별을 붙잡고 일곱 금촛대 사이를 다니신다'(계 2:1). 이는 일곱 교회의 종들과 교회 사이를 다시시며 교회와 종들을 감찰하신다는 의미다.

신약의 말씀은 구약의 약속을 이루고 성취하는 말씀이다. 물론 계시록의 말씀도 이미 구약 속에 기록되어 있음은 당연하다. 모세의 율법과 선지자의 글에는 주님이 이 땅에 두고 가실 일곱 교회가 등장한다. 왜냐하면 이미 하나님의 성전인 하늘 성소에 일곱 촛대가 준비되어 있기 때문이다.

출애굽기 26장 31-40절은 성소 안에 둘 등잔대, 곧 촛대와 기구들을 만드는 방식을 설명한다.

그 말씀에는 "등잔 일곱을 만들어 그 위에 두어 앞을 비추게 하며"(출 25:37), "등잔 일곱과 그 불집게와 불똥 그릇을 정금으로 만들었으니"(출 37:23)라고 기록하여 등잔 일곱을 정금으로 만들었다고 한다.

여기에 정금으로 만들어진 등잔 일곱이 바로 일곱 촛대에 비유되는 일곱 교회다.

한편 스가랴 선지자를 통하여 보여 주신 환상에서도 "내가 보니 순금 등대가 있는데 그 꼭대기에 주발 같은 것이 있고 또 그 등대에 일곱 등잔이 있으며 그 등대 꼭대기 등잔에는 일곱 관이 있고"(슥 4:2)라고 하여 순금으로 만들어진 일곱 등잔에 대하여 말씀하고 있다. 신약 시대에 정금이신 예수 그리스도로 만들어질 일곱 교회에 대한 예언이며 환상이다.

레위기 24장 2-4절에서는 하나님이 모세에게 명령하시는데 "이스라엘 자손에게 명하여 감람을 찧어 낸 순결한 기름을 켜기 위하여 네게로 가져오게 하고 끊이지 말고 등잔불을 켤지며 아론은 회막

안 증거궤 장 밖에서 저녁부터 아침까지 여호와 앞에 항상 등잔불을 정리할지니 너희 대대로 지킬 영원한 규례라 그가 여호와 앞에서 순결한 등대 위의 등잔들을 끊이지 않고 정리할지니라"라고 말씀한다.

성소 안의 여호와 앞에는 저녁부터 아침까지 항상 등잔불이 켜 있어야 한다. '왜 등잔불이 저녁부터 아침까지 밤 시간에 켜 있는가?'라는 질문을 가질 수 있는데, 이것은 바로 빛이신 예수 그리스도께서 이 땅의 사역을 마치고 부활하신 후 이 어두움의 세상에 빛을 비추어야 하는 것이 등잔불로 비유되며, 그것이 곧 일곱 교회라는 사실을 말하고 있다.

히브리서 8장 5절에서는 "저희가 섬기는 것은 하늘에 있는 것의 모형과 그림자라 모세가 장막을 지으려 할 때에 지시하심을 얻음과 같으니 가라사대 삼가 모든 것을 산에서 네게 보이던 본을 좇아 지으라 하셨느니라"는 말씀과 같이 이 땅에 있는 일곱 교회도 하늘에 있는 모형과 그림자로서 곧 하늘 성소에 있는 일곱 등잔의 모형이라 하겠다.

본문에서 사도 요한은 "아시아에 있는 일곱 교회에 편지하노니"라고 한다. 왜 예루살렘에 있는 일곱 교회가 아니고 아시아일까?

예수 그리스도로부터 시작한 복음은 예루살렘에서 출발한다. 그러나 예루살렘에는 교회가 없다는 사실은 참으로 아이러니하다.

바울은 이 이유에 대하여 심도 있게 말하고 있다. 그의 생애 마지막으로 로마에서 복음을 전하면서 복음을 듣는 유대인들의 반응과 함께 복음이 이방인에게로 갈 것을 선포하고 있다.

사도행전 28장 26-28절의 "일렀으되 이 백성에게 가서 말하기를 너희가 듣기는 들어도 도무지 깨닫지 못하며 보기는 보아도 도무지 알지 못하는도다 이 백성들의 마음이 완악하여져서 그 귀로는 둔하게 듣고 그 눈을 감았으니 이는 눈으로 보고 귀로 듣고 마음으로 깨달아 돌아와 나의 고침을 받을까 함이라 하였으니 그런즉 하나님의 이 구원을 이방인에게로 보내신 줄 알라 저희는 또한 들으리라 하더라"는 말씀으로 바울은 하나님의 복음에 대한 계획을 선포하고 있다.

그러므로 이방인의 세계를 상징하는 아시아에 일곱 교회가 요한계시록의 계시의 편지를 받게 된 것은 이방인인 우리로서는 너무나 다행스런 일이다.

나) 일곱 영(The Seven Spirits)

> **계 1:4** 요한은 아시아에 있는 일곱 교회에 편지하노니 이제도 계시고 전에도 계시고 장차 오실 이와 그 보좌 앞에 일곱 영과

사도 요한은 '보좌 앞에 일곱 영'이라고 기록하고 있다.

계시록 4장 5절에서는 이 일곱 영에 대하여 "보좌로부터 번개와 음성과 뇌성이 나고 보좌 앞에 일곱 등불 켠 것이 있으니 이는 하나님의 일곱 영이라"라고 말씀한다.

보좌 앞에 일곱 등불이 켜 있고 그 일곱 등불을 하나님의 일곱 영이라고 한다. 여기서 일곱 등불은 하늘 성소의 등불로 이 땅의 일곱 교회를 상징한다. 그러므로 일곱 영은 일곱 교회의 영으로 교회를 지키고 인도하고 감찰하는 영이라고 해석해야 할 것이다.

계시록 5장 6절에서도 “일곱 뿔과 일곱 눈이 있으니 이 눈은 온 땅에 보내심을 입은 하나님의 일곱 영이더라”라는 말씀이 있다.

일곱 영은 일곱 눈으로 온 땅에 보내심을 입었다고 한다. 여기서 일곱 눈은 하나님의 감찰하시는 눈으로 예수 그리스도의 부활하신 후에 이 땅에 보내심을 입은 성령을 가리킨다.

그렇다면 성령을 왜 일곱 영이라고 할까?

성령은 주님이 이 땅에 남겨 두고 가신 일곱 교회를 치리하고 가르치고 인도하며 보호하는 역할, 즉 일곱 종류의 서로 다른 사역을 하고 있기 때문이다. 그러므로 하나님 보좌 앞에 일곱 영은 주님의 영이고 교회의 영이며 또한 교회를 감찰하는 영으로 지금 이 땅에 와서 역사하시는 영이다. 또한 이 일곱 영은 마지막 종말의 계시의 말씀을 읽는 영이고 그리고 교회 가운데서 계시의 말씀을 들을 종들을 찾는 영이다.

4. 땅의 임금들의 머리(The Ruler of The Kings of The Earth)

계 1:5 또 충성된 증인으로 죽은 자들 가운데서 먼저 나시고 땅의 임금들의 머리가 되신 예수 그리스도로 말미암아 은혜와 평강이 너희에게 있기를 원하노라 우리를 사랑하사 그의 피로 우리 죄에서 우리를 해방하시고

계 1:6 그 아버지 하나님을 위하여 우리를 나라와 제사장으로 삼으신 그에게 영광과 능력이 세세토록 있기를 원하노라 아멘

가) 땅의 임금들의 머리

> **계 1:5** 또 충성된 증인으로 죽은 자들 가운데서 먼저 나시고 땅의 임금들의 머리가 되신 예수 그리스도로 말미암아 은혜와 평강이 너희에게 있기를 원하노라 우리를 사랑하사 그의 피로 우리 죄에서 우리를 해방하시고

사도 요한은 예수 그리스도를 '땅의 임금들의 머리'라고 한다. 이는 세상 임금들의 머리가 된다는 것이 아니고 계시록 5장 10절의 "저희로 우리 하나님 앞에서 나라와 제사장을 삼으셨으니 저희가 땅에서 왕 노릇 하리로다 하더라"는 말씀에서처럼 주님의 강림 후에 이 땅에서 펼쳐질 천년 왕국에서 나라와 제사장 겸 땅에서 왕 노릇을 할 종들을 말한다.

지금 현실에서 이루어진 사실이 아니고 종말 후에 있을 미래적인 안식의 땅에서 주님과 함께 통치할 임금들이다.

계시록은 천년 왕국을 말하며 종말의 말씀으로 깨어나 새롭게 태어난 신부들, 곧 거룩한 종들을 천년 왕국으로 인도하는 말씀이다.

계시록 20장 4절은 이것에 대하여 "또 내가 보좌들을 보니 거기 앉은 자들이 있어 심판하는 권세를 받았더라 또 내가 보니 예수의 증거와 하나님의 말씀을 인하여 목 베임을 받은 자의 영혼들과 또 짐승과 그의 우상에게 경배하지도 아니하고 이마와 손에 그의 표를 받지도 아니한 자들이 살아서 그리스도로 더불어 천년 동안 왕 노릇 하니"라고 기록한다.

계시록 20장 6절에서도 "이 첫째 부활에 참예하는 자들은 복이 있고 거룩하도다 둘째 사망이 그들을 다스리는 권세가 없고 도리어

그들이 하나님과 그리스도의 제사장이 되어 천년 동안 그리스도로 더불어 왕 노릇 하리라"라고 말씀한다.

예수 그리스도를 땅의 임금들의 머리가 된다고 한 것은 이때를 말하는 것으로 "그리스도께서 교회의 머리 됨과 같음이니"(엡 5:23)라는 말씀과 같은 의미이다. 이것은 교회의 머리이신 예수 그리스도와 교회의 몸체인 땅의 임금들이 한 몸을 이루어, 머리의 신경체계가 전신의 몸 구석구석에 전달되며 살아 있고 움직이는 생명체가 되듯 앞으로 천년 왕국은 영적으로 예수 그리스도와 왕 같은 제사장들인 땅의 임금들이 이와 같은 머리와 몸으로 연결될 것을 말한다.

고린도전서 15장 22-23절은 부활을 통하여 이 모습을 표현하고 있는데 "아담 안에서 모든 사람이 죽은 것같이 그리스도 안에서 모든 사람이 삶을 얻으리라 그러나 각각 자기 차례대로 되리니 먼저는 첫 열매인 그리스도요 다음에는 그리스도 강림하실 때에 그에게 붙은 자요"라고 한다.

여기서 부활의 순서를 말씀하면서 '그리스도 강림하실 때에 그에게 붙은 자'를 말한다. 이들 붙은 자들은 계시록 20장 6절에서 첫째 부활에 참여하는 자들이고, 주님과 한 몸을 이루는 영적인 교회로 왕 같은 제사장이 되어 그리스도와 함께 왕 노릇 할 땅의 임금들이다.

천년 왕국은 안식의 시간이다.

창세기 2장 3절에서 "하나님이 일곱째 날을 복 주사 거룩하게 하셨으니 이는 하나님이 그 창조하시며 만드시던 모든 일을 마치시고 이날에 안식하셨음이더라"라고 하기 때문이다.

지금 세상은 하나님의 창조의 6일째 마지막 시간을 향하여 달려

가고 있다. 우리 앞에 7일이라는 하나님의 안식의 시간이 다가오고 있으며, 이 시간을 하나님은 복 주시고 거룩하게 하셨다. 곧 계시록 20장에서 말씀하시는 천년 왕국이다.

지금 이 시간 주님은 그곳에서 주님과 함께 통치할 땅의 임금들을 찾으신다. 그곳은 유대인들만 들어가는 자리가 아니고 잘나고 돈 있고 학식 있는 사람들만 들어가는 자리도 아니다. 유대인이든 헬라인이든 오직 믿음을 갖고 영적으로 침노하는 자만이 들어갈 수 있는 자리이다.

그래서 마태복음 11장 12절은 "세례 요한의 때부터 지금까지 천국은 침노를 당하나니 침노하는 자는 빼앗느니라"라고 말씀하고 있다.

또한 창세기 17장에서 하나님은 아브라함과 할례의 언약을 하시면서 "내가 너로 심히 번성케 하리니 나라들이 네게로 좇아 일어나며 열왕이 네게로 좇아 나리라"(창 17:6)라고 말씀하신다. 아브라함으로부터 좇아 날 왕들이 예수 그리스도로 인한 믿음으로 그리고 영적으로 세워질 왕들이다. 이렇게 세워진 왕들을 계시록 21장 24절에서는 "만국이 그 빛 가운데로 다니고 땅의 왕들이 자기 영광을 가지고 그리로 들어오리라"라고 선포하고 있다.

나) 나라와 제사장

계 1:6 그 아버지 하나님을 위하여 우리를 나라와 제사장으로 삼으신 그에게 영광과 능력이 세세토록 있기를 원하노라 아멘

사도 요한은 '하나님을 위하여 우리를 나라와 제사장으로 삼았다'고 말씀한다. 세상을 위해서가 아니고 하나님을 위한 나라와 제사

장이라는 것이다.

구약 시대는 레위 지파 아론의 후손들만이 제사장이 될 수 있었다. 그 제사장은 하나님과 백성들 사이에서 제사를 드려 주고 하나님과의 관계를 회복시키는 일을 하였다.

출애굽기 19장 5-6절에는 "세계가 다 내게 속하였나니 너희가 내 말을 잘 듣고 내 언약을 지키면 너희는 열국 중에서 내 소유가 되겠고 너희가 내게 대하여 제사장 나라가 되며 거룩한 백성이 되리라 너는 이 말을 이스라엘 자손에게 고할지니라"라고 말씀하고 있다.

하나님의 소유가 되고 제사장 나라가 되는 것은 하나님의 말을 잘 듣고 언약을 지키는 일이다. 그러나 이스라엘은 이 언약을 지키지 않았다.

그러므로 구약 시대 마지막 선지자인 말라기는 말라기서 1장 6-8절에서 "내 이름을 멸시하는 제사장들아 나 만군의 여호와가 너희에게 이르기를 아들은 그 아비를, 종은 그 주인을 공경하나니 내가 아비일진대 나를 공경함이 어디 있느냐 내가 주인일진대 나를 두려워함이 어디 있느냐 하나 너희는 이르기를 우리가 어떻게 주의 이름을 멸시하였나이까 하는도다 너희가 더러운 떡을 나의 단에 드리고도 말하기를 우리가 어떻게 주를 더럽게 하였나이까 하는도다 이는 너희가 주의 상은 경멸히 여길 것이라 말함을 인함이니라 만군의 여호와가 이르노라 너희가 눈 먼 희생으로 드리는 것이 어찌 악하지 아니하며 저는 것, 병든 것으로 드리는 것이 어찌 악하지 아니하냐 이제 그것을 너희 총독에게 드려보라 그가 너를 기뻐하겠느냐 너를 가납하겠느냐"라는 하나님의 분노의 소리를 전하고 있다.

한편 제사장은 백성에게 하나님의 지식을 전하고 바른 길로 인도해야 함에도 불구하고 말라기서 2장 7-9절은 "대저 제사장의 입술은 지식을 지켜야 하겠고 사람들이 그 입에서 율법을 구하게 되어야 할 것이니 제사장은 만군의 여호와의 사자가 됨이어늘 너희는 정도에서 떠나 많은 사람으로 율법에 거치게 하도다 나 만군의 여호와가 이르노니 너희가 레위의 언약을 파하였느니라 너희가 내 도를 지키지 아니하고 율법을 행할 때에 사람에게 편벽되이 하였으므로 나도 너희로 모든 백성 앞에 멸시와 천대를 당하게 하였느니라"라고 말씀하므로 여호와 하나님은 이미 레위와 맺은 언약을 파하였다고 선언하고 있다.

이것은 이미 레위 지파 아론의 후손과 맺은 제사장의 언약이 파기되었다는 뜻이다. 이제는 나라와 제사장의 축복이 이방인에게로 넘어왔음을 깨달아야 한다.

이사야 선지자는 이것에 대하여 이미 이사야 66장 20-21절에서 "나 여호와가 말하노라 이스라엘 자손이 예물을 깨끗한 그릇에 담아 여호와의 집에 드림같이 그들이 너희 모든 형제를 열방에서 나의 성산 예루살렘으로 말과 수레와 교자와 노새와 약대에 태워다가 여호와께 예물로 드릴 것이요 나는 그중에서 택하여 제사장과 레위인을 삼으리라 여호와의 말이니라"라고 말씀하고 있으며, 말라기 1장 11절은 "만군의 여호와가 이르노라 해 뜨는 곳에서부터 해 지는 곳까지의 이방 민족 중에서 내 이름이 크게 될 것이라 각처에서 내 이름을 위하여 분향하며 깨끗한 제물을 드리리니 이는 내 이름이 이방 민족 중에서 크게 될 것임이니라"라고 예언하고 있다.

이것에 더하여 이방을 향한 더욱 확실한 선언이 바로 베드로전서 2장 5절 "너희도 산 돌같이 신령한 집으로 세워지고 예수 그리스도로 말미암아 하나님이 기쁘게 받으실 신령한 제사를 드릴 거룩한 제사장이 될지니라"라는 말씀과 베드로전서 2장 9절의 "오직 너희는 택하신 족속이요 왕 같은 제사장들이요 거룩한 나라요 그의 소유된 백성이니 이는 너희를 어두운 데서 불러내어 그의 기이한 빛에 들어가게 하신 자의 아름다운 덕을 선전하게 하려 하심이라"라는 말씀이다.

그러나 지금 우리는 이방인들이 제사장이 된 것을 보지 못한다. 구약 시대의 제사장이 사람을 위한 것이라면 사도 요한이 본문에서 말씀하는 제사장은 하나님을 위한 제사장으로 이는 하나님의 나라 곧 천년 왕국에서 왕 같은 제사장이 될 것이기 때문이다.

공의의 하나님이신 여호와께서는 야곱의 아들들 중에서 레위 지파를 택하고 그중에서도 아론의 후손을 택하여 제사장을 삼으셨지만, 이제 신약 시대에 예수 그리스도의 복음을 통해서는 침노하는 자가 제사장의 자리를 차지하도록 법을 변개시키셨다. 그러므로 이방인 누구든지 하늘의 제사장이 될 수 있는 길이 열려 있다.

성경 속에는 이 엄청난 비밀이 숨겨져 있지만 그동안 정통 신학과 교회들이 사단에 의하여 점령되고 미혹되어 이방인들에게 주어진 이 축복을 잊어버렸다. 사도 요한은 오늘 본문의 말씀 속에서 이방인의 일곱 교회에게 '우리를 나라와 제사장으로 삼으셨다'는 하나님의 비밀을 선포하며 하나님께 영광과 능력을 세세토록 돌리고 있다.

여기서 우리가 또 한 가지 알아야 할 것은, 구약 시대의 제사장들은 아론의 반차를 따르는 제사장이었다면 앞으로 탄생되는 제사장들은 멜기세덱의 반차를 따르는 제사장이라는 것이다.

멜기세덱에 대하여는 히브리서 7장 1-3절에서 말씀하고 있다. "이 멜기세덱은 살렘 왕이요 지극히 높으신 하나님의 제사장이라 여러 임금을 쳐서 죽이고 돌아오는 아브라함을 만나 복을 빈 자라 아브라함이 일체 십분의 일을 그에게 나눠주니라 그 이름을 번역한즉 첫째 의의 왕이요 또 살렘 왕이니 곧 평강의 왕이요 아비도 없고 어미도 없고 족보도 없고 시작한 날도 없고 생명의 끝도 없어 하나님 아들과 방불하여 항상 제사장으로 있느니라."

곧 멜기세덱은 의의 왕이요 살렘 왕이고 평강의 왕이라는 호칭을 가진 영원하신 예수 그리스도를 말한다.

멜기세덱의 영원한 제사장인 예수 그리스도는 레위 지파 아론의 후손의 계보를 따르는 제사장들을 세우는 것이 아니고 이사야 선지자의 예언 "그중에서 택하여 제사장과 레위인을 삼으리라"(사 66:21)라는 약속대로 지금 이 시간, 특별히 종말의 시간에 이방인 종들 속에서 이들을 세우고 있다.

이것을 이해하기 위해서는 먼저 창세기 14장에서 아브라함이 멜기세덱에게 십분의 일을 드리는 것에 대한 이해가 있어야 한다.

아브라함은 "모든 빼앗겼던 재물과 자기 조카 롯과 그 재물과 또 부녀와 인민을 다 찾아 왔더라"(창 14:16)라고 말한다. 이것은 단순히 조카 롯과 재물을 찾아왔다는 기록이 아니다. 믿음의 조상이며 열국의 아버지인 아브라함이 주님의 재림 전, 곧 종말까지 사단에게 붙잡힌 아브라함의 믿음의 자녀들을 찾아온다는 역사의 대서사적·영적 예언이다. 아브라함이 찾아올 하나님의 자녀들을 성경은 노획물(the spoils)이라고 말하고 있는데, 이는 사단에게서 찾아오기 때문이다.

사무엘상 30장에서도 다윗은 아말렉에게 빼앗겼던 가족들과 짐승 떼들을 찾아왔는데 "그들의 탈취하였던 것 곧 무리의 자녀들이나 빼앗겼던 것의 대소를 물론하고 아무것도 잃은 것이 없이 다윗이 도로 찾아왔고"(삼상 30:19)라고 하면서 다시 찾아온 이것들을 '다윗의 탈취물'이라고 기록하고 있다.

한편 아브라함은 돌아오는 길에 멜기세덱을 만나 "그 얻은 것에서 십분 일을 멜기세덱에게 주었더라"(창 14:20)라고 한다. 여기서 왜 아브라함은 십분의 일을 멜기세덱에게 주었는가? 이것은 하나님의 비밀인데 이것을 깨닫고 이해하는 것은 매우 중요하다.

히브리서 5장 11절에서 "멜기세덱에 관하여는 우리가 할 말이 많으나 너희의 듣는 것이 둔하므로 해석하기 어려우니라"라고 언급했듯이 멜기세덱을 이해하는 것이 곧 멜기세덱의 반차에 한 발짝 가까이 가는 것이다.

주님은 하나님께로부터 '네가 영원히 멜기세덱의 반차를 좇는 제사장이라' 하는 칭하심을 받았다(히 7:11). 예수님은 십자가의 죽으심과 부활 승천 후에 하늘의 영원한 멜기세덱의 대제사장으로 이 땅의 믿음의 조상인 아브라함으로부터 십분의 일을 받은 것이다. 이것에 대하여 히브리서 7장 4절은 "이 사람의 어떻게 높은 것을 생각하라 조상 아브라함이 노략물 중 좋은 것으로 십분의 일을 저에게 주었느니라"라고 하고 있다.

여기서 아브라함의 노략물(the spoils)이라는 것은 단순히 빼앗겼던 조카 롯으로부터 다시 찾은 것을 말하는 것이 아니다. 영적으로는 앞으로 예수 그리스도의 믿음으로 세워질 하나님의 백성들을 다시 찾아온다는 것을 의미한다. 이 하나님의 백성들은 세상에서 사단에 의해 빼앗겼던 자들로 아브라함의 믿음, 곧 예수 그리스도의 믿음을 통해서 다시금 주님 앞으로 돌아온 자녀들이다.

그러므로 사단으로부터 다시 빼앗아 온 하나님의 자녀들을 노획물로 표현하고 있다. '노획물'을 헬라어로는 '아크로디니온'(ἀκροθίνιον)이라고 해서 '더미, 덩어리'에서 유래하였고 '더미 중 가장 좋은 것 또는 전리품 중 가장 좋은 물품'이라는 뜻이다.

곧 아브라함은 10개의 더미가 있는데 그 중에서 가장 좋은 더미 하나를 멜기세덱인 예수 그리스도에게 십분의 일로 드렸다는 것이다.

아브라함이 하늘의 영원한 제사장인 예수 그리스도 곧 멜기세덱 제사장에게 10분의 1을 드리는 시간은 2천 년의 교회 역사가 끝나고 종말의 환난의 시간을 지나 천년 왕국으로 들어가는 시간에 맞추어져 있다.

이것을 위하여 히브리서 11장 믿음의 선진들에 대한 기록에서 보면 "이는 하나님이 우리를 위하여 더 좋은 것을 예비하셨은즉 우리가 아니면 저희로 온전함을 이루지 못하게 하려 하심이니라"(히 11:40)라고 하여 하나님이 우리를 위하여 더 좋은 것을 예비했다고 한다.

여기서 '더 좋은 것'은 '크레잇손'(κρείττων)으로 '더 좋은, 더 나은, 더 유용한, 더 유익한, 더 가치 있는, 더 높은, 더 고귀한'이라는 의미이다.

수많은 믿음의 선진들이 말할 수 없는 고난과 아픔, 그리고 핍박 속에서도 복음을 증거해 왔다. 이들의 수고와 노력이 결실을 맺고 온전해지기 위해서는 '우리'가 있어야 함을 말씀하는데, 그 우리가 바로 '더 좋은 것'으로서 더 높고 고귀하며 가치 있고 유용하고 유익하다는 것이다.

이와 같이 더 좋은 것으로 높고 고귀하고 가치 있으며 유용하고 유익한 '우리'가 곧 멜기세덱에게 드려질 10분의 1이며, '아브라함의 노략물 중 좋은 것'이란 표현이다.

여기서 아주 중요한 것이 있다. '노략물 중 좋은 것'이란 의미 속에는 '마지막 더미, 맨 끝에 있는 더미'라는 의미도 있어, 결국 종말에 멜기세덱 제사장인 예수님에게 드려질 노략물 중 좋은 것이 나온다는 뜻으로 이해해야 한다는 것이다. 이는 마지막 종말의 시대에 나올 주님의 종들, 곧 계시록에서 사도 요한과 같이 종말에 하나님의 말씀과 예수 그리스도의 증거를 가진 종들을 말한다.

레위기 27장은 이 10분의 1이 누구인가에 대하여 좀 더 정확하게 명시하고 있다.

먼저 레위기 27장 28-33절에서 "오직 여호와께 아주 바친 그 물건은 사람이든지 생축이든지 기업의 밭이든지 팔지도 못하고 속하지도 못하나니 바친 것은 다 여호와께 지극히 거룩함이며 아주 바친 그 사람은 다시 속하지 못하나니 반드시 죽일지니라 땅의 십분 일 곧 땅의 곡식이나 나무의 과실이나 그 십분 일은 여호와의 것이니 여호와께 성물이라 사람이 그 십분 일을 속하려면 그것에 그 오분 일을 더할 것이요 소나 양의 십분 일은 막대기 아래로 통과하는 것의 열째마다 여호와의 거룩한 것이 되리니 그 우열을 교계하거나 바꾸거나 하지 말라 바꾸면 둘 다 거룩하리니 속하지 못하리라"라고 율법으로 우리를 가르친다.

여호와께 아주 바친 물건이나 아주 바친 사람은 지극히 거룩하며 이는 반드시 죽여야 한다고 명시한다. 여호와께 아주 바친 물건이나 사람은 이 세상과는 모든 인연이 끊어졌음을 말하는 것이다. 본 절에서 말하는 여호와께 아주 바친 사람 그가 곧 10분의 1이며, 이를 지극히 거룩하다고 하는 것이다.

레위기에서 소나 양은 사람을 대신해서 드려지는 제물을 말하는 것으로 곧 제사장에 해당하는 사람들이다.

이들의 10분의 1은 막대기 아래로 통과한 것의 열 번째 것이 거룩한 것이 될 것이라고 한다. 이는 결국 여호와의 10분의 1이 될 사람들은 지극히 거룩한 자들로 반드시 세상으로부터 죽어야 하며, 이들은 막대기 아래로 통과한 자들로 열 번째 사람들이라는 말이다.

여기서 '막대기'(rod)로 언급된 히브리어 '셰베트'(שֵׁבֶט)는 '막대기, 지팡이, 채찍, 권세' 등의 의미로 사용되며 '목자의 막대기, 주권자의 막대기, 측량하는 막대기 자' 등을 가리킨다.

이것을 의미대로 해석하면, 목자이며 주권자이시고 우리를 측량하시는 예수 그리스도의 막대기, 곧 계시록 11장 1절에서 말씀하시는 "또 내게 지팡이 같은 갈대를 주며 말하기를 일어나서 하나님의 성전과 제단과 그 안에서 경배하는 자들을 척량하되"라는 척량을 위한 기준을 말하는 것이다.

주님이 척량을 위한 기준으로 사용하시는 것은 말씀이다. 주님은 이 말씀의 잣대로 교회에서 예배드리는 자들을 성전 안과 성전 밖으로 분리하신다.

아브라함이 노획물 중 좋은 것으로 10분의 1을 멜기세덱에게 드렸다는 것은 바로 막대기 아래로 통과한 열 번째 것을 말한다. 이들은 거룩한 자들이며 마지막 열 번째라는 종말에 드려질 하나님의 종들이다.

그러므로 하나님은 지금 우리가 살고 있는 이 마지막 시대에 영원한 대제사장인 예수 그리스도, 곧 멜기세덱 제사장에게 드려질 10분의 1의 종들을 찾고 계신다.

이것은 하나님의 엄중한 비밀의 말씀이다. 그동안 교회는 철저하게 하나님의 중요한 비밀을 숨겨 왔음을 오늘의 종들은 깨달아야 한다. 결국 사단은 이 비밀을 깨닫지 못하게 하여 하나님의 종들이 목표의식을 갖지 못하게 하고 방황하게 만들어 왔다.

하나님은 우리에게 말씀을 통하여 이미 바른 길, 진리의 길을 보여 주셨다.

그러나 이 진리의 말씀을 그릇으로 덮고 평상 아래 둠으로 진리의 빛을 보지 못하게 한 사단의 계획이 교회사 속에서 역사해 왔다는 사실을 하나님의 종들은 먼저 깨달아야 한다. 성경은 말씀한다. "숨은 것이 장차 드러나지 아니할 것이 없고 감추인 것이 장차 알려지고 나타나지 않을 것이 없느니라"(눅 8:17).

마지막 종말의 시대에는 이 숨겨지고 감추인 하나님의 진리, 곧 비밀의 말씀들이 드러나고 나타나며 알려질 것이다.

[표6]

A.

아론(대제사장)	혈육에 의해 (자동적으로)	땅(세상)의 제사장	하늘의 모형과 그림자
그의 아들들 (제사장)		제한적이며 변동됨 (구약 시대)	

B.

예수님(멜기세덱 대제사장)	능력으로 (침노함으로, 막대기 아래로 통과함으로, 열 번째)	하늘의 영원한 제사장	하늘의 실제
* 멜기세덱의 반차를 좇는 제사장들 * 아브라함의 노획물 중 드려진 10분의 1 * 하나님의 말씀과 예수 그리스도의 증거를 가진 자들		왕 같은 제사장들 (천년 왕국부터)	

다) 구름을 타고 오시리라

계 1:7 볼지어다 구름을 타고 오시리라 각인의 눈이 그를 보겠고 그를 찌른 자들도 볼 터이요 땅에 있는 모든 족속이 그를 인하여 애곡하리니 그러하리라 아멘

주님은 다시 오실 때 구름을 타고 오신다고 한다.

가끔 하늘을 쳐다보고 구름이 흘러가고 움직이는 것을 보며 '주님이 언제쯤 오실까'라는 생각을 한 적이 있다. 구름은 우리에게 신비로움을 준다. 구름의 크기도 색깔도 모양도 다 제각각이다. 그 구름은 이 땅에 사는 인생들에게 고향과 함께 옛 추억을 생각나게 하기도 한다.

또한 구름은 우리에게 하늘의 아름다운 그림으로도 나타나고 번개를 품은 무서운 천둥으로도 나타난다. 이 모든 세상에 펼쳐 보이는 구름의 모습 속에 바로 하나님이 함께하심을 느낀다.

주님이 사도행전에서 하늘로 승천하실 때 "저희 보는 데서 올리워 가시니 구름이 저를 가리워 보이지 않게 하더라"라고 한다. 또한 주님의 재림 시에도 "하늘로 올리우신 이 예수는 하늘로 가심을 본 그대로 오시리라"(행 1:11)라고 말씀한다.

누가복음 21장 26-27절에서는 "사람들이 세상에 임할 일을 생각하고 무서워하므로 기절하리니 이는 하늘의 권능들이 흔들리겠음이라 그때에 사람들이 인자가 구름을 타고 능력과 큰 영광으로 오는 것을 보리라"라고 한다.

주님은 분명히 이 세상에 다시 오실 때 구름을 타고 오신다고 선언하고 있다. 그러므로 이것은 우리가 구름에 대하여 관심을 가져야 할 이유가 된다.

구약 시대 이스라엘 백성들이 애굽에서 출애굽 할 때 그들을 도왔던 것이 바로 구름기둥과 불기둥이었다.

이때 '구름'은 히브리어로 '아난'(עָנָן)이라고 하는 남성 명사로 비유적으로는 '군대'라는 의미로도 사용된다. 곧 하나님이 사용하시고 부리시는 군대라는 뜻이 있다.

"구름을 타고 오시리라"에서 '타고'는 헬라어로 '메타'(μετά)라고 한다. 이 단어는 '가운데, 사이에, 함께'라는 뜻이다. 그러므로 주님이 구름을 타고 오신다는 의미는 곧 '구름 가운데 또는 사이에 함께 오신다'라는 뜻으로 해석할 수 있다. 다른 말로 표현한다면 '구름과 같은 군대에 싸여 함께 오신다'라고 표현할 수 있다.

이것에 대한 설명으로 계시록 19장 14절에서 주님이 이 세상에 심판의 주로 오실 때의 모습을 그리고 있는데 "하늘에 있는 군대들이 희고 깨끗한 세마포를 입고 백마를 타고 그를 따르더라"라고 기록하고 있다.

이스라엘의 아합 왕 때에 3년 동안 우로가 없다가 엘리야 선지자가 갈멜산에서 기도할 때 비가 시작되었다. 이 사건이 열왕기상 18장에 기록되어 있다. "사람의 손만한 작은 구름이 일어나나이다…조금 후에 구름과 바람이 일어나서 하늘이 캄캄하여지며 큰 비가 내리는지라"(왕상 18:44-45).

여기서 말씀하는 '구름'은 히브리어 '아브'(עָב)로 '어둠, 구름, 우거진 숲의 어두움'이란 뜻이다. 곧 이 구름은 '어둠의 구름'으로, 비를 잔뜩 품은 '검고 캄캄한 구름'을 말한다.

여기서 우리는 크게 두 가지 종류의 구름을 볼 수 있다. 첫째는 "하늘에 있는 군대들이 희고 깨끗한 세마포를 입고 백마를 타고"처럼 하늘 군대로 표현되고 있는 흰색의 구름이고, 둘째는 세상에 비를 내리기 위한 어둡고 캄캄한 검은색의 구름이다.

그러므로 주님이 이 세상에 강림하실 때 "구름을 타고 오시리라"는 말씀은 하얗고 희고 맑은 구름, 곧 하늘 군대와 함께 오실 것을 가리킨다 하겠다.

라) 그를 찌른 자들도 볼 터이요

> **계 1:7** 볼지어다 구름을 타고 오시리라 각인의 눈이 그를 보겠고 그를 찌른 자들도 볼 터이요 땅에 있는 모든 족속이 그를 인하여 애곡

하리니 그러하리라 아멘

계 1:8 주 하나님이 가라사대 나는 알파와 오메가라 이제도 있고 전에도 있었고 장차 올 자요 전능한 자라 하시더라

주님이 구름을 타고 강림하실 때에 "그를 찌른 자들도 볼 터이요" 라고 말씀한다. 그를 찌른 자들은 누구일까? 얼핏 주님이 십자가에서 돌아가실 때 그를 창으로 찌른 로마 군병이 떠오른다. 그러나 여기서 '찌른 자들'은 그들이 아니다.

2천 년의 교회 역사 안에는 예수 그리스도를 찌른 자들이 무수히 많다. 물론 창으로나 칼로 찌른 것이 아니다. 주님의 마음을 찌른 자들이다.

여기서 '찌른다'는 단어는 '엑켄테오'(ἐκκεντέω)로 '찌르다, 밖으로 내다, 내보내다, 파내다, 꿰뚫다'라는 의미이다. 이는 주님이 이 세상을 향하여 구세주로 그리고 메시아로 오시어 자신의 몸을 전부 내어주면서 우리의 죄를 대속하시고 이 세상으로부터 구속하며 사랑하신 사실을 증거하며 기록한 것이다. 이것이 바로 복음이다.

그러나 이 복음 안에 증거된 말씀들을 부정하고 인정하지 않으며 오히려 이를 대적하는 자들이 무수히 많다. 이들이 바로 주님의 마음을 찌르는 자들이다. 마지막 종말의 시간에 주님을 배도하고 찌르는 자들이 무수히 나올 것을 주님은 이미 아시고 이와 같은 말씀을 기록하셨다.

데살로니가후서 2장 3절은 "누가 아무렇게 하여도 너희가 미혹하지 말라 먼저 배도하는 일이 있고 저 불법의 사람 곧 멸망의 아들이

나타나기 전에는 이르지 아니하리니"라고 먼저 주님을 배도하는 일이 있을 것을 선언하고 있다. 여기 배도하는 자들은 세상 속에 주님을 믿지 아니하는 자들이 아니다. 이들은 교회를 섬기는 종들이고 많은 하나님의 백성들에게 칭찬과 존경을 받던 자들이다.

이스라엘이 세상에 다시 탄생되는 1948년의 시간에 맞추어 WCC(세계교회협의회)가 만들어진 이후 70년이 지난 지금까지 가톨릭은 물론이고 개신교의 수많은 교단들이 이미 배도에 합류했다. 또 성경 안에서는 도저히 받아들일 수 없는 동성애법과 차별금지법 등이 통과 시행되고 있음은, 수많은 교회들과 종들이 이제는 하나님의 말씀을 신뢰하지 않고 있음을 보여 주는 전형적인 배도의 현상들이다.

주님이 이 세상에 재림하시기 전에 먼저 주님을 대적하는 '불법의 사람 곧 멸망의 아들'이 나타날 것이고, 주님을 배도한 교회와 종들은 이 멸망의 아들로 칭하는 적그리스도와 한 짝이 되어 하나님의 백성들을 핍박하고 탄압할 것이라고 성경은 우리에게 말하고 있다.

여기서 '배도'라는 단어는 '아포스타시아'(ἀποστασία)로 '변절, 탈당, 반란, 배반, 배신, 반역, 배교, 배도'라는 뜻이다.

이들은 주님의 열두 제자 중 하나로 있다가 마지막에 주님을 배반하고 판 가룟 유다와 같은 자들로써 히브리서 6장 4-6절에서는 "한 번 비췸을 얻고 하늘의 은사를 맛보고 성령에 참예한바 되고 하나님의 선한 말씀과 내세의 능력을 맛보고 타락한 자들은 다시 새롭게 하여 회개케 할 수 없나니 이는 자기가 하나님의 아들을 다시 십자가에 못 박아 현저히 욕을 보임이라"라는 엄격한 하나님의 심판이 따르는 자들이다.

그리스도의 종 베드로는 이와 같은 종들을 향하여 베드로후서 2장에서 신랄하게 비판하고 있는데 "육체를 따라 더러운 정욕 가운데서 행하며 주관하는 이를 멸시하는 자들에게 특별히 형벌하실 줄을 아시느니라 이들은 담대하고 고집하여 떨지 않고 영광 있는 자를 훼방하거니와"(벧후 2:10)라며 이들의 속성이 어떠한지를 설명하고 있다.

오늘도 주님의 재림을 거부하고 반대하는 자들은 때를 따라 양식을 나누어 주라는 주님의 명령과는 관계없이 악한 종이 되어 배도의 길을 가고 있다. 마태복음 24장 48-51절에서는 이러한 종들을 향하여 "만일 그 악한 종이 마음에 생각하기를 주인이 더디 오리라 하여 동무들을 때리며 술친구들로 더불어 먹고 마시게 되면 생각지 않은 날 알지 못하는 시간에 그 종의 주인이 이르러 엄히 때리고 외식하는 자의 받는 율에 처하리니 거기서 슬피 울며 이를 갊이 있으리라"라고 말씀하고 있다.

배도하는 종들은 하나님의 백성들을 잘못된 길로 인도하며 거짓으로 미혹하고 자신들의 욕심을 위하여 하나님과 백성들을 우롱하고 이용하는 자들이다.

구약에서도 예레미야 선지자는 이와 같은 종들에게 예레미야 23장 1-2절을 통하여 그 실체를 드러내며 "나 여호와가 말하노라 내 목장의 양 무리를 멸하며 흩는 목자에게 화 있으리라 그러므로 이스라엘 하나님 나 여호와가 내 백성을 기르는 목자에게 이같이 말하노라 너희가 내 양무리를 흩으며 그것을 몰아내고 돌아보지 아니하였도다 보라 내가 너희의 악행을 인하여 너희에게 보응하리라 여호와의 말이니라"라고 경고하였다.

유다서에서도 우리에게 "사랑하는 자들아 너희는 우리 주 예수 그리스도의 사도들의 미리 한 말을 기억하라 그들이 너희에게 말하기를 마지막 때에 자기의 경건치 않은 정욕대로 행하며 기롱하는 자들이 있으리라 하였나니 이 사람들은 당을 짓는 자며 육에 속한 자며 성령은 없는 자니라 사랑하는 자들아 너희는 너희의 지극히 거룩한 믿음 위에 자기를 건축하며 성령으로 기도하며 하나님의 사랑 안에서 자기를 지키며 영생에 이르도록 우리 주 예수 그리스도의 긍휼을 기다리라"(유 1:17-21)라고 권면하고 있으므로 이를 깨달아 지켜야 할 것이다.

[표7]

찌른 자들		적그리스도		예수 그리스도를 대적
* 배도한 자들 * 기롱하는 자들 * 악한 종들	+	불법의 사람 멸망의 아들	→	하나님의 백성을 미혹 진리의 길을 방해

II.

네 본 것과 이제 있는 일과 장차 될 일

계 1:9 나 요한은 너희 형제요 예수의 환난과 나라와 참음에 동참하는 자라 하나님의 말씀과 예수의 증거를 인하여 밧모라 하는 섬에 있었더니

⬇

계 1:20 네 본 것은 내 오른손에 일곱 별의 비밀과 일곱 금촛대라 일곱 별은 일곱 교회의 사자요 일곱 촛대는 일곱 교회니라

1. 나팔 소리 같은 큰 음성(A loud voice like a Trumpet)

계 1:10 주의 날에 내가 성령에 감동하여 내 뒤에서 나는 나팔 소리 같은 큰 음성을 들으니

하나님의 나팔 소리는 우리에게 하나님의 뜻을 전하는 도구이며 방법이다.

구약에서 하나님은 광야에서 이스라엘 백성들과 함께 이동할 때 나팔의 신호로 회중의 소집과 진행, 장막을 치는 일, 적들과의 전쟁의 신호 그리고 절기 등을 알리셨다. 민수기 10장은 나팔 신호의 방

법에 따른 이스라엘 백성들의 행동 양식에 대하여 기록하고 있다.

오늘 본문에서도 사요 요한은 나팔 소리 같은 큰 음성을 들었다고 한다.

여기서 들리는 이 나팔 소리는 모든 사람들의 귀에 들리는 소리가 아니고 오직 사도 요한의 귀에만 영적으로 들리는 소리다. 사도행전 9장에서 바울이 다메섹 선상에서 주님을 환상으로 만날 때도 주님을 본 사람은 바울뿐이고 나머지 함께 한 사람들은 소리만 들었다고 한다.

이 '소리'는 '포네'(φωνή)라는 말로 '비치다'에서 유래하였고 '소리, 목소리, 음성, 연설' 등을 의미한다. 여기서 바울이 들은 소리는 빛 속에서 들리는 음성으로 사람의 소리와는 다르다.

지금 사도 요한이 들은 '나팔 소리 같은 큰 음성'도 빛 가운데 울리는 음성을 말한다.

계시록 8장에서는 일곱째 인이 떨어지면서 나팔을 부는 장면이 나온다. 천사들이 나팔을 가지고 불기 시작하는데 과연 이때 불리는 나팔은 무엇일까? 계시록을 연구하는 사람들이나 말씀에 관심 있는 사람들이라면 한 번쯤은 이 나팔을 궁금하게 여겼을 것이다. 과연 이 나팔 소리는 하늘로부터 세상에 들리는 소리일까? 모든 사람들은 이 나팔 소리를 들을 수 있을까?

우리 모두는 이 나팔 소리를 듣기 원하며 궁금해한다.

나팔은 백성들의 행진과 회중들의 모임 등을 알릴 때 사용되었지만 성소에서 하나님을 찬송할 때도 나팔을 불었다. 구약 시대에는 이스라엘 백성들 모두에게 이 나팔 소리가 들려야 하고 또 들어야 했다. 그래서 나팔을 부는 제사장들을 특별히 세웠다. "헤만과 여두둔을 세워 나팔과 제금들과 하나님을 찬송하는 악기로 소리를 크게 내게 하였고"(대상 16:42). 또한 하나님의 말씀을 받들며 선견자의 일을 담당하였던 '헤만의 아들들은 나팔을 부는 자'(대상 25:5)로 특별히 세웠다.

그러나 마지막 종말에는 이 나팔 소리가 모든 사람들에게 들리지 않는다. 히브리서 9장 28절의 말씀처럼 "이와 같이 그리스도도 많은 사람의 죄를 담당하시려고 단번에 드리신바 되셨고 구원에 이르게 하기 위하여 죄와 상관없이 자기를 바라는 자들에게 두 번째 나타나시리라"라고 하기 때문이다.

주님의 초림 시에 십자가에서의 죽으심은 모든 사람의 죄를 위하여 단번에 죽으심이었다.

하지만 주님의 재림 시 곧 종말에는 구원을 이루기 위하여 바라는 자들에게 나타난다.

주님은 백성들의 구원을 이루기 위해 곧 완성하시기 위해 재림하신다. 따라서 주님의 재림을 바라지 않고 관심이 없는 자들에게 나타나실 이유가 없다. 주님의 나팔 소리도 주님의 재림을 바라는 자들에게만 영적으로 들리는 소리다.

사단은 과학을 이용하여 이러한 하늘로부터 울리는 나팔 소리까지 조작하고 위조하여 모든 사람들에게 들리게 함으로 종말이라는 두려움을 주도록 하고 있다(HAARP 참조).

이것은 주님의 재림을 말하는 종말은 분리의 시대이자 선택의 시간으로 좌와 우의 확실한 길로 나누어지는 시간임을 명심해야 한다.

베드로는 사도 요한이 기록한 요한계시록을 두고 베드로후서 1장 19절에서 "또 우리에게 더 확실한 예언이 있어 어두운 데 비취는 등불과 같으니 날이 새어 샛별이 너희 마음에 떠오르기까지 너희가 이것을 주의하는 것이 가하니라"라고 경고한다.

'우리에게 있는 더 확실한 예언'은 요한계시록이다. 이 계시록이 '어두운 데 비취는 등불 같다'고 말하는 것이다.

마지막 종말의 시대는 어두움의 시대가 될 것이고, 세상으로 쫓겨난 사단과 그의 사자들 곧 마귀들은 혼돈과 무질서 그리고 미혹과 거짓으로 세상을 무참하게 짓밟을 것이다.

특별히 교회는 배도와 비진리로 하나님의 백성들은 갈 길을 잃어버리고 방황하게 될 것이기 때문에 이 어두움의 시간에 계시록은 등불의 역할을 할 것이라는 말씀이다.

그렇더라도 우리는 '샛별이 너희 마음에 떠오르기까지 주의하라'라는 경고의 말씀에 귀를 기울여야 한다. 곧 샛별이신 예수 그리스도가 우리의 마음에 떠올라야 한다는 것이다.

그것은 예수 그리스도의 계시이기 때문이며, 이는 예수 그리스도만이 우리 마음에 오셔서 이 계시의 말씀을 깨닫게 하고 이해하게 하며 바르게 해석하게 한다는 것을 의미한다.

샛별이 우리의 마음에 떠오르지도 않은 상태에서 계시록의 말씀을 해석한다면 곧 "먼저 알 것은 경의 모든 예언은 사사로이 풀 것이 아니니"(벧후 1:20)라는 경고를 먼저 심각하게 받아야 할 것이다.

2. 일곱 금촛대와 일곱 별(Seven Golden Lampstands and Seven Stars)

계 1:20 네 본 것은 내 오른손에 일곱 별의 비밀과 일곱 금촛대라 일곱 별은 일곱 교회의 사자요 일곱 촛대는 일곱 교회니라

가) 일곱 금촛대

계 1:12 몸을 돌이켜 나더러 말한 음성을 알아보려고 하여 돌이킬 때에 일곱 금촛대를 보았는데

계시록 1장 20절은, 일곱 금촛대는 일곱 교회요 일곱 별은 일곱 교회의 사자라고 명명하였다. 여기서 일곱 금촛대와 일곱 별은 떨어질 수 없는 깊은 상관관계가 있다. 촛대에는 반드시 불을 밝히는 사자가 있어야 하며, 사자 또한 촛대 없이는 존재할 수 없다.

주님은 부활하신 후 성령을 통하여 이 세상에 일곱 금촛대 곧 일곱 교회와 그 위에 일곱 사자를 세우셨다.

금촛대는 이미 출애굽기 25장에서 "정금으로 등대를 쳐서 만들되"(출 25:31)라고 말씀했다. 또 "등잔 일곱을 만들어 그 위에 두어 앞을 비추게 하며 그 불집게와 불똥 그릇도 정금으로 만들지니 등대와 이 모든 기구를 정금 한 달란트로 만들되"(출 25:37-39)라고도 했다.

정금 한 달란트는 영적으로 예수 그리스도를 비유하는 말씀이며, 일곱 등대 곧 일곱 금촛대는 그 밑판과 줄기와 잔과 꽃받침과 꽃 그리고 불집게와 불똥그릇까지 정금이신 예수 그리스도로 만들어져야만 한다는 것을 말한다. 신약 시대에 세워진 일곱 교회는 율

법의 말씀처럼 정금이신 예수 그리스도의 한 몸체라는 것을 의미하는 것이다.

에베소서는 그리스도와 교회의 관계를 남편과 아내에 비유하여 "이와 같이 남편들도 자기 아내 사랑하기를 제 몸같이 할지니 자기 아내를 사랑하는 자는 자기를 사랑하는 것이라 누구든지 언제든지 제 육체를 미워하지 않고 오직 양육하여 보호하기를 그리스도께서 교회를 보양함과 같이 하나니 우리는 그 몸의 지체임이니라"(엡 5:28-30)라고 말씀한다.

결국 율법에서 성소에 정금으로 쳐서 만든 일곱 등대는 예수님을 통하여 세워질 일곱 금촛대를 의미하는 것으로, 이것은 율법의 예언이 예수님을 통한 성취를 말한다.

그러므로 일곱 등대가 한 달란트의 정금으로 쳐서 만들고 연결되었듯이, 신약 시대의 일곱 금촛대 역시 따로 분리된 교회가 아니고 예수 그리스도에 의하여 하나로 연결된 교회라는 사실을 깨달아야 한다.

그러므로 본 절에서 에베소 교회로부터 시작하여 라오디게아 교회까지의 일곱 교회에 편지를 보내라고 하는 주님의 명령은, 에베소서 5장의 기록에 의하면, 남편이 아내에게 "내가 갈 테니 깨어 준비하고 정결케 하라"라는 소식을 전하라는 음성이다.

여기에서 일곱 금촛대인 일곱 교회는 한 아내를 말하며, 일곱 교회는 그 각각의 지체라고 보아야 한다. 만약 일곱 금촛대를 하나가 아닌 각각 나누어진 지체로 본다면 이는 일곱 명의 아내에게 편지를 보내는 것으로 성경의 말씀과 일치하지 않는다. 사람의 몸에도 머리가 있고 두 팔이 있으며 두 다리가 있고 가슴과 복부가 있듯이, 그리고 제각각 그 역할과 기능들이 다르듯이, 일곱 금촛대도 이와 같이 기능적으로 다른 부분을 말하는 것이다. 따라서 일곱 교회는 이런 한 몸에서 다른 기능과 역할을 의미한다고 할 것이다.

사람 몸의 모든 기능과 역할은 혈액과 신경이 지나므로 생명 활동을 할 수 있고 각각의 서로 다른 기능을 발휘할 수 있는 것처럼 일곱 금촛대인 일곱 교회에도 반드시 혈액 같은 물질이 공급되어야 하고 또 신경이 연결되어 서로를 느낄 수 있고 조절할 수 있어야 한다. 혈액이 움직이지 않고 신경이 제 기능을 발휘하지 못하면 죽는 것처럼 일곱 금촛대도 이러한 물질이 공급되지 않으면 죽은 촛대이며 죽은 교회인 것이다.

또한 우리가 알아야 할 것은 일곱 금등잔 곧 일곱 금촛대는 등불을 켜기 위한 것이라는 사실이다. 등불을 켜지 않는 등잔이나 촛대는 있어야 할 의미가 없다.

출애굽기 27장 20절은 "너는 또 이스라엘 자손에게 명하여 감람으로 찧어낸 순결한 기름을 등불을 위하여 네게로 가져오게 하고 끊이지 말고 등불을 켜되"라고 율법은 우리를 가르친다. '끊이지 말고 등불을 켜라'라고 명령하듯이 교회는 끊이지 않고 등불을 밝혀야만 하는 것이다.

레위기 24장 2절에서는 "이스라엘 자손에게 명하여 감람을 찧어낸 순결한 기름을 켜기 위하여 네게로 가져오게 하고 끊이지 말고 등잔불을 켤지며"라고 기록한다.

여기서 우리는 등불을 켜기 위한 '감람으로 찧어낸 순결한 기름'이 무엇인가 알아야 한다. 이것은 성소 안의 등잔에 불을 켜기 위한 순결한 기름으로 오늘도 일곱 교회가 등불을 밝히기 위해서는 반드시 필요한 기름이기 때문이다.

스가랴 선지자는 이 기름이 어디로부터 어떻게 흘러나오는지를 말씀한다. "내가 보니 순금 등대가 있는데 그 꼭대기에 주발 같은 것이 있고 또 그 등대에 일곱 등잔이 있으며 그 등대 꼭대기 등잔에는 일곱 관이 있고 그 등대 곁에 두 감람나무가 있는데 하나는 그 주발 우편에 있고 하나는 그 좌편에 있나이다"(슥 4:2-3)라고 그는 환상을 통하여 기록하였다.

등대의 곁에는 좌우편에 감람나무가 하나씩 서 있다고 말한다. 왜 감람나무는 좌우편에 서 있으며 이 감람나무의 역할은 무엇인가?

스가랴 선지자는 이것이 궁금하여 질문한다. 스가랴서 4장 11절에서 "등대 좌우의 두 감람나무는 무슨 뜻이니이까"라고 질문할 때 천사는 그에게 "이는 기름 발리운 자 둘이니 온 세상의 주 앞에 모셔 섰는 자니라"(슥 4:14)라고 대답한다.

두 감람나무가 하나님으로부터 '기름 발리운 자'라는 것이며 '주 앞에 모셔 섰는 자'이다.

그렇다면 '주 앞에 모셔 섰는 자'는 누구일까? 그가 누구인지를 찾아야 한다.

이는 '예수 그리스도 앞에 모셔 섰는 자'라는 뜻으로 바로 마태복음 17장 1-3절에서 발견할 수 있다. "엿새 후에 예수께서 베드로와 야고보와 그 형제 요한을 데리시고 따로 높은 산에 올라가셨더니 저희 앞에서 변형되사 그 얼굴이 해같이 빛나며 옷이 빛과 같이 희어졌더라 때에 모세와 엘리야가 예수로 더불어 말씀하는 것이 저희에게 보이거늘"이라고 하며 주님 앞에 모세와 엘리야가 등장한다. 바로 이들이 신약 시대 주님 앞에 모셔 섰는 자며, 하나님으로부터 모세는 율법을 받기 위하여, 엘리야는 선지자로서 하나님의 예언의 말씀을 위하여 기름 부음을 받은 자다.

베드로라는 반석 위에 교회를 세우겠다고 말씀하신 주님 앞에서, 베드로 곧 교회는 초막 셋을 짓겠다면서 "주께서 만일 원하시면 내가 여기서 초막 셋을 짓되 하나는 주를 위하여, 하나는 모세를 위하여, 하나는 엘리야를 위하여 하리이다"라고 선언하고 있다.

베드로가 짓겠다는 초막 셋은 무엇인가? 이는 이 '세상의 교회는 곧 주님을 위하여'라는 복음의 초막과 '모세를 위하여'라는 율법의 초막, 그리고 '엘리야를 위하여'라는 선지자의 글이란 초막을 짓겠다는 것이다.

'초막'은 헬라어로 '스케네'(σκηνή)인데 '천막, 막사, 초막, 사는 집, 처소, 장막'의 뜻을 가지며, 신약 시대 하나님의 백성들이 살아야 할 집이자 장막이고 처소를 말한다.

천막, 초막, 처소 장막은 이 땅에서 베드로를 반석으로 하여 세워질 교회를 말하는 것으로 이 교회 안에는 세 종류, 곧 예수 그리스도의 복음과 모세의 율법과 엘리야를 중심으로 하는 선지자의 글이 세워질 것을 선언하고 있다.

또한 베드로가 '초막 셋을 짓되'라는 말을 할 때 여기서 '짓는다'라는 단어는 '포이에오'(ποιέω)로서 '만들다, 형성하다, 세우다, 창조하다, 달성하다'라는 의미이다.

그러므로 주님이 변화산에서 모세와 엘리야를 제자들에게 보여 주신 것은, 주님의 복음을 증거하는 종들이 세워 갈 교회 안에는 주님의 복음뿐만이 아니라 모세의 율법과 선지자의 글이 반드시 필요하다는 사실을 알려 주시기 위함이었다.

이것이 바로 스가랴 선지자에게 보여 주신 일곱 등대와 그 우편과 좌편에 세워진 감람나무의 관계다. 일곱 등대는 곧 신약 시대에 주님을 통하여 그리고 베드로라는 제자를 반석으로 세워질 일곱 교회를 상징하며, 그 교회 양 옆에는 우편에 모세의 율법과 좌편에 선지자의 글이 감람나무로서 서 있을 것을 보여 주는 환상이다.

두 감람나무의 역할은 "금기름을 흘려내는 두 금관 옆에 있는 이 감람나무 두 가지는 무슨 뜻이니이까"(슥 4:12)라는 질문에서처럼 '금기름'을 흘려보내는 것이다. 등잔에 불을 켜기 위해서는 당연히 금기름을 흘려 받아야 한다.

금기름이라고 말한 것은, 그 기름이 그냥 단순한 기름이 아니라 정금이신 예수 그리스도가 모세의 율법 속과 선지자의 글 속에서 찧어져 순수하고 정결하며 깨끗한 기름으로 만들어졌기 때문이다.

그러므로 오늘의 교회가 교회로서 진리의 등불을 밝히기 위해서는 바로 금기름을 흘려 받아야 하는데 이 기름이 모세의 율법과 선지자의 글이라는 두 감람나무로부터 공급된다는 사실을 명심해야 한다. 교회가 진리의 등불을 켜기 위해서는 모세의 율법과 선지자의 글로부터 금기름을 흘려 받아야 하는 것을 말하는 것으로 하나님의 비밀의 말씀이다

그러나 교회 역사를 보면, 사단에 의하여 이 사실이 숨겨지고 감추어져 왔기 때문에 수많은 신약 시대의 교회들이 등불을 밝히지 못하는 죽은 교회였다.

누가복음 8장 17절에서는 이 숨겨지고 감추어진 것들에 대하여 "숨은 것이 장차 드러나지 아니할 것이 없고 감추인 것이 장차 알려지고 나타나지 않을 것이 없느니라"라는 말씀으로 마지막 종말에 이

러한 사실들이 드러날 것임을 말하고 있다.

필자가 본 계시록의 강해를 쓴 동기도 다름 아닌 사단에 의하여 숨겨지고 감추인 것들을 드러내고 나타내기 위해서다. 주님의 신부로 준비되어야 할 종들이 먼저 이것을 깨달아 현재 자신이 서 있는 믿음의 길이 생명의 길인지 아니면 멸망의 길인지를 분별하게 하기 위함이다.

베드로후서 1장 19절에서 "또 우리에게 더 확실한 예언이 있어 어두운 데 비취는 등불과 같으니 날이 새어 샛별이 너희 마음에 떠오르기까지 너희가 이것을 주의하는 것이 가하니라"라는 말씀과 같이 지금은 샛별이신 예수 그리스도께서 마지막 종말을 밝히시기 위하여 그리고 숨겨지고 감추어졌던 진리들을 드러내기 위하여 우리 마음 곧 여러분의 마음에 떠오를 것이다.

그러므로 요한계시록의 계시의 말씀, 곧 예언의 말씀은 어두운 세상을 비추는 등불로 믿음의 사람들은 이 등불을 바라보고 좇아야 할 것이다

[표8]

A.

구약의 성소 안에	⇐ 감람으로 찧은 순결한 기름	⇐ 등대 양 옆의 두 감람나무 (기름 발리운 자 둘)
일곱 등대와 등잔 (끊이지 말고 계속 켤지니라)		

B.

신약의 교회 안에	⇐ 금기름 (모세의 율법과 선지자의 글)	⇐ 예수 그리스도의 증거 하나님의 말씀(모세의 율법과 엘리야 선지자의 글)
일곱 금촛대 (진리의 빛을 비추기 위해)		

나) 일곱 별

계 1:16 그 오른손에 일곱 별이 있고 그 입에서 좌우에 날 선 검이 나오고 그 얼굴은 해가 힘있게 비취는 것 같더라

주님은 "그 오른손에 일곱 별이 있고"라고 말씀한다. 또한 본문 20절에서는 "네 본 것은 내 오른손에 일곱 별의 비밀과 일곱 금 촛대라 일곱 별은 일곱 교회의 사자요 일곱 촛대는 일곱 교회니라"라고 말씀한다.

사도 요한이 본 것은 일곱 별의 비밀과 일곱 금촛대였다. 여기서 '보았다'라는 단어는 '에이도'(εἴδω)로 '알았다'라는 의미이다. 동사로 쓰이는 이 단어는 과거 시제에만 사용하며, 지금 보고 있는 현재나 현재진행형이 아니라 이미 '보았다, 알았다'라는 뜻으로 사용된다. 그렇다면 이 말은 사도 요한은 이미 일곱 별에 대하여 그리고 일곱 금촛대에 대하여 알았다는 것이다.

하나님이 아브라함과 첫 언약을 맺는 장면을 창세기 15장에서 보게 되는데 "그를 이끌고 밖으로 나가 가라사대 하늘을 우러러 뭇별을 셀 수 있나 보라 또 그에게 이르시되 네 자손이 이와 같으리라"(창 15:5)라는 말씀을 하신다.

'뭇별'은 히브리어로 '코카브'(כּוֹכָב)라 하여 '별, 뛰어난 왕'을 가리키는 단어다. 이사야 14장 13절에도 사단은 "네가 네 마음에 이르기를 내가 하늘에 올라 하나님의 뭇별 위에 나의 보좌를 높이리라 내가 북극 집회의 산 위에 좌정하리라"라고 주장한다.

첫째로 하나님이 아브라함과의 언약에서는 네 자손을 무수히 많

은 셀 수 없을 정도의 뭇별에 비유하고 있다. 그러나 두 번째로 사단은 하나님의 뭇별 위에 나의 보좌를 높이겠다고 한다. 이 뭇별이 무엇이기에 뭇별을 놓고 대치하는 것인가?

하나님이 아브라함에게 약속한 뭇별 곧 수많은 별들은 예수 그리스도로 인하여 '뛰어난 왕'들이 될 자들을 말한다. 이들을 계시록에서는 왕 같은 제사장들이라고 하여 "저희로 우리 하나님 앞에서 나라와 제사장을 삼으셨으니 저희가 땅에서 왕 노릇 하리로다"(계 5:10)라고 한다.

사단은 원래 하늘에서 계명성이라는 최고의 별로 만들어진 자이다. 그러나 이사야 14장 12절의 말씀에서 "너 아침의 아들 계명성이여 어찌 그리 하늘에서 떨어졌으며 너 열국을 엎은 자여 어찌 그리 땅에 찍혔는고"라고 하듯 하늘에서 땅으로 떨어졌다.

이것을 계시록 12장에서는 "큰 용이 내어 쫓기니 옛 뱀 곧 마귀라고도 하고 사단이라고도 하는 온 천하를 꾀는 자라 땅으로 내어 쫓기니 그의 사자들도 저와 함께 내어 쫓기니라"라고 기록하고 있다.

지금 사단은 원래 있었던 하늘에서의 자신의 자리를 다시 차지하려는 시도를 하고 "하나님의 뭇별 위에 나의 보좌를 높이리라"라는 선언을 하고 있다.

이것이 지금 세상에서 일어나고 있는 모든 문제와 환난의 근본이다.

사단과 그의 사자들은 이 세상에서 태어날, 곧 예수 그리스도의 복음을 통하여 태어날 수많은 뭇별들이 태어나지 못하게 하기 위하여 성경의 말씀을 변조하고 신학을 비롯한 각 가지의 방법을 동원하여 미혹하였다. 심지어는 데살로니가후서 2장 9-10절의 "악한 자의 임함은 사단의 역사를 따라 모든 능력과 표적과 거짓 기적과 불의의 모든 속임으로 멸망하는 자들에게 임하리니 이는 저희가 진리의 사랑을 받지 아니하여 구원함을 얻지 못함이니라"라는 말씀처럼 거짓된 역사로 세상을 덮고 있다.

십자가의 사건 이후에 사단은 하늘의 자신의 자리에서 쫓겨나 땅으로 떨어졌다. 이것을 계시록 12장에서는 "땅과 바다는 화 있을진저 이는 마귀가 자기의 때가 얼마 못 된 줄을 알므로 크게 분내어 너희에게 내려갔음이라"(계 12:12)라고 말하고 있다.

그러므로 기독교의 2천 년의 역사는 사단이 이 땅에 내려와 뭇별들이 탄생되는 것을 막기 위하여 온갖 것에 검은 먹칠을 한 시기라 하겠다.

사단은 이 땅에서 미혹과 거짓을 통해 승리하여 자신의 원래 자리로 복귀하고 싶다는 뜻을 내비친 것을 "내가 하늘에 올라 하나님의 뭇별 위에 나의 보좌를 높이리라"라고 표현하였다.

그러나 하나님은 절대로 사단에게 패할 수 없는 분이고, 사단의 음흉한 계획을 이미 알고 계신다. 지금도 이 땅에 있는 뭇별들에게 강력한 성령의 역사를 통하여 이들을 지키고 보호하며 인도하고 계신다.

그러므로 주님의 오른손에 있는 일곱 별은 일곱 교회의 사자라고 말씀하듯, 그들은 이 땅에 있는 하나님의 진리의 교회 안에 세워진 종이다.

이들 종은 사단의 역사가 극심한 속에서 마지막까지 이 땅에서 사단과 그의 사자들에 대항하여 싸우는 이들이다. 계시록 14장 4-5절은 이들에 대하여 "이 사람들은 여자로 더불어 더럽히지 아니하고 정절이 있는 자라 어린양이 어디로 인도하든지 따라가는 자며 사람 가운데서 구속을 받아 처음 익은 열매로 하나님과 어린양에게 속한 자들이니 그 입에 거짓말이 없고 흠이 없는 자들이더라"라고 말씀하고 있다.

바로 이 종들이 마지막 종말에는 '두 증인'으로 불리는 자다.

계시록 11장 3-4절은 이들에 대하여 기록하면서 "내가 나의 두 증인에게 권세를 주리니 저희가 굵은 베옷을 입고 일천 이백 육십 일을 예언하리라 이는 이 땅의 주 앞에 섰는 두 감람나무와 두 촛대니"라고 한다.

두 감람나무는 스가랴서 4장 14절에서 이미 "기름 발리운 자 둘이니 온 세상의 주 앞에 모셔 섰는 자니라"라고 말씀하였듯이 모세와 엘리야를 가리키고, 이는 결국 '모세의 율법과 선지자의 글'을 의미한다고 앞서 말했다.

이제 두 촛대를 살펴보자. 두 촛대는 무엇인가?

원래 신약 시대의 촛대는 일곱으로 시작하여 일곱 촛대라고 한다. 그러나 마지막 종말에 두 증인으로 쓰임 받는 촛대는 두 개의 촛대라는 것이다. 이는 두 개의 촛대만이 양 옆에 있는 감람나무로부터 금기름을 흘려 받는 촛대로 남아 진리의 등불을 밝힌다는 것을 의미한다.

곧 일곱 교회로 시작하여 두 교회만 살아남았다는 이야기다. 두 증인으로 두 감람나무(모세의 율법과 선지자의 글)와 두 촛대는 아주 밀접하게 연결되어 있다. 이들은 '주 앞에 서 있다'라고 했다.

마지막 환난 시대에 증인으로 사용되는 두 교회는 좌우에 서 있는 감람나무 곧 구약의 모세의 율법과 선지자의 글로부터 금기름을 흘려 받아 불꽃을 피우고 있는 교회이며, 이 불꽃 자체는 주님의 오른손에 있는 사자다.

창세기 37장에서도 요셉의 꿈에 "내가 또 꿈을 꾼즉 해와 달과 열한 별이 내게 절하더이다"라는 말씀이 있다. 이는 요셉으로 비유되는 예수 그리스도에게 모두가 머리를 숙일 것이라는 의미로 결국 종말론적인 말씀이며, 11명의 형제들을 비롯한 구약의 모두가 예수님 앞에 굴복할 것을 상징적으로 보여 주는 꿈이다.

여기서 11명의 아들들을 열한 별에 비유하고 있다. 그러므로 별은 '하나님의 아들들'을 의미한다.

로마서 8장 19-23절은 하나님의 아들들에 대하여 기록하고 있다. "피조물의 고대하는 바는 하나님의 아들들의 나타나는 것이니 피조물이 허무한 데 굴복하는 것은 자기 뜻이 아니요 오직 굴복하게 하시는 이로 말미암음이라 그 바라는 것은 피조물도 썩어짐의 종노릇한데서 해방되어 하나님의 자녀들의 영광의 자유에 이르는 것이니라 피조물이 다 이제까지 함께 탄식하며 함께 고통하는 것을 우리가 아나니 이뿐 아니라 또한 우리 곧 성령의 처음 익은 열매를 받은 우리까지도 속으로 탄식하여 양자 될 것 곧 우리 몸의 구속을 기다리느니라."

하나님의 아들들은 이 땅에서 구속을 받은 처음 익은 열매로 하나님의 양자의 구속을 기다리는 자들이다.

우리는 본문에서 '일곱 별의 비밀'이라고 했음에 주목해야 한다. 하나님의 숨겨진 비밀이 그 속에 담겨져 있다는 것이다.

일곱 별을 일곱 교회의 사자라고 하니 이는 일곱 교회의 종들을 일컫는 말로 이해할 수 있다. 그러나 일곱 별은 신약 시대 곧 마지막 종말에 세워질 하나님의 아들들로, 구속을 받은 처음 익은 열매로 이방인 속에서 나타날 하나님의 양자들이다.

출애굽기 4장 22절에서 하나님은 이스라엘에 대하여 "너는 바로에게 이르기를 여호와의 말씀에 이스라엘은 내 아들 내 장자라"라고 선언한다. 이스라엘은 하나님의 아들들이며 장자로 선택되었지만 에서처럼 팥죽 한 그릇에 장자의 명분을 팔므로 그 장자의 가치를 소홀히 여겼다는 말이다.

에서가 영적 장자의 권한을 동생인 야곱에게 빼앗기는 과정이 창세기 27장에 담겨 있다. 계시록 본문에서 말씀하는 일곱 별은, 구약 시대에 에서가 소유하고 있던 장자권을 동생 야곱이 빼앗듯이 하늘의 장자권을 빼앗은 신약 시대 이방인 교회의 사자들을 가리키며, 이들은 곧 하나님의 양자가 된다.

여기서 요한복음 21장에서 디베랴 바다에서의 사건을 보자. 이 일은 주님이 부활하신 후 세 번째 제자들 앞에 나타나신 사건이다.

베드로를 비롯하여 제자 7명이 고기잡이를 갔지만 날이 샐 때까지 아무것도 잡지 못했다. 그때 주님은 바닷가에 나타나셔 "그물을 배 오른편에 던지라 그리하면 얻으리라"라고 말씀하신다. 이에 그물을 던져서 큰 물고기 153마리를 건져 올렸고, 주님은 그 제자들에게 조반을 먹으라면서 떡과 생선을 주신다.

주님이 직접 떡과 생선을 가져다 7명의 제자에게 주시는 장면은,

주님께서 밤이 지나고 날이 새는 시간 곧 종말의 시간에 일곱 별인 교회의 일곱 사자에게 주님이 직접 양식을 먹이시는 장면이다.

그런데 여기서 의문이 생긴다. 예수님의 제자는 모두 12명인데 7명만 주님의 조반상에 초대를 받은 것인가 하는 것이다. 이것이 바로 일곱 별의 비밀이다. 구약의 성소 안에 일곱 등대가 있고 그 등대 위에 일곱 등잔이 있었듯이, 신약에도 주님은 이 땅에 일곱 교회 위에 일곱 별 곧 일곱 사자가 신약 시대에 빛이 되어야 함을 말씀하고 있다.

[표9]

구약 – 야곱의 열두 아들	신약 – 하나님의 아들들	일곱 별
내 아들, 내 장자 (첫째 아들, 육적 장자)	* 양자의 영을 받은 자 * 성령의 처음 익은 열매 * 양자 될 것(몸의 구속을 기다리는 자) * 영적 장자	* 일곱 교회의 사자 * 일곱 등잔(구약)같이 일곱 등불을 밝힘 * 주님의 오른손에 별 * 주님의 조반을 먹은 자

3. 사망과 음부의 열쇠

> **계 1:18** 곧 산 자라 내가 전에 죽었었노라 볼지어다 이제 세세토록 살아 있어 사망과 음부의 열쇠를 가졌노니

사망과 음부의 열쇠는 사망으로부터 그리고 음부로부터 다시 살릴 수 있는 부활의 열쇠다. 주님도 "내가 전에 죽었었노라 볼지어다 이제 세세토록 살아 있어"(계 1:18)라고 말씀하시며 자신이 사망에 끌려갔다가 그곳으로부터 다시 살아나셨음을 선포한다.

사망과 음부는 사단으로부터 온 것이며 그가 갖고 있던 권세와

능력이다. 이 땅의 사람들은 사망과 음부의 권세를 가지고 있었던 사단의 세력이 두려워 그에게 벌벌 떨며 복종해 왔다.

주님의 십자가 사건과 부활은 곧 사망과 음부의 열쇠를 다시 사단으로부터 회수한 사건이다.

사단의 속성이 사람들을 사망과 음부의 두려움의 철장 속에 가두는 것이라면 주님은 그 속에 있던 자들을 다시금 사망과 음부로부터 부활시키는 일을 하신다.

그러므로 사망과 음부의 열쇠는 가두기 위한 것이 아니고 그 속에 있던 하나님의 자녀들을 꺼내기 위한 열쇠, 곧 생명의 부활을 위한 열쇠이다.

이제는 주님의 손에 사망과 음부의 열쇠가 쥐여 있다. 따라서 이 열쇠는 마지막 종말의 심판의 열쇠이기도 하다. 주님 안에 생명을 가졌던 자들에게는 부활의 열쇠이지만 그렇지 않은 자들에게는 심판의 열쇠가 된다.

계시록 19장 19-21절에서는 주님을 대적하는 자들의 심판의 결과를 보여 주고 있는데 "또 내가 보매 그 짐승과 땅의 임금들과 그 군대들이 모여 그 말 탄 자와 그의 군대로 더불어 전쟁을 일으키다가 짐승이 잡히고 그 앞에서 이적을 행하던 거짓 선지자도 함께 잡혔으니 이는 짐승의 표를 받고 그의 우상에게 경배하던 자들을 이적으로 미혹하던 자라 이 둘이 산채로 유황불 붙는 못에 던지우고 그 나머지는 말 탄 자의 입으로 나오는 검에 죽으매 모든 새가 그 고기로 배불리우더라"라고 한다.

짐승인 적그리스도와 거짓 선지자 그리고 그의 왕들과 군대들이 심판으로 사망과 음부 속으로 들어가는 생생한 모습을 보여 주고 있다.

예전에 사단이 이 사망과 음부의 권세를 갖고 하나님의 백성들을 괴롭혔으나 이제는 주님이 그 사단의 추종자들을 심판하는 장면으로 완전히 역전된 상황을 보여 준다.

고린도전서 15장 54-57절에는 사망의 세력에 대하여 기록하고 있다.

"이 썩을 것이 썩지 아니함을 입고 이 죽을 것이 죽지 아니함을 입을 때에는 사망이 이김의 삼킨바 되리라고 기록된 말씀이 응하리라 사망아 너의 이기는 것이 어디 있느냐 사망아 너의 쏘는 것이 어디 있느냐 사망의 쏘는 것은 죄요 죄의 권능은 율법이라 우리 주 예수 그리스도로 말미암아 우리에게 이김을 주시는 하나님께 감사하노니."

사망의 세력 곧 권능은 죄요 죄의 권능은 율법에 기반을 두고 있음을 말하고 있다.

율법에 근본을 두고 살아가는 자는 그 자체가 죄 속에 있는 것이요 그 결과는 사망이라는 것이다.

그러나 이 율법의 권능 곧 죄의 권능, 사망의 세력을 이길 수 있는 길이 있는데 그 길은 오직 예수 그리스도로 말미암는다.

고린도전서 15장 42-44절은 예수 그리스도로 말미암아 사망의 세력을 이긴 자들에게 나타날 부활의 모습을 기록하고 있다. 곧 "죽은 자의 부활도 이와 같으니 썩을 것으로 심고 썩지 아니할 것으로 다시 살며 욕된 것으로 심고 영광스러운 것으로 다시 살며 약한 것으로 심고 강한 것으로 다시 살며 육의 몸으로 심고 신령한 몸으로 다시 사나니 육의 몸이 있은즉 또 신령한 몸이 있느니라"라고 말씀하고 있다.

이제 주님의 손에 있는 '사망과 음부의 열쇠'는, 하나님의 백성들에게는 생명의 부활로 다시 태어나는 열쇠인 반면 하나님을 대적하고 배도하고 조롱한 자들에게는 심판의 열쇠 곧 영원한 불못에 떨어지는 사망의 열쇠이다.

[표10]

사망과 음부의 열쇠	주님의 십자가 죽으심과 부활	생명의 부활과 심판
* 사단이 쥐고 있던 권세와 능력 * 율법을 근본으로 한 죄의 권세와 능력	사망과 음부의 열쇠를 빼어옴 예수 그리스도(복음)로 사망의 권세를 이김.	* 부활의 열쇠 - 하나님의 백성들 * 심판의 열쇠 - 영원한 불못

4. 네 본 것과 이제 있는 일과 장차 될 일

계 1:19 그러므로 네 본 것과 이제 있는 일과 장차 될 일을 기록하라

계 1:20 네 본 것은 내 오른손에 일곱 별의 비밀과 일곱 금촛대라 일곱 별은 일곱 교회의 사자요 일곱 촛대는 일곱 교회니라

가) 네 본 것(What you have seen)

계 1:19 그러므로 네 본 것과 이제 있는 일과 장차 될 일을 기록하라

주님은 사도 요한에게 '네가 본 것은 내 오른손의 일곱 별의 비밀과 일곱 금촛대'라고 하신다.

이미 사도 요한이 보았다라고 할 때 '알고 있다'라는 헬라어 '에이

도'(εἴδω)라는 단어가 쓰였다. 이 단어는 과거시제로 사용되는 말로 '사도 요한은 일곱 별의 비밀과 일곱 금촛대에 대하여 이미 알고 있었다'라는 것이다.

사도 요한은 어떻게 일곱 별의 비밀과 일곱 금촛대에 대하여 알고 있었을까? 그것은 바로 구약의 율법에 기록된 말씀이기 때문이다.

성소 안에 일곱 금등대가 있고 그 등대에는 금관으로 연결되어 감람으로 찧어 낸 금기름이 흘러들어 가야 한다는 사실을 말씀을 통하여 알고 있다. 요한은 이것이 곧 신약 시대에 일곱 교회라는 것을 깨닫고 있는 것이며, 그 일곱 등잔 위에 핀 불꽃이 바로 일곱 교회의 사자라는 것을 보았다는 것으로 해석할 수 있다.

사도 요한은 일곱 교회를 이미 구약의 성소 안에 일곱 등대를 통하여 보았고, 이에 대하여 계시록 2-3장은 주님이 신약 시대 일곱 교회에 대한 사도 요한을 통해 하신 예언의 말씀이다.

나) 이제 있는 일(What is now)

> **계 1:19** 그러므로 네 본 것과 이제 있는 일과 장차 될 일을 기록하라

사도 요한은 하늘의 하나님의 보좌 앞에 영으로 초청받는다. 이곳에서 보좌와 보좌 주변에서 일어나는 일들을 보고 기록하고 있다. 계시록 4-5장은 바로 하늘 보좌에 대한 기록으로 주님의 십자가 사건과 부활과 승천 이후에 하늘 성소에서 앞으로, 곧 장차 일어날 일들에 대한 말씀을 기록하였다.

사도 요한은 하늘 보좌에 올라가기 전에 "내가 곧 성령에 감동하였더니"라고 한다. 영어로는 "Immediately I became in Spirit"으로

표현하는데 '즉시 나는 성령 안에 존재하게 되었다'라고 해석한다.

성령은 '바람, 움직이는 공기, 호흡'과 같은 뜻이 있다. 바람처럼 움직이는 공기 안에 'Became' 곧 '기노마이'(γίνομαι) 되었다는 것으로, 이는 자신의 의도와는 관계없이 피동적으로 자신의 실존이 그곳에 있게 되었다는 말이다. 이는 사도 요한이 성령의 바람에 이끌려 자신도 모르게 하나님의 보좌 앞에 이르렀음을 말한다.

계시록 4장에서 그의 눈에는 무지개가 있는 보좌와 그 위에 앉으신 이가 보였고, 그 보좌 주변에는 금면류관을 쓰고 흰옷을 입은 이십사 장로들이 있다. 보좌 앞에 수정같이 맑은 유리바다가 있다. 보좌 가운데와 주위에는 눈이 가득한 네 생물이 있는데, 그 생물들은 각각 여섯 날개가 있으며 사자 같고 송아지 같으며 사람 같고 독수리 같다고 한다.

사도 요한은 네 생물과 이십사 장로가 보좌에 앉으신 이에게 경배하며 영광과 존귀와 능력을 돌리며 찬송하는 것을 보고 있다.

계시록 5장은 보좌에 앉으신 이의 오른손에 일곱 인으로 봉한 책이 있고, 일곱 인을 떼기에 합당한 자로 유대 지파의 사자 다윗의 뿌리, 곧 어린양이 등장한다. 어린양에게는 일곱 뿔이 있고 일곱 눈이 있는데, 이 눈은 온 땅에 부르심을 입은 하나님의 일곱 영이라고 한다.

어린양이 보좌에 앉으신 이로부터 책을 취하매 이십사 장로가 성도들의 기도인 금대접의 향을 가지고 나와 새 노래를 부른다.

새 노래는 '인봉을 떼기에 합당한 어린양과 각 족속과 방언과 백성과 나라 가운데서 사람들을 피로 사서 하나님께 드리고 저희로 우리 하나님 앞에서 나라와 제사장을 삼으시고 저희로 땅에서 왕 노릇 하리로다'라는 내용이다.

또한 사도 요한은 네 생물과 장로들 그리고 그 주위에 그 수가 만만이요 천천인 천사들이 둘러서 어린양에게 찬송과 존귀와 영광과 능력을 세세토록 돌리는 노래가 울려 퍼지는 장면을 이제 있는 일로 보고 있다.

다) 장차 될 일(What will take place later)

계 1:19 그러므로 네 본 것과 이제 있는 일과 장차 될 일을 기록하라

장차 될 일은 어린양의 손에 봉함된 책의 인이 하나씩 떼어지는 계시록 6장 이후의 사건들을 말한다. 실질적인 종말의 사건들이 전개되는 장면들로 이 모든 것들이 주님의 손에 있다는 것이다. 이것은 원래 하나님의 손에 있었는데 이제는 그 책이 주님의 손으로 넘어감으로 주님이 심판의 권세를 쥐고 있음을 말씀하고 있다.

요한복음 5장 22절에서도 그것에 대하여 "아버지께서 아무도 심판하지 아니하시고 심판을 다 아들에게 맡기셨으니"라고 말씀하고 있다.

그러므로 장차 될 일은 결국 궁극적으로 심판의 일을 말한다. 하나님은 자비로워서 시간과 때를 정해서 무조건 심판하시는 하나님이 아니고 종말의 우리에게 회개의 시간을 주시며 돌아오라고 말씀하시는 분이다.

사단은 이러한 하나님의 마음을 알고 있으므로 종말의 시간에 어떻게 해서라도 곧 "택하신 자들도 미혹하게 하리라"(마 24:24)라는 말씀처럼 거짓 그리스도들과 거짓 선지자들을 세워 하나님의 부르심을 외면하고 잘못된 길로 인도한다.

하나님은 이러한 사단의 계획을 이미 알고 계시므로 장차 될 일, 곧 계시를 통하여 이들의 미혹의 손길이 어떻게 역사하는 가를 종말의 종들에게 보여 주길 원하신다. 하나님의 종들이 계시의 말씀을 통하여 보여 주시는 사단의 미혹의 손길을 먼저 발견하면 백성들을 지키고 보호할 수 있기 때문이다.

그러므로 장차 될 일은, 첫째는 사단이 하나님의 교회와 백성들을 미혹하여 넘어뜨리는 방법과 수법을 종들로 하여금 발견케 하기 위함이다. 둘째는 악한 시대에 전신갑주를 입은 하나님의 종들로 하여금 깨어 있어 대적자들의 움직임을 파악하고 백성들에게 하나님의 진리의 양식을 먹이기 위함이다.

성령론적 요한계시록

I

REVELATION

제2장

(Revelation 2)

I.

에베소 교회

(To the church in Ephesus)

계 2:1 에베소 교회의 사자에게 편지하기를 오른손에 일곱 별을 붙잡고 일곱 금촛대 사이에 다니시는 이가 가라사대

⬇

계 2:7 귀 있는 자는 성령이 교회들에게 하시는 말씀을 들을지어다 이기는 그에게는 내가 하나님의 낙원에 있는 생명나무의 과실을 주어 먹게 하리라

에베소 교회는 바울이 3차 전도여행에서 세운 교회로, 역사적으로는 A.D. 34~100년의 교회를 상징한다.

예수 그리스도의 사도들이 살아서 복음을 전하던 때였으므로 로마의 탄압 속에서도 복음에 대한 열정이 강렬했고, 많은 이방인들(로마인들과 헬라인들)이 복음을 받아들이며 그리스도의 세계가 확장되는 시기였다.

에베소 교회 시대에는 예루살렘에서 스데반의 순교 이후 흩어진 사람들이 베니게와 구브로와 안디옥까지 복음을 전하였다. 그들 중 바나바는 다소에 가서 사울을 데려다가 안디옥에서 함께 사역을 했다.

사도행전 11장 24-26절은 그 내용을 설명하고 있는데 "바나바는 착한 사람이요 성령과 믿음이 충만한 자라 이에 큰 무리가 주께 더하더라 바나바가 사울을 찾으러 다소에 가서 만나매 안디옥에 데리고 와서 둘이 교회에 일년간 모여 있어 큰 무리를 가르쳤고 제자들이 안디옥에서 비로소 그리스도인이라 일컬음을 받게 되었더라"라고 기록한다.

오늘날 그리스도인이라는 명칭은 안디옥 교회로부터 시작된 이름이다. 제2대 감독이었던 이그나티우스는 그 이름이 의미하는 뜻처럼 '불같이 뜨거운 사람'이었다. 그가 전한 7개의 서신에는 '테오포로스'란 이름으로 자신을 소개하는데 '하나님을 지고 가는 자', 또는 '하나님을 품고 있는 자'라는 뜻이다. 이는 그가 맹수에 의하여 순교를 당하기까지 강력한 신앙의 열정을 보여 준다.

주님은 본문에서 에베소 사자에게 자신을 '오른손에 일곱 별을 붙잡고 일곱 금촛대 사이에 다니시는 이'라고 소개한다.

이는 주님이 그의 권능의 오른손으로 교회의 사자들을 강력하게 붙잡고 있음을 말하는 것이다. 또한 금촛대 사이, 곧 일곱 교회 사이를 다니시므로 교회들을 사단의 세력으로부터 보호하고 섭리하며 감찰하시는 일을 행하고 있음을 말한다.

에베소 교회 시대는 교회를 향한 수많은 장애물이 존재했다. 정치적·사회적·종교적인 현실들이 새로 탄생한 신생 종교인 그리스도교를 극렬하게 대항했던 시기이다.

거기다 각 곳에 퍼져 있던 유대인들은 바울을 비롯한 사도들의 전도를 방해하는 세력이 되어 로마 정부와 더불어 복음 전파에 어려움을 가중시키는 세력이 되었다 .

에베소 교회는 이러한 어려운 환경 가운데서도 바울이 전한 복음을 지키기 위하여 수고하고 인내했다고 칭찬한다. .

에베소라는 지명은 '바람직한, 탐나는, 호감이 가는, 매력적인'의 뜻을 갖고 있고 많은 동방의 이방인들이 그곳에 모여들던 곳이다. 그래서 에베소 교회는 바울의 두란노 서원을 통하여 복음이 전파되는 중요한 역할을 감당했던 교회였다.

1. 자칭 사도

계 2:2 내가 네 행위와 수고와 네 인내를 알고 또 악한 자들을 용납지 아니한 것과 자칭 사도라 하되 아닌 자들을 시험하여 그 거짓된 것을 네가 드러낸 것과

계 2:3 또 네가 참고 내 이름을 위하여 견디고 게으르지 아니한 것을 아노라

에베소 교회의 시대는 복음이 예루살렘의 교회로부터 이방 세계로 퍼져 나가는 시대이며, 예수 그리스도와 함께했던 사도들이 활동하던 시기이다. 로마의 무자비한 통치 속에서 유대인들은 정치적·사회적 혼란의 시대를 맞게 되었고 A.D. 70년 이후에는 디아스포라가 되어 각 지역으로 흩어지는 운명을 맞이한다.

이와 같은 시대적인 혼돈 속에서 복음을 들고 나간 사도들은 가는 곳마다 사도라 자칭하는 거짓 사도들 때문에 많은 어려움을 겪게 되고 이들로부터 공격을 받게 된다.

특히 바울은 편지를 쓰며 자신의 사도권을 변호하기 위한 내용도 담았다. 특별히 고린도후서 11장은 바울이 거짓 사도들의 실태를 적나라하게 고발하고 있다.

"저희가 그리스도의 일꾼이냐 정신 없는 말을 하거니와 나도 더욱 그러하도다 내가 수고를 넘치도록 하고 옥에 갇히기도 더 많이 하고 매도 수없이 맞고 여러 번 죽을 뻔하였으니 유대인들에게 사십에 하나 감한 매를 다섯 번 맞았으며 세 번 태장으로 맞고 한 번 돌로 맞고 세 번 파선하는데 일주야를 깊음에서 지냈으며 여러 번 여행에 강의 위험과 강도의 위험과 동족의 위험과 이방인의 위험과 시내의 위험과 광야의 위험과 바다의 위험과 거짓 형제 중의 위험을 당하고 또 수고하며 애쓰고 여러 번 자지 못하고 주리며 목마르고 여러 번 굶고 춥고 헐벗었노라"(고후 11:23-27)라고 하며 사도로서 당한 고난의 과정들을 열거하고 있다.

또한 거짓 사도들의 행태에 대하여 "내가 하는 것을 또 하리니 기회를 찾는 자들의 그 기회를 끊어 저희로 하여금 그 자랑하는 일에 대하여 우리와 같이 되게 하려 함이로라 저런 사람들은 거짓 사도요 궤휼의 역군이니 자기를 그리스도의 사도로 가장하는 자들이니라 이것이 이상한 일이 아니라 사단도 자기를 광명의 천사로 가장하나니 그러므로 사단의 일꾼들도 자기를 의의 일꾼으로 가장하는 것이 또한 큰일이 아니라 저희의 결국은 그 행위대로 되리라"(고후 11:12-16)라고 말씀한다.

그 당시나 지금이나 이러한 거짓 사도들은 교회 안에 수없이 존재한다. 그들은 잘못되고 거짓된 복음을 증거하므로 백성들을 사망의 길로 유혹한다.

고린도후서 11장 3-5절은 그것에 대하여 기록하고 있는데 "뱀이 그 간계로 이와를 미혹게 한 것같이 너희 마음이 그리스도를 향하는 진실함과 깨끗함에서 떠나 부패할까 두려워하노라 만일 누가 가서 우리의 전파하지 아니한 다른 예수를 전파하거나 혹 너희의 받지 아니한 다른 영을 받게 하거나 혹 너희의 받지 아니한 다른 복음을 받게 할 때에는 너희가 잘 용납하는구나 내가 지극히 큰 사도들보다 부족한 것이 조금도 없는 줄 생각하노라"라고 하였다. 바울은 자신의 사도권에 대하여 변론하며 거짓 사도들에게 속고 있는 고린도 백성들을 향해 훈계하였다.

에베소 교인들은 3년 6개월 동안 두란노 서원에서 바울의 가르침을 받을 수 있었기에 거짓 복음을 전하는 자칭 사도, 곧 거짓 사도들을 걸러 낼 수 있었다. 이것은 진리의 분별을 의미한다. 바울의 가르침이 거짓된 것을 드러내는 잣대로 삼도록 에베소 교인들이 말씀으로 훈련되었음을 말한다.

'사도'(Apostles)는 '아포스톨로스'(ἀπόστολος)로서 원래는 '선교를 위해 파송된 사람, 위임 받은 자'라는 뜻이다. 초기 사도들은 모두가 주님으로부터 복음 증거를 위임을 받은 자들이며 파송을 받은 자들이다.

그러나 자칭 사도라 하는 자들, 곧 거짓 사도들은 주님의 복음을 방해하고 훼방하는 자들이다. 베드로후서 2장 1-3절은 이들에 대하여 명확하게 구분하고 있다.

"그러나 민간에 또한 거짓 선지자들이 일어났었나니 이와 같이 너희 중에도 거짓 선생들이 있으리라 저희는 멸망케 할 이단을 가만히 끌어들여 자기들을 사신 주를 부인하고 임박한 멸망을 스스로 취하는 자들이라 여럿이 저희 호색하는 것을 좇으리니 이로 인하여 진리의 도가 훼방을 받을 것이요 저희가 탐심을 인하여 지은 말을 가지고 너희로 이를 삼으니 저희 심판은 옛적부터 지체하지 아니하며 저희 멸망은 자지 아니하느니라."

오늘날도 이와 같은 자칭 사도라 하며 세상을 미혹하는 세력들이 있다. 피터 와그너라는 신학자로부터 만들어진 신사도운동도 그중 하나다.

그들은 요엘의 군대, 예수 군대, 다윗의 장막, 늦은 비 성령, 대부흥과 대추수, 24/7 기도, 중보 기도, 방패 기도, 등의 다양한 이름으로 불리며, 예수님 이후 베드로, 요한, 바울과 같은 사도들이 활동했듯이 마지막 종말에도 하나님은 자신들과 같은 사도들을 세워서 사역을 하게 하신다는 엉뚱한 주장을 한다.

피터 와그너를 비롯해서 마이클 비클, 밥 존스, 폴 케인 등의 거짓 사도들이 교회와 성도들을 미혹하며 진리를 왜곡하고, 이에 합세하여 백성들을 타락의 길로 인도하는 악한 자들이 늘고 있다. 이러한 때에 우리는 더욱 에베소 교회의 종들처럼 거짓 사도, 자칭 사도라 하는 자들을 밝히 드러내야 할 것이다.

바벨론의 포로로 붙잡혀 가기 전의 유다의 영적 상황을 적나라하게 지적한 예레미야도 "만군의 여호와께서 이같이 말씀하시되 너희에게 예언하는 선지자들의 말을 듣지 말라 그들은 너희에게 헛된 것을 가르치나니 그들의 말한 묵시는 자기 마음으로 말미암은 것이요 여호와의 입에서 나온 것이 아니니라 항상 그들이 나를 멸시하는 자에게 이르기를 너희가 평안하리라 여호와의 말씀이니라 하며 또 자기 마음의 강퍅한 대로 행하는 모든 사람에게 이르기를 재앙이 너희에게 임하지 아니하리라 하였느니라"(렘 23:16-17)라면서 거짓을 예언하였음을 말하고 있다. 또 "내가 사마리아 선지자들 중에 우매함이 있음을 보았나니 그들은 바알을 의탁하고 예언하여 내 백성 이스라엘을 그릇되게 하였고 내가 예루살렘 선지자들 중에도 가증한 일이 있음을 보았나니 그들은 간음을 행하며 행악자의 손을 굳게 하여 사람으로 그 악에서 돌이킴이 없게 하였은즉 그들은 다 내 앞에서 소돔 사람과 다름이 없고 그 거민은 고모라 사람과 다름이 없느니라 그러므로 만군의 여호와 내가 선지자에 대하여 이같이 말하노라 보라 내가 그들에게 쑥을 먹이며 독한 물을 마시우리니 이는 사악이 예루살렘 선지자들에게로서 나와서 온 땅에 퍼짐이라 하시니라"(렘 23:13-15)라고 하며 거짓 선지자들의 행태를 고발하고 있다.

마태복음 7장 15절에서도 이들을 고발하고 있다. 주님은 "거짓 선지자들을 삼가라 양의 옷을 입고 너희에게 나아오나 속에는 노략질하는 이리라"라고 하면서 거짓 선지자들, 곧 자칭 사도, 거짓 사도들을 고발한다.

구약에서도 거짓 사도가 등장한다. 북이스라엘이 앗수르에게 패망하기 전과 남유다가 바벨론에 의하여 포로로 붙잡혀 가기 전의 상황에서 제사장들과 선지자들이 극도로 타락하여 백성들을 고통의 길로 이끌었다. 이것처럼 마지막 종말에도 세계 각처에서 거짓 종들, 곧 자칭 사도라고도 하고 거짓 사도들이라고 하는 자들이 거짓 기적과 표적들로 백성들을 속인다는 사실을 주지하고 경계해야 한다.

[표11]

구약 – 거짓 선지자들	신약 – 자칭 사도(거짓 사도)
* 자기 마음으로 예언하는 자 * 평안하다, 재앙이 없다 하는 자 * 바알을 의탁하고 예언하는 자 * 간음을 행하며 행악자의 손을 굳게 하는 자	* 멸망케 할 이단을 가만히 끌어들인 자 * 탐심을 가지고 지은 말로 이득을 삼는 자 * 육체를 따라 정욕 가운데 행하며 주관하는 이를 멸시하는 자 * 말세에 기롱하는 자(주님의 강림에 대해)

2. 처음 사랑

계 2:4 그러나 너를 책망할 것이 있나니 너의 처음 사랑을 버렸느니라

에베소 교회의 유일한 책망이 바로 “너의 처음 사랑을 버렸느니라”라는 것이다.

‘처음’이라는 말은 ‘프로토스’(πρωτος)로서 ‘제일의, 가장 주요한, 첫째의. 으뜸의, 제일 높은’ 등의 의미이다. 이 말은 고린도전서 13장 13절의 “그런즉 믿음, 소망, 사랑, 이 세 가지는 항상 있을 것인데 그중에 제일은 사랑이라”라는 말씀에서 온 것으로 “내가 사람의 방언과 천사의 말을 할지라도 사랑이 없으면 소리나는 구리와 울리는 꽹과리가 되고 내가 예언하는 능이 있어 모든 비밀과 모든 지식을 알고 또 산을 옮길 만한 모든 믿음이 있을지라도 사랑이 없으면 내가 아무것도 아니요 내가 내게 있는 모든 것으로 구제하고 또 내 몸을 불사르게 내어 줄지라도 사랑이 없으면 내게 아무 유익이 없느니라”(고전 13:1-3)라는 말씀과 연결된다.

이는 주님의 복음 가운데 가장 중요하고 고귀한 최고의 가치는 사랑으로 곧 요한일서 4장 8절의 “사랑하지 아니하는 자는 하나님

을 알지 못하나니 이는 하나님은 사랑이심이라"라는 말씀으로부터 온 것이다.

에베소 교회는 하나님의 최고의 가치인 사랑을 버렸다고 한다. 여기서 '버렸다'라는 말은 '압히에미'(ἀφίημι)로서 '보내다, 보내 버리다, 포기하다, 해고하다, 이혼하다' 등의 의미를 가진다.

'사랑을 보내 버리고 포기하고 이혼했다'라는 뜻으로, 남편이 사랑하는 아내를 보내 버리고 포기했다라는 의미로 해석할 수 있다.

에베소 교회가 처음 사랑을 버렸던 이유에 대하여는 성경에 자세히 기록하고 있지 않지만, 아마 "또 네가 참고 내 이름을 위하여 견디고 게으르지 아니한 것을 아노라"(계 2:3)라는 말씀처럼 에베소 교회를 향한 수많은 공격과 훼방으로 인하여 바울이 전해준 말씀을 지키기에 급급하였을 것으로 추측한다.

사도행전 20장 29-31절은 바울이 마지막으로 에베소 장로들에게 말씀을 증거한 것을 기록하고 있다. "내가 떠난 후에 흉악한 이리가 너희에게 들어와서 그 양떼를 아끼지 아니하며 또한 너희 중에서도 제자들을 끌어 자기를 좇게 하려고 어그러진 말을 하는 사람들이 일어날 줄을 내가 아노니 그러므로 너희가 일깨어 내가 삼년이나 밤낮 쉬지 않고 눈물로 각 사람을 훈계하던 것을 기억하라"라는 말씀은 바울이 떠난 이후에 에베소 교회가 얼마나 힘들었겠는지를 짐작케 한다.

바로 이러한 상황에서 에베소 교회는 낯선 사람들의 접근에 경계를 해야 했을 것이다. 더군다나 바울의 제자들 가운데서도 자기를 따르게 하려고 어그러진 말을 하는 자들이 있었다면 교회 안의 분위기는 매우 살벌했을 것이다.

그러나 바울은 이런 가운데서도 에베소서 3장 17-19절에서 “믿음으로 말미암아 그리스도께서 너희 마음에 계시게 하옵시고 너희가 사랑 가운데서 뿌리가 박히고 터가 굳어져서 능히 모든 성도와 함께 지식에 넘치는 그리스도의 사랑을 알아 그 넓이와 길이와 높이와 깊이가 어떠함을 깨달아 하나님의 모든 충만하신 것으로 너희에게 충만하게 하시기를 구하노라”라고 말함으로 그리스도의 사랑 가운데 뿌리가 박히고 터가 굳어질 것을 전하고 있다.

이 말씀은 그리스도의 사랑은 환경과 이유와 조건을 떠나서 모든 교회가 지켜야 할 최고의 덕목이라는 것을 우리에게 깨닫게 한다. 이 사랑이 없을 때 주님은 그 촛대를 그 자리에서 옮기겠다는 엄숙한 경고로 받아야 할 것이다.

그러므로 우리는 자신들에게 얼마나 그리스도의 사랑이 있는가를 저울로 달아 회개함으로 다시금 종말의 교회로 그리고 하나님의 종들로 태어나야 할 것이다.

3. 니골라당의 행위

계 2:6 오직 네게 이것이 있으니 네가 니골라당의 행위를 미워하는도다 나도 이것을 미워하노라

계 2:7 귀 있는 자는 성령이 교회들에게 하시는 말씀을 들을지어다 이기는 그에게는 내가 하나님의 낙원에 있는 생명나무의 과실을 주어 먹게 하리라

에베소 교회는 니골라당의 행위가 처음으로 등장하며 이것을 미워했다고 한다.

니골라는 사도행전 6장 5절에 등장하는 일곱 집사 중의 한 사람이다. 열두 사도의 생각에 하나님의 말씀을 제쳐놓고 공궤를 일삼는 것이 마땅치 않다고 판단하고 집사를 세웠다. "형제들아 너희 가운데서 성령과 지혜가 충만하여 칭찬 듣는 사람 일곱을 택하라 우리가 이 일을 저희에게 맡기고 우리는 기도하는 것과 말씀 전하는 것을 전무하리라 하니 온 무리가 이 말을 기뻐하여 믿음과 성령이 충만한 사람 스데반과 또 빌립과 브로고로와 니가노르와 디몬과 바메나와 유대교에 입교한 안디옥 사람 니골라를 택하여 사도들 앞에 세우니 사도들이 기도하고 그들에게 안수하니라"(행 6:3-6). 니골라는 일곱 집사의 하나로 선택된 믿음과 성령이 충만한 사람이었다.

그는 이방인인 헬라 사람으로 유대교에 입교한 사람이이다 .

'니골라'의 헬라어 원어는 '니콜라이테스'(Νικολαΐτης)로 이는 '니콜라오스'(Νικόλαος)라는 단어에서 유래된 말이다. '니콜라오스'는 두 단어가 결합된 말인데 '정복, 승리'를 의미하는 '니코스'(νῖκος)와 '백성, 대중, 군중, 민중'을 의미하는 '라오스'(λαός)의 결합어다. 그러므로 '니콜라오스'라는 이름의 본질 속에는 이미 '백성에게 승리를 거두는, 백성을 정복하는'의 뜻을 품고 있다.

"사람은 그 이름대로 된다"라는 말이 있듯이 일곱 집사 중 하나인 니골라 안에는 이미 백성에게 승리를 거두는 또한 백성을 정복하려는 야심으로 가득 차 있었다. 이것은 교회를 분열시키려는 사단의 음모와 계획이 니골라라는 사람 속에서 이미 시작되었음을 영적으로 발견해야 한다.

하나님의 일이 시작되고 역사가 일어나는 곳에는 반드시 사단이 파고들어 자신의 세력을 구축하고 교회를 그리고 하나님의 공동체를 파괴하려는 시도를 한다.

초대교회는 교회의 체제와 정비가 불완전하고 미숙한 상태였기 때문에 어떤 질서를 구축하는 것이 믿음의 사람들에게는 그럴듯하게 보일 수 있으며 좋은 생각이라고 동조할 수 있다.

여기서 우리가 깨달아야 하는 것은, 항상 사단은 그럴듯하며 좋을 것 같은 인간적은 방법을 제안하고 이것이 실현되도록 한다는 것이다. 니골라는 이러한 혼란기에 교회 내에 인간적인 방법으로 체제를 정비하려는 의도로 일을 시작했을 것이다. 이것이 곧 니골라당의 행위라고 말하는 것이다.

완성된 것이 아니고 그러한 움직임과 행위들이 시작되었다는 데에서 에베소 성도들은 이것을 미워했음을 짐작할 수 있다. 이것은 에베소 교인들이 하나님의 나라는 하나님의 방법으로 다스려지고 통치되어야만 한다는 믿음을 갖고 있었음을 말한다.

성령은 바로 우리 안에서 이러한 일을 행하시는 분이다. 성령은 교회와 믿음의 공동체 속에 내주하며 자연적이며 성경적으로 질서를 만들어 가신다.

이러한 예로 창세기 10장에 등장하는 '니므롯'이라는 사람을 살펴보자.

함의 손자로 구스의 아들로 태어난 니므롯은 그 이름 자체가 이미 '대적, 반역'의 뜻을 갖고 있으며, 그 마음속에 품고 있던 생각 그대로 하나님을 대적하고 반역하는 일에 사용한 자이다. 그렇다고 니므롯이 처음부터 사람들에게 하나님을 대적하는 자의 모습을 보인 것이 아니다. 이것은 니골라도 동일하다.

니므롯을 성경은 “세상에 처음 영걸이라”라고 한다. ‘영걸’이라는 단어는 히브리어로 ‘깁보르’(גִּבּוֹר)라고 하여 ‘폭군, 전제군주, 압제자’ 등을 나타내는 단어로 절대 군주를 뜻한다. 그러나 이것만이 아니라 니므롯은 또 한 가지 ‘여호와 앞에 특이한 사냥꾼’이었다고 한다. 여기서 ‘사냥’은 히브리어 ‘챠이드’(צַיִד)인데 ‘장래에 대한 준비, 설비, 공급, 식량, 양식, 저장품, 식료품’을 의미하는 단어다. 이 말을 해석하면 ‘장래를 위하여 식량과 양식을 준비하고 공급하며 저장한다’라고 할 수 있다.

‘자기의 백성을 위하여 이렇게 양식과 식량을 준비하고 공급하며 저장하는 사람을 누가 반대하고 싫어하겠는가?’라는 말이다.

여기서 하나님이 지적하시는 것은, 니므롯과 같은 방법은 하나님의 방법이 아니라 사람의 머리에서 나온 지식이고 방법이라는 것이다.

그러나 하나님의 방법을 모르는 백성들로서는 니므롯이 절대 군주가 되어 자신들을 통치하고 다스리는 것을 반대할 자들이 없다. 그가 비록 절대 군주이고 하나님의 방법이 아닌 세상의 방법을 쓸지라도 자신들에게 육신의 먹을 것을 제공한다면 그를 지지하고 환영하는 것은 당연한 일이다.

우리는 니므롯은 사람을 위한, 사람에 의한, 사람의 방법으로 절대 권력을 소유하게 되었다고 이해하야 한다. 니골라당의 행위도 이와 마찬가지로 사람의 체계와 방법과 생각으로 접근하는 것이고, 이것이 처음에는 좋아 보일 수 있다.

사단이 하나님의 교회와 공동체에 파고드는 전형적인 방법이 사람의 그럴듯한 생각과 방법, 누구나 쉽게 이해할 수 있는 것으로 접근하는 것이다. 그것을 용납하는 순간 교회는 분리가 일어나고 깨진다.

이것은 하나님의 교회란 사람의 생각과 그럴듯한 이성이 지배하는 곳이 아니라 오직 하나님의 생각과 방법, 곧 말씀과 기도로 지켜진다는 것을 뜻한다.

바울은 이것에 대하여 고린도후서 10장 4-5절에서 "우리의 싸우는 병기는 육체에 속한 것이 아니요 오직 하나님 앞에서 견고한 진을 파하는 강력이라 모든 이론을 파하며 하나님 아는 것을 대적하여 높아진 것을 다 파하고 모든 생각을 사로잡아 그리스도에게 복종케 하니"라고 말씀한다.

마틴 루터의 말처럼 이 세상에는 두 종류의 세계가 존재한다.

첫째로 이 세상에 속해서 세상과 땅을 바라보고 살아가는 사람들이 있고, 둘째로 이 세상에 있지만 하늘을 바라보며 하늘에 속해서 살아가는 자들이다.

첫째에 속한 사람들은 사람의 생각과 방법, 세상적인 체제와 질서를 원하며 그 안에서 살아간다. 그러나 둘째에 속한 사람들은 세상이 주는 생각과 이론과 방법이 아니라 하나님이 주시는 생각과 방법 그리고 질서 곧 성경의 말씀이 인도하는 방식을 좇아 살기를 원한다.

니골라당의 행위는 교회 안에 있지만 세상적인 생각과 이론과 방식을 좇는 자들의 행위이다. 그들의 행위는 나중에 결국 버가모 교회의 시대에 교훈 곧 교리로 확정되고, 그것은 후에 전형적인 가톨릭의 직제가 되었다.

교회는 힘과 권력의 기관이 아님에도 불구하고 교황의 명령은 가톨릭의 교인이라면 절대적인 복종의 의무를 갖는다. 절대 군주와 같은 '백성을 지배하고 정복하는' 힘과 권세로 나타나는 것은 니골라당의 결과이다.

[표12]

구약 – 니므롯(절대 군주) 사건	신약 – 니골라당의 사건	
* 세상에 처음 영걸이며 하나님 앞에 특이한 사냥꾼 * 하나님의 방법이 아닌 사람의 방법과 생각을 좇음 – 대적, 반역 * 벽돌로 돌을 대신, 역청으로 진흙을 대신 - 하나님의 방법 대신 사람의 방법을 사용하여 바벨탑을 건축	* 교회 안에 백성을 지배, 통제 정복하려는 움직임 * 하나님의 방법이 아닌 사람의 방법과 생각이 들어옴–대적, 반역 * 하나님이 인정한 성령적 질서가 아닌 세상의 권력적 질서 체제를 건축	가톨릭의 직제 (교황, 추기경, 주교 등))

4. 생명나무의 과실

계 2:7 귀 있는 자는 성령이 교회들에게 하시는 말씀을 들을지어다 이기는 그에게는 내가 하나님의 낙원에 있는 생명나무의 과실을 주어 먹게 하리라

생명나무는 예수 그리스도를 말한다.

계시록 22장 1-2절에는 "또 저가 수정같이 맑은 생명수의 강을 내게 보이니 하나님과 및 어린양의 보좌로부터 나서 길 가운데로 흐르더라 강 좌우에 생명나무가 있어 열두 가지 실과를 맺히되 달마다 그 실과를 맺히고 그 나무 잎사귀들은 만국을 소성하기 위하여 있더라"라고 말씀한다.

창조 시에 하나님은 에덴동산에 생명나무와 선악을 알게 하는 나무를 두셨다. 그리고 아담과 하와에게 선악을 알게 하는 나무의 실과만은 먹지 말 것을 명령하셨다 그것을 먹는 날에는 "너희가 죽을까 하노라"(창 3:3)라는 하와의 대답은 하나님의 말씀을 이미 들었다

는 것을 전제한다.

여기서 선악을 알게 하는 나무의 실과를 먹지 말라고 하신 하나님의 뜻을 먼저 알아야 한다. 그것은 선악을 알게 하는 나무가 지식의 나무이기 때문이다. 우주 만물 가운데서 선은 유일하신 하나님 한 분뿐이다. 하나님의 형상으로 만들어진 우리 사람들은 선이신 하나님 한 분만을 알고 그 분만으로 만족해야 한다. 이것이 에덴동산에 아담과 하와를 향한 뜻이다.

마태복음 19장 17절에서 주님과 부자 청년과의 대화 속에도 "예수께서 가라사대 어찌하여 선한 일을 내게 묻느냐 선한 이는 오직 한 분이시니라 네가 생명에 들어 가려면 계명들을 지키라"라는 말씀으로 선한 이는 오직 한 분 하나님뿐임을 말한다. 우리가 알아야 할 유일한 존재는 하나님 한 분으로 족하다는 것이다

그러나 선악을 알게 하는 나무는 선뿐만이 아니라 악에 대하여도 알게 하는 지식의 나무다. 악이란 선 밖에 있는 것, 다시 말하면 하나님 외에 존재를 아는 것 자체를 말한다.

따라서 선악을 알게 하는 나무를 먹으면 선과 악 양쪽을 다 알게 되므로 그때부터는 사람들에게 한 분 하나님이 아닌 선과 악 중에 하나를 선택하는 판단을 하게 된다. 이것이 선악을 알게 하는 나무의 의미다.

그러므로 선과 악을 알게 하는 이 지식의 나무의 실과를 먹으면 결국 사람들의 마음에 혼돈이 생기고 불안이 생겨 평안이 깨어지게 된다.

우리의 앞에 선이라는 하나님과 악이라는 사단이 주인으로 존재

한다면 누구를 좇아야 하는가 하는 질문이 항상 우리의 삶을 괴롭힐 것은 뻔하다.

여기서 우리가 깨달아야 할 아주 중요한 것이 있다. 사단을 대신하는 짐승으로 하나님은 뱀을 말씀하고 있다는 것이다. 그리고 하나님은 "여호와 하나님의 지으신 들짐승 중에 뱀이 가장 간교하더라"라고 선언하고 계신다. 우리는 이 말씀 속에 '간교'라는 단어를 생각해 보아야 한다. 히브리어로는 '아룸'(ערום)이고 영어로는 'Subtle'이다.

선이신 하나님 이외의 것들이 완전히 구별되고 확연하게 다르다면 우리의 선택은 쉽게 되고 단순하다.

그러나 간교, 곧 '아룸'(ערום)이나 'Subtle'이라는 단어가 의미하는 뜻을 보면 그렇지 않음을 알게 된다. 사단이 '지각이나 감각 등이 지각할 수 없을 정도로 민감하고 치밀하며, 포착하기 어렵고, 또한 형언하기 어려울 정도의 미묘하고 신비하며, 불가사의한 이상한 매력이 있고, 이해하기 어렵고 구별하기 어려우며 미세하고 교활하므로 마음을 놓을 수 없는, 그리고 간사하고 음흉한' 존재라면 선과 악 중에 어디를 선택할 수 있는가라는 점이다.

뱀으로 표현되는 사단은 하나님의 피조물이면서도 하나님처럼 되고자 했던 자다. 사단은 우리가 영화나 책에서 보는 것처럼 악한 모습으로 나타날 것이라는 생각과는 전혀 다르다. 그는 너무나 선해 보이고 하나님과 같은 성품과 모습을 흉내 내고 있다.

세상에서도 특별히 지식을 많이 갖고 있는 사람들이 신, 특별히 하나님을 믿으려는 신앙적인 마음이 발생하기 어려운 점도 바로 이와 같은 이유이다.

고린도전서 1장 27-28절에서는 "그러나 하나님께서 세상의 미련한 것들을 택하사 지혜 있는 자들을 부끄럽게 하려 하시고 세상의 약한 것들을 택하사 강한 것들을 부끄럽게 하려 하시며 하나님께서 세상의 천한 것들과 멸시 받는 것들과 없는 것들을 택하사 있는 것들을 폐하려 하시나니"라는 말씀을 하고 있다.

어린아이는 자신의 부모의 소리에만 익숙하다. 그래서 다른 사람의 소리를 처음으로 들으면 경직되고 소리를 지르며 울기도 한다.

하나님은 사람을 하나님의 형상대로 지으셨다고 한다. 어린 아기가 부모의 소리만을 듣는 것처럼 애초에 하나님 소리만을 듣게 창조되었다는 것이다.

그러나 선악을 알게 하는 나무의 실과를 먹은 후 사람은 하나님의 소리도 듣고 하나님이 아닌 그 밖의 소리, 곧 사단의 음성도 듣게 되었다.

성경은 이것을 범죄, 타락이라고 하며 신학적으로는 죄라고 한다.

결국 죄란 하나님의 형상으로 창조된 사람이 하나님의 소리 외에 다른 소리를 들을 수 있게 된 것이며 그로 인하여 하나님이 만든 동산으로부터 떠난 상태를 말한다.

이것은 하나님과의 분리 곧 이별을 말한다. 창세기 3장은 범죄 이후의 하나님과 사람의 이별의 장면을 기록하고 있다.

창세기 3장 24절에는 "이같이 하나님이 그 사람을 쫓아내시고 에덴동산 동편에 그룹들과 두루 도는 화염검을 두어 생명나무의 길을 지키게 하시니라"며 아담과 하와를 동산 밖으로 쫓아내셨다고 기록한다. 여기서 우리는 에덴동산에는 아직 생명나무가 있고 생명나무로 나아가는 길을 지키게 하셨다는 것을 발견한다.

그리고 주님이 에베소 교회의 사자에게 "이기는 그에게는 내가 하나님의 낙원에 있는 생명나무의 과실을 주어 먹게 하리라"(계 2:7)라고 말씀하시는 것으로 볼 때, 바로 생명나무가 있는 그 에덴동산이 곧 하나님의 낙원이었음을 깨달을 수 있다.

구약 시대는 그룹들과 두루 도는 화염검을 두어 생명나무의 길을 지키셨다. 그러나 이제 예수 그리스도의 십자가와 부활의 사건을 통하여 이 생명나무의 길은 열려 있다. 주님은 막혔던 생명나무의 길을 열기 위하여 이 세상에 오셨고, 이제는 복음으로 침노하는 자는 하나님의 낙원에 있는 생명나무의 과실을 먹을 수 있다. 이것을 마태복음 11장 12절은 "세례 요한의 때부터 지금까지 천국은 침노를 당하나니 침노하는 자는 빼앗느니라"라고 선언한다

에베소 교회의 사자에게는 '이기는 그에게는'이라고 한다. 여기서 '이기는'은 헬라어 '니카오'(νικάω)로 '정복하다, 우세하다, 무찌르다, 이기다, 압도하다, 승리하다'라는 의미이다. 사단의 미혹의 세력과 악의 세력들 그리고 육체의 정욕을 말씀으로 기도로 싸워 이기고 무찌르며 승리했다는 것이다.

창세기 32장에서 야곱은 얍복강에서 하나님의 사자와 씨름을 했다. 그의 형 에서와 그의 군대들로부터 자신의 가족을 지키기 위하여 환도뼈가 위골이 될 정도로 간절한 기도를 드린 것이다. 야곱은 자신에게 다가오는 두려움 때문에 하나님께 기도함으로 응답을 받고 '승리자, 이긴 자'를 뜻하는 이스라엘이라는 이름까지 받았다.

마지막 종말의 교회들은 우리에게 다가올 전무후무한 환난의 두려움과 싸워 이겨야 한다. 그러므로 야곱이 받았던 이스라엘이라는 이름, 승리자 또는 이긴 자라는 이름을 받아야만 한다. 종말의 종들

은 이 이름을 얻기 위하여 교회의 역사 이래 치열한 싸움을 할 것이다. 이기는 자의 이름을 받는 자만이 하나님의 낙원에 있는 생명나무의 과실을 먹을 수 있기 때문이다.

바울은 고린도전서 3장 21-23절에서 "그런즉 누구든지 사람을 자랑하지 말라 만물이 다 너희 것임이라 바울이나 아볼로나 게바나 세계나 생명이나 사망이나 지금 것이나 장래 것이나 다 너희의 것이요 너희는 그리스도의 것이요 그리스도는 하나님의 것이니라"라고 말씀한다.

바로 여기서 말하는 "너희 것이요"는 종말론적인 말씀으로, '너희'는 종말에 이긴 자의 이름을 얻은 종들이다. 종말이 하나님의 나라를 이루기 위한 또한 완성하기 위한 사단의 종들과의 최후의 결전의 시간이기 때문이다.

그러므로 우리는 영적으로 강력한 하나님의 말씀과 함께 주님의 몸된 교회로 서 있어야만 할 것이다.

[표13]

에덴 동산	
선악을 알게 하는 나무(실과)	생명나무(과실)
* 선과 악을 알게 하는 지식의 나무 * 죽음과 파괴를 가져옴 * 분리와 이별, 혼돈을 가져옴 * 사람의 마음에 평화가 깨어짐 * 하나님을 떠나게 됨	* 오직 하나님과 어린양의 나무 * 영원한 생명을 가져다줌 * 마음의 평안, 기쁨, 희락으로 충만 * 12가지의 실과를 먹게 됨 * 종말에 이기는 자에게 주어짐

II.

서머나 교회

(To the Church in Smyrna)

계 2:8 서머나 교회의 사자에게 편지하기를 처음이요 나중이요 죽었다가 살아나신 이가 가라사대

⬇

계 2:11 귀 있는 자는 성령이 교회들에게 하시는 말씀을 들을지어다 이기는 자는 둘째 사망의 해를 받지 아니하리라

서머나 교회의 역사적 시기는 A.D. 100~313년의 기간이다. 이 시기는 기독교의 환난이 최고로 극심했다. 수많은 사람들이 믿음을 지키기 위하여 순교를 당했으며, 살아 있는 사람들은 카타콤의 비밀 동굴에서 생활하며 주님의 강림을 가장 소원했다.

서머나는 '몰약'(Myrrh)이라는 뜻인데, 몰약에는 썩은 것을 썩지 않게 하며 죽은 살을 다시금 회생시키는 기능이 있다. 그러므로 몰약은 '부활'을 상징하는 약초이다. 서머나 교회를 몰약이라고 한 영적인 이유는, 환난과 궁핍으로 고통 받는 서머나 교회의 아픔이 주님의 강림을 통하여 치유되고 회복되기를 간절히 바라는 마음에서일 것이라고 생각한다.

"내가 네 환난과 궁핍을 아노니"(계 2:9)라고 한다.

여기서 '환난'으로 사용된 단어는 '들립시스'(θλῖψις)로 '들리보'(θλίβω)라는 단어에서 유래된 단어다. '들리보'는 '압착하다, 억누르다, 에워싸다 괴롭히다, 고통을 주다, 압박 당하다'라는 의미이고, 이로부터 유래된 '들립시스'는 '고난, 환난, 압착, 압박, 강제, 괴로움, 역경' 등의 의미로 사용된다.

이 단어의 의미를 생각해 보면 서머나 교회가 받았던 로마 정부로부터의 외부적인 압박과 괴로움이 얼마나 극심했던지 그 고난과 환난의 모습을 상상할 수 있다.

또한 '궁핍'이라는 단어는 '프토케이아'(πτωχεία)라고 하며 이 단어는 '프토큐오'(πτωχεύω)라는 말에서 유래되었다. '프토큐오'는 '거지가 되다, 빈곤하다, 가난하다, 구걸하다'라는 의미이고 '프토케이아'는 '거지, 구걸, 빈곤, 궁핍, 가난'이라는 뜻이 있다.

우리는 이 단어의 의미 속에서 서머나 교회의 사람들이 얼마나 극심한 가난 속에서 거지가 되고 구걸을 해서 먹는, 얼마나 비참한 생활이었는가를 발견하게 된다.

주님의 제자가 되고 영원한 생명을 얻기 위하여 환난과 궁핍의 길을 당연한 것으로 여기고 걸어가야 한다. 그리고 종말을 맞은 우리들은 순교로 자신들을 기꺼이 드린 믿음과 신앙을 새삼 깨닫고 되새겨야 할 것이다.

서머나 교회는 사도 요한의 제자인 폴리캅이 감독으로 있던 교회로 기독교 역사의 가장 힘들고 어려웠던 시기의 교회이다. 그래서 이 시대를 'Age of Martydom' 곧 '순교의 시대'라고 부른다.

주님을 통하여 이 세상에 전해진 복음은 가시덩쿨과 엉겅퀴로 덮인 세상 가운데 유일한 백합인 '샤론의 백합'이다. 이 백합은 모질고 천박한 환경을 뚫고 서머나 교회와 같이 강인한 몰약의 향기를 세상에 전하고 있다.

1. 자칭 유대인

계 2:8 서머나 교회의 사자에게 편지하기를 처음이요 나중이요 죽었다가 살아나신 이가 가라사대

계 2:9 내가 네 환난과 궁핍을 아노니 실상은 네가 부요한 자니라 자칭 유대인이라 하는 자들의 훼방도 아노니 실상은 유대인이 아니요 사단의 회라

본 절은 자칭 유대인을 사단의 회라고 칭한다. 자칭 유대인들은 예수 그리스도의 복음에 대적자로 복음을 전하는 주의 종들을 훼방하고 핍박하며 로마 정부와 한 패가 되어 믿음의 사람들을 공격하던 자들이다.

빌라델피아 교회에도 사단의 회라고 하는 자칭 유대인들이 등장하며, 성경은 이들을 '거짓말하는 자들'이라고 한다.

여기서 우리는 성경이 말씀하는 자칭 유대인에 대하여 먼저 알아야 한다.

먼저 외형적으로 유대인을 분류해 보자. 야곱의 혈통을 받았고 유대교를 믿으며 북아프리카와 이베리아 반도에서 거주하던 자들을 세파르딤 유대인 또는 정통 유대인이라고 한다.

혈통적으로는 이방인이지만 종교적으로 유대교를 믿으며 독일을

중심으로 한 서유럽과 동구권에 거주하던 자들은 아쉬케나짐 유대인들이라고 한다.

그리고 앗수르에 의한 북이스라엘의 패망과 남유다의 바벨론 포로 이후에 중동과 중앙아시아를 중심으로 살면서 아랍어를 사용하는 자들을 미즈라힘 유대인이라고 한다.

외형적으로는 유대인을 크게 셋으로 분류할 수 있다. 그러나 본절에서 사단의 회라고 칭하는 자칭 유대인들은 외형적 분류를 말씀하는 것이 아니다. 여기서 말하는 자칭 유대인은 유대인이면서도 예수 그리스도와는 무관한 자들, 곧 예수 그리스도를 영접하지 않고 믿음을 갖지 않은 유대인들이다.

로마서 2장 28-29절애서도 이들에 관해 "대저 표면적 유대인이 유대인이 아니요 표면적 육신의 할례가 할례가 아니라 오직 이면적 유대인이 유대인이며 할례는 마음에 할지니 신령에 있고 의문에 있지 아니한 것이라 그 칭찬이 사람에게서가 아니요 다만 하나님에게서니라"라고 지적하고 있다.

자칭 유대인이란 곧 표면적 유대인을 말하는 것이다.

"칭찬이 사람에게서가 아니요 다만 하나님에게서니라"라는 말씀처럼 유대인이라는 자랑, 곧 칭찬이 사람이 인정하는 것이 아니고 하나님이 인정해야 한다는 말씀이다.

이것은 하나님께서 육신적으로 표면적 유대인의 외형을 갖추었다고 해서 유대인이라고 인정하는 것이 아니라 내적, 곧 영적으로 이면적 유대인이 되었을 때 그를 유대인이라고 한다는 말씀이다. 그러므로 바로 영적으로 또는 이면적으로 하나님으로부터 유대인이라는 인정을 받으려면 그 심령 안에 예수 그리스도가 있어야 한다.

본 절에서 말씀하는 자칭 유대인들은 표면적으로는 유대인, 곧 사람들이 볼 때는 유대교를 믿는 유대인으로 인정할 수 있으나 하나님이 보실 때는 영적으로 유대인으로 인정하지 않는 이들이다.

사람들 중에는 유대인은 영원한 유대인이라고 말하는 이들이 있다. 유대인에게 행한 하나님의 약속은 영원한 불변하다라는 식의 사고를 가진 이들도 있다. 그것은 하나님의 말씀을 잘못 이해한 데서 나온 것이다. 히브리서 7장 12절에 "제사 직분이 변역한즉 율법도 반드시 변역하리니"라는 말씀 안에 이미 다 포함되어 있으며 이것을 이해하는 것은 매우 중요하다.

우리는 히브리서 8장 6-9절의 '새 언약'이 무엇인가를 알아야 한다. "그러나 이제 그가 더 아름다운 직분을 얻으셨으니 이는 더 좋은 약속으로 세우신 더 좋은 언약의 중보시라 저 첫 언약이 무흠하였더면 둘째 것을 요구할 일이 없었으려니와 저희를 허물하여 일렀으되 주께서 가라사대 볼지어다 날이 이르리니 내가 이스라엘 집과 유다 집으로 새 언약을 세우리라 또 주께서 가라사대 내가 저희 열조들의 손을 잡고 애굽 땅에서 인도하여 내던 날에 저희와 세운 언약과 같지 아니하도다 저희는 내 언약 안에 머물러 있지 아니하므로 내가 저희를 돌아보지 아니하였노라"라고 선언하고 있다.

주님은 구약에 맺었던 옛 언약이 아니라, 이스라엘 집과 유다 집으로 예수 그리스도를 통한 새 언약을 세우신다고 한다.

그리고 주님은 새 언약의 구체적인 내용을 설명하신다. 히브리서 8장 10절은 이 사실을 "또 주께서 가라사대 그날 후에 내가 이스라엘 집으로 세울 언약이 이것이니 내 법을 저희 생각에 두고 저희 마음에 이것을 기록하리라 나는 저희에게 하나님이 되고 저희는 내게 백성이 되리라"라고 말씀한다.

이제는 하나님과 그의 백성의 관계는 육체적인 법에 따라 되는 것이 아니다. "내 법을 저희 생각에 두고 저희 마음에 이것을 기록하리라"라는 선언처럼 하나님의 말씀이 그 생각과 마음에 기록되어 있는 자, 곧 예수 그리스도의 복음의 말씀을 통하여 이면적으로 마음에 할례를 받은 자가 하나님의 백성이 된다.

바벨론 포로 이후 예루살렘으로 돌아온 유다인들은 무너진 성전을 수축하고 성벽을 세우는 일을 함으로 이스라엘 땅에서 그 정통성을 인정받았다. 또한 이들은 유대교의 율법을 철저히 지키는 자들이 되었는데 '유대인'은 바로 이들을 칭하는 용어로 사용되었다.

하나님께서 유대인이라고 별도로 칭했던 것이 아니다. 자신들의 단결과 한편으로는 유대교의 뿌리를 지킨다는 의미에서 스스로 부르던 이름이다. 따라서 유대인이라는 용어는 구약의 율법 안에서는 발견할 수 없고 신약 시대에 와서 사용되었다.

물론 구약에는 솔로몬 이후에 남유다와 북이스라엘로 나뉘면서 유다인과 이스라엘인이라는 분류가 시작되었지만 이스라엘 백성을 상징하는 용어로 사용된 유대인이라는 명칭은 신약 시대에 발견된다.

그러므로 자칭 유대인이라 할 때는 구약의 유다인들만을 칭하는 것이 아니다. 현재는 유대교를 믿는 이스라엘인들 전체를 가리키는 용어로, 그들은 이 용어를 하나님의 선민이라는 특별한 존재들이라는 의식을 갖고 사용하고 있다.

바울은 이러한 자들을 표면적 유대인이라고 하면서, 오직 이면적 유대인만이 참된 유대인이며 하나님의 백성이라고 한다. "제사 직분이 변역한즉 율법도 반드시 변역하리니"(히 7:12)라는 말씀처럼 표면적 유대인도 반드시 이면적 유대인으로 변역이 되어야 한다.

이것을 더욱 확정하는 말씀이 곧 "새 언약이라 말씀하셨으매 첫 것은 낡아지게 하신 것이니 낡아지고 쇠하는 것은 없어져 가는 것이니라"(히 8:13)이다. 이제는 유대인에 대한 개념도 새것으로 변역되어야 한다고 생각한다.

하나님 안에는 유대인이든 이방인이든 모두 하나다. 하나님은 오직 이면적 유대인만 유대인으로 인정하신다. 그러므로 자칭 유대인들 그리고 사단의 회라고 하는 자들은 외형적·표면적 유대인으로 사람들은 유대인으로 볼 수 있으나 하나님은 이들을 유대인으로 인정하지 않으신다.

서머나 교회에서 자칭 유대인들은 주님의 복음을 방해하고 훼방하는 자들로 사단의 집단이었던 것처럼, 종말에도 이와 같이 자칭 유대인이라는 표면적 유대인 세력들이 사단과 결합하여 주님의 사역을 방해하고 미혹할 것이다.

마태복음 21장 41-43절에서도 포도원 농부의 비유를 통하여 하나님의 나라는 이제 유대인의 것이 아님을 말씀한다. "저희가 말하되 이 악한 자들을 진멸하고 포도원은 제때에 실과를 바칠 만한 다른 농부들에게 세로 줄지니이다 예수께서 가라사대 너희가 성경에 건축자들의 버린 돌이 모퉁이의 머릿돌이 되었나니 이것은 주로 말미암아 된 것이요 우리 눈에 기이하도다 함을 읽어 본 일이 없느냐 그러므로 내가 너희에게 이르노니 하나님의 나라를 너희는 빼앗기고 그 나라의 열매 맺는 백성이 받으리라."

하나님의 나라는 진정한 유대인, 곧 유대인들이든 이방인들이든 주님의 복음으로 마음의 할례를 받은 이면적 유대인들의 나라이며 이들이 열매를 맺는 백성이 될 것이다.

[표14]

표면적 유대인	자칭 유대인들	이면적 유대인
* 유대교를 믿는 유대인들의 총칭 * 모세의 율법을 지키는 자들 * 육체적 할례를 받은 자들	* 사람들이 인정하는 유대인들 * 표면적(외형적) 유대인들, 사단의 회 * 거짓말하는 자들	* 복음으로 영적 할례로 새로 태어난 자들 * 유대인 중에, 이방인 중에 누구든 가능

2. 사단의 회

계 2:9 내가 네 환난과 궁핍을 아노니 실상은 네가 부요한 자니라 자칭 유대인이라 하는 자들의 훼방도 아노니 실상은 유대인이 아니요 사단의 회라

유대인들이 모이는 회합, 집회 등의 회당 모임을 가리켜 주님은 사단의 집회라고 한다.

영어로 사단의 회는 A Synagogue of Satan인데 '사단의 회당'이라는 의미다. 회당은 유대인들이 예루살렘 성전이 아닌 이방의 지역에서 성전 대용으로 사용했던 집회 장소였다. 당시에 유대인의 회당은 각 지역에 흩어져 있었으며, 바울도 가는 곳마다 이 회당에서 말씀을 전했다고 기록한다.

주님은 서머나 교회가 그 지역에 있던 유대인의 회당으로부터 복음 전파에 수많은 훼방과 방해를 받았음을 말씀하며 그들을 '사단

의 모임, 집회, 회당'이라고 하신다.

빌라델비아 교회에서도 자칭 유대인이라고 하는 동일한 사단의 회가 등장한 것을 볼 때, 기독교 역사에서 자칭 유대인들의 훼방이 얼마나 장시간 지속되었는지를 알 수 있다.

오늘날은 자칭 유대인이라는 사단의 회가 더욱 비밀하게 거대한 조직체가 되어 그리스도의 복음을 거부하고 반대하며 자신들이 원하는 세상을 만들기 위해 활동하고 있다.

세상의 비밀 조직 단체로 오랜 역사를 갖고 있는 프리메이슨(Freemason)과 일루미나티(Illuminati) 같은 단체이다.

이 비밀 조직체들은 자신들 스스로는 정통 유대인이라고 하는 자칭 유대인들이 만든 단체라고 할 수 있으며, 이 단체들은 예수 그리스도가 아닌 자신들이 만든 메시아 구세주가 통치하는 세상을 만드는 데 그 목적을 두고 활동한다.

본 절에서 이 자칭 유대인들을 사단의 회라고 하는 이유도, 이들이 예수 그리스도를 부인하며 오히려 예수 그리스도를 저주의 대상으로 칭하고 있기 때문이다.

이들은 자신들이 유대인의 정통성을 갖고 있다고 스스로 칭하면서 오히려 자기 백성들의 죄를 대속하기 위하여 오신 예수 그리스도를 부정함으로 사단과 같은 하나님의 대적자가 되었다.

에베소서 6장 12절은 종말에 이들 세력들에 의하여 세워진 세상의 체제에 대하여 기록하고 있는데 "우리의 씨름은 혈과 육에 대한 것이 아니요 정사와 권세와 이 어두움의 세상 주관자들과 하늘에 있는 악의 영들에게 대함이라"라고 지적하고 있다.

사도 요한도 적그리스도의 실체에 대하여 요한일서 2장 22절에서 "거짓말하는 자가 누구뇨 예수께서 그리스도이심을 부인하는 자가 아니뇨 아버지와 아들을 부인하는 그가 적그리스도니"라고 하여 자칭 유대인들 스스로가 적그리스도임을 증명하고 있다.

오늘 우리는 우리가 대적해서 싸워야 할 자들, 곧 '정사와 권세와 어두움의 세상 주관자들'이 누구인가를 알아야 한다. 사단의 회로 시작한 자칭 유대인들의 비밀 조직이 민족과 국가와 세계 속에 깊숙하게 자리 잡고 정치, 경제, 군사, 등의 모든 권력 구조를 움직이고 있다. 그들이 '정사와 권세와 어두움의 세상 주관자들'이다.

결국 우리 전신갑주를 입은 믿음의 종들과 종말에 싸워야 할 대상자는 바로 자칭 유대인들이라 하겠다.

그러나 이들과의 싸움은 혈과 육에 대한 싸움이 아니다. 이들을 이기려면 반드시 '진리의 허리 띠, 의의 흉배, 복음의 신, 믿음의 방패, 구원의 투구, 하나님의 말씀인 성령의 검'을 갖고 싸워야 한다.

현재 이 땅의 사단의 회는 엄청난 힘과 권세와 능력을 갖고 있어 마지막 종말은 이들과의 대접전이 예상된다.

[표15]

사단의 회 = 자칭 유대인		
* 회당으로부터 시작	프리메이슨 일루미나티와 비밀 조직 (말타기사단, 장미십자회 등)	UN과 세계기구 유럽공동체 세계은행 각 정부와 종교기구

3. 십 일 동안 환난을 받으리라

> **계 2:10** 네가 장차 받을 고난을 두려워 말라 볼지어다 마귀가 장차 너희 가운데서 몇 사람을 옥에 던져 시험을 받게 하리니 너희가 십일 동안 환난을 받으리라 네가 죽도록 충성하라 그리하면 내가 생명의 면류관을 네게 주리라

서머나 교회는 특별히 몇 사람을 옥에 던져 10일 동안 환난을 받는다고 한다. 물론 교회 역사에서 가장 힘든 시기여서 수많은 순교자들이 나왔던 때이므로 단순히 10일 동안의 환난이라는 표현은 좀 맞지 않는다는 생각이 든다.

그러나 로마제국 내에서 기독교를 완전히 제거하려는 시도가 10년 동안 있었다는 사실을 생각해 봐야 한다. 디오클레티아누스 황제와 갈레리우스 부제가 함께 통치하던 시기로 A.D. 303년부터 A.D. 313년까지이다.

이때는 갈레리우스(A.D. 305~-311 재위)의 지휘로 기독교회와 교회의 성물들을 파괴하고 기독교인들의 모임을 금지시킨 때였으므로 기독교는 더 이상 회생의 기미가 보이지 않던 암흑의 시대였다. 기독교 역사의 최고의 신학자이며 변증가들이었던 오리겐, 저스틴, 아타나시우스와 같은 하나님의 사람들도 서머나 교회 시대 비슷한 시기에 순교를 당했다.

그러나 하나님은 이러한 최악의 시간을 끝으로 A.D. 313년에 콘스탄티누스 황제(A.D. 306~337)를 통하여 기독교가 세상에 나와 빛을 발하게 하셨다. 이 반전은 참으로 놀라지 않을 수 없다.

"십일 동안 환난을 받으리라"라는 구절을 놓고, 이 10일이 숫자적인 10일이냐 아니면 10이라는 꽉 찬 수를 말하느냐 등 다양한 의견들이 있지만, 필자는 이 10일은 압박과 고통의 시간을 꽉 채운다는 의미로 해석하는 것이 옳다고 생각한다. 왜냐하면 하나님의 일은 항상 그 수가 차야 하고 또한 그 양이 차야 하기 때문이다.

마태복음 23장 31-32절에서 "그러면 너희가 선지자를 죽인 자의 자손 됨을 스스로 증거함이로다 너희가 너희 조상의 양을 채우라"라고 하고 있으며, 로마서 11장 25절은 "형제들아 너희가 스스로 지혜 있다 함을 면키 위하여 이 비밀을 너희가 모르기를 내가 원치 아니하노니 이 비밀은 이방인의 충만한 수가 들어오기까지 이스라엘의 더러는 완악하게 된 것이라"라고 말씀하고 있어 그 의미를 뒷받침한다.

하나님은 조상들이 죽인 선지자들의 피의 양을 너희가 채워야 하며 이방인의 충만한 수가 차야만 구원이 이스라엘로 넘어간다고 하신다. 요한복음 2장 7절에서도 돌항아리의 물을 아구까지 채워야만 하나님의 능력과 기적이 나타나듯이, 교회와 하나님의 백성들을 향한 사단의 핍박도 그 양이 아구까지 찼을 때 반대로 하나님의 반전이 시작되고 새로운 세계가 열린다고 해석하는 것이 옳다.

갈레리우스의 핍박과 순교의 양이 찬 후에 반전의 사건이 일어났다. 콘스탄티누스의 십자가 군대의 등장과 함께 로마를 점령하므로 새로운 기독교의 세계가 열렸다는 역사적 사실이 이를 입증한다.

그러므로 여기서 10일 동안 환난을 받으리라는 말은 단순한 숫자로서의 열흘을 말하는 것이 아니고 교회의 핍박과 순교의 양이 차는 시간을 말하는 것으로, 곧 서머나 교회가 10일의 시간의 끝임을 알리는 것으로 이해한다.

4. 생명의 면류관

> **계 2:10** 네가 장차 받을 고난을 두려워 말라 볼지어다 마귀가 장차 너희 가운데서 몇 사람을 옥에 던져 시험을 받게 하리니 너희가 십일 동안 환난을 받으리라 네가 죽도록 충성하라 그리하면 내가 생명의 면류관을 네게 주리라

"네가 죽도록 충성하라 그리하면 내가 생명의 면류관을 네게 주리라"라고 한다.

생명의 면류관은 어떻게 생겼을까? 먼저 '면류관'은 '스테파노스'(στέφανος)라고 한다. '에워싸다'라는 단어로부터 유래했고, '둘러싸여 있는 것, 면류관, 왕관, 자랑, 명예, 영광으로서의 면류관'이라는 의미를 갖는다.

사도행전 7장에는 스데반의 순교의 장면이 나온다.

'스데반'의 이름은 바로 '왕관'이라는 뜻이다. 사도행전 7장 55절은 "스데반이 성령이 충만하여 하늘을 우러러 주목하여 하나님의 영광과 및 예수께서 하나님 우편에 서신 것을 보고"라고 한다.

순교의 순간 그는 하나님과 예수 그리스도가 보좌의 좌우편에 계시는 하늘의 환상을 보았다.

스데반은 그의 이름대로 이제는 계시록 20장 4절의 보좌에 앉아 심판하는 권세와 함께 왕관을 쓰고 천년 동안 왕 노릇 할 '왕 같은 제사장'이 되었다.

생명의 면류관은 단순히 생명만을 위한 면류관만 말하지는 않는다. 그 안에는 '생명'을 뜻하는 '조에'(ζωή)라는 단어가 갖는 '생명, 영

생, 종신토록'이라는 의미도 있지만, 이에 더하여 본 절 11절에서 "이기는 자는 둘째 사망의 해를 받지 아니하리라"(계 2:11)라는 말씀처럼 둘째 사망의 해를 받지 않는 영생의 면류관이다.

이는 계시록 20장 6절에도 기록된 말씀으로 "이 첫째 부활에 참예하는 자들은 복이 있고 거룩하도다 둘째 사망이 그들을 다스리는 권세가 없고 도리어 그들이 하나님과 그리스도의 제사장이 되어 천 년 동안 그리스도로 더불어 왕 노릇 하리라"라고 한다.

곧 생명의 면류관을 받는 자들이 받는 복을 보면 첫째로 보좌에 앉아 심판의 권세, 둘째로 천년 동안 그리스도와 더불어 왕 노릇 함, 셋째로 하나님과 그리스도의 제사장이 되는 것, 넷째로 첫째 부활에 참예하는 축복, 다섯째로 둘째 사망이 그들을 다스리는 권세가 없다는 것이다.

면류관의 축복을 받기 위해서는 우리에게 "네가 죽도록 충성하라"라고 말씀한다.

'충성하라'라는 말은 '피스토스'(πιστός)라 하여 '믿을 만한, 충실한, 진실한, 믿을 수 있는, 신뢰할 수 있는, 확실한, 진정한' 등의 뜻으로 사용된다. 이 말은 죽음의 순간까지도 믿을 수 있고 신뢰할 수 있는 진실한 믿음을 말한다.

우리는 환난이나 곤고나 궁핍과 핍박이 오면 우리의 믿음과 신앙을 지키지 못하고 버리는 경우가 많다.

특히 마지막 종말은 이와 같은 어려운 환경이 안팎으로 가중되는 시대이므로 죽도록 충성하라는 이 말이 주는 의미를 되새겨야 할 것이다.

마태복음 24장 45-46절은 "충성되고 지혜 있는 종이 되어 주인에게 그 집 사람들을 맡아 때를 따라 양식을 나눠 줄 자가 누구뇨 주인이 올 때에 그 종의 이렇게 하는 것을 보면 그 종이 복이 있으리로다"라고 한다. 생명의 면류관의 축복을 받을 깨어 있는 종의 모습이다.

5. 둘째 사망의 해를 받지 않음

계 2:11 귀 있는 자는 성령이 교회들에게 하시는 말씀을 들을지어다 이기는 자는 둘째 사망의 해를 받지 아니하리라

성경에서 말씀하는 사망에는 두 종류의 사망이 있다. 첫째는 육체적 사망으로 우리가 일반적으로 생각하는 죽음이다. 성경은 우리에게 또 한 번의 사망이 있다고 하는데, 그것은 백보좌의 심판에 의한 영적 사망이며, 영원한 사망 또는 불못 심판이라고도 한다.

히브리서 9장 27절은 "한 번 죽는 것은 사람에게 정하신 것이요 그 후에는 심판이 있으리니"라고 한다. 이 죽음은 육체적 죽음으로, 예수 그리스도는 바로 우리를 육체적 죽음으로부터 구원하기 위해 오셨다.

세상은 죽음의 원인이 노화 또는 질병이라고 말한다. 그러나 성경은 죽음의 원인이 죄라고 말한다. 주님은 죽음의 원인이 되는 죄를 씻고 하나님과 우리 사람의 관계를 회복시키기 위하여 이 땅에 오셨다.

그래서 히브리서 9장 28절은 "이와 같이 그리스도도 많은 사람의 죄를 담당하시려고 단번에 드리신바 되셨고 구원에 이르게 하기

위하여 죄와 상관 없이 자기를 바라는 자들에게 두번째 나타나시리라"라고 말씀한다.

주님의 초림은 죄의 문제를 해결하기 위하여 오신 것이라면, 주님의 두 번째 오심 곧 재림은 이 죄의 문제를 주님이 완전하게 해결했다는 것을 믿고 이제 죽음이 아니고 영원한 삶을 바라며 주님이 재림할 것을 믿고 기다리는 하나님의 성도들을 구원하시기 위한 것이다.

요한복음 3장 18절은 "저를 믿는 자는 심판을 받지 아니하는 것이요 믿지 아니하는 자는 하나님의 독생자의 이름을 믿지 아니하므로 벌써 심판을 받은 것이니라"라고 말씀한다.

여기서 말씀하는 심판은 육체적 심판, 곧 육체적 죽음이다. 믿는 자는 육체적인 죽음이 있어도 이를 죽음이라고 말하지 아니하고 '잠을 잔다'라고 말한다. "선한 일을 행한 자는 생명의 부활로, 악한 일을 행한 자는 심판의 부활로 나오리라"(요 5:29)라는 말씀처럼 믿음의 선한 일을 행한 자는 생명의 부활이 기다리고 있기 때문이다.

요한복음 11장에서도 죽은 나사로를 놓고 주님이 "우리 친구 나사로가 잠들었도다 그러나 내가 깨우러 가노라"(요 11:11)라고 말씀하시며 육체적으로 죽은 나사로가 잠들었다고 표현하셨다.

예수 그리스도가 하나님의 아들이며, 육체를 입고 이 세상에 오셔서 십자가를 지심으로 우리의 죄를 대속하고 부활하셨다는 것을 믿는 우리를 하나님이 의롭다고 칭하시고, 그 하나님을 믿는 자는 심판이 없다는 것을 성경이 가르쳐 준다.

즉 이 세상에서 육체적인 죽음이 있을지라도 이는 죽음이 아니며, 생명의 부활로 나올 때까지 '잠시 잠을 자고 있다'는 것이다.

주님은 우리에게 "나를 보내신 이의 뜻은 내게 주신 자 중에 내가 하나도 잃어버리지 아니하고 마지막 날에 다시 살리는 이것이니라"(요 6:39)라고 약속하셨다. 또한 "내 아버지의 뜻은 아들을 보고 믿는 자마다 영생을 얻는 이것이니 마지막 날에 내가 이를 다시 살리리라"(요 6:40)라고 선언하셨다.

본 절에서 주님은 서머나 교회를 향하여 "이기는 자는 둘째 사망의 해를 받지 아니하리라"(계 2:11)라고 말씀한다.

이것은 곧 환난과 궁핍을 이겨내고 자칭 유대인들의 훼방을 이기며 생명의 면류관을 바라보며 죽도록 충성하는 자들, 고난을 두려워하지 않고 이기는 자들에게 주시는 축복이다.

둘째 사망은 육체적 심판과는 아주 다른 영적 심판이다. 이는 "악한 일을 행한 자는 심판의 부활로 나오리라"(요 5:29)라는 말씀처럼 이 땅에서 천년 왕국의 주님의 통치 기간이 끝난 후에 있을 마지막 심판 곧 백보좌의 심판을 말한다.

그러므로 이 땅에서 예수 그리스도를 믿음으로 '생명의 부활'로 나올 자들에게는 심판이라는 용어를 사용하는 것은 잘못된 것(백보좌 심판)이며, 믿음으로 구원받은 하나님의 성도들에게는 심판이 없다.

또한 "악한 일을 행한 자는 심판의 부활로 나오리라"(요 5:29)라고 말씀하셨다. 예수 그리스도를 부인하고 거부하며 자신들을 위하여 죄를 대속하신 주님의 말씀을 믿지 아니하므로 악행을 행한 자들은 육체적인 죽음과 함께 후에 있을 백보좌의 심판에서 영원한 영의 죽음이라는 불못의 심판을 피할 수 없다. 이를 둘째 사망이라고 한다.

[표16]

첫째 사망		백보좌 심판
* 육체적인 죽음 * 믿는 자와 믿지 아니하는 자, 곧 모든 사람	믿음의 성도들 = 잠잔다 믿지 아니한 자들 = 죽었다	낙원에서 쉼 = 심판 없음(생명의 부활) 음부에서 = 심판 받음, 영원한 불못(심판의 부활), 둘째 사망

Ⅲ. 버가모 교회

(To the Church in Pergamum)

계 2:12 버가모 교회의 사자에게 편지하기를 좌우에 날 선 검을 가진 이가 가라사대

⬇

계 2:17 귀 있는 자는 성령이 교회들에게 하시는 말씀을 들을지어다 이기는 그에게는 내가 감추었던 만나를 주고 또 흰 돌을 줄 터인데 그 돌 위에 새 이름을 기록한 것이 있나니 받는 자밖에는 그 이름을 알 사람이 없느니라

버가모 교회는 헬레니즘의 사상과 황제 경배의 중심지에 있던 교회이다.

버가모는 B.C. 130년경에 로마의 식민지가 된 후 아시아 지역의 로마 수도로서 문화적인 중심지의 역할을 했던 도시이며, 시대적으로는 A.D. 313~538년의 교회의 모습을 보여 준다.

버가모 지역에는 제우신 신을 비롯해서 아에스쿨라피우스라는 뱀 신을 모시는 우상의 전이 있었다. 이 신을 치료의 신이라고 하여, 오늘날도 의학계에는 뱀 신의 영향으로 도형이 된 인장이 있다. 그만큼 버가모는 역사에 미친 그 영향력이 큰 지역이다.

한편 버가모 지역에는 창세기 10장에 등장하는 니므롯에 의한 바벨론의 우상을 섬기는 제사장이 있었다. B.C. 133년경 아달러스 왕 3세가 버가모 지역으로 가지고 온 것이다.

A.D. 313년 콘스탄틴 황제의 기독교 국교화 후인 A.D. 378년에 로마 교회의 감독이었던 다마스커스는 스스로 바벨론 종교의 제사장 직분을 맡았다. 이때부터 교회에 바벨론 종교의 우상들이 결합되는 비정상적인 교회의 모습이 시작되었다.

오늘날 가톨릭의 성모 마리아 상이 대표적인 바벨론 우상의 상징이다. 성모 마리아는 니므롯의 아내였던 세미라미스의 상징이고, 성모 마리아가 안고 있는 어린아이는 예수 그리스도가 아닌 그의 아들 담무스라는 것은 이미 기독교 역사가 증명하고 있다.

이와 같은 배경 때문에 주님은 버가모 교회를 "사단의 위가 있는 데라"(계 2:13)라고 말씀하신다. '버가모'라는 말이 '결혼, 혼인'이라는 의미를 가지기 때문에 버가모를 '우상의 집과 결혼한, 혼인한'이라는 뜻으로 해석할 수도 있다.

그러나 버가모 교회의 상황을 역사적인 교회의 모습으로만 받아서는 안 된다. 바로 지금 이 순간에도 버가모 교회는 우리 안에 존재하고 있으며, 종말의 교회들은 버가모 교회와 같은 우상의 터, 곧 사단의 위가 있는 곳에 세워져 있다. 사단은 끊임없이 우리 안에 영적인 우상의 집을 세우고 그것과 함께 가기를 원하기 때문이다.

버가모 교회가 바벨론의 우상의 터 위에 세워졌으며 또한 그 우상과 결혼이 된 상태의 신앙을 갖고 있었다면, 지금 현대를 살아가는 우리는 어떤가. 니므롯이나 세미라미스와 같은 우상은 아니지만 하나님의 말씀 대신에 세상이 주는 학문과 철학, 각가지의 이론들과 문화적인 사고와 의식들이 우리 안에 집을 짓고 있지는 않은지 돌아보아야 한다.

우리의 신앙이 지금 이것들과 결혼을 한 채로 살아가며 믿음과 신앙의 길을 간다고 한다면 이는 당연히 버가모 교회의 현상이다.

그래서 주님은 버가모 교회의 사자에게 "좌우에 날 선 검을 가진 이"라는 표현을 통하여 "성령의 김 곧 하나님의 말씀을 가지라"(엡 6:17)라고 명령하시는 것이다.

주님은 우상의 이론과 사단의 문화로 가득 찬 세상과 싸워 이길 수 있는 것은 오직 하나님의 말씀뿐임을 교회들에게 깨우치기 위하여 좌우에 날 선 검을 가지시고 등장한다.

또한 베드로전서 1장 23-25절을 통하여 "너희가 거듭난 것이 썩어질 씨로 된 것이 아니요 썩지 아니할 씨로 된 것이니 하나님의 살아 있고 항상 있는 말씀으로 되었느니라 그러므로 모든 육체는 풀과 같고 그 모든 영광이 풀의 꽃과 같으니 풀은 마르고 꽃은 떨어지되 오직 주의 말씀은 세세토록 있도다 하였으니 너희에게 전한 복음이 곧 이 말씀이니라"라고 전한다.

버가모 교회같이 사단의 위가 있는 곳에 세워진 교회라면 더욱더 하나님의 말씀으로 이들을 대항해야 하며 복음의 진리를 수호해야 하기 때문이다.

1. 충성된 증인 안디바

계 2:12 버가모 교회의 사자에게 편지하기를 좌우에 날 선 검을 가진 이가 가라사대

계 2:13 네가 어디 사는 것을 내가 아노니 거기는 사단의 위가 있는 데라 네가 내 이름을 굳게 잡아서 내 충성된 증인 안디바가 너희 가운데 곧 사단의 거하는 곳에서 죽임을 당할 때에도 나를 믿는 믿음을 저버리지 아니하였도다

충성된 증인 안디바는, 실제적인 인물로 당시 황제 숭배를 반대하다가 순교를 당한 위대한 믿음의 절개를 지켰던 인물로 소개한다.

이 사실은 후에 버가모의 총독이었던 플리니가 트라얀 황제에게 보낸 서신을 통해 밝혀졌다. 안디바의 순교 후 버가모 지역에서는 황제 숭배를 반대하는 자들을 일컬어 'Antipas'라고 했고, 오늘날 '모든 것을 반대하는'을 뜻하는 단어로 안티(Anti)로 남아 있다.

주님이 버가모 교회의 충성된 증인 안디바가 보여 준 믿음을 소개하는 것은, 종말의 교회가 세상과 결합되어 세속화되어 가므로 믿음을 지키기 어려운 환경이 될 것에 대한 충고이며 교훈이다.

특별히 오늘의 교회 안에 들어와 있는 사상과 이론, 문화 등은 버가모 교회를 우상과 결혼한 교회라고 하듯 이념적인 우상들과 함께 어우러진 전형적인 모습이다.

현대 신학의 아버지라 일컫는 슐라이에르마허 이후 자유주의 신학은 성경의 해석 자체를 인간적인 것이나 윤리와 도덕의 규범적인 것으로 해석하므로 전지전능하신 하나님의 말씀을 세상적으로 인간화시켜 왔다.

여기에 한층 더해 과학과 기계문명의 급격한 발달을 통한 지식과 사상의 자유화는 에큐메니칼적 그리고 포스트 모더니즘적 신학과 정신세계로의 변화와 함께 성경적인 하나님과 예수 그리스도의 가치가 땅에 떨어지는 현실이다.

바울은 이러한 것에 대비하여 에베소서 4장 13-14절에서 “우리가 다 하나님의 아들을 믿는 것과 아는 일에 하나가 되어 온전한 사람을 이루어 그리스도의 장성한 분량이 충만한 데까지 이르리니 이는 우리가 이제부터 어린아이가 되지 아니하여 사람의 궤술과 간사한 유혹에 빠져 모든 교훈의 풍조에 밀려 요동치 않게 하려 함이라”라고 말씀한다.

그리스도의 장성한 분량만이 사람의 궤술과 간사한 유혹으로부터 만들어진 모든 교훈의 풍조로부터 요동치 않게 한다.

그러므로 본 절에서 말씀하는 충성된 증인 안디바는 바로 오늘의 교회가 받아야 할 믿음의 증인이며, 어떤 환경에서도 악에 대하여 저항하고 반대하는 신실하고 충성된 교훈을 준다.

2. 발람의 교훈과 니골라당의 교훈

계 2:14 그러나 네게 두어 가지 책망할 것이 있나니 거기 네게 발람의 교훈을 지키는 자들이 있도다 발람이 발락을 가르쳐 이스라엘 앞에 올무를 놓아 우상의 제물을 먹게 하였고 또 행음하게 하였느니라
계 2:15 이와 같이 네게도 니골라당의 교훈을 지키는 자들이 있도다

발람은 브돌에 사는 브올의 아들로 예언자이며 점쟁이 술사였다. 그는 가나안 땅을 목전에 둔 모압 평지에서 이스라엘 백성들의 저주를 위해 발락에게 초청되었다.

모압 왕인 십볼의 아들 발락은 “이스라엘이 아모리인에게 행한 모든 일을 보았으므로 모압이 심히 두려워하였으니 이스라엘 백성

의 많음을 인함이라 모압이 이스라엘 자손의 연고로 번민하여"(민 22:2-3)라고 하며 브올의 아들 발람을 부르게 된 이유를 말한다. 그리고 "보라 한 민족이 애굽에서 나왔는데 그들이 지면에 덮여서 우리 맞은편에 거하였고 우리보다 강하니 청컨대 와서 나를 위하여 이 백성을 저주하라 내가 혹 쳐서 이기어 이 땅에서 몰아내리라 그대가 복을 비는 자는 복을 받고 저주하는 자는 저주를 받을줄을 내가 앎이니라"(민 22:5-6)라고 말함으로 발람의 신통력을 믿고 있었음을 알 수 있다.

그러나 하나님은 발람에게 "너는 그들과 함께 가지도 말고 그 백성을 저주하지도 말라 그들은 복을 받은 자니라"(민 22:12)라고 말씀하여 하나님의 뜻을 전한다.

발람에 대하여 유다서 1장 11절은 "화 있을진저 이 사람들이여, 가인의 길에 행하였으며 삯을 위하여 발람의 어그러진 길로 몰려 갔으며 고라의 패역을 좇아 멸망을 받았도다"라고 기록하여, 발람은 삯을 위하여 모압 왕 발락의 초청에 응했음을 말하고 있다.

발람의 교훈이 무엇인가를 알려 주는 말씀인데 바로 삯 때문이었다고 한다.

'삯'은 '미스도스'(μισθός)로서 '임금, 급료, 품삯, 보상, 보응' 등을 뜻하는 단어이며, 오늘날은 이것을 물질 곧 돈으로 해석하면 된다.

또한 어그러진 길에서 '어그러지다'는 말은 '플라네'(πλάνη)로 '배회, 방황, 이탈, 속임, 사기, 현혹, 협잡, 기만, 타락' 등을 가리킨다. 이것은 발람의 마음을 보여 주는 것으로 '돈에 유혹되어 마음이 방황하고 배회하며 결국은 현혹되어 타락했다'라는 의미이다.

버가모 교회의 시대적 상황을 살펴보자. 교회가 음지에서 나와 로마 정부의 기독교 국교화를 통해서 세상 속으로 들어왔고, 헬레니즘의 문화와 애굽과 바벨론의 신상들, 그리고 황제 우상 숭배라는 사회적·문화적 현실과의 충돌이 강력했던 시기였다.

또한 교회 내의 교리적 작업과 병행하여 기독교의 교리에 상충되는 이단들의 발로가 심했던 시기였다. 아리우스와 아타나시우스의 삼위일체 논쟁이나 어거스틴과 펠라기우스의 신학적 논쟁 등이 그 대표라 하겠다.

이 시기에 발람의 교훈을 말하고 있다. 발람의 교훈이 발생한 근원에는 발락이 발람을 이용하여 이스라엘을 저주하려 한 사건이 있었다. 하나님의 말씀의 본질을 훼손하고 말씀 위에 재를 뿌리고 저주를 뿌리려는 발락과 같은 세력들과의 결탁이 있었다는 말이다.

이와 같은 일들은 매우 심각한 교회의 교리적 문제로 등장했다. 당시의 헬레니즘 문화권에 있던 로마 정부는 자신들이 그동안 믿어 왔던 우상들을 버리고 새로운 기독교의 체제와 문화를 받아들이는 것을 꺼렸다. 그러면서 타협하고 결탁을 시작했다.

대표적인 것으로 예수님의 탄생일인 크리스마스를 태양신의 제삿날인 12월 25일로 정한 것, 예수님의 어머니 마리아를 성모 마리아로 둔갑시켜 중보자로 세웠다는 것 등을 들 수 있다.

이러한 것들은 결국 성경의 진리를 왜곡시키는 일들로 발람과 같은 어그러진 길을 가는 교회의 감독과 신학자들에 의하여 만들어졌다.

하나님은 발람에게 분명히 "야곱을 해할 사술이 없고 이스라엘을 해할 복술이 없도다"(민 23:23)라고 말씀하셨다.

그러나 발람은 발락에게 이스라엘을 넘어뜨릴 계략을 비밀리에 제공했는데, 민수기 25장 1-3절에 나온다. "이스라엘이 싯딤에 머물러 있더니 그 백성이 모압 여자들과 음행하기를 시작하니라 그 여자들이 그 신들에게 제사할 때에 백성을 청하매 백성이 먹고 그들의 신들에게 절하므로 이스라엘이 바알브올에게 부속된지라 여호와께서 이스라엘에게 진노하시니라."

하나님은 이스라엘 백성들이 우상에게 절하고 음행하는 것을 가장 싫어하신다는 사실을 알고 하나님의 진노가 이스라엘 백성들에게 임하게 하려는 의도로 발락에게 그 비밀을 폭로했다. 이 일로 인하여 이스라엘 백성 2만 4천 명이 염병으로 죽었다. 이런 비참한 결과는 전적으로 발람의 꾀 때문이었다.

베드로후서 2장 15-17절은 발람의 길을 가는 사람들에게 "저희가 바른 길을 떠나 미혹하여 브올의 아들 발람의 길을 좇는도다 그는 불의의 삯을 사랑하다가 자기의 불법을 인하여 책망을 받되 말 못하는 나귀가 사람의 소리로 말하여 이 선지자의 미친 것을 금지하였느니라 이 사람들은 물 없는 샘이요 광풍에 밀려 가는 안개니 저희를 위하여 캄캄한 어두움이 예비되어 있나니"라고 말씀한다.

오늘도 교회 안에는 발람과 같은 자들이 수없이 많다. 사단의 세력들과 결탁하여 금전적인 보수를 받고 교회의 진리를 변질시키므로 하나님의 백성들을 방황하게 하며 길을 잃고 의도적으로 나쁜 길로 인도하고 있다.

주의 재림이 가까이 올수록 교회 안에서의 이러한 현상들은 심각하게 일어날 것이다. 그래서 "주의 임하심과 세상 끝에는 무슨 징조가 있사오리이까"(마 24:3)라는 질문에 주님은 "너희가 사람의 미혹을 받지 않도록 주의하라"(마 24:4)라고 경계하신다.

또한 에베소 교회로부터 시작된 니골라당의 행위는 버가모 교회에 와서 완전한 교리로 정착했고, 이 교리는 곧 가톨릭의 직제로 발전하였다.

교회 내에 백성들을 지배하고 정복하는 니골라라는 기구의 발생은 곧 이스라엘에 왕이 없으므로 우리를 다스릴 왕을 달라고 하는 사무엘 시대를 연상케 한다. 사사기 21장 25절에서 "그때에 이스라엘에 왕이 없으므로 사람이 각각 그 소견에 옳은대로 행하였더라"라는 고백과 같이 '교회 내에 다스릴 지도자가 없어 각각 자기의 소견에 옳은 대로 행하였다'라고 할 수 있다.

결국 이스라엘은 사무엘상 8장 4-5절에서 "이스라엘 모든 장로가 모여 라마에 있는 사무엘에게 나아가서 그에게 이르되 보소서 당신은 늙고 당신의 아들들은 당신의 행위를 따르지 아니하니 열방과 같이 우리에게 왕을 세워 우리를 다스리게 하소서 한지라"와 같이 장로들과 백성들이 모여서 왕을 세워 달라고 하였다.

니골라당의 교훈도 이와 같다. 백성들을 다스리고 믿음 안에서 가르치며 잘 통제한다는 의미로 시작했지만 결국은 막강한 교회 내의 권력기구로 발전하였다. 그래서 중세 시대는 이들의 통제로 인하여 오히려 말씀의 하나님을 만날 수 없고 들을 수 없는 영적인 암흑시대가 되고 말았다.

오늘의 현실에서도 세계에서 가장 막강한 권력기관으로 모든 사람들이 인정하는 곳이 바로 가톨릭, 로마 교황청, 교황 제도라는 것은 누구나 알고 있다.

바로 교회 안에서 교회의 하나님의 백성들을 지배하는 이 권력체제, 곧 직제를 니골라당의 교훈이라고 한다.

[표17]

발람의 교훈	니골라당의 교훈	현대교회(발람+니골라)
* 이스라엘에 올무 * 사단(정치 세력)과 결탁 * 물질(돈)로 변질된 종들	* 교회 내의 계급, 직제 * 백성들을 지배, 정복 * 가톨릭의 교황제	* 성경의 변역 (진리를 깨닫지 못하게) * 교회 내의 계급과 직제 (백성 위에 군림) * 물질에 타락된 종들 (정치와 결탁)

3. 감추었던 만나

계 2:17 귀 있는 자는 성령이 교회들에게 하시는 말씀을 들을지어다 이기는 그에게는 내가 감추었던 만나를 주고 또 흰 돌을 줄 터인데 그 돌 위에 새 이름을 기록한 것이 있나니 받는 자밖에는 그 이름을 알 사람이 없느니라

주님은 버가모 교회의 사자에게 "이기는 그에게는 내가 감추었던 만나를 주고"라고 한다.

만나는 이스라엘 백성들이 광야에서 먹던 하늘로부터 내려진 양식이다. 출애굽기 16장 31절은 "이스라엘 족속이 그 이름을 만나라 하였으며 깟씨 같고도 희고 맛은 꿀 섞은 과자 같았더라"라고 한다.

40년 동안 하나님은 매일 아침 하늘로부터 이 양식을 내려 주셨다. 그러다가 요단강을 건너 가나안 땅 길갈에서 유월절과 함께 할례의식을 마치고 그 땅의 양식을 먹었을 때 만나가 그쳤다. 여호수아 5장 10-12절에서는 그 사실에 대하여 "이스라엘 자손들이 길갈에 진 쳤고 그달 십사일 저녁에는 여리고 평지에서 유월절을 지켰고 유월절 이튿날에 그 땅 소산을 먹되 그날에 무교병과 볶은 곡식을 먹

었더니 그 땅 소산을 먹은 다음 날에 만나가 그쳤으니 이스라엘 사람들이 다시는 만나를 얻지 못하였고 그해에 가나안 땅의 열매를 먹었더라"라고 기록한다.

만나는 가나안 땅의 양식이 아니라 광야의 양식이다. 하나님이 주신 것으로 애굽에서 나와 홍해를 건너 광야에 들어온 이스라엘 백성들에게 주신 하늘의 양식이다.

하나님이 광야에서 이 만나를 주신 것에 대하여 영적인 이해가 필요하다. 만나라는 양식의 성질, 곧 본질이 어떠하냐는 것이다. 출애굽기 16장 13-15절은 만나에 대하여 "저녁에는 메추라기가 와서 진에 덮이고 아침에는 이슬이 진 사면에 있더니 그 이슬이 마른 후에 광야 지면에 작고 둥글며 서리 같이 세미한 것이 있는지라 이스라엘 자손이 보고 그것이 무엇인지 알지 못하여 서로 이르되 이것이 무엇이냐 하니 모세가 그들에게 이르되 이는 여호와께서 너희에게 주어 먹게 하신 양식이라"라고 하며 만나가 애초에 이슬(The Dew)이었음을 말하고 있다.

여기서 '이슬'은 히브리어 '탈'(טַל)로 원래 '그늘지게 하다, 가리다, 덮다, 숨기다, 보호하다, 감싸다' 등의 의미로부터 온 단어이다. 곧 하늘로부터 온 양식은 광야의 이스라엘 백성을 '덮어서 그늘지게 하고, 가리고 숨겨 보호하기 위한 양식'이라는 뜻이다.

이 뜻을 영적으로 해석해 보자. 이슬로 된 만나를 먹으면 그 안에는 덮고 그늘지게 하는 속성이 있어서 광야의 뜨거운 태양빛으로부터 보호할 수 있고, 짐승이나 적들로부터 숨기고 감싸서 보이지 않게 한다.

이것은 이슬로 된 만나를 먹는 하나님의 백성들을 광야라는 험한 곳으로부터 지키고 보호하시려는 하나님의 마음이 그 양식 안에 담겨 있는 것이다. 또한 짐승과 적들로 가득 찬 광야 같은 세상으로부터 하나님의 백성들을 보이지 않게 숨기시고 감싸며 보호한다는 의미로 해석할 수도 있다.

그러므로 이 양식은 출애굽 당시에 광야에서만 있었던 사건이 아니라 지금도 이 세상의 하나님의 백성들을 사단의 세력들로부터 숨기고 지키며 보호하기 위하여 광야에, 곧 교회 안에 내리고 있음을 알아야 한다.

한편 이 만나는 "무리가 아침마다 각기 식량대로 거두었고 해가 뜨겁게 쪼이면 그것이 스러졌더라"(출 16:21)라고 하듯 '해가 뜨겁게 쪼이는' 시간이 되면 사라졌다.

여기서 해가 뜨겁게 쪼이는 시간은 영적으로 예수 그리스도의 강력한 생명의 복음이 내리는 시간으로 보고, 바로 이때가 되면 자연스럽게 소멸된다는 뜻으로 해석해야 할 것이다.

그러므로 이슬 같은 만나의 양식은 신학적으로는 빛이신 예수 그리스도가 오시면 그 기능을 잃어버리고 쓰러져야만 하는 양식이다.

그렇다면 본 절에서 말씀하는 '감추었던 만나'는 어떤 의미일까?

주님은 버가모 교회의 사자에게 "이기는 그에게" 이 감추었던 만나를 준다고 한다. 여기서 '감추었던'이라는 단어는 '크립토'(κρύπτω)로 '감추다, 비밀을 지키다, 숨기다, 저장해 두다'라는 뜻으로 사용된다. 이것을 해석하면 '숨겨 두고 감추며 저장해 두었던 비밀의 만나'로, 결국 하나님이 그동안 공표하지 아니한 하늘의 비밀의 양식, 곧 말씀을 말한다.

마태복음 13장 11절은 "대답하여 가라사대 천국의 비밀을 아는 것이 너희에게는 허락되었으나 저희에게는 아니되었나니"라고 하며 제자들과 무리들을 분리하신다. 감추었던 만나는 여기에서는 바로 하늘의 비밀의 말씀이다. 마지막 시대 종말의 종들, 그것도 '이기는 그'에게만 주시는 말씀으로, 제자들과 같이 특별히 선택된 자에게 주시는 계시의 말씀으로 이해해야 할 것이다.

주님은 요한복음 6장에서 자신을 "내가 곧 생명의 떡이로라"(요 6:48)라고 말씀한다.

그리고 곧 이어서 "너희 조상들은 광야에서 만나를 먹었어도 죽었거니와"(요 6:49)라고 했다. 만나는 영원한 생명의 떡이 아님을 말하며 생명의 떡으로 오신 자신과 만나를 비교한 것이다.

요한복음 6장 57-58절은 이것에 대하여 "살아 계신 아버지께서 나를 보내시매 내가 아버지로 인하여 사는 것같이 나를 먹는 그 사람도 나로 인하여 살리라 이것은 하늘로서 내려온 떡이니 조상들이 먹고도 죽은 그것과 같지 아니하여 이 떡을 먹는 자는 영원히 살리라"라고 선언한다.

계시록은 주님이 종들에게 주시는 계시의 말씀으로, 주님은 '감추었던 만나'라는 표현으로 비밀의 말씀을 표현하고 있다. 신학적으로 만나가 영원한 생명을 줄 수 없는 완전하지 않은 떡을 의미하는 것처럼 율법도 완전하지 않음을 가리킨다.

그러나 그 율법 안에는 아직 우리가 알지 못했던 비밀이 담겨 있다. 지금까지 숨겨진 것이고 '감추었던 만나'를 종말의 종들 곧 이기는 그에게 주겠다는 의미로 해석할 수 있다.

하나님의 비밀의 말씀을 깨닫고 아는 것은 우리의 지식이나 노력으로 되는 것이 아니다. 성령의 지시하심을 받은 자들과 같이 주님이 알게 하신다는 것이 성경의 엄연한 진리이다. 그러므로 감추었던 만나 또한 주님이 오직 '이기는 그에게'만 주신다는 사실을 깨달아야 할 것이다.

[표18]

만나 (광야에서의 하늘의 양식)	신학적으로	감추었던 만나
* 갓씨 같고 희고 맛은 꿀섞은 과자 * 이슬 같고 서리같이 세미한 것 * 해가 뜨겁게 쪼이면 스러짐(녹아 사라짐) * 조상들이 먹었어도 죽었음	* 율법(광야에서 준 하나님의 말씀) * 율법은 사망을 가져옴	* 하나님의 비밀의 말씀 * 종말의 종들–이기는 그에게 주시는 양식(말씀) * 율법 속에 감추었던 비밀과 계시의 말씀

4. 흰 돌과 새 이름

계 2:17 귀 있는 자는 성령이 교회들에게 하시는 말씀을 들을지어다 이기는 그에게는 내가 감추었던 만나를 주고 또 흰 돌을 줄 터인데 그 돌 위에 새 이름을 기록한 것이 있나니 받는 자밖에는 그 이름을 알 사람이 없느니라

주님은 또 흰 돌을 주고 그 위에 새 이름을 기록한 것이 있다고 하신다. 그리고 그 이름은 받는 자 밖에는 알 사람이 없다고 하신다.

여기서 받는 자는 당연히 이기는 자로 버가모 교회처럼 사단의 위가 있는 곳, 이는 지금 온 세상에 충만하게 세워진 사상과 이론 그리고 철학과 문화 등을 통틀어 하나님을 대적하는 온갖 사단의 우상과 지식들과 환경들을 이기고 승리한 교회의 사자를 말한다.

"이기는 그에게는"에서 '그에게'는 '아우토스'(αὑτος)라고 하여 '그

남자나 또는 그 여자 자신'을 강조하는 3인칭 대명사로 사용된다. 이것은 받은 그 한 사람만을 강조하는 표현으로 '그 사람이나 그 여자' 외에는 누구도 알 수 없다는 뜻이다.

그렇다면 흰 돌은 무엇이며 그 위 기록한 새 이름은 어떤 의미일까?

이것에 대한 의견은 여러 가지로 매우 다양하다. 특별히 이단들 중에는 이것을 자신들의 교주에게 비유하는 이상한 의견들도 세상에 존재하고 있음에 주의해야 한다.

우리는 모든 계시의 말씀은 성경 안에 있다는 사실에 귀를 기울여야 한다. 먼저 주님은 이기는 그에게 '흰 돌'을 주신다고 한다. '희다'라는 단어는 '류코스'(λευκός)이며, '빛나는, 찬란한, 광채 나는'이라는 뜻이다. 계시록 1장 14절에도 주님을 표현하면서 "그 머리와 털의 희기가 흰 양털 같고 눈 같으며 그의 눈은 불꽃 같고"라고 한다. 여기서 말씀하는 희다라는 '흰'도 '류코스'라 하여 '빛나는, 찬란한, 광채 나는'이라는 뜻이다.

그렇다면 이 흰 돌은 '빛나고 찬란한 돌, 광채가 나는 돌'이라는 뜻으로 당연히 예수 그리스도를 상징한다.

돌에 대하여 베드로전서 2장 4-8절에서는 "사람에게는 버린 바가 되었으나 하나님께는 택하심을 입은 보배로운 산 돌이신 예수에게 나아와 너희도 산 돌같이 신령한 집으로 세워지고 예수 그리스도로 말미암아 하나님이 기쁘게 받으실 신령한 제사를 드릴 거룩한 제사장이 될지니라 경에 기록하였으되 보라 내가 택한 보배롭고 요긴한 모퉁잇돌을 시온에 두노니 저를 믿는 자는 부끄러움을 당치 아니하리라 하였으니 그러므로 믿는 너희에게는 보배이나 믿지 아니하는 자에게는 건축자들의 버린 그 돌이 모퉁이의 머릿돌이 되고 또한 부딪히는 돌과 거치는 반석이 되었다 하니라 저희가 말씀을 순종치 아니하므로 넘어지나니 이는 저희를 이렇게 정하신 것이라"라고 말씀한다.

사무엘상 17장 40절에서도 다윗은 "매끄러운 돌 다섯을 골라서"라고 하고, 49절은 "손을 주머니에 넣어 돌을 취하여 물매로 던져 블레셋 사람의 이마를 치매 돌이 그 이마에 박히니 땅에 엎드러지니라"라고 한다. 다윗이 사용한 '작고 매끈한 돌'은 히브리어로는 '에벤'(אבן)이라고 하며 '반석'을 의미한다. 곧 반석이신 예수 그리스도를 말하는 것으로, 다윗이 골리앗을 물리칠 때를 영적으로 보면 예수 그리스도를 던져 사단을 상징하는 골리앗을 죽였다고 해석할 수 있다.

이는 예수 그리스도라는 돌 곧 반석만이 사단의 막강한 세력을 쳐서 죽일 수 있음을 말하는 것으로 주님이 오셔서 하실 사역을 보여 주는 비유의 말씀이다.

여기서 히브리어 '에벤'은 '아버지와 아들'의 결합어로 구약 시대에 이스라엘을 애굽에서 인도하여 내신 '여호와 하나님'을 말한다.

야곱은 이 반석인 여호와 하나님을 돌베개 삼아 벧엘에서 잠을 잤다. 창세기 28장 11절은 "한곳에 이르러는 해가 진지라 거기서 유숙하려고 그곳의 한 돌을 취하여 베개하고 거기 누워 자더니"라고 한다. "한 돌을 취하여 베개하고"라는 구절은 '반석이신 예수 그리스도를 지배자로 주권자로' 머리에 둔다는 뜻으로 해석할 수 있어, 야곱이 이곳에서 여호와 하나님이신 예수 그리스도를 만났다고 하겠다.

또한 주님은 마태복음 21장 42절에서 "예수께서 가라사대 너희가 성경에 건축자들의 버린 돌이 모퉁이의 머릿돌이 되었나니 이것은 주로 말미암아 된 것이요 우리 눈에 기이하도다 함을 읽어 본 일이 없느냐"라며 이스라엘이 버린 돌, 곧 예수 그리스도가 이방인들에게는 모퉁잇돌이 되어 믿음의 집을 지을 것을 말씀하고 계신다.

이것에 대하여 바울은 에베소서 2장 20절에서 "너희는 사도들과 선지자들의 터 위에 세우심을 입은 자라 그리스도 예수께서 친히 모퉁잇돌이 되셨느니라"라며 이방인들이 지은 믿음의 집이 사도들과 선지자들의 터 위에 세워진 것이며 예수 그리스도께서는 친히 모퉁잇돌이 되셨다고 선언하고 있다.

그러므로 본 절의 흰 돌은 반석이자 우리 이방인들에게는 모퉁잇돌이 되신 예수 그리스도를 말씀하는 것이다.

또한 "그 돌 위에 새 이름을 기록한 것이 있나니"(계 2:17)라고 한다. 반석이신 예수 그리스도 위에 기록한 '새 이름'이라는 것이다.

여기서 '기록한'이란 단어는 '그랍호'(γράφω)로서 '새기다, 쓰다, 글로 표현하다, 기록하다, 녹명되다'라는 의미로 사용된다. 이것은 받는 자가 스스로 기록한 것이 아니라 예수 그리스도에 의하여 피동적으로 새겨졌다는 것이다. 이 말은 곧 반석이신 예수 그리스도에 의하여 녹명되었다는 것으로 반석이신 돌, 곧 자신의 몸에 받는 자의 새 이름을 새겼다는 의미다.

이 말은 예수 그리스도와 한 몸이 되었다는 의미로 해석하며 이는 또한 형제가 되었다는 의미로 볼 수 있다.

고린도전서 15장 23-24절은 부활에 대하여 기록하고 있는데 "그러나 각각 자기 차례대로 되리니 먼저는 첫 열매인 그리스도요 다음에는 그리스도 강림하실 때에 그에게 붙은 자요 그 후에는 나중이니 저가 모든 정사와 모든 권세와 능력을 멸하시고 나라를 아버지 하나님께 바칠 때라"라고 말씀한다.

바로 돌 위에 새 이름이 새겨진 자들은 주님과 한 몸이 된 자들로 "그리스도 강림하실 때에 그에게 붙은 자"이며 "어린 양이 어디로 인도하든지 따라가는 자며 사람 가운데서 구속을 받아 처음 익은 열매로 하나님과 어린양에게 속한 자들이니 그 입에 거짓말이 없고 흠이 없는 자들이더라"(계 14:4-5)는 것이다.

그렇다면 '새 이름'에는 어떤 이름이 기록되었을까?

여기서 '이름'은 '오노마'(ονομα)로 '이름, 권위, 대의명분'을 가리키는 단어다. 그렇다면 '이기는 그' 또한 '받는 자'라는 사람들에게 주어진 권위와 대의명분은 무엇일까?

이스라엘 백성들 중에서도 하나님의 특별한 선택으로 하나님의 소유가 된 자들이 있다. 바로 레위 지파다. 구약은 이들의 임무가 하나님의 성전에서 일하며 봉사하는 것이라고 한다. 이 중에서도 아론과 그의 아들들은 제사장의 직무를 가지고 성소의 일을 담당하게 하셨다.

민수기 3장 12-13절에서는 "보라 내가 이스라엘 자손 중에서 레위인을 택하여 이스라엘 자손 중 모든 첫 태에 처음 난 자를 대신케 하였은즉 레위인은 내 것이라 처음 난 자는 다 내 것임은 내가 애굽 땅에서 그 처음 난 자를 다 죽이던 날에 이스라엘의 처음 난 자는 사람이나 짐승을 다 거룩히 구별하였음이니 그들은 내 것이 될 것임이니라 나는 여호와니라" 말씀하며 레위인은 처음 난 자, 곧 장자들을 대신한다고 하였다. 하나님은 장자들을 구별하여 자신의 소유로 삼으시고 성소에서 하나님의 일을 하게 하셨다는 말이다.

이와 같이 구약에서는 하나님이 레위인을 자신의 소유로 삼았고,

이제 신약에 와서는 예수님이 새로운 레위인이 되었는데, 이를 멜기세덱의 반차라 한다.

주님은 이미 "하나님께 멜기세덱의 반차를 좇은 대제사장이라 칭하심을 받았느니라"(히 5:10)라는 말씀처럼 대제사장의 직분을 갖고 있다. 그리고 주님은 지금 멜기세덱의 반차에 세울 제사장들을 모집하고 계신다.

멜기세덱은 지금과 같은 세상에서의 제사장 직분이 아니다. 멜기세덱은 주님의 강림 이후에 천년 왕국과 앞으로 펼쳐질 영원한 세계에서의 제사장 직분으로 그 이름이 영원하다.

계시록 20장은 "그들이 하나님과 그리스도의 제사장이 되어 천년 동안 그리스도로 더불어 왕 노릇 하리라"(계 20:6)라고 말씀하고 있다. 멜기세덱의 반차를 따르는 제사장들은 대제사장인 예수 그리스도와 한 몸이 된 자들로, 구약 시대에는 성전의 일을 보는 자들을 레위인이라고 불렀듯 이제 그들이 이 세상에서 살 때 불리던 개인적인 이름은 더 이상 필요없고 새로운 이름 곧 멜기세덱이라는 영원한 제사장의 이름이 주어질 것이다.

[표19]

구약 –레위인	신약 – 멜기세덱
* 하나님의 소유 (레위인은 내 것이라) * 모든 첫 번째 태생을 대신(장자) * 땅에 있는 하나님의 성전과 제단의 일	* 하늘에서 예수 그리스도의 이름(살렘 왕, 의의 왕, 평강의 왕) * 영원한 제사장의 이름 * 이긴 자들, 곧 받는 자들의 새 이름 * 대제사장인 예수 그리스도와 한 몸 되어 왕 같은 제사장의 이름, 곧 권위를 갖게 됨

IV.

두아디라 교회

(To the Church in Thyatira)

계 2:18 두아디라 교회의 사자에게 편지하기를 그 눈이 불꽃 같고 그 발이 빛난 주석과 같은 하나님의 아들이 가라사대

⬇

계 2:29 귀 있는 자는 성령이 교회들에게 하시는 말씀을 들을지어다

두아디라 교회는 시대적으로 A.D. 538~1517년으로 중세 1천 년 동안의 교회를 상징하며 종교개혁 이전의 시간을 의미한다.

이 시대는 우리가 잘 아는 로마 가톨릭의 시기로 교회가 교황의 절대적인 권력과 통치에 의해 지배되던 시기였고, 이 시대를 영적인 암흑시대(Dark Age)라고도 한다.

버가모 교회 시대에 세워진 발람의 교훈과 니골라당의 교훈이 철저하게 시행되던 시기로 마태복음 23장 13절의 "화 있을진저 외식하는 서기관들과 바리새인들이여 너희는 천국 문을 사람들 앞에서 닫고 너희도 들어가지 않고 들어가려 하는 자도 들어가지 못하게 하는도다"라는 말씀처럼 성도들에게는 천국에 가기 위한 자유가 일절 보장되지 않던 때이다. 하나님의 말씀인 성경을 볼 수 있는

권한은 오직 가톨릭의 사제들 이상에게만 허용되었기 때문이다. 이 시기에 성도들이 성경을 보면 교회의 법을 어긴 것으로 죽음을 면치 못했다.

두아디라는 그 의미가 '희생과 두아의 성읍'이라는 뜻을 갖고 있으며 여자에 의해서 통치되고 있음을 가리킨다. 여기서 '희생'은 하나님의 백성들이 교회의 권력에 의하여 희생되고 있음을 말한다. 이 시기에 수많은 하나님의 백성들이 악형과 형틀과 화형에 의해 희생되었음은 이미 기독교 역사가 증명하고 있다.

그러나 이러한 교황권의 잘못된 권력과 우상 숭배에 대항하여 순수하게 하나님의 말씀을 지키며 끝까지 항거한 그리스도인들도 있었는데 바로 왈덴스인들이다.

'페트루스 발두스'라고 부르는 피터 왈도와 그의 그리스도인들은 사도 시대부터 내려온 복음의 진리와 순수성을 지키기 위하여 밤새 성경을 읽고 외우며 복음의 유명한 저자들, 곧 암브로스, 어거스틴, 크리소스톰 등 교부들의 저서를 보면서 믿음의 길을 지켜 왔다. 이들은 라틴어 성경을 프랑스어와 각 지역의 언어로 번역하여 사용함으로 로마 가톨릭으로부터 핍박과 이단 정죄를 받았으나 죽음의 길을 마다하지 않았다. 산골짜기에 숨어 들어가 끝까지 복음의 길을 지켰던 그리스도인들도 있다.

최초로 성경을 영어로 번역한 존 위클리프(John Wycliffe)와 종교개혁가 얀 후스(Jan Huss), 츠빙글리 등은 복음의 진리를 위하여 그들의 목숨을 아끼지 않고 내어준 복음의 산 증인들이다.

주님은 중세의 후반기에 나타난 이들을 향하여 "내가 네 사업과 사랑과 믿음과 섬김과 인내를 아노니 네 나중 행위가 처음 것보다 많도다"(계 2:19)라고 한다.

두아디라 교회 시대는 이미 두아의 성읍과 같은 거대한 성을 만들기 시작하였다. A.D. 538년에 로마의 유스티니안 황제에 의하여 모든 교회의 수장은 교황(The Pope)이라는 선언과 함께 하나님의 말씀을 제거하고 참된 진리를 가진 기독교인들을 제거하므로 모든 곳에서 악이 우세하는 암흑의 시대가 출발했다. 대표적인 것이 각 교회들로부터 믿음의 그리스도인을 이단자로 간주하여 5천만 명을 살해한 사건이다.

이러한 두아디라 교회의 출발은 이미 로마 가톨릭 교회 안에 사단의 세력이 정치 세력과 결탁하여 뱀이 주리를 틀고 앉아 있는 우상의 집으로 출발했다는 사실을 입증한다.

1. 자칭 선지자 여자 이세벨

계 2:20 그러나 네게 책망할 일이 있노라 자칭 선지자라 하는 여자 이세벨을 네가 용납함이니 그가 내 종들을 가르쳐 꾀어 행음하게 하고 우상의 제물을 먹게 하는도다

주님은 두아디라 교회에 성경 역사에 가장 악녀라 할 수 있는 이세벨을 등장시킨다.

이세벨은 열왕기상 16장 30-33절에서 "오므리의 아들 아합이 그 전의 모든 사람보다 여호와 보시기에 악을 더욱 행하여 느밧의 아들 여로보암의 죄를 따라 행하는 것을 오히려 가볍게 여기며 시돈

사람의 왕 엣바알의 딸 이세벨로 아내를 삼고 가서 바알을 섬겨 숭배하고 사마리아에 건축한 바알의 사당 속에 바알을 위하여 단을 쌓으며 또 아세라 목상을 만들었으니 저는 그 전의 모든 이스라엘 왕보다 심히 이스라엘 하나님 여호와의 노를 격발하였더라"라고 기록하고 있다. 아합 왕이 아내로 삼은 이세벨이 어디로부터 왔는지 그녀의 본질을 밝히고 있다.

이세벨의 영적인 뿌리는 바알 신과 아세라 신이다.

뿌리 깊은 우상의 신에 물든 엣바알의 딸 이세벨을 아합 왕이 아내로 맞이하므로 이스라엘이 하나님을 버리고 바알과 아세라의 우상들에게 단을 쌓았다. 이처럼 두아디라 교회에도 이러한 이세벨의 영을 가진 여자 선지자가 등장하여 종들을 행음하게 하고 우상의 제물을 먹게 한다는 주님의 탄식이다.

우리는 두아디라 교회에 들어 온 자칭 선지자라고 하는 여자 이세벨이 무엇을 의미하는가를 알아야 한다.

이스라엘에 이세벨이란 여인이 아합의 아내로 들어옴으로 바알과 아세라의 우상이 이스라엘 땅에 가득했던 것처럼, 두아디라 교회에도 한 사람의 어떤 여자가 아닌 이세벨과 같은 우상의 가르침과 영들이 들어왔다는 뜻이다.

이세벨의 영이란 하나님의 성령과는 대조적인 영이다. 첫째는 독립적이란 의미가 있어 연합을 하지 않는 영이고, 둘째는 고귀하다는 뜻으로 교만과 자기 지식, 자아로 가득 찬 영으로 하나님이 아닌 우상의 것들을 가리키며 잘못된 곳으로 인도하는 영이며, 셋째는 하나님을 인정하지 않으며 하나님의 단을 파괴하고 주님의 영을 가진 선지자들을 죽이고 멸시하는 영이다. 넷째는 아합 왕을 지배하듯이 자신의 지식과 이론과 사상을 가지고 교회를 지배하려는 영이고, 다섯째는 영적으로 약한 자들을 억누르며 지배하려는 영으로, 특별히 교회의 오래된 중책을 가진 자들로 다른 사람들 위에서 강력한 지도력을 나타내려고 하는 영의 활동 등을 말한다.

이와 같은 이세벨의 영은 교회를 분리시키고 연합하지 못하게 하며 다른 복음, 다른 영으로 역사하여 결국은 우상의 제물을 먹게 하는 영이다.

반면에 하나님의 영은 화합의 영으로 사랑과 용서와 자비의 영이고, 약한 사람들을 이끌어 주는 영으로 교회 내에서 강력한 지도력을 필요로 하지 않으며 사랑과 은혜로 덮어 주며 화합하는 영이다.

하나님은 광야에서 이스라엘 백성들을 인도하면서 낮에는 구름기둥으로 밤에는 불기둥으로 함께하시므로 낮에는 뜨거운 태양으로부터 그늘지게 하시고 밤에는 어둠 속에 빛을 비추어 밝히셨다. 이처럼 교회를 인도하시는 하나님의 영은 바로 지금도 구름기둥과 불기둥의 역할을 하고 계신다.

자칭 선지자는 하나님이 인정하지 않은 선지자로, 두아디라 교회에는 자기 스스로가 선지자의 역할을 하는 거짓 선지자가 있다고 하는데, 이 거짓 선지자는 바로 교황을 말한다.

교황의 직분은 사실 하나님이 인정한 직분이 아니다. 자신이 스스로 이 세상에서 그리스도를 대신해 교회의 황제라고 칭했기 때문에 자칭 선지자이다.

계시록 17장 3-7절에는 자칭 선지자의 역할을 하던 여자, 곧 음녀의 실체에 대하여 말씀하고 있다. “곧 성령으로 나를 데리고 광야로 가니라 내가 보니 여자가 붉은 빛 짐승을 탔는데 그 짐승의 몸에 참람된 이름들이 가득하고 일곱 머리와 열 뿔이 있으며 그 여자는 자주 빛과 붉은 빛 옷을 입고 금과 보석과 진주로 꾸미고 손에 금잔을 가졌는데 가증한 물건과 그의 음행의 더러운 것들이 가득하더라 그 이마에 이름이 기록되었으니 비밀이라, 큰 바벨론이라, 땅의 음녀들과 가증한 것들의 어미라 하였더라 또 내가 보매 이 여자가 성도들의 피와 예수의 증인들의 피에 취한지라 내가 그 여자를 보고 기이히 여기고 크게 기이히 여기니 천사가 가로되 왜 기이히 여기느냐 내가 여자와 그의 탄바 일곱 머리와 열 뿔 가진 짐승의 비밀을 네게 이르리라”라고 하며 여자가 누구인가를 적나라하게 보여 준다.

그러므로 두아디라 교회 시대에 들어온 여자 이세벨은, 계시록에서 큰 바벨론으로 땅의 음녀들과 가증한 것들의 어미이며 마지막 종말에 일곱 머리와 열 뿔 가진 짐승을 타고 있는 가톨릭의 교황을 의미한다.

주님은 이들에게 회개할 기회를 주었다고 한다. 여기서 ‘회개’는 ‘메타노에오’(μετανοέω)로 ‘자기 마음이나 목적을 바꾸다, 원칙과 습관을 바꾸다, 개혁하다, 회개하다’라는 의미를 가진 말이다. 잘못된 길에서 돌이켜 하나님의 길로 갈 시간, 마음과 목적 그리고 지금까지의 교리의 원칙과 우상의 습관들을 바꿀 시간을 주었지만 이를 거부했다는 것이다.

주님은 “그를 침상에 던질 터이요”(계 2:22)라고 한다.

‘침상’은 ‘클리네’(κλίνω)로 ‘긴 의자, 침대, 침상, 평상’을 말하며, ‘클리노’(κλίνη)라는 단어에서 유래하였는데, 그 의미는 ‘구부리게 하다, 숙이다, 뉘이다, 굴복시키다, 싸우게 하다, 함락시키다, 쇠하게 하다'이다.

주님은 두아디라 교회 속으로 들어온 여자 이세벨의 세력, 곧 이들이 먹고 마시는 침상을 '굴복시키고 싸우게 하며 쇠하게 하여 함락시킬 것'이라는 의미다.

바울은 로마서 11장 8-10절에서 "기록된바 하나님이 오늘날까지 저희에게 혼미한 심령과 보지 못할 눈과 듣지 못할 귀를 주셨다 함과 같으니라 또 다윗이 가로되 저희 밥상이 올무와 덫과 거치는 것과 보응이 되게 하옵시고 저희 눈은 흐려 보지 못하고 저희 등은 항상 굽게 하옵소서 하였느니라"라면서 자칭 선지자인 여자 이세벨은 자신의 화려한 침상에서 음행하는 종들과 함께 먹고 마시며 회개치 않았다고 기록한다.

오늘 우리는 여자 이세벨의 세력들과 하나가 된 수많은 개신교의 교회들을 본다. WCC와 WEA라는 세계적인 교회 협의체 기구들을 통하여 개신교의 많은 교단과 교회들이 이들의 침상에서 함께 우상의 제물을 먹고 마시고 있다.

주님은 이들을 큰 환난 가운데 던지며 또한 그의 자녀를 죽이겠다고 한다. 여기서 '환난'은 '들립시스'(θλῖφις)로 '고난, 환난, 압착, 압박, 강제, 괴로움, 고민, 역경, 고통'을 말한다. 종말의 교회가 환난에 떨어지는 이유가 바로 자칭 선지자인 여자 이세벨과 한통속이 되었기 때문이며, 회개하지 않았기 때문이다. 주님은 그의 자녀들을 죽이겠다는 진노의 선언을 하시고 있다.

그러면 그의 자녀들은 누구인가?

먼저 계시록 18장 4-5절에는 "또 내가 들으니 하늘로서 다른 음성이 나서 가로되 내 백성아, 거기서 나와 그의 죄에 참예하지 말고 그의 받을 재앙들을 받지 말라 그 죄는 하늘에 사무쳤으며 하나님은 그의 불의한 일을 기억하신지라"라고 하신다. 자칭 선지자인 여자 이세벨과 그와 함께 우상의 제물을 먹는 교회와 종들 속에 있는 하나님의 백성들에게, 주님은 안타까운 마음으로 "내 백성아, 거기서 나오라" 말씀하신다.

이제 종말의 교회들은 그들의 죄가 하늘에 사무쳤다는 하나님의 탄식의 소리를 들어야만 한다. 따라서 내가 속한 교회, 나를 인도하는 목자가 진실한 하나님의 교회이며 종인지를 우리는 분별해야만 한다. 그리고 깨어 있어야 한다.

주님은 "나는 사람의 뜻과 마음을 살피는 자"(계 2:23)라고 하신다. 과연 우리가 깨어 있어 주님의 강림을 기다리고 있는지, 신부로서 준비하고 있는지 우리의 뜻과 마음을 살피고 계시다는 말이다. 우리는 "구원에 이르게 하기 위하여 죄와 상관 없이 자기를 바라는 자들에게 두 번째 나타나시리라"(히 9:28)라고 한 바울의 증언을 들어야 한다.

오늘날은 두아디라 교회의 타락과 우상 숭배가 교회 안에서 만연하는 시대다. 주님은 지금도 하나님의 종들과 백성들에게 경고하고 계신다. "두아디라에 남아 있어 이 교훈을 받지 아니하고 소위 사단의 깊은 것을 알지 못하는 너희에게"(계 2:24)라고 한다. 두아디라 교회는 사단의 깊은 계략과 음모가 역사하는 곳으로 교회가 이것을 깨닫지 못한다는 말씀이다.

여기서 '남아 있어'라는 말은 '로이포스'(λοιπός)로 '나머지, 남은 것, 잔여분, 남은 자들'이라는 뜻으로, '뒤에 남겨 놓다, 떠나다, 잊다,

버리다, 두고 가다, 버림받다, 거절당하다'라는 뜻의 '레이포'(λείπω)에서 유래된 말이다.

두아디라에 남아 있는 사람들은 '버림받고 거절 당해 뒤에 남겨 놓고 떠난 남은 자들'이란 의미며 이들은 사단의 깊은 것을 알지 못하는 자들이다.

이 말은 자신이 속한 교단이나 교회가 WCC와 WEA와 같은 단체에 속해 있어 사단의 사슬과 올무에 빠져 있는데도 이를 부인하려는 마음이 있고, '우리 목사님은 참된 종이니 그렇지 않을 거야'라는 막연한 신뢰를 가지고 주님의 경고, 곧 "내 백성아, 거기서 나와 그의 죄에 참예하지 말고 그의 받을 재앙들을 받지 말라"(계 18:4)라는 말씀을 마음에 새기지 않은 자들, 그래서 결국은 그곳에 남은 자들을 말한다.

이들은 대부분 주님을 오랫동안 믿었고 믿음과 신앙이 있지만, 자신들의 소신과 의리와 그동안의 정 때문에 그곳을 떠나지 못하고 '설마 그러겠어?'라고 생각하며 주님의 경고를 무시한 자들이라고 보는 것이 타당하다.

사도행전에서는 베드로와 사도들이 "사람보다 하나님을 순종하는 것이 마땅하니라"(행 5:29)라고 하고 있다. 스데반이 "너희가 천사의 전한 율법을 받고도 지키지 아니하였도다"(행 7:53)라고 함과 같이 자신의 의로 하나님의 말씀을 거부하는 자들이 바로 남아 있는 자들이다.

오늘에도 새로운 세계 질서를 보이지 않는 곳에서 꾸미는 딥 스테이트(Deep State)의 거대한 세력들이 있다. 이들은 자신들이 원하는 세상을 만들어 가기 위하여 정치, 경제, 군사 등의 모든 권력을 갖고 세계의 거짓된 기구 등을 통하여 사건들을 만들고 조작하며 각종 일들을 비밀리에 진행하고 있다.

그러나 사단의 깊은 속내를 가지고 이러한 일들을 행하는 어둠의 세상 주관자들에게 대항하여 이 사실을 가르치고 폭로하는 사람들을 오히려 음모론자들이라고 치부하며 영적인 것에 관심 없이 살아가는 수많은 사람들이 있다. 교회 안에도 이와 같은 종들과 성도들이 무수히 많다.

이들은 참된 진리나 사실보다는 지금까지 살아온 세상의 정의와 관념, 자신의 의식을 더욱 신뢰하며 믿는 자들이다. 결국은 두아디라에 남아 있는 자들이 될 수밖에 없다. 주님은 그와 같은 자들에게 "너희에게 있는 것을 내가 올 때까지 굳게 잡으라"(계 2:25)라고 하신다.

여기서 또한 '굳게 잡으라'는 말은 '크라테오'(κραταιόω)라 하여 '강해지다, 유력하다, 지배하다, 정복하다, 손에 놓다, 붙잡다, 지키다, 간직하다, 굳게 지니다'라는 뜻이다. 주님은 끝까지 두아디라 교회 안에 남아 있는 자들에게 자비를 베풀기를 원하신다는 것을 알 수 있다.

고린도전서 3장 12-15절에서는 우리 안에 하나님의 성전이 지어지는 모습을 말씀하신다. "만일 누구든지 금이나 은이나 보석이나 나무나 풀이나 짚으로 이 터 위에 세우면 각각 공력이 나타날 터인데 그날이 공력을 밝히리니 이는 불로 나타내고 그 불이 각 사람의 공력이 어떠한 것을 시험할 것임이니라 만일 누구든지 그 위에 세운 공력이 그대로 있으면 상을 받고 누구든지 공력이 불타면 해를 받으리니 그러나 자기는 구원을 얻되 불 가운데서 얻은 것 같으리라." 비록 나무나 풀이나 짚으로 집이 지어져 불의 공력에 타서 남은 것이 없지만 주님은 그들에게도 불 가운데서 얻은 것 같은 부끄러운 구원이라도 주시겠다는 약속이다.

결국 두아디라 교회는 자칭 선지자라고 하는 여자 이세벨에 의하여 종들과 교회가 행음과 더불어 우상의 제물을 먹는 타락되고 변질된 교회의 모습을 보여 준다. 이러한 타락과 우상 숭배의 현상은 오늘날 더욱 강력하여, 가톨릭은 물론이고 개신교의 수많은 교회들이 이세벨의 영 안에 갇혀 교황과 함께 우상의 제물을 먹고 마시는 두아디라의 현상이 만연하다.

여기서 말하는 우상의 제물은 우리 교회 안에 들어온 잘못된 가르침과 이론과 방법, 사상과 문화 등이다. 이러한 것들이 아무렇지 않게 하나님의 말씀이라는 포장으로 하나님의 백성들을 잘못된 길로 인도하고 있다.

[표20]

구약 – 이세벨(이스라엘로 들어옴)	신약 – 자칭 선지자 여자 이세벨
* 시돈 왕 엣바알의 딸로 아합 왕의 아내가 됨 * 사마리아에 바알과 아세라 단을 세움 * 엘리야 선지자를 죽이려고 함 * 나봇의 포도원을 빼앗아 아합에게 줌	* 교회 안에 들어온 우상의 영으로 가톨릭의 교황을 상징 * 종들을 가르치고 행음하게 하는 영 * 하나님의 단을 파괴하며 진실되고 참된 종들을 죽임 * 계시록의 큰 바벨론으로 땅의 음녀들과 가증한 것들의 어미

2. 만국을 다스리는 철장 권세

> **계 2:26** 이기는 자와 끝까지 내 일을 지키는 그에게 만국을 다스리는 권세를 주리니

주님은 "이기는 자와 끝까지 내 일을 지키는 그에게 만국을 다스리는 권세를 주리니"라고 하신다. 이 약속은 미래적인 것으로 주님의 강림 후에 주실 것이다.

여기서 '내 일을 지키는 그에게'라고 하는데, '지키는'이란 말은 '테레오'(τηρέω)라고 하여 '감시와 파수병'이라는 의미에서 유래한 '보호하다, 지켜보다, 경계하다, 감시하다, 망을 보다'라는 뜻을 가진다. 이 말은 계시록 1장 3절의 "그 가운데 기록한 것을 지키는 자들이 복이 있나니 때가 가까움이라"는 말씀 속에 '지키는'과 같은 뜻이며, 때가 가깝다고 하는 계시의 말씀을 지키는 종말의 종들에게 주시는 약속이다.

여기서 우리는 '종말의 종들이 무엇을 지켜야 하는가?'라는 질문을 던져야 한다.

주님이 말씀하시는 지켜야 할 것은 바로 예수 그리스도의 계시에 대한 비밀이다. 그 비밀을 지키고 보호하며 감시하는 파수병의 역할을 하라는 말씀이다. 계시의 말씀은 비밀의 말씀으로 마지막 종말의 사단과 그의 사자들과 싸울 하나님의 무기라서 적들에게 노출되면 안 되기 때문이다.

그러므로 주님은 사도 요한과 같이 하나님의 말씀과 예수 그리스도의 증거를 가진 자들, 곧 말씀으로 준비된 자들에게 계시의 비밀을 주신다.

주님의 초림 시에도 헤롯을 통하여 베들레헴 주변의 2세 이하의 아기들을 모두 죽인 사실을 성경이 우리에게 알려 준다. 또한 세 사람의 동방 박사들에게 다른 길로 갈 것을 천사가 지시함으로 주님이 어디에서 탄생했는지를 정확하게 헤롯이 모르게 하셨다.

종말의 계시의 말씀에 따라 일어날 하나님의 일들이 이 땅에서 사단 마귀의 일을 대신하는 적그리스도의 세력들과 거짓 종들이 모르게 진행되어야 한다. 그래서 이 사단 마귀의 세력들은 헤롯과 같이 실수를 저지르게 해야 한다. 하나님이 계획하신 모든 종말의 시나리오에 관하여, 주님과 사단의 교묘한 전략적 싸움이 이 땅에서 벌어지고 있기 때문이다.

사단과 거짓 종들은 계시의 말씀을 문자 그대로 이해할 능력밖에 주어지지 않는다면, 이들과 싸우는 하나님의 종들은 문자 안에 들어 있는 비밀의 뜻을 성령의 가르침을 통하여 배우게 되므로 사단을 속이기 위한 하나님의 비밀스런 계획을 발견하게 된다.

지금도 사단의 앞잡이인 적그리스도 세력들은 주님께서 행하실 종말의 말씀인 계시록을 연구하며 어떻게 하나님의 백성들을 미혹하며 속일 것인가 그 방법을 찾고 있다.

과학 기술을 이용해 나팔 소리를 흉내 내고, 천둥과 함께 우박을 내리게 하고, 지진과 폭풍과 염병이 일어나게 하며, 별똥별이 떨어지고 태양과 달에 어둠의 그림자가 생기게 하고, 공중에 하나님과 유사한 신의 형상을 레이저로 만들어 사람들로 하여금 하나님으로 착각하게 만드는 등이다. 계시록에 기록된 사건들을 여러 과학적인 방법들을 동원하여 만들어 냄으로 교회와 성도들로 하여금 주님의 재림에 대한 잘못된 판단을 하게 만드는 것이다.

바울은 데살로니가후서 2장 1-3절을 통하여 "형제들아 우리가 너희에게 구하는 것은 우리 주 예수 그리스도의 강림하심과 우리가 그 앞에 모임에 관하여 혹 영으로나 혹 말로나 혹 우리에게서 받았다 하는 편지로나 주의 날이 이르렀다고 쉬 동심하거나 두려워하거나 하지 아니할 그것이라 누가 아무렇게 하여도 너희가 미혹하지 말라 먼저 배도하는 일이 있고 저 불법의 사람 곧 멸망의 아들이 나타나기 전에는 이르지 아니하리니"라고 경고하고 있다.

여기서 우리는 "누가 아무렇게 하여도 너희가 미혹하지 말라"는 말에 주목해야 한다.

'아무렇게 하여도'는 '트로포스'(τρόπος)로써 '방법, 방식, 태도, 습관, 방도, 양식, 행위, 성격' 등을 가리키는 말이다. 이 말은 '회전, 방향전환, 돌아섬, 변동, 변화'를 뜻하는 '트로페'(τροπή)라는 단어와 같은 어원을 갖고 있다.

이 말은 결국 정상적인 방법이나 양식이 아니라 방향이 전환되고 변동되며 변화된 방식을 이용할 것을 의미한다. 그러면서 이런 것에 미혹되지 말라고 당부한다.

이것은 종말의 계시의 말씀이 하나님의 순리적이고 자연적인 방식이 아닌 사람의 과학적인 방식으로 전환, 변동될 것을 의미하는 것으로 이해해야 한다(HAARP와 켐트레일 참고).

또한 주님은 만국을 다스리는 권세를 주신다고 한다.

여기서 우리는 만국이 무엇일까 하는 의문이 생긴다. 먼저 '만국'이라는 단어는 '에드노스'(ἔθνος)라고 하여 '떼, 무리, 종족, 군중, 민족, 국가, 유대인이 아닌 민족들, 이방인들'이라는 뜻을 가진다. 그리고 이 단어는 '익숙하다, 익숙해 있다, 관습, 풍습이 되다, 규례대로,

전례대로'라는 뜻의 '에도'(ἔθω)에서 유래되었다.

본 절에서 만국은 이방인들로 구성된 민족과 국가 종족들을 가리킨다고 할 수 있으며, 이들은 근본적으로 관습이나 풍습과 규례 등에 익숙해 있는 무리들이라는 것이다. 다른 말로 표현하면, 유대인들이 하나님의 율법이 그들의 관습이 되고 규례가 되며 전례처럼 살아왔다면 이방인들은 세속적인 것과 우상적인 것들이 규례가 되고 관습과 풍습이 되어 살아왔다는 것이다.

이방인들의 의식 속에 이런 것들이 이미 뿌리깊이 박혀 있다는 말이다. 주님은 이러한 이방인들을 '다스리는 권세'를 이기는 자와 끝까지 내일을 지키는 사람에게 주시겠다고 약속하신다.

그러면 우리는 하나님이 왜 이방인들을 특별히 만국이라 부르며 이들을 다스리는 권세를 주겠다고 하시는 것일까?

계시록 22장 1-2절에는 "또 저가 수정같이 맑은 생명수의 강을 내게 보이니 하나님과 및 어린 양의 보좌로부터 나서 길 가운데로 흐르더라 강 좌우에 생명 나무가 있어 열두 가지 실과를 맺히되 달마다 그 실과를 맺히고 그 나무 잎사귀들은 만국을 소성하기 위하여 있더라"는 말씀에 귀를 기울여야 하는데, 왜 주님은 '만국을 소성하기 위하여'라고 하시는 것일까?

주님이 말씀하시는 '소성하다'라는 말은 '데라페이아'(θεραπεία)라고 하며 '섬김, 봉사, 돌봄, 치유, 신유, 의료봉사'와 같이 치유한다는 의미를 갖고 있다.

한편 이 단어는 '시중들다, 섬기다, 봉사하다, 하나님을 섬기다, 예배하다, 치유하다'라는 뜻을 가진 단어 '데라퓨오'(θεραπεύω)에서 유래되었다. 여기에서 '소성하다'는 '하나님을 섬기고 봉사하며 시중들고 예배하기 위한 가르침'으로 볼 수 있다. 곧 만국이 되어 하나님의 성소에 들어가는 이방인들을 치유한다는 의미로 해석된다.

만국으로 불리는 이방인들은 세속적이며 육신적이며 우상적인 것들과 함께 습관적으로 전례가 되어 살아온 자들이기 때문에 하나님의 성소에서 하나님을 섬기기 위한 새로운 치료가 필요하다는 뜻이다.

에스겔서 47장 12절에서도 "강 좌우 가에는 각종 먹을 실과나무가 자라서 그 잎이 시들지 아니하며 실과가 끊치지 아니하고 달마다 새 실과를 맺으리니 그 물이 성소로 말미암아 나옴이라 그 실과는 먹을 만하고 그 잎사귀는 약 재료가 되리라"라고 말씀하신다.

약 재료는 병의 치료를 위하여 필요한 것이다. 그러니 이 말씀은 이방인들 속에 잘못된 습관과 관습과 전례와 같은 질병적인 것들의 치료를 위한 말씀이라 생각된다.

그러므로 "그 잎사귀는 약 재료가 되리라" 하는 말씀과 "그 나무 잎사귀들은 만국을 소성하기 위하여 있더라" 하는 말씀은 사실 같은 의미로 해석된다.

"철장을 가지고 저희를 다스려"라고 할 때 '다스린다'는 말은 '포이마이노'(ποιμαίνω)라는 단어로 '목자 노릇을 하다, 먹이다, 치다, 돌보다, 감독하다, 지배하다, 지시하다'라는 뜻이며, '포이멘'(ποιμήν)이라는 단어에서 유래되었는데 포이멘의 의미는 '목자, 양치기, 목사, 감독, 지도자, 경영자'이다.

철장을 가지고 저희를 다스린다는 말은 결국 철장이라는 목자의 지팡이를 가지고 만국, 곧 이방인들에게 하나님의 양식을 먹이는 권세를 말한다.

여기서 우리는 또 한 가지 중요한 사실을 발견하게 된다. 계시록 21장 24절에서와 같이 "만국이 그 빛 가운데로 다니고 땅의 왕들이 자기 영광을 가지고 그리로 들어가리라"라고 하며 또한 "사람들이 만국의 영광과 존귀를 가지고 그리로 들어가겠고"(계 21:26)라고 하기 때문이다.

여기서 만국이 빛 가운데로 다니고 사람들이 만국의 영광과 존귀를 가지고 그리로 들어온다고 할 때 '만국'은 무엇을 의미할까.

구약 시대에는 하나님의 성전과 제단에서 봉사하며 섬기는 자들을 레위인들이라고 하며 이들은 하나님의 소유라고 하였다. 이들은 땅에는 기업이 없고 하나님이 기업이라고 하였다.

앞으로 주님이 통치하는 나라에서는 "주 하나님 곧 전능하신 이와 및 어린양이 그 성전이심이라"(계 21:22)라고 한다. 이 하나님과 어린양이 성전인 곳에도 구약 시대의 레위인과 같이 성전에서 봉사하며 하나님을 섬기는 자들이 있어야만 한다. 그들이 바로 만국이라 불리는 이방인들이다.

구약 시대 레위인들은 제사장인 아론과 그의 자손들에게 하나님의 성소에서 봉사와 섬기는 법, 제단과 성소의 규칙과 규율에 대하여 가르침을 받았다. 이처럼 만국의 영광과 존귀를 가지고 하나님과 어린양의 성전에 들어갈 이방인들 곧 레위인들을 가르치던 아론과 그의 자손들처럼 이기는 그에게 철장이라는 목자의 지팡이를 주어 그들을 가르치게 한다는 것이다.

그러므로 철장 권세를 가진 자들은 "그들이 하나님과 그리스도의 제사장이 되어 천년 동안 그리스도로 더불어 왕 노릇 하리라"(계 20:6)라는 말씀과 같이 구약의 아론과 그의 아들들같이 제사장으로 선택된 자들이며, 만국이라는 이름으로 불리며 구약의 레위인들과 같은 신분의 이방인들이다.

[표21]

구약-레위인들(레위 지파)	이기는 자, 끝까지 내일을 지키는 자
* 제사장 – 아론과 그의 아들들 성소와 제단의 일을 책임짐 레위인들의 성소의 일을 가르침 백성들에게 하나님의 율법을 가르침 * 레위인 – 제사장을 도와 제단과 성소의 일을 하며 봉사와 섬김의 일을 함	* 하나님과 그리스도의 제사장 * 만국을 다스리는 철장 권세 * 제사장-멜기세덱의 반차를 좇음 만국은 레위인들처럼 하나님과 어린양의 성전에서 섬기며 봉사하는 일을 하는, 어린양의 생명책에 기록된 이방인들

3. 새벽별

계 2:28 내가 또 그에게 새벽별을 주리라

새벽별(The Morning Star)은 예수 그리스도를 말한다.

주님은 계시록 22장 16절에서 자신을 소개하면서 "나 예수는 교회들을 위하여 내 사자를 보내어 이것들을 너희에게 증거하게 하였노라 나는 다윗의 뿌리요 자손이니 곧 광명한 새벽별이라 하시더라"라고 한다.

새벽별은 새벽 시간 동쪽 하늘에서 가장 빛나는 별이며 곧 금성을 가리킨다.

밤이라는 어둠의 시간을 지나고 해가 떠오르기 직전에 하늘에서 가장 빛나는 별로, 곧 새벽별은 예수님 자신을 표현하고 있는 별이며 종말론적 의미를 갖는다.

6천 년 동안 인간이 다스린 세상, 사실은 사단에 의해서 통치되는 어둠의 세상이 이제 끝나고 광명한 태양이 비추는 예수 그리스도의 안식과 평화가 있는 빛의 세상이 다가온다는 것을 알리는 종말의 별로 상징된다.

새벽별은 어둠이 끝나는 시간의 직전에 나타나듯이 주님도 종말의 시간에 새벽별처럼 나타나실 것을 우리에게 계시하고 있다.

그런데 사단도 자신을 이사야 14장 12-13절에서 계명성이라는 새벽별로 표현하고 있다.

"너 아침의 아들 계명성이여 어찌 그리 하늘에서 떨어졌으며 너 열국을 엎은 자여 어찌 그리 땅에 찍혔는고 네가 네 마음에 이르기를 내가 하늘에 올라 하나님의 뭇별 위에 나의 보좌를 높이리라 내가 북극 집회의 산 위에 좌정하리라"라고 하고 있기 때문이다.

킹 제임스(King James) 성경은 계명성을 루시퍼로 기록하고 있다. '루시퍼'는 '빛을 가져오는 자, 불을 든 자'라는 라틴어로 새벽별, 곧 '아침의 아들 계명성'이라는 이름으로 예수 그리스도의 자리에 자신의 이름을 올려놓은 것이다.

원래 새벽별로 칭하는 금성은 영어로 비너스(Venus)이다. 메소포타미아에서는 이 별을 '이슈타르-이난나'라고 불렀으며, 금성은 9개의 꼭지점을 가진 별로 금성의 다른 이름 중 하나가 루시퍼였다.

루시퍼가 사단을 대신하는 이름이 된 배경에는 이슈타르와 같은 여신의 이름과 동일한 것으로 여겨지면서 여신을 악녀 또는 악신과 같이 취급했던 기독교 세계관의 영향이라는 기록도 있다.

그러나 여기서 우리는 이사야 선지자가 루시퍼라는 이름을 가진 자칭 계명성을 '하늘에서 떨어졌으며 열국을 엎은 자'(사 14:12)로 사단으로 표현하고 있다는 데 주목해야 된다.

우리는 이것을 영적이며 종말론적으로 이해해야 한다.

새벽별은 어둠의 시간이 지나고 해가 비추기 바로 전 새벽녘에 뜨는 별로 이것은 영적으로 종말의 시간을 가리킨다. 주님이 자신을 '광명한 새벽별'이라고 밝히듯이 그때 모든 사람들에게 밝게 빛나는 별로 나타나실 것이다.

그러나 사단도 자신을 '아침의 아들 계명성'으로 주장하며 미혹과 거짓 기적으로 예수 그리스도의 자리를 침탈할 것을 성경은 말하고 있다. 아침의 아들 계명성이 예수 그리스도처럼 나타나 사람들에게 빛을 가져오는 자처럼 행세할 것이며, 이 루시퍼는 계시록 13장에서 말하는 사단의 권세를 물려받은 바다에서 올라오는 짐승이 되어 나타날 것이다.

한편 루시퍼는 스스로 말하기를 "내가 하늘에 올라 하나님의 뭇별 위에 나의 보좌를 높이리라 내가 북극 집회의 산 위에 좌정하리라"(사 14:13)라고 하면서 그의 마음속에 있는 것을 밝히고 있다. 여기서 하나님의 뭇별(The Stars of God)은 많은 별들로 북극 집회에 참여하는 별들이며 장자들의 총회이다.

히브리서 12장 22-23절은 "그러나 너희가 이른 곳은 시온산과 살아계신 하나님의 도성인 하늘의 예루살렘과 천만 천사와 하늘에 기록한 장자들의 총회와 교회와 만민의 심판자이신 하나님과 및 온전케 된 의인의 영들과"라고 한다. 북극 집회는 곧 하늘에 기록한 장자들의 총회를 말한다.

그런데 루시퍼의 고백은 장자들의 총회 위에 자기의 자리를 놓겠다는 것이다. 이는 예수 그리스도의 자리이며, 이 자리는 뭇별 위에 있고 장자들의 총회 위에 있다. 루시퍼는 바로 그 자리에 자신이 좌정함으로 예수 그리스도의 자리를 빼앗겠다는 마음을 먹고 있다.

그러므로 마지막 종말은 예수 그리스도와 루시퍼인 사단이 북극 집회의 자리를 놓고 결판을 벌이는 전쟁이 시작될 것을 성경은 예고한다.

주님은 두아디라 교회의 사자에게 "내가 또 그에게 새벽 별을 주리라"(계 2:28)라고 약속한다.

이것은 루시퍼라 불리는 미혹의 아침의 아들 계명성이 아니라, 진실하고 참되시며 우리를 위하여 자신의 몸을 내어주고 우리를 사망으로부터 구원하신 예수 그리스도 자신, 곧 광명한 새벽별을 우리에게 주시겠다는 것이다.

이 광명한 새벽별을 받은 자는 주님과 한 몸이 되어 영원한 생명과 부활 그리고 영광의 면류관과 함께 생명나무의 과실을 먹는 자가 될 것을 약속하는 말씀이다.

[표22]

아침의 아들 계명성(루시퍼)	광명한 새벽별
* 빛을 가져오는 자라는 뜻 –예수 그리스도를 흉내 냄 * 하늘에서 떨어지고 땅에 찍히며 열국을 엎은 자 * 하나님의 뭇별 위에 보좌를 높이고 북극 집회의 산 위에 좌정할 마음을 먹은 자(예수님의 자리를 찬탈하려는 마음) * 자신을 예수 그리스도처럼 꾸미고 미혹과 거짓 기적을 행하는 자.	* 생명의 빛이며 진리의 빛 되신 예수님 * 어둠의 끝 시간인 새벽에 빛으로 오심 * 북극 집회, 곧 장자들의 총회 위에 보좌에 앉으실 분 * 종말의 종들에게 말씀과 성령으로 계시하시는 분

성령론적 요한계시록

I

REVELATION

제3장

(Revelation 3)

V.

사데 교회

(The Church in Sardis)

계 3:1 사데 교회의 사자에게 편지하기를 하나님의 일곱 영과 일곱 별을 가진 이가 가라사대 내가 네 행위를 아노니 네가 살았다 하는 이름은 가졌으나 죽은 자로다

⬇

계 3:6 귀 있는 자는 성령이 교회들에게 하시는 말씀을 들을지어다

사데 교회는 "네가 살았다 하는 이름은 가졌으나 죽은 자로다"라는 주님의 책망을 받은 교회이다. 역사적인 시기로는 A.D. 1517~1798년를 말하며 '사데'라는 이름은 '남은 물건 또는 나온 자들, 도망하는 자, 빠져 나온 사람, 탈출하는 사람' 등을 의미한다. 이는 A.D. 1517년 마틴 루터를 통한 종교개혁으로 가톨릭으로부터 도망 나오고 탈출한 사람들, 곧 영적으로는 프로테스탄트(Protestant)를 가리키는 용어로 이해된다.

시대적으로 사데 교회의 시기는 종교적으로 매우 혼란한 시기로 중세 1천 년의 영적 암흑시대에 대항하여 일어난 종교혁명의 시기였다. 그뿐만 아니라 당시 가톨릭은 종교재판을 통하여 수많은 프로테

스탄트를 갖가지의 형틀을 사용하여 고문하며 형장의 이슬로 사라지게 하였던 그야말로 피비린내 나는 시간이었다.

이렇듯 시대적으로 암울한 때에 프로테스탄트들에 의하여 탄생한 개신교는 르네상스라는 문화적 혁명의 시기와 겹치고 또한 유럽의 산업혁명의 시기와도 중복되면서, 낭만주의를 비롯한 실존주의, 이성의 세계를 중요시하는 칸트 철학 등에 영향을 받으면서 하나님 중심, 말씀 중심, 믿음 중심의 세계로부터 현실적인 이성의 세계로의 변화를 겪게 된다.

이와 같은 큰 사회적·종교적·사상적 변천의 시대인 사데 교회는, 마틴 루터의 개혁적 정신이 서서히 소멸되면서 기독교의 세계는 새로운 환경에 적응하며 정통적인 복음의 가치들을 잃어버렸다. 그러면서 현실과 이성적이며 세속적인 것들과 타협하므로 '이름은 가졌으나 죽은 교회'가 되고 말았다.

그러므로 사데 교회의 영은 하나님의 복음에 세상의 사상과 이론 그리고 문화와 철학 등 세속적인 것들과 결합된 혼합의 영이라고 할 수 있으며, 이러한 영은 오늘 전 세계의 교회들을 덮고 있는 어둠의 영이다.

어둠의 영은 사데 교회 시대 이후 지금까지 더욱 강력하게 교회에 파고들어 하나님의 진리를 변조시키고 교회를 파괴하는 영으로 역사하고 있다.

유럽의 화려하고 큰 교회들은 이미 이때부터 사데 교회의 영의 침입으로 서서히 무너지기 시작했다. 슐라이에르마허의 자유주의 신학이 태동하면서 인간의 감정을 복음이나 믿음으로 대치하는 복음의 인간화 작업이 가속화되기 시작한다.

유럽에서의 이러한 종교적 무질서와 기독교인의 탄압은, 아메리카 대륙이 발견되면서 청교도라는 이름의 신앙인들이 이 신생 대륙으로 모여들기 시작하면서 기독교는 새로운 기회를 맞는다.

이와 같은 혼란한 시기에 사데 교회는 일곱 영과 일곱 별을 가지신 예수 그리스도로부터 "살았다 하는 이름은 가졌으나 죽은 자로다"라는 부끄러운 책망을 받고 있다.

1. 도적같이 이르리니

계 3:2 너는 일깨워 그 남은바 죽게 된 것을 굳게 하라 내 하나님 앞에 네 행위의 온전한 것을 찾지 못하였노니

계 3:3 그러므로 네가 어떻게 받았으며 어떻게 들었는지 생각하고 지키어 회개하라 만일 일깨지 아니하면 내가 도적같이 이르리니 어느 시에 네게 임할는지 네가 알지 못하리라

주님은 사데 교회 사도에게 "너는 일깨워 그 남은 바 죽게 된 것을 굳게 하라"라고 하신다.

여기서 '일깨워'라는 말은 '그레고레오'(γρηγορέω)인데 '깨어 있다, 주의하다, 주시하다, 정신을 차리다, 경계하다, 방심하지 않다, 신중하다'라는 뜻을 가진다.

이 말은 '에게이로'(ἐγείρω)라는 단어에서 유래된 말인데 이 단어는 '사람의 기능을 모은다, 잠을 깨우다, 눈을 뜨게 하다, 일으키다, 자극하다, 죽은 자 가운데서 살리다'라는 의미가 있다.

외형적인 것이 아닌 우리 안에 있는 정신을 깨우고, 죽은 자 가운

데서 살리심을 받은 것처럼 방심하지 말고 신중하라는 뜻이다. 이는 깨어 정신을 차리고 사도들과 선지자들로부터 들은 복음의 남은 것을 굳게 지키라는 명령이다.

주님은 일곱 영과 일곱 별을 가지고 지금도 교회를 살피고 계신다. 여기서 일곱 영은 일곱 교회를 지키고 보호하고 인도하며 감찰하시는 영으로 지금도 역사하고 계신다.

주님의 일곱 교회는 같은 성격의 교회가 아니다. 서로 다른 특징을 갖고 주님의 일을 한다.

사람의 머리에는 2개의 눈과 2개의 귀, 그리고 2개의 콧구멍과 입이 있어 각각 보는 것과 듣는 것, 냄새 맡는 것과 먹는 것으로 그 기능이 다르다. 7개의 구멍은 사람의 머리와 연결된 기관들로 살아 있는 동안 생명 활동을 하는 데 가장 중요한 역할을 한다. 바울이 "남편이 아내의 머리 됨이 그리스도께서 교회의 머리 됨과 같음이니 그가 친히 몸의 구주시니라"(엡 5:23)라고 말하듯 사람의 머리는 그리스도와 같은 역할을 한다는 것이다.

그러므로 일곱 영은, 보는 영과 듣는 영과 호흡하고 냄새를 맡는 영, 그리고 말하는 영으로 교회와 연결되어 교회를 감찰하고 교회의 소리를 들으며 교회와 호흡하여 말씀으로 가르치며 인도하시는 영이다.

우리가 또 한 가지 알아야 할 것이 있다. 사람의 머리의 눈과 귀와 코와 입은 일할 때가 있고 쉬어야 할 때가 있어 휴식과 잠이 필요하다. 하지만 주님의 일곱 영은 쉬지 않고 잠자지 않고 교회를 지키고 보호하시며 자신의 몸된 교회와 대화를 나누신다는 사실이다.

주님은 시편 121편 4절의 "이스라엘을 지키시는 자는 졸지도 아니하고 주무시지도 아니하시리로다"라는 말씀처럼 불꽃 같은 눈이 항상 교회를 향해 있음을 알아야 한다.

일곱 영을 가지고 사데 교회를 살피시는 주님은 오늘도 "네가 어떻게 받았으며 어떻게 들었는지 생각하고 지키어 회개하라"(계 3:3)라고 경고하신다.

너희가 무엇을 받고 무엇을 들었는가? 이것은 하나님의 말씀을 가리킨다. 사도와 선지자들로부터 듣고 받은 것은 진리의 말씀이며 이것은 교회의 생명이다.

그러나 지금 주님은 사데 교회의 사자에게 받고 들은 대로 지키지 않는다는 사실을 지적하며 이를 회개하라고 하신다. 진리의 말씀이 왜곡되고 신학이 변질되므로 교회가 잘못된 길을 가고 있다는 것이다.

특별히 사데 교회의 시대는 개신교가 많은 교파로 나누어지며 서로 다른 교리들을 만들어 섬기는 시대였기 때문에 사실 성도들이 어떤 교회에서 어떤 말씀을 들어야 할지 모르고 방황하는 시대였다. 더군다나 자유주의 신학의 태동으로 사람의 이성을 중요시하고 하나님의 말씀을 영생을 위한 구원의 말씀이 아닌 세상의 삶과 사람들을 위한 윤리와 도덕적 가치로 하락시키므로 성경이 세상을 살아가는 사람들의 참고서로 변질되었다.

주님은 사데 교회의 사도에게 이것을 회개하라고 하면서 "만일 "일깨지 아니하면 내가 도적같이 이르리니"(계 3:3)라고 경고하신다.

'일깨우다'라는 말은 '그레고레오'(γρηγορέω)인데 '정신 차리다 신중하다, 방심하지 않다, 깨어 있다'라는 뜻이다. 곧 항상 경계의 마음을 가지고 방심하지 않으며 깨어 있어 주님의 오심을 기다리라는 뜻이다.

주님은 일곱 교회에 계시를 하면서 처음으로 “내가 도적같이 이르리니 어느 시에 네게 임할는지 네가 알지 못하리라”(계 3:3)라는 말씀을 통하여 주님의 다시 오심을 말씀하고 있다. 바로 종교개혁 이후의 시대인 사데 교회 시대부터 주님은 본격적으로 재림의 음성을 보내시고 있음을 깨달아야 한다.

바울은 주님의 강림하심에 대하여 데살로니가전서 5장 1-2절에서 “형제들아 때와 시기에 관하여는 너희에게 쓸 것이 없음은 주의 날이 밤에 도적같이 이를 줄을 너희 자신이 자세히 앎이라”라고 말씀한다. 또한 낮과 빛에 속한 자와 밤과 어두움에 속한 자를 구별하여 도적같이 임하는 사람들이 누구인가를 말한다. “형제들아 너희는 어두움에 있지 아니하매 그날이 도적같이 너희에게 임하지 못하리니”(살전 5:4)라고 권고하여 어두움에 있는 자에게 도둑같이 임하심을 말하고 있다.

여기서 ‘도적’이라는 말은 ‘클렙테스’(κλέπτης)라 하여 ‘도둑, 도적, 사기꾼’을 말하며, 이 말은 ‘클렙토’(κλέπτω)라는 ‘훔치다, 도둑질하다, 몰래 가져가다, 도적질하다’라는 뜻의 단어로부터 유래되었다.

사단과 마귀의 일로 깨어 있지 아니한 자, 곧 밤과 어두움에 속한 자들의 영혼을 사기치고 도둑질하여 몰래 가져간다는 말이다.

이 말은 결국 일곱 영을 가지신 주님이지만 밤과 어두움에 있는 자들의 영혼은 지키고 보호하지 않음을 의미하는 것이기도 하다.

요한 사도는 이것에 대하여 “도적이 오는 것은 도적질하고 죽이고 멸망시키려는 것뿐이요”(요 10:10)라며 도적이 하는 일이 무엇인지를 구체적으로 밝히고 있다.

또한 삯꾼 목자를 도적에 비유하여 요한복음 10장 12절은 "삯꾼은 목자도 아니요 양도 제 양이 아니라 이리가 오는 것을 보면 양을 버리고 달아나나니 이리가 양을 늑탈하고 또 헤치느니라"라고 말씀한다. 삯꾼 목자는 이리 같은 사단 마귀의 세력들이 도둑처럼 들어와 양을 도적질할 때 이것을 보고 도망하여 양들이 죽고 멸망 받는 일에 방관한다.

그러나 깨어 있는 충성스런 목자들은 빛에 속하고 낮에 속하여 어두움에 있지 아니하므로 "그날이 도적같이 너희에게 임하지 못하리니"(살전 5:4)라고 한다. 이 말은 정확한 날짜와 시간은 알 수 없지만 주님이 강림하시는 예정된 시기와 기간은 알 수 있다는 것이며, 이를 위하여 바울은 "그러므로 우리는 다른 이들과 같이 자지 말고 오직 깨어 근신할지라"(살전 5:6)라고 전한다.

2. 흰옷을 입은 자

계 3:4 그러나 사데에 그 옷을 더럽히지 아니한 자 몇 명이 네게 있어 흰옷을 입고 나와 함께 다니리니 그들은 합당한 자인 연고라
계 3:5 이기는 자는 이와 같이 흰옷을 입을 것이요 내가 그 이름을 생명책에서 반드시 흐리지 아니하고 그 이름을 내 아버지 앞과 그 천사들 앞에서 시인하리라

주님은 '네가 살았다하는 이름은 가졌으나 죽은 자로다'라는 경고의 메시지를 보낸 사데 교회에도 "그 옷을 더럽히지 아니한 자 몇 명이 네게 있어 흰옷을 입고 나와 함께 다니리니 그들은 합당한 자인 연고라"(계 3:4)라고 말씀한다.

사도행전 13장 22절의 "폐하시고 다윗을 왕으로 세우시고 증거하여 가라사대 내가 이새의 아들 다윗을 만나니 내 마음에 합한 사람이라 내 뜻을 다 이루게 하리라 하시더니"라는 말씀과 같이 흰옷을 입은 자들을 '합당한 자인 연고'라고 한다.

여기서 '합당하다'라는 말은 '악시오스'(ἄξιος)라고 하여 '무게를 달다, 칭찬받을 만한, 무게가 나가는, 가치 있는, 존경할 만한, 값이 나가는, 합당한' 등의 뜻을 갖는다.

주님이 보시기에 흰옷을 입은 자들은 주님과 함께 다닐 만한 가치가 있고 존경할 만하며 하나님의 저울에 달려 무게가 나가는, 신실하며 합당한 자들임을 가리킨다. 지금도 하나님은 종들의 무게를 달아 보신다.

다니엘서 5장은 벨사살 왕이 하나님의 저울에 달린 사건을 기록하고 있다. "데겔은 왕이 저울에 달려서 부족함이 뵈었다 함이요"(단 5:27)라는 다니엘의 해석과 함께 그날 밤에 벨사살 왕이 죽임을 당하는 말씀을 전하고 있다.

하나님의 저울에 달려서 부족하다는 것은 결국 사망이라는 것이다.

또한 신명기 25장 13-16절은 "너는 주머니에 같지 않은 저울추 곧 큰 것과 작은 것을 넣지 말 것이며 네 집에 같지 않은 되 곧 큰 것과 작은 것을 두지 말 것이요 오직 십분 공정한 저울추를 두며 십분 공정한 되를 둘 것이라 그리하면 네 하나님 여호와께서 네게 주시는 땅에서 네 날이 장구하리라 무릇 이같이 하는 자, 무릇 부정당히 행하는 자는 네 하나님 여호와께 가증하니라"라고 하며, 레위기 19장 35-36절은 "너희는 재판에든지 도량형에든지 불의를 행치 말고 공평한 저울과 공평한 추와 공평한 에바와 공평한 힌을 사용하라 나는 너희를 인도하여 애굽 땅에서 나오게 한 너희 하나님 여호와니라”라고 말씀한다.

사데 교회의 흰옷을 입은 자는 저울에 달려서 부족함이 없으며 공정한 저울추를 사용했다는 말이다. 여기서 말씀하는 ‘저울추’는 ‘에벤’(אבן)이라는 돌인데, 이는 반석이신 예수 그리스도를 말한다.

예수 그리스도만이 우리의 공정한 저울추고, 이 저울추로 우리의 무게를 측량한다는 말이다.

그러나 사데 교회는 이들 몇 명을 제외하고는 예수 그리스도를 공정한 저울추로 사용하지 않았다. 인간의 지식과 이성, 학문과 철학 그리고 윤리와 도덕 등을 저울추로 사용함으로 하나님이 가증하게 여기시며 이름은 살아 있으나 죽은 교회가 된 것이다.

한편 흰옷은 구약의 제사장들이 성소에서 입던 세마포 옷이다. 그런데 주님은 “흰옷을 입고 나와 함께 다니리니”(계 3:4)라고 한다. 이는 곧 하나님의 성소에서 일하는 제사장이 입는 세마포라는 뜻이다.

출애굽기 28장 2-3절에서는 제사장이 입는 거룩한 세마포 옷에 대하여 기록하고 있는데 “네 형 아론을 위하여 거룩한 옷을 지어서 영화롭고 아름답게 할지니 너는 무릇 마음에 지혜 있는 자 곧 내가 지혜로운 영으로 채운 자들에게 말하여 아론의 옷을 지어 그를 거룩하게 하여 내게 제사장 직분을 행하게 하라”라고 말씀한다.

아론과 같은 제사장이 입는 옷은 ‘거룩한 옷’이며 하나님은 그를 영화롭고 아름답게 꾸미라고 하신다. 또한 그 옷을 ‘내가 지혜로운 영으로 채운 자들'에게 만들라고 하신다.

여기서 우리는 그 거룩한 옷을 입는 아론과 같은 제사장과 그 옷을 만드는 지혜로운 영으로 채운 자들의 관계가 무엇인지를 알아야 한다. 대제사장인 아론이 입어야 할 그 거룩한 옷은 멜기세댁의 대제사장이 되실 예수 그리스도께서 입어야 할 거룩한 옷의 예표이자 그림자다. 구약의 말씀은 앞으로 이루어질 실질에 대한 모형이기 때문이다.

히브리서 6장 19-20절의 "우리가 이 소망이 있는 것은 영혼의 닻 같아서 튼튼하고 견고하여 휘장 안에 들어가나니 그리로 앞서 가신 예수께서 멜기세덱의 반차를 좇아 영원히 대제사장이 되어 우리를 위하여 들어가셨느니라"는 말씀과 같이 예수 그리스도는 멜기세덱의 대제사장이다. 그러므로 예수님도 아론과 같이 거룩한 세마포 옷을 입어야 하고, 그 옷을 만들 자로서 하나님이 지혜로운 영으로 채운 자들이 있어야 한다.

그런데 아론 대제사장이 입었던 옷이 실제적인 옷이라면 멜기세덱의 대제사장인 예수 그리스도께서 입으실 옷은 영적인 옷이라는 차이가 있다. 사데 교회의 흰옷을 입은 자는 하나님이 지혜로운 영으로 채운 자들로 멜기세덱의 대제사장인 예수 그리스도의 거룩한 옷, 곧 영적인 옷을 만드는 자들이다.

영적인 옷이란 예수 그리스도의 성령과 물과 피, 믿음과 의의 말씀이 실이 되어 만들어지는 거룩한 세마포 옷이다. 계시록 19장 14절에서 "하늘에 있는 군대들이 희고 깨끗한 세마포를 입고 백마를 타고 그를 따르더라"라고 하듯 바로 이들은 흰옷을 입고 주님과 함께 다니는 하늘의 군대들이다.

3. 생명책에 기록된 이름

> **계 3:5** 이기는 자는 이와 같이 흰옷을 입을 것이요 내가 그 이름을 생명책에서 반드시 흐리지 아니하고 그 이름을 내 아버지 앞과 그 천사들 앞에서 시인하리라

주님은 "이기는 자는 이와 같이 흰옷을 입을 것이요 내가 그 이름을 생명책에서 반드시 흐리지 아니하고 그 이름을 내 아버지 앞과 그 천사들 앞에서 시인하리라"라고 하신다. 사데 교회의 이기는 자는 흰옷을 입고 이름을 생명책에 기록한다고 하는 것이다.

그러면 사데 교회의 이기는 자는 누구이며 어떤 사람들인가? 첫째는 그 옷을 더럽히지 아니한 종들이다. 둘째는 주님이 보시기에 합당한 종들이다.

'더럽히다'라는 말은 '몰뤼노'(μολύνω)라고 하여 '더럽히다, 훼손하다, 욕되게 하다, 도덕적으로 더럽히다, 얼룩지게 하다'라는 뜻이다. 이 말은 주님이 종들에게 입혀 준 옷, 곧 '복음의 옷, 진리의 옷, 말씀의 옷, 믿음의 옷, 성령의 옷, 의의 옷 그리스도의 옷'을 더럽히지 않아야 한다는 것이다. 이 옷들은 주님이 우리에게 입혀 주시는 옷으로 생명의 옷이고 구원의 옷이며 영생의 옷이다.

그러나 사데 교회에는 이 옷들을 더럽히는 수많은 것들이 존재했다. 그것을 골로새서 2장 8절에서는 "누가 철학과 헛된 속임수로 너

희를 노략할까 주의하라 이것이 사람의 유전과 세상의 초등 학문을 좇음이요 그리스도를 좇음이 아니니라"라고 하고 있으며, 골로새서 2장 20-23절은 "너희가 세상의 초등 학문에서 그리스도와 함께 죽었거든 어찌하여 세상에 사는 것과 같이 의문에 순종하느냐 곧 붙잡지도 말고 맛보지도 말고 만지지도 말라 하는 것이니 (이 모든 것은 쓰는 대로 부패에 돌아가리라) 사람의 명과 가르침을 좇느냐 이런 것들은 자의적 숭배와 겸손과 몸을 괴롭게 하는데 지혜 있는 모양이나 오직 육체 좇는 것을 금하는 데는 유익이 조금도 없느니라"라고 말씀한다.

주님이 사데 교회를 향하여 "네가 살았다 하는 이름은 가졌으나 죽은 자로다"(계 3:1)라고 말씀하시는 이유는 바로 사람들이 만든 것들, 곧 철학과 이론들, 그리고 세상의 유전과 초등학문 같은 것들을 좇았기 때문이다.

종교개혁 이후의 사데 교회 시대를 근대 시대라고 부른다. 이 시대는 중세에 생각하지 못했던 문명들이 탄생하며 자연신론의 사상을 바탕으로 과학의 세계가 등장하면서 각종 다양한 학문들이 발생했다.

하나님에 대한 인식도 바뀌기 시작하여 사상과 철학을 바탕으로 인간화된 하나님으로의 전환이 급속도록 진행되어, 사도들과 바울을 기본으로 하는 성경적이며 정통적인 하나님 관에 치명적인 손상을 가져왔다. 양털같이 흰 거룩한 그리스도의 옷이 더럽혀진 것이다.

주님은 이러한 사데 교회의 더럽혀진 환경을 이겨 내고 승리한 자들에게 흰옷을 입을 것을 말씀하고 있으며 또한 생명책에 그 이름을 흐리지 않게 기록할 것을 전한다.

그러면 생명책(The Book of Life)은 무엇인가?

생명책은 영원한 구원을 약속하는 책으로, 사람들이 아니라 오직 하나님과 천사들이 기록한다. 사람의 눈으로는 볼 수 없는 영적인 책이다.

사데 교회의 사자에게도 "그 이름을 내 아버지 앞과 그 천사들 앞에서 시인하리라"(계 3:5)라는 말씀에서 보듯 이 생명책의 기록자는 아버지 하나님과 그 천사들이다. 주님은 바로 그들 앞에서 이름의 진위 여부를 확인하고 시인하실 것이다.

계시록 21장 27절은 "무엇이든지 속된 것이나 가증한 일 또는 거짓말하는 자는 결코 그리로 들어오지 못하되 오직 어린양의 생명책에 기록된 자들뿐이라"라고 말한다.

이 생명책은 "주 하나님 곧 전능하신 이와 및 어린양이 그 성전이심이라"(계 21:22)라고 말씀하는 전능하신 이와 어린양의 성전에 들어갈 자들의 이름이 기록된 책이라는 것이다.

바울은 사역에 함께 동역하며 힘쓰던 사람들에게 빌립보서 4장 3절에서 "또 참으로 나와 멍에를 같이 한 자 네게 구하노니 복음에 나와 함께 힘쓰던 저 부녀들을 돕고 또한 글레멘드와 그 외에 나의 동역자들을 도우라 그 이름들이 생명책에 있느니라"라고 하며 형제들을 위로하는 기록을 전한다.

출애굽기 32장 32-33절은 "그러나 합의하시면 이제 그들의 죄를 사하시옵소서 그렇지 않사오면 원컨대 주의 기록하신 책에서 내 이름을 지워버려주옵소서 여호와께서 모세에게 이르시되 누구든지 내게 범죄하면 그는 내가 내 책에서 지워 버리리라"라고 말씀하심으로 생명책으로부터 지워질 수 있음을 선언하고 계시다.

여기서 모세에게 말씀하신 '책'은 '쎄페르'(סֵפֶר)라는 히브리어로 '두루마리, 증서, 집필, 학문, 기록하다' 등을 의미하는 단어다. 이것은 곧 하나님이 기록하신 말씀인 성경을 말한다.

하나님은 우리에게 영원한 생명을 주기 위하여 말씀을 주시고 이를 기록하게 하셨다.

베드로후서 1장 20-21절은 "먼저 알 것은 경의 모든 예언은 사사로이 풀 것이 아니니 예언은 언제든지 사람의 뜻으로 낸 것이 아니요 오직 성령의 감동하심을 입은 사람들이 하나님께 받아 말한 것임이니라"라고 말한다. 성경의 말씀이 곧 하나님이 성령의 감동하심을 입은 사람들을 통하여 기록하게 하신 책이다. 성경책에는 하나님의 생명이 기록되어 있고. 그 책을 사랑하고 읽으며 기억하고 지키는 자에게도 동일한 하나님의 생명이 그들의 마음판에 기록되어 있는데 그것이 곧 생명책이다.

말라기 선지자를 통해서도 "여호와를 경외하는 자와 그 이름을 존중히 생각하는 자를 위하여 여호와 앞에 있는 기념책에 기록하셨느니라"(말 3:16)라고 말씀하시는데, 여기서 여호와 앞에 있는 기념책도 곧 성경의 말씀이다.

'기념'(Remember)이란 단어의 히브리어도 '지크론'(זִכְּרוֹן)이라 하여 '기억, 기념물, 기념표, 축하, 기념하다, 기억하다'의 뜻을 가진다. 하나님은 우리에게 '기념하고 기억해야 할 기념물로' 성경의 말씀을 주신 것으로 이해해야 한다.

보통 우리는 생명책이 별도로 있을 것으로 생각하고 있으며 또한 그렇게 교육을 받았다. 그래서 생명책은 하나님의 나라에 심판대 앞에서나 볼 수 있는 책이라고 여겨 왔다. 이것은 그동안 우리가 사단의 잘못된 미혹의 사술에 얼마나 속아 왔는지를 말하는 것이다.

만약에 지금까지 알고 있는 것처럼 생명책이 하나님의 보좌에만 있는 책이라면, 과연 우리가 죽어서 하나님 앞에 가지 않는 한 생명책에 우리의 이름이 기록되었는지 아니면 기록되지 않았는지 어떻게 알 것이며, 또한 생명책에 이름이 기록되기 위해서는 무엇을 어떻게 해야만 하는지 알 수 있겠는가?

이러한 것은 그냥 우리에게 추측과 개인적인 상상을 일으킬 뿐이다. 믿음과 신앙을 가진 사람들은 각자가 '내 이름도 생명책에 기록되었을 거야', '내 이름이 기록되었을까?'라는 의문을 일으킬 수밖에 없는 것이다.

하나님이 그렇게 불확실하며 부정확하고 구름을 손으로 잡으려는 것 같은 허망한 일을 우리에게 행하시는 분이 아니다. 하나님은 실질적이며 정확하게 자신의 마음으로 직접 느껴 확신을 갖게끔 일하시는 분이다.

요한복음 12장 48절에는 "나를 저버리고 내 말을 받지 아니하는 자를 심판할 이가 있으니 곧 나의 한 그 말이 마지막 날에 저를 심판하리라"라고 한다. 주님이 하신 말, 곧 말씀이 저를 심판한다고 한다. 이는 말씀이 생명책이 되어서 심판하는 것으로, 우리의 중심을 살피시는 하나님은 우리 안에 하나님의 말씀이 있는지, 다시 말하면 진리가 바르게 기억되고 기록되어 있는지를 감찰하신다는 것이다.

주님이 사데 교회의 사도에게 말씀하시면서 이기는 자는 "내가 그 이름을 생명책에서 반드시 흐리지 아니하고"(계 3:5)라고 하신다. 여기서 '흐리다'라는 단어는 '엑살레입호'(ἐξαλείφω)로 '기름을 바르다, 닦아 없애다, 씻어 버리다, 지우다, 말살하다'라는 의미이다. 이기는 자는 그 이름을 '닦거나 씻어 지우지 않겠다'는 것으로, 모세가 자신의 이름을 지워 달라고 고백했던 것처럼 하나님은 우리의 이름을 지울 수 있음을 알려 준다.

하나님이 생명책에서 그 이름을 지울 수도 있는 분이라면 무엇을 어떻게 지운다는 것인가?

치매 환자는 자신의 옛 기억을 모두 잊어버리는 것을 말한다. 만약 하나님이 우리 안에 기록되었고 기억되었던 하나님의 말씀을 지워 버린다면, 또한 그 지워버리는 이유가 진리의 참된 말씀이 아니라 불의, 불법, 타락, 하나님을 떠난 비진리의 말씀, 곧 더럽혀진 말씀들이라면 종말에는 이들 마음속에 들어 있는 이와 같은 것들을 기억나지 않게 지워 버릴 수 있다.

사람을 지으시고 사람의 마음을 다 알고 계신 하나님은 우리 마음속에 진리의 말씀이 담겨 있는지 아니면 비진리의 말씀을 담고 있는지를 정확하게 구별하신다. 따라서 마지막 종말 곧 심판의 때에는 우리 안에 있는 비진리의 말씀을 지워 버림으로 그 남은 것을 저울에 달아 재는 것으로 이해해야 한다.

그러므로 두아디라 교회의 사자에게 편지하면서도 "다만 너희에게 있는 것을 내가 올 때까지 굳게 잡으라"(계 2:25)라며 너희에게 남아 있는 것을 말씀하시는 것이다.

예를 들어 보자. 순수하고 깨끗한 물통에 오염된 기름을 부었다면 물과 기름의 양은 커 보이지만 물과 기름은 분리되는 성질이 있어서 그 통에서 오염된 기름을 제거한다면, 이는 지워버린다는 것으로 그 통의 물의 양은 원래 그대로일 것이기 때문에 바로 이 남은 물을 주님이 오실 때까지 잃지 말고 붙잡고 있으라는 말씀이다.

이는 우리 마음속에 들어와 있는 하나님 말씀의 진리와 비진리의 비유를 말하는 것으로, 아무리 타락한 종이라 할지라도 그 안에는 비진리의 말씀 곧 오염된 기름만 있는 것이 아니라 진리의 말씀도 있기 때문에, 공의의 하나님은 이것을 구별하여 나누심으로 그 안에 진리의 말씀인 생명이 얼마나 남아 있는지를 살피신다는 의미이다.

그러므로 생명책에서 흐리게 한다는 의미의 본질은 그 속에 있는 잘못된 비진리를 제거한다는 것을 말한다.

결국 우리는 이 말씀 속에서 하나님의 사랑하심과 자비하심을 발견하게 된다. 남아 있는 진리의 양이 얼마가 되었든 그것을 끝까지 붙잡고 있어서 구원을 주시려는 하나님의 뜻이라고 이해해야 한다.

고린도전서 3장 15절의 말씀 속에서도 이것을 발견하게 되는데 "누구든지 공력이 불타면 해를 받으리니 그러나 자기는 구원을 얻되 불 가운데서 얻은 것 같으리라"라고 말씀하기 때문이다.

결론적으로 생명책에 기록된 이름의 뜻은 하나님의 생명의 말씀을 우리의 마음으로 받고 기억하며 기록함으로 우리 자신을 두루마리와 같은 생명책으로 삼으셨고, 그 안에는 당연히 우리의 이름이 새겨져 있음을 말한다.

그러므로 우리가 하나님과의 관계가 깊어지고, 말씀이 우리 안에 깊게 기억되고 새겨질수록 우리의 이름은 더욱 굵고 진하게 새겨질 것이다. 그러나 하나님과의 영적인 관계가 약해지고 말씀이 우리 안에서 사라지고 힘을 잃으면 그 이름이 흐릿해질 것이며 나중에는 지워져 없어질 것이라는 말이다.

이렇게 하심은 그 모든 책임이 우리 자신에게 있어 핑계치 못하게 하시려는 하나님의 뜻이다. 로마서 1장 19-20절은 "이는 하나님을 알 만한 것이 저희 속에 보임이라 하나님께서 이를 저희에게 보이셨느니라 창세로부터 그의 보이지 아니하는 것들 곧 그의 영원하신 능력과 신성이 그 만드신 만물에 분명히 보여 알게 되나니 그러므로 저희가 핑계치 못할지니라"라고 말씀하고 있다.

VI.

빌라델비아 교회

(The Church in Philadelphia)

계 3:7 빌라델비아 교회의 사자에게 편지하기를 거룩하고 진실하사 다윗의 열쇠를 가지신 이 곧 열면 닫을 사람이 없고 닫으면 열 사람이 없는 그이가 가라사대

⬇

계 3:13 귀 있는 자는 성령이 교회들에게 하시는 말씀을 들을지어다

빌라델비아 교회는 일곱 교회 중에서 가장 칭찬 받은 교회로, 적은 능력을 가지고도 주님의 말을 지키며 또한 주님의 이름을 배반치 않았다고 한다.

사데 교회처럼 "살았다 하는 이름은 가졌으나 죽은 자로다"(계 3:1)라며 주님의 책망과 징계를 받았던 시대에서, 하나님의 말씀이 사라지고 세상적인 이념과 사상 철학들로부터 변질되고 있는 교회의 현실에서 눈을 뜨게 되고 다시금 하나님을 찾고 부르짖는 빌라델비아 교회의 시대가 된 것이다.

사방에 둘러싸인 어둠의 현실 속에서도 주님의 복음으로 다시 돌아가자는 운동과 함께 전 세계적인 선교의 열풍이 불어 아프리카와

아시아 그리고 오지를 향한 선교사의 파송이 시작된 시기이다.

A.D. 1798~1929년의 시기, 곧 나폴레옹 혁명군에 의해서 교황의 권세가 끝이 난 때로부터 1929년 라테란 조약에 의하여 다시금 바티칸이 국가로 인정받으며 교황의 권세가 살아난 시대까지를 빌라델비아 교회의 시간으로 볼 수 있다. 이 시간은 교황권의 세력이 극도로 약화되었던 시간이며, 상대적으로 개신교의 교세가 세계적으로 확장되고 부흥하며 진리가 살아 있는 시간이었다. 그리스도의 강림에 대한 깨어남과 함께 종말론에 대한 이론과 사상이 교회 가운데 확산되었던 시간이기도 하다.

"이 천국 복음이 모든 민족에게 증거되기 위하여 온 세상에 전파되리니 그제야 끝이 오리라"(마 24:14)라는 말씀같이 빌라델비아는 '형제 사랑'이란 뜻을 전 세계 민족들에게 잘 실천한 교회이다.

윌리엄 캐리(William Carey)를 비롯한 아도니람 저드슨(Adoniram Judson)과 같은 선교사들과 찰스 스펄전(Charles H. Spurgeon) 목사 같은 하나님의 종들로부터 세상과 잠자고 있던 영혼들을 깨우는 개신교의 교회 시대라고 평가할 수 있다.

주님은 "적은 능력을 가지고도 내 말을 지키며 내 이름을 배반치 아니하였도다"(계 3:8)라고 하신다.

개신교는 종교개혁 이후 가톨릭의 종교 재판과 탄압 때문에 수많은 사람들이 죽고 교세는 약해질 대로 약해진 상태였다. 이러한 중에 프랑스의 나폴레옹에 의한 혁명이 발생했고, 1798년 교황 피우스 6세가 감옥에 감금되고 1년 뒤에 감옥에서 옥사하므로 가톨릭의 교세가 갑자기 추락하며 위축되는 시기를 맞는다.

이와 같은 기회를 틈타 개신교가 다시 부흥할 수 있는 계기가 마련되므로 19세기는 개신교를 위하여 하나님이 문을 활짝 열어 놓은 시기라고 하겠다.

빌라델비아 교회는 비록 적은 능력이지만 개신교는 복음의 진리를 사수하기 위하여 고군분투하였고, 하나님의 지상 명령인 땅 끝까지 복음을 증거하라는 명령에 최선을 다한 교회였다. 영적으로 빌라델비아 교회는 '형제 사랑'이라는 뜻과 같이 이웃을 사랑하고, 열방을 사랑하는 주님의 사랑을 실천한 교회다. 사실 오늘의 개신교가 갖고 있는 영적인 맥은 빌라델비아 교회로부터 시작되었다고 해도 과언이 아니다.

1. 다윗의 열쇠

계 3:7 빌라델비아 교회의 사자에게 편지하기를 거룩하고 진실하사 다윗의 열쇠를 가지신 이 곧 열면 닫을 사람이 없고 닫으면 열 사람이 없는 그이가 가라사대

주님은 자신을 "다윗의 열쇠를 가지신 이"라고 말씀한다. 이 말은 이사야 22장 22절의 기록 "내가 또 다윗 집의 열쇠를 그의 어깨에 두리니 그가 열면 닫을 자가 없겠고 닫으면 열 자가 없으리라"는 말씀으로부터 온 인용이다.

여기서 '다윗의 열쇠'는 무엇을 의미하는가?

첫째. 다윗의 열쇠는 왕권을 말한다.

다윗은 이스라엘의 영원한 왕의 상징으로 마태복음 1장 1절은

"아브라함과 다윗의 자손 예수 그리스도의 세계라"라고 말씀한다. 다윗은 믿음의 조상이며 열국의 아비인 아브라함과 직접적으로 연결되어 있으며, 그의 피 속에서 예수 그리스도가 나타난다는 것을 통하여 아브라함으로 올라가는 문이자 예수 그리스도로 내려가는 문이다.

이는 다윗의 왕권을 가지신 분이 예수 그리스도라는 것으로, 다윗이 세상의 왕권을 가진 사람이라면 예수 그리스도는 하늘의 왕권을 가지신 분으로 소개하는 것이다.

이 세상에서 하나님이 세우신 왕권을 소유하고 있는 자가 다윗과 다윗의 집이었고 이 세상에서의 다윗의 왕권은 변하지 않는 것처럼, 예수 그리스도를 왕으로 하는 하늘의 왕권도 변함이 없다는 것을 말한다.

사무엘하 3장 1절 "사울의 집과 다윗의 집 사이에 전쟁이 오래매 다윗은 점점 강하여가고 사울의 집은 점점 약하여가니라"는 말씀처럼 이 세상의 왕권을 둘러싸고 다윗의 집을 무너뜨리기 위한 사울의 집의 공격과 반역이 계속되지만 종말에는 결국 다윗의 집이 점점 강해지고 승리할 것을 말한다.

이와 같은 현상은 지금도 우리가 사는 세상 속에서도 교회로 대신하는 예수 그리스도의 집과 딥 스테이트(Deep State)와 일루미나티(Illuminati)로 대신하는 사단의 집의 하늘의 왕권을 차지하기 위한 전쟁이 계속되고 있다. 이것은 주님이 강림하시기 전까지 계속될 싸움이다.

그러나 주님은 이미 다윗의 열쇠인 왕권을 가지고 계시기 때문에 반드시 승리하실 것이다. 그러니 우리는 주님이 왕권을 가지시고 통치하시는 나라의 문이 열려 있을 때 이곳으로 침노해 들어가야만 한다.

주님은 요한복음 10장 7-9절에서 "그러므로 예수께서 다시 이르시되 내가 진실로 진실로 너희에게 말하노니 나는 양의 문이라 나보다 먼저 온 자는 다 절도요 강도니 양들이 듣지 아니하였느니라 내가 문이니 누구든지 나로 말미암아 들어가면 구원을 얻고 또는 들어가며 나오며 꼴을 얻으리라"라고 하신다.

주님 자신이 문이고 그 문 안으로 들어가야 주님이 다스리는 왕국이 있다. 그래서 우리가 구원을 얻기 위해서는 반드시 그 문을 통과해야 한다.

그런데 그 왕국의 열쇠를 가지신 분은 그 문을 열 때가 있고 닫을 때가 있다는 것이다. 마태복음 25장에 슬기로운 다섯 처녀와 미련한 다섯 처녀에 대한 말씀은 바로 이 사실을 증명한다. "저희가 사러 간 동안에 신랑이 오므로 예비하였던 자들은 함께 혼인 잔치에 들어가고 문은 닫힌지라 그 후에 남은 처녀들이 와서 가로되 주여 주여 우리에게 열어 주소서 대답하여 가로되 진실로 너희에게 이르노니 내가 너희를 알지 못하노라 하였느니라 그런즉 깨어 있으라 너희는 그날과 그 시를 알지 못하느니라"(마 25:10-13)라고 경고하고 있다.

다윗의 열쇠(The Key of David)는 다윗의 주권과 권력을 상징하는 것으로 여기서 '열쇠'는 '클레이스'(κλεíς)라고 하며 '주권과 권력'을 나타내는 단어이다. 이 단어는 '클레이오'(κλεíω)에서 유래한 말로 '닫다, 잠그다, 마음 문을 닫다, 동정이 없다, 감금하다'라는 의미로 사용된다.

그렇다면 이 단어의 의미를 통해, 우리 마음의 문을 닫고 여는 일을 다윗의 열쇠를 가지신 분 곧 예수 그리스도께서 하신다는 영적인 뜻으로 해석할 수 있다.

우리는 주님이 강림하시고 난 이후의 주님의 왕국에 들어가기 위한 다윗의 열쇠로 생각하기 쉬운데, 그것이 아니라 지금 우리의 심령 안에 우리의 왕으로 계신 보이지 않는 예수 그리스도께서 우리의 마음을 열고 닫을 수 있는 열쇠를 갖고 계시다고 할 수 있다.

이는 또한 빌라델비아 교회의 사자에게 편지하듯 바로 이 시대에 주님은 교회와 성도들의 마음의 문을 열겠다는 계시이다. 이 계시대로 복음의 문과 전도의 문이 활짝 열리게 되므로 땅 끝까지 복음이 증거되는 부흥의 역사가 온 것으로 보아야 한다.

이것은 빌라델비아 교회가 기독교 역사에서 처음으로 주님 나라의 왕국의 문을 여는 시대로, 주님의 재림이 가까이 왔음을 알리는 신호이기도 하다.

2. 열린 문

계 3:8 볼지어다 내가 네 앞에 열린 문을 두었으되 능히 닫을 사람이 없으리라 내가 네 행위를 아노니 네가 적은 능력을 가지고도 내 말을 지키며 내 이름을 배반치 아니하였도다

주님은 "내가 네 앞에 열린 문을 두었으되 능히 닫을 사람이 없으

리라"라고 하신다. 여기서 말씀하시는 열린 문은 영적인 문이다. 곧 하나님의 나라에 대한 진리의 문을 열어 놓고 우리 안에 있는 심령의 문도 열어서 하나님의 진리를 깨닫고 종말의 시간에 주님의 재림을 준비하라는 하나님의 은혜의 문이다.

여기서 '열린'이라는 말은 '아노이고'(ἀνοίγω)라 하여 '열다, 펴다, 밝아지다'라는 뜻을 가지고 있다. 주님이 열어 놓으신 것 곧 감추어져 있던 것, 닫혀 있던 것을 열고 펴서 보게 한다는 뜻이므로 어둠속에 있던 것들이 밝아지며 드러난다는 의미다.

누가복음 8장 16-17절은 이것에 대하여 기록하고 있는데 "누구든지 등불을 켜서 그릇으로 덮거나 평상 아래 두지 아니하고 등경 위에 두나니 이는 들어가는 자들로 그 빛을 보게 하려 함이라 숨은 것이 장차 드러나지 아니할 것이 없고 감추인 것이 장차 알려지고 나타나지 않을 것이 없느니라"라고 말씀하고 있다.

세상에 등불의 역할을 해야 할 교회는 무엇이 숨겨지고 무엇이 감추어져 있는가를 물음으로써 주님은 지금 우리에게 그 실체를 드러내려고 하신다.

2천 년의 기독교 역사는 무엇인가를 숨기고 감추어 왔는데, 빌라델비아 교회에서 열린 문을 통하여 빛을 비추시므로 그 숨기고 감추인 것들을 드러내는 시간이라는 말이다. 이것은 우리의 감겨졌던 눈이 뜨이고 닫혔던 마음의 문이 열려야 되는 것으로, 진리의 빛이요 생명의 빛이신 예수 그리스도의 영이 우리를 열어 주셔야만 되는 일이다.

빌라델비아 교회의 시대는 과학을 비롯한 다양한 학문 등이 발달한 시대로 사람의 이성의 세계가 크게 확대되었다. 이와 같이 세속적인 것들이 발달함과 동시에 숨겨지고 감추어 있던 하나님의 진리도 열린 문의 빛을 통하여 교회 안에 충만해지는 일이 발생한 것이다.

이와 같은 현상은 결국 세상적인 가치관과 하나님의 가치관의 충돌로 나타나고, 빌라델비아 교회는 이런 가운데서도 하나님의 말씀을 지키고 또한 그 이름을 배반치 않았다고 말씀하고 있다.

사단과 마귀의 세력들은 항상 세상의 세속적인 지식과 학문을 사용하여 하나님의 진리를 덮으려고 한다. 예를 들면 낭만주의와 실존주의, 과학주의와 자유주의 등의 이름으로 진리의 빛을 덮으려 했던 그 시대의 사상과 철학의 모습들이다.

주님의 재림이 가까울수록 사단 마귀의 세력들은 더욱 강력한 학문과 지식, 그리고 과학과 의학, 또한 문화를 동원하여 하나님의 진리의 생수 위에 더러운 세속의 물을 뿌린다. 계시록 12장 15절은 이것에 대하여 "여자의 뒤에서 뱀이 그 입으로 물을 강같이 토하여 여자를 물에 떠내려 가게 하려 하되"라고 한다. 여기서 뱀이 입으로 강같이 토해 내는 물이 바로 세상의 학문과 지식의 물로, 이 물을 먹으면 먹을수록 우리의 영이 죽고 썩어 영원한 멸망에 떨어지게 된다.

그러므로 빌라델비아 교회의 시대를 지식의 시대라 할 수 있다.

세계의 많은 유명 대학들 대부분이 바로 이 시기에 세워져서 세상 학문의 뿌리 역할을 하였는데, 고등교육기관을 세우는 일에 앞장섰던 기관이 바로 가톨릭의 예수회이다. 우리는 교육기관을 많이 세우는 것이 좋은 일이 아닌가 하고 질문할 수도 있다. 당연히 좋은 교육기관을 세워서 좋은 지식들을 전한다면 두말할 것도 없겠지만, 가톨릭 예수회는 하나님의 진리의 빛을 보지 못하게 하고 개신교를 파멸시키기 위한 목적으로 교육기관을 세운다는 것이다.

A.D. 1540년 가톨릭의 기관으로 출발한 예수회는 스페인의 이그나시오스 로욜라라는 신부에 의하여 창립되면서 그 창립 목적을 개신교의 파멸에 두고 있다. A.D. 1517년 마틴 루터에 의한 종교개혁으로 프로테스탄트라는 개신교가 탄생하자 가톨릭은 큰 위기의식을 느끼고 강압적인 힘으로 프로테스탄트들을 억눌렀다. 또한 종교재판을 통하여 많은 사람들을 죽음으로 몰아갔는데 그 선두에 앞장선 기관이 바로 예수회였다.

예수회는 빌라델비아 교회 시대 이후에는 방법을 바꾸어 강압적인 힘이나 무력이 아닌 교육을 통해 사상과 이념의 변조와 그럴듯한 비진리의 확산을 통하여 개신교의 하나님의 사람들을 잘못된 길로 인도하겠다고 방법의 전환을 꾀하고 있기 때문이다.

이러한 상황 가운데서 빌라델비아 교회 시대는 사실상 진리의 말씀을 지키는 것이 매우 어려운 시대라고 할 수 있다.

그래서 주님은 "네가 나의 인내의 말씀을 지켰은즉"(계 3:10)이라는 말씀을 하시는 것이다.

우리가 이 시대부터를 현대라고 부르는데 모든 현대적인 교육과 기술과 사상과 이념들이 출발한 시대이기 때문이다. 이런 가운데서 현대 신학의 아버지라고 하는 슐라이에르마허의 자유주의 신학도 바로 이 시대의 산물이다.

곧 한쪽에서는 뱀이 입에서 물을 토해내듯 세상적이며 세속적인 흙탕물이 세상을 뒤덮게 한 반면, 주님은 반대로 하늘의 문을 열어서 신령한 것들을 그리고 빛의 깨끗한 말씀을 주어 깨어 있게 하므로 사상과 이념과 교육과 문화를 통한 선과 악의 대결이 시작된 시기다.

주님은 “보라 사단의 회 곧 자칭 유대인이라 하나 그렇지 않고 거짓말하는 자들 중에서 몇을 네게 주어 저희로 와서 네 발 앞에 절하게 하고 내가 너를 사랑하는 줄을 알게 하리라”(계 3:9)라고 말씀한다. 바로 이들은 정통 유대인들로 모세의 율법인 토라만을 하나님의 말씀으로 믿고 살아왔던 자들이다. 주님은 이러한 자들을 자칭 유대인이라고 하며 사단의 회라고 한다.

여기서 ‘절하게 하고는 ‘프로스퀴네오’(προσκυνέω)라는 말로 ‘키스하다, ~에게 경의를 표하다, 엎드려 절하다. 예배하다, 경배하다, 찬미하다’라는 뜻이다.

주님이 ‘네 앞에 열린 문을 두었다’라고 하는 말씀은 이방인 교회에게만 하늘의 문을 여신 것이 아니라 예수 그리스도를 받아들이지 않던 정통 유대인들에게도 영적인 마음의 문을 열기 시작했다는 말이다. 이들이 예수 그리스도를 만나게 되면서 이방인 교회와 함께 ‘키스하여 교제하며 예배와 경배와 찬미’를 드리게 되었음을 의미한다.

그러므로 열린 문은 이방인의 교회들과 정통 유대인들이 예수 그리스도로 하나 되도록 출발하는 문이며, 주님의 재림을 위하여 우리에게 기름 등불을 신부로서 준비시키도록 영적인 말씀이 열리는 문으로 이해해야 한다.

[표23]

네 앞에 열린 문	성령 말씀	* 자칭 유대인(정통 유대인)의 영을 깨움 * 이방인 교회와 함께 예배와 찬양 * 주님의 재림을 위해 기름 등불 준비 * 늦은 비 성령이 내림
* 개신교의 전도와 선교의 문이 열림 * 감추고 숨긴 비밀의 말씀이 드러남 * 교회와 성도를 진리로 깨우는 영성의 문		

3. 시험의 때

계 3:10 네가 나의 인내의 말씀을 지켰은즉 내가 또한 너를 지키어 시험의 때를 면하게 하리니 이는 장차 온 세상에 임하여 땅에 거하는 자들을 시험할 때라

주님은 인내의 말씀을 자킨 자에게 "시험의 때를 면하게 하리니"라고 한다. '인내'는 '휘포모네'(ὑπομονή)인데 '뒤에 남겨 둠, 견인, 참을성 있게 견딤, 참음, 지속, 인내'의 뜻을 가진다.

진리의 말씀을 지키는 것은 '끝까지 지속적으로 참을성 있게 견뎌야 함'을 의미한다. 인내(endurance)라는 평범한 상태에서의 상황을 말하는 것이 아니라 진리의 말씀을 지키기에 힘들고 어려운 상황 속에서의 인내를 말한다.

빌라델비아 교회의 시대는 바로 이러한 악조건의 상황이었다. 이러한 가운데서도 끝까지 말씀을 지켜낸 자들에 대하여 주님은 "시험의 때를 면하게 하리니"라는 약속을 하고 있다.

여기서 시험의 때는 무엇을 의미하는가?

'시험'이라는 말은 '페이라조'(πειράζω)라 하여 '증명하다, 시험하다, 시도하다, 유혹하다'라는 뜻이다. 이는 우리의 믿음이 확실한가 그리고 완전한가를 시험한다는 말이다.

누가복음 21장 34-36절에는 "너희는 스스로 조심하라 그렇지 않으면 방탕함과 술취함과 생활의 염려로 마음이 둔하여지고 뜻밖에 그날이 덫과 같이 너희에게 임하리라 이날은 온 지구상에 거하는 모든 사람에게 임하리라 이러므로 너희는 장차 올 이 모든 일을 능히 피하고 인자 앞에 서도록 항상 기도하며 깨어 있으라"라고 말씀한다.

또 주님은 계시록 11장 1절에서 "또 내게 지팡이 같은 갈대를 주며 말하기를 일어나서 하나님의 성전과 제단과 그 안에서 경배하는 자들을 척량하되"라는 말씀을 하신다. 마지막 종말에는 주님이 우리의 믿음을 달아 보신다는 것이다. 즉 생활의 염려와 같은 환경과 세상의 세속적인 것들과 주어진 현실에 방탕하며 취해 있는지를 시험한다는 뜻이다.

이 말은 실질적으로 술에 취해 방탕한다는 것이 아니고 세상이 주는 독한 술, 곧 우리의 영혼을 갈취하기 위한 독주, 주로 사상과 지식과 학문과 같은 것에 빠져 있다고 영적으로 해석할 수 있다.

신명기 32장 32-33절에도 적그리스도를 의미하는 대적의 반석에 대한 기록에 "그들의 포도나무는 소돔의 포도나무요 고모라의 밭의 소산이라 그들의 포도는 쓸개포도니 그 송이는 쓰며 그들의 포도주는 뱀의 독이요 독사의 악독이라"라고 말씀한다.

그들의 포도주가 실제로 뱀의 독이고 독사의 악독이라는 말이 아니라 그 포도주 속에는 뱀의 독처럼 우리의 영혼을 죽이는 악한 사상과 지식과 이론들이 가득하다는 뜻이다.

이것은 곧 종말의 현상 중의 하나다. 세속적인 것과 우리의 영혼을 갈취하는 온갖 것들에 취하고 그러한 것들에 마음을 빼앗기는 현상을 말한다. 이런 현상은 온 지구상에 거하는 모든 사람에게 임할 것이다. 주님은 바로 이러한 때를 시험의 때라고 하시는 것이며, 지금 우리가 살고 있는 현재의 세상을 말한다.

빌라델비아 교회 시대부터 세상은 이러한 시험의 때에 들어왔다고 말하며, 주님은 인내의 말씀을 지킨 자들에게 "너를 지키어 시험의 때를 면하게 하리니"(계 3:10)라고 하신다.

여기서 '면하게 하다'는 말은 '테레오'(τηρέω)로 '보호하다, 지켜보다, 경계하다, 감시하다, 보존하다'라는 의미다. 즉 주님은 영으로 우리의 마음 안에서 이러한 세상의 악한 것들을 경계하며 감시할 수 있는 심령을 주시고 또 우리를 보호하고 보존하시겠다는 뜻이다.

이것은 결국 우리를 지키고 보호하시는 분은 우리 안에 계신 주님의 영이라는 말이며, 우리 자신은 스스로를 지키고 보존할 수 없음을 말하는 것이기도 하다.

주님은 또한 이러한 시험을 "장차 온 세상에 임하여 땅에 거하는 자들을 시험할 때라"라고 한다.

여기서 우리는 한 가지 중요한 사실을 발견한다. 주님에게는 이 세상에 사는 자들을 한 가지로 보는 것이 아니고 '땅에 거하는 자들'과 '하늘에 거하는 자들'로 나누고 있다는 것이다.

계시록에는 이것에 대하여 잘 말씀하고 있다. 먼저 6장 10절에는 다섯 번째 인을 떼는 장면에서 죽음을 당한 영혼들이 하늘에서 하나님께 신원하면서 "큰 소리로 불러 가로되 거룩하고 참되신 대주재여 땅에 거하는 자들을 심판하여 우리 피를 신원하여 주지 아니하시기를 어느 때까지 하시려나이까 하니"라고 말씀하고 있고, 8장 13절은 "내가 또 보고 들으니 공중에 날아가는 독수리가 큰 소리로 이르되 땅에 거하는 자들에게 화, 화, 화가 있으리로다 이외에도 세 천사의 불 나팔소리를 인함이로다 하더라"라고 말씀한다.

또한 요한계시록 11장 10절은 "이 두 선지자가 땅에 거하는 자들을 괴롭게 한고로 땅에 거하는 자들이 저희의 죽음을 즐거워하고 기뻐하여 서로 예물을 보내리라 하더라"라고 하고 있으며, 계시록 13장 12절은 "저가 먼저 나온 짐승의 모든 권세를 그 앞에서 행하고 땅과 땅에 거하는 자들로 처음 짐승에게 경배하게 하니 곧 죽게 되었던 상처가 나은 자니라"라고 기록한다.

계시록 17장에도 "땅에 거하는 자들로서 창세 이후로 생명책에 녹명되지 못한 자들이 이전에 있었다가 시방 없으나 장차 나올 짐승을 보고 기이히 여기리라"(계 17:8)라고 한다.

이와 같이 계시록은 주님께서 땅에 거하는 자들을 집중적으로 말씀하고 있으며, 이들에게 '심판해 달라, 화가 있을 것이다, 짐승에게 경배할 것이다, 생명책에 녹명되지 못한 자들' 등을 선언하고 있다.

반대로 하늘에 거하는 자들에 대하여는 "그러므로 하늘과 그 가운데 거하는 자들은 즐거워하라 그러나 땅과 바다는 화 있을진저 이는 마귀가 자기의 때가 얼마 못된 줄을 알므로 크게 분내어 너희에게 내려갔음이라 하더라"(계 12:12)라고 말씀하고 있다.

주님은 분명하게 땅에 거하는 자들과 하늘과 그 가운데 거하는 자들을 분리시키고 계신다. 이들에게 다가올 일들은 완전하게 상반된다.

그러면서 여기서 시험, 곧 앞으로 다가올 환난의 시험은 땅에 거하는 자들에게 내려질 것을 말씀하고 있다.

그렇다면 땅에 거하는 자들은 믿음을 갖지 않은 세상 사람들을 말하는 것일까? 물론 믿음이 없고 예수 그리스도를 받아들이지 않는 자들일 수도 있다. 그러나 성경 특히 계시록이 말씀하는 땅에 거하는 자들은 믿음을 가진 자들, 곧 예수 그리스도를 영접하고 믿음과 신앙 안에 있다고 스스로 생각하는 종들과 성도들이고 이들을 향해 기록한 말씀이 계시록이다.

계시록에서는 할례 받은 정통 유대인이면서도 예수 그리스도를 영접치 않고 오직 모세의 율법만을 믿고 살아가는 자들을 자칭 유대인들이라고 하듯이, 예수 그리스도를 영접하고도 하나님의 나라와 주님의 재림에 대한 관심이 없이 오직 세상과 자신만을 위하여 살아가는, 그래서 땅에 모든 목적을 두고 살아가는 이방인 교회의 백성들을 '자칭 성도요 또한 자칭 그리스도인이요'라고 하며 이들을 '땅에 거하는 자들'이라고 말씀하고 있다.

주님은 이와 같은 자들을 시험하여 환난 가운데 던진다고 하신다. 이들은 말씀으로 준비되지 못한 자들이며, 마태복음 25장에서 말씀하는 미련한 다섯 처녀와 같이 꺼져 가는 등불을 켜고 있을 뿐 그릇에 기름을 준비하지 못한 자들이기 때문이다.

빌라델비아 교회는 이러한 시험이 이미 시작된 교회로 이 시험은 주님이 재림하시기 전까지 더욱 강력하게 진행될 것이다.

이는 "땅과 바다는 화 있을진저 이는 마귀가 자기의 때가 얼마 못 된 줄을 알므로 크게 분내어 너희에게 내려갔음이라 하더라"(계 12:12)라고 하며, "용이 자기가 땅으로 내어쫓긴 것을 보고 남자를 낳은 여자를 핍박하는지라"(계 12:13), 또한 "여자의 뒤에서 뱀이 그 입으로 물을 강같이 토하여 여자를 물에 떠내려 가게 하려 하되"(계 12:15)라고 기록하고 있기 때문이다.

사단 마귀의 세력들은 이제 남은 시간이 얼마 없다는 사실을 알고 있어 여자라는 교회를 집중적으로 핍박하며 공격할 것이다. 특히 교회를 향한 잘못된 비진리, 곧 새로운 신학사상과 프로그램, 그리고 예배와 찬양 속에 수많은 세속적이고 우상적이며 사단적인 것들을 뱀이 강같이 물을 토해 내듯 쏟아낼 것을 말씀으로 예고한다.

그래서 마태복음 24장 24절은 "거짓 그리스도들과 거짓 선지자들이 일어나 큰 표적과 기사를 보이어 할 수만 있으면 택하신 자들도 미혹하게 하리라"라고 말씀하는 것이다.

계시록 13장 8-10절에는 "죽임을 당한 어린양의 생명책에 창세 이후로 녹명되지 못하고 이 땅에 사는 자들은 다 짐승에게 경배하리라 누구든지 귀가 있거든 들을지어다 사로잡는 자는 사로잡힐 것이요 칼로 죽이는 자는 자기도 마땅히 칼에 죽으리니 성도들의 인내와 믿음이 여기 있느니라"라고 하신다.

이 시험의 때, 곧 환난의 때는 창세 이후로 어린양의 생명책에 녹명되지 못하고 이 땅에 사는 자들은 당연히 짐승에게 경배할 것이다.

그러나 성도들은 짐승에게 경배하지 않기 위해서 죽음을 무릅쓰는 인내와 믿음이 필요하다. 다니엘서에서 느부갓네살의 금신상에 절하지 아니하고 죽으면 죽으리라는 믿음과 신앙을 가진 사드락과 메삭과 아벳느고를, 주님은 극렬히 타는 풀무 가운데서 살리셨다. 이들처럼 주님을 신뢰하는 담대한 인내와 믿음이 필요한 때이다.

4. 면류관

> **계 3:11** 내가 속히 임하리니 네가 가진 것을 굳게 잡아 아무나 네 면류관을 빼앗지 못하게 하라

주님은 "아무나 네 면류관을 빼앗지 못하게 하라"라고 명하고 있다.

우리는 면류관 하면 올림픽에서 우승한 사람에게 주어지는 면류관을 상상하기 쉽다. 금으로 만들어져 머리에 쓰는 왕관 같은 것으로 생각할 수 있다. 이 면류관은 세상에서 주어지는 것이 아니고 하나님이 이기는 자에게 주시는 하늘의 상이다.

원래 '면류관'은 '스테파노스'(στέφανος)라고 하는데 '에워싸다'라는 뜻에서 유래한 단어로 '둘러싸여 있는 것, 왕관, 자랑이요 명예'라는 의미이다.

세상에서도 자랑스럽고 명예스러운 일을 행한 사람 주변에는 그를 보고자 하는 사람들이 에워싸며 둘러싸는 것이 일반이다. 만약에 사람들에게 존경받는 대통령으로 당선되면 그 주변에는 그를 둘러싸고 지키며 보호하는 자들이 있을 것이고, 그가 가는 곳마다 사람들이 둘러싸고 환영하는 것을 본다.

하나님의 면류관도 이와 같은 의미로 생각하면 된다. 히브리서 1장 14절의 "모든 천사들은 부리는 영으로서 구원 얻을 후사들을 위하여 섬기라고 보내심이 아니뇨"라는 말씀처럼 바로 천사들에 둘러싸여 있다는 의미로 받아들여야 할 것이다.

계시록 4장 10절에 "이십사 장로들이 보좌에 앉으신 이 앞에 엎드려 세세토록 사시는 이에게 경배하고 자기의 면류관을 보좌 앞에 던지며 가로되"라는 말씀이 있다.

여기서 보좌 앞에 던진 면류관이 금면류관이라면 이는 뭔가 크게 잘못된 일이며 하나님 앞에서 있을 수 없는 불손한 행동이다.

여기서 '던지며'라는 말은 '발로'(βάλλω)라 하여 '던지다, 뿌리다, 두다, 쏟다, 놓다, 몰아치다, 퍼붓다'라는 의미로 사용된다. 이것은 영적으로 이십사 장로들이 자신들의 마음을 '던지고 뿌리며 쏟아 놓는다'라는 의미로 해석해야 한다.

즉 면류관이 의미하는 자랑과 명예, 곧 자신을 둘러싸고 있는 모든 것들을 하나님 보좌 앞에 내려놓으며 모든 공로를 하나님에게 돌린다는 뜻으로 해석하면 된다.

그뿐만 아니라 면류관은 원래 머리에 쓰는 것이고 교회의 머리 되신 분은 예수 그리스도이기 때문에 "이십사 장로들이 흰 옷을 입고 머리에 금면류관을 쓰고 앉았더라"(계 4:4)라는 말씀은 영적으로 예수 그리스도께서 자신들의 머리가 된 것을 의미하는 말씀이기도 하다.

"네 면류관을 빼앗지 못하게 하라"는 말씀이 중요하다.

이는 '네가 가진 면류관을 빼앗길 수도 있다'라는 말로 매우 심각하게 받아들여야 한다. 마태복음 11장에서 "천국은 침노를 당하나니 침노하는 자는 빼앗느니라"(마 11:12)라고 경고하듯이 주님은 '네가 가진 것을 굳게 잡으라'고 하신다.

'네가 가진 것을 굳게 잡아야 할 것'은 인내의 말씀이다. 거짓 그리스도들과 거짓 선지자들의 미혹이 관영한 세상에서 끝까지 진리를 붙잡으라는 것이다.

창세기 27장은 야곱이 에서의 장자권을 빼앗는 말씀이 기록되어 있다. 우리는 원래 이방인으로서 장자의 명분을 가질 수 없는 자들이지만 야곱이 에서의 장자권을 취하는 과정을 통하여 하나님은 우리도 하나님 나라의 장자가 될 수 있음을 말씀하고 있다.

하나님 나라의 장자권은 세상의 장자권과는 달리 침노함으로 빼앗을 수 있다는 것이다. 요셉이 애굽 여인을 통하여 애굽 땅에서 낳은 에브라임과 므낫세가 이스라엘의 열두 지파 속에 포함되는 것, 에브라임이 이스라엘의 장자로 인정받는 것 등은 모두가 세상의 법으로는 도저히 상상할 수 없는 하나님 나라의 법이다.

이와 같이 면류관 또한 다른 사람에 의하여 빼앗길 수 있다는 사실은, 내가 속히 오리라고 말씀하며 주님의 재림을 알리는 종말의 시간을 살아가고 있는 지금 우리가 얼마나 인내의 말씀을 굳게 지켜야만 하는지를 보여 주는 중요한 경고로 받아들여야 할 것이다.

5. 하나님 성전의 기둥

계 3:12 이기는 자는 내 하나님 성전에 기둥이 되게 하리니 그가 결코 다시 나가지 아니하리라 내가 하나님의 이름과 하나님의 성 곧 하늘에서 내 하나님께로부터 내려오는 새 예루살렘의 이름과 나의 새 이름을 그이 위에 기록하리라

주님은 빌라델비아 교회의 사자에게 "이기는 자는 내 하나님 성전에 기둥이 되게 하리니 그가 결코 다시 나가지 아니하리라"라고 말씀한다.

성전은 주님의 몸이다. 계시록 21장 22절은 "성안에 성전을 내가 보지 못하였으니 이는 주 하나님 곧 전능하신 이와 및 어린양이 그 성전이심이라"라고 말씀한다.

또한 고린도전서 6장 19절에서는 "너희 몸은 너희가 하나님께로부터 받은바 너희 가운데 계신 성령의 전인 줄을 알지 못하느냐 너희는 너희의 것이 아니라"라고 말씀한다.

우리 자신의 몸이 하나님의 성령의 전이고, 그러한 우리 자신들이 모여서 어린양이신 예수 그리스도의 몸을 이루고 있다. 고린도전서 3장 16-17절에도 "너희가 하나님의 성전인 것과 하나님의 성령이 너희 안에 거하시는 것을 알지 못하느뇨 누구든지 하나님의 성전을 더럽히면 하나님이 그 사람을 멸하시리라 하나님의 성전은 거룩하니 너희도 그러하니라"라고 말씀하고 있다.

하나님은 우리가 이 땅에 사는 동안 우리를 성전으로 삼으시고 그 안에 거하신다고 하며, 우리 각자의 작은 성전들이 모여서 예수 그리스도의 몸인 교회라는 성전을 만든다고 하신다. 바로 이것이 이 땅에 있는 교회와 성전의 진정한 의미이다.

그러므로 주님은 눈에 보이는 건물 교회를 성전이 아니라 우리

안에 성령으로 거하시는 심령의 성전을 진정한 교회라고 부르는 것이다.

"성전의 기둥이 되게 하리니"에서 '기둥'이란 말은 '스튈로스'(στῦλος)라 하고 '기둥, 지주, 교회의 기둥, 참된 교리의 기둥'을 의미한다. 이것은 단순한 건물의 기둥이 아니라 하나님의 말씀으로 세워진 참된 진리의 기둥이며 교회의 기둥이라는 뜻이다.

주님이 빌라델비아 교회의 환경 속에서 인내의 말씀을 지키며 승리하며 이긴 자에게 하나님의 성전의 기둥이 되게 하겠다는 말씀은 예수 그리스도의 몸 된 성전에서 말씀의 기둥이요 진리의 기둥으로 세우시겠다는 의미이다.

주님의 몸 된 성전에 기둥으로서 교회를 유지하게 하는 가장 중요한 것은 말씀이다. 이것은 계시록의 사도 요한이 "자기의 본 것을 다 증거하였느니라"(계 1:2)라고 하여, 하나님의 말씀과 예수 그리스도의 증거이다.

우리가 집을 지을 때 기둥이 약하거나 기둥을 잘못 세우면 그 집은 무너지므로 기둥은 굵고 단단한 것으로 정확한 위치에 세운다. 하나님의 성전에도 기둥의 역할을 하기 위해서는 그 어느 재목보다도 중요하며 또한 단단하며 굵고 강한 재목이 필요하다. 바로 인내의 말씀을 지키며 승리한 이긴 자이다.

또한 그 집이 세워져 있는 한 기둥은 영원히 그 집과 함께하듯, 영원한 하나님의 성전에 기둥이 된 자는 "결코 다시 나가지 아니하리라"(계 3:12)라고 말씀하신다.

6. 새 예루살렘의 이름과 나의 새 이름

> **계 3:12** 이기는 자는 내 하나님 성전에 기둥이 되게 하리니 그가 결코 다시 나가지 아니하리라 내가 하나님의 이름과 하나님의 성 곧 하늘에서 내 하나님께로부터 내려오는 새 예루살렘의 이름과 나의 새 이름을 그이 위에 기록하리라

계시록 21장은 새 하늘과 새 땅이 등장하며 처음 하늘과 처음 땅이 없어졌다고 한다. 이 말은 하나님이 창세기 1장에서 창조하신 세계, 곧 처음 하늘과 처음 땅이 없어졌다는 것은 아니다. 만약 처음 하늘과 처음 땅이 없어진다면 지구는 사라지는 것이고 우주에 큰 괴변이 발생할 것이다.

하나님의 말씀은 항상 영의 말씀이라는 것을 생각해야 한다. 사람은 하나님의 형상으로 만들었기 때문에 하나님의 영을 담는 그릇이고, 하나님의 영이 그 그릇 안에 담겨 있을 때 평안과 안식이 온다. 하나님이 사람을 만드실 때부터 하나님과 사람이 하나가 되도록 만드신 것이다.

그러나 범죄 후에 사단이 그 그릇 안에 들어갔기 때문에 사람은 평안과 안식을 잃어버리고 혼돈과 불안과 근심과 걱정 등으로 가득 차게 되었다. 그러므로 처음 하늘은 하나님의 영이 들어오도록 만들어진 우리 심령의 자리에 사단이 대신 들어가 앉으므로 타락되고 변질된 사람의 마음의 자리를 말하는 것이다. 처음 땅도 그런 타락된 마음을 담고 있는 그릇으로서 가시덩굴과 엉겅퀴를 낼 수밖에 없는 사람의 육체를 말한다.

하나님이 사람을 만드실 때 하나님은 사람과 함께 거하시며 아버지와 아들로 하나 되어 살아가기를 원하셨다. 그러나 사단의 미혹에 넘어간 사람의 범죄와 타락으로 거룩하신 하나님이 죄악으로 더러워진 사람 안에 함께 거하실 수 없게 되었다.

이 문제를 해결하기 위하여 바로 하나님 자신이 육신을 입고 사람의 모습으로 이 세상에 오시어 십자가를 지셨다. 이렇게 사람의 죄악의 문제를 끝내고 부활하시므로 모든 것을 원상으로 돌리고자 하신 것이다.

하나님이 행하신 이와 같은 일을 믿고 주님을 영접하며 따르는 자들을 우리는 '믿음의 자녀'라고 부르며 의롭다고 부른다.

그러므로 계시록 21장의 새 하늘과 새 땅은 예수 그리스도를 통하여 모든 죄악의 대속을 받고 믿음으로 주님을 따르므로 거룩하신 하나님의 영이 그 안에 함께 거하게 된 자들을 말한다.

계시록 21장 3절은 이것에 대하여 "내가 들으니 보좌에서 큰 음성이 나서 가로되 보라 하나님의 장막이 사람들과 함께 있으매 하나님이 저희와 함께 거하시리니 저희는 하나님의 백성이 되고 하나님은 친히 저희와 함께 계셔서"라고 한다.

한편 범죄했던 처음 하늘과 처음 땅이 고통과 눈물과 슬픔과 사망의 시간이었다면, 이제 새 하늘과 새 땅이 된 사람들에게 주님은 "모든 눈물을 그 눈에서 씻기시매 다시 사망이 없고 애통하는 것이나 곡하는 것이나 아픈 것이 다시 있지 아니하리니 처음 것들이 다 지나갔음이러라"(계 21:4)라고 말씀하신다. 평안과 안식, 그리고 기쁨과 행복과 희락의 시간이 된 것이다.

새 예루살렘은 바로 이렇게 변화된 사람들이 모여 사는 새로운 도성이다. 이 성의 이름을 거룩한 성 예루살렘 또는 하늘의 시온성이라고 한다. 히브리서 12장 22절에서는 이 성에 대하여 "그러나 너희가 이른 곳은 시온산과 살아 계신 하나님의 도성인 하늘의 예루살렘과 천만 천사와"라고 하고 있다.

한편 주님은 이 성이 하늘로부터 내려올 것을 말씀하며, 이 성을 어린양의 아내인 신부라고 부르신다. 계시록 21장 2절은 "또 내가 보매 거룩한 성 새 예루살렘이 하나님께로부터 하늘에서 내려오니 그 예비한 것이 신부가 남편을 위하여 단장한 것 같더라"라고 하고 있으며, 계시록 21장 9-10절에는 "일곱 대접을 가지고 마지막 일곱 재앙을 담은 일곱 천사 중 하나가 나아와서 내게 말하여 가로되 이리 오라 내가 신부 곧 어린양의 아내를 네게 보이리라 하고 성령으로 나를 데리고 크고 높은 산으로 올라가 하나님께로부터 하늘에서 내려오는 거룩한 성 예루살렘을 보이니"라고 한다.

곧 어린양의 아내가 하늘에서 내려오는 거룩한 성 예루살렘이라는 것이다.

이스라엘의 예루살렘 성은 돌로 지어져 있지만 하늘에서 내려오는 새 예루살렘, 곧 어린양의 신부는 인내의 말씀으로 이겨 낸 자들, 그러므로 주님의 신부가 된 자들로 만들어져 있다는 것이다.

신랑과 신부는 한 몸이 되듯이 이긴 자들은 어린양의 신부다. "우리는 그 몸의 지체임이니라"(엡 5:30)라는 말씀처럼 어린양이신 예수 그리스도와 새 예루살렘이 된 신부들은 영원히 주님과 한 몸이 된 것이다.

교회의 머리이신 예수 그리스도는 그 지체인 신부들, 곧 교회들과 하나로 연결되어 큰 성을 이루게 될 것인데 이 성이 바로 거룩한 성 새 예루살렘이다. 물론 이것은 모든 종말의 역사가 끝나고 주님의 재림 후에 있을 영적인 세계의 모습으로 천년 왕국에서 완성될 것이다.

"새 예루살렘의 이름과 나의 새 이름을 그이 위에 기록하리라"(계 3:12)라고 한다.

여기서 말씀하는 이름은 무슨 이름인가? '이름'은 '오노마'(ὄνομα)라고 하여 '이름, 권위, 대의명분'을 가리키는 단어이다. 우리가 신부가 되기 전에 이 세상에서 살아갈 때는 각자의 이름이 있어 자신을 대외적으로 나타내며 그 이름에 의하여 신분이 결정된다.

그러나 주님의 신부가 되어 이제는 예수 그리스도와 한 몸이 된 자들은 각자의 이름이 필요없고 오직 어린양의 신부라는 이름, 멜기세덱의 반차를 좇는 자들로 멜기세덱이라는 이름을 갖게 될 것이다. 구약의 하나님의 성전에서 일하는 자들을 특별히 레위인이라고 불렀듯이 이제 주님 자신이 영원한 멜기세덱의 대제사장이 되었기 때문에 그와 함께 있는 자들, 곧 한 몸 된 자들이 멜기세덱으로 불리는 것은 당연하다.

[표24]

새 예루살렘(=신부)	나의 새 이름
* 하늘에서 하나님께로부터 내려옴 * 각 교회(신부)의 지체들로 구성 * 예수 그리스도인 머리와 한 몸으로 연결 * 인내의 말씀으로 이긴 자들	* 어린양의 신부로서의 이름 * 영원히 하나님의 성전에서 불릴 이름 멜기세덱(구약의 레위인) * 멜기세덱의 대제사장인 예수 그리스도 위에 기록됨(멜기세덱의 반차)

VII.

라오디게아 교회

(The Church in Laodicea)

계 3:14 라오디게아 교회의 사자에게 편지하기를 아멘이시요 충성되고 참된 증인이시요 하나님의 창조의 근본이신 이가 가라사대

⬇

계 3:22 귀 있는 자는 성령이 교회들에게 하시는 말씀을 들을지어다

라오디게아 교회는 주님이 말씀하신 일곱 교회 중 마지막 교회이다. 시대적으로는 A.D. 1929년 라테란 조약으로 죽었던 로마 가톨릭이 되살아나는 때로부터 주님이 재림하시기 전까지의 시기로, 교회를 향한 사단의 미혹과 공격이 최고조에 달하는 때이다.

이 시대는 제1·2차 세계대전과 함께 UN과 같은 거대한 국제기구들의 탄생하여 세계가 하나의 정치적·경제적 공동체로 글로벌(Global) 시대를 향하여 나아가므로 수면 아래 있던 어둠의 세상정부가 점점 수면 위로 올라오면서 적그리스도의 몸체를 만들어 가는 시기이다.

종교적으로도 1948년 네델란드 암스테르담에서 출발한 WCC(세계

교회협의회)를 통해서 세계 종교가 하나로 통합되는 국제기구가 탄생하였고, 또한 1948년 5월 14일 이스라엘의 정치적 독립은 종말의 성경 말씀이 성취되는 위대한 사건이다. 이런 사실로 미루어 볼 때 주님이 문 앞에서 두드리는 마지막 때를 알리는 결정적 시기라 할 수 있다.

라오디게아의 뜻은 '백성을 심판한다'라는 의미로 세상의 물질적 풍요와 함께 주님을 향한 믿음과 신앙이 미지근해진 백성을 심판한다는 경고의 의미로 해석해야 할 것이다.

지리적으로 라오디게아는 히에라폴리스로부터 오는 뜨거운 온천수와 골로새로부터 오는 찬물이 만나는 지역으로 당연히 미지근한 물이 될 수밖에 없는 환경을 갖고 있다. 그러나 본 절에서는 영적인 것으로 주님의 재림이 가까이 다가온 마지막 교회임에도 세상이 가져다준 풍요와 부유함 때문에 하나님의 필요성과 중요성이 사라지고, 교회 모임도 습관적이며 의례적인 종교적 모임으로 바뀐 상태라서 미지근하다고 표현하고 있다.

구약에서도 이스라엘 백성들은 풍요 속에서 오히려 하나님을 멀리했다는 기록이 있다. 신명기 32장 13-15절은 "여호와께서 그로 땅의 높은 곳을 타고 다니게 하시며 밭의 소산을 먹게 하시며 반석에서 꿀을, 굳은 반석에서 기름을 빨게 하시며 소의 젖 기름과 양의 젖과 어린 양의 기름과 바산 소산의 숫양과 염소와 지극히 아름다운 밀을 먹이시며 또 포도즙의 붉은 술을 마시우셨도다 그러한데 여수룬이 살찌매 발로 찼도다 네가 살찌고 부대하고 윤택하매 자기를 지으신 하나님을 버리며 자기를 구원하신 반석을 경홀히 여겼도다"라고 한다.

이러한 부요함과 풍요로 인해서 나타나는 현상이 있다. 신명기 32

장 17절에서는 그것을 "그들은 하나님께 제사하지 아니하고 마귀에게 하였으니 곧 그들의 알지 못하던 신, 근래에 일어난 새 신, 너희 열조의 두려워하지 않던 것들이로다"라면서 자신도 모르게 우상을 섬긴다고 했다.

과학과 진화론을 등장시켜서 우리를 창조하신 이는 여호와 하나님 곧 예수 그리스도가 아니라면서 하나님의 창조 섭리를 부인하게 하고 약화시키어 믿음과 신앙의 길로부터 멀어지게 하는 것을 현대의 교육에서 발견할 수 있다.

라오디게아 교회의 시대는 학문과 지식이 고도로 발달된 시대다. 그래서 수없이 많은 다양한 문화와의 접촉, 인터넷이나 무선 전화기 등의 새로운 문명의 기기들에 의해 이성과 사고가 변화하여, 하나님이 아닌 '근래 일어난 새 신'에게 제사를 드리는 시대인 것을 우리 모두는 인정하고 있다.

오히려 이제는 과학이 신을 만들어 내는 시대로 하나님은 오래된 퇴물이 되어 사람들의 등 뒤로 내동댕이쳐진 귀찮은 존재가 되어 버렸다.

교회 안에서도 "나는 부자라 부요하여 부족한 것이 없다"(계 3:17)라고 한다. 물론 물질적인 부자를 말하는 것이기도 하지만 사실은 영적으로 부자라는 것이다. '부자'라는 말은 '플루시오스'(πλούσιος)라고 하여 '부유한, 풍부한, 넉넉한, 부자'를 뜻하는 단어이다.

물질적으로 현대 교회들이 부자의 교회들인 것은 부인할 수 없는 사실이지만, 여기서 부자라는 의미는 예전에는 상상할 수 없었던 하나님의 말씀과 신학 그리고 예배와 전도를 위한 갖가지의 풍성한 프로그램들이 넘쳐나고 있다는 것이다.

이제는 멀리 찾아가지 않아도 인터넷이나 전화기 속에서 얼마든지 멀리 떨어진 곳에서 하는 설교를 들을 수 있고, 성경에서 궁금한 것들을 검색하여 찾을 수 있다. 그래서 자기 스스로도 얼마든지 하나님을 만날 수 있고 예배드릴 수 있다고 생각하는 시대이기 때문이다.

바로 이러한 환경이 라오디게아 교회의 시대이기 때문에 "나는 부자라"라고 말하고 있는 것이다.

그러나 주님은 이러한 풍성한 환경 속에 있는 라오디게아 교회를 "네 곤고한 것과 가련한 것과 가난한 것과 눈먼 것과 벌거벗은 것을 알지 못하도다"(계 3:17)라고 책망하신다.

여기서 '곤고하다'라는 말은 '탈라이포로스'(ταλαίπωρος)라고 하여 '심한 고난을 겪는, 비참한, 고생하는, 불쌍한'이란 뜻이며, '참다, 겪다, 무릎쓰다, 저울, 무게, 달란트'라는 뜻의 단어 '달란톤'(τάλαντον)에서 유래된 말이다.

주님이 보시기에 곤고하다는 것은 삶이 비참하고 고생스러워 고난을 겪는 것을 말하는 것이 아니다. 주님께서 말씀의 저울에 달아보니 한참 부족하고 모자라므로 고생하는 모습이 불쌍하다는 것을 의미하는 것이다.

또한 '가련하다'라는 말은 '엘레에이노스'(ἐλεεινός)라 하여 '측은한, 동정을 느끼다, 가련한'이란 뜻으로, 주님이 이런 상황에 동정을 느끼듯이 측은하게 여긴다는 말이다.

그러면 이러한 상황이 왜 발생하는 것일까?

주님은 라오디게아 교회의 이러한 현실에 동정을 느끼고 측은하게 여기고 있다. 왜냐하면 우리가 사는 이 시대의 교회들에게 성경의 지식과 말씀들이 넘쳐나고 있지만, 주님이 보시기에는 그것들이 사단의 미혹에 의하여 하나님의 백성들을 사냥하기 위한 덫이고 올무이기 때문이다. 오히려 세상의 수많은 말씀과 지식에 속고 있는 백성들을 측은히 여기고 있다는 주님의 표현이다.

또한 주님은 눈이 멀고 벌거벗었다는 말씀을 한다. 영의 세계, 곧 하나님의 세계를 볼 수 있는 눈이 멀었다는 것이며, 한편 그리스도인으로서 말씀의 옷과 의의 옷을 입어야 하는데 영적으로 벌거벗었다고 말씀한다.

여기서 '눈이 멀었다'라는 말은 '튀플로스'(τυφλός)라고 하여 '눈먼, 장님의, 영적으로 눈 먼' 등의 뜻으로 사용된다. 이 말은 '연기가 있게 하다, 연막을 치다, 연기를 내다, 흐리게 하다, 어둡게 하다, 잘난 체하다'라는 뜻의 '튀포오'(τυφόω)에서 유래된 말이다.

그렇다면 결국 누군가가 연막을 치고 연기를 뿜고 어둡게 하므로 영적으로 눈이 멀게 되었다는 이야기다. 이것은 사단이 거짓 종들을 사용하여 또한 잘못된 설교와 신학을 이용하여 라오디게아 교회의 성도들의 눈을 멀게 하고 그리스도의 의의 옷인 말씀의 옷을 입지 못하게 하므로 벌게벗게 했다는 말이다.

그러므로 우리는 마가복음 4장 23-25절의 말씀 "들을 귀 있는 자는 들으라 또 가라사대 너희가 무엇을 듣는가 스스로 삼가라 너희의 헤아리는 그 헤아림으로 너희가 헤아림을 받을 것이요 또 더 받으리니 있는 자는 받을 것이요 없는 자는 그 있는 것까지 빼앗기리라"는 말씀에 귀를 기울여야 한다.

"하나님의 나라는 사람이 씨를 땅에 뿌림과 같으니"(막 4:26)라는 말씀처럼 우리는 씨를 뿌리는 자로서 먼저 그 밭을 깨끗하게 정돈해야 한다. 뿌린 씨가 잘 자랄 수 있도록 돌과 나무뿌리 등을 제거하여 좋은 땅을 만드는 것이 우선해야 할 일이다.

그러나 사단에 의한 거짓 종들은 돌밭과 가시덩굴 밭 그리고 길가 밭에 상관하지 않고 눈에 보기에 좋은 것들로 씨를 뿌린다. 그래서 그 속에서 뿌리와 돌들이 엉기고 섞여서 이제는 더 이상 밭갈이를 할 수 없는 악한 밭으로 만든다.

지금 우리가 살아가는 세상이 바로 라오디게아 교회로 하나님의 말씀이 부자가 되어 넘쳐나지만 우리가 진리를 바라보고 깨닫지 못하게 하려고 사단이 연기와 연막을 뿌렸다는 사실을 깨달아야 한다.

주님은 이러한 사단의 미혹에 영적으로 쓰러져 가는 라오디게아 교회에게 치료의 방법을 주셨다. 불로 연단한 금을 사라고 하며 흰옷을 사서 입으라 하고 안약을 사서 발라 보게 하라고 하신다.

1. 불로 연단한 금

> **계 3:18** 내가 너를 권하노니 내게서 불로 연단한 금을 사서 부요하게 하고 흰옷을 사서 입어 벌거벗은 수치를 보이지 않게 하고 안약을 사서 눈에 발라 보게 하라

주님은 "내게서 불로 연단한 금을 사서 부요하게 하고"라고 하신다.

주님의 말씀을 정금 같은 말씀이라고 한다. 욥은 자신이 받는 고난 속에서 단련한 후에는 정금같이 나올 것을 말하고 있다. 욥기 23

장 10-12절은 "나의 가는 길을 오직 그가 아시나니 그가 나를 단련하신 후에는 내가 정금같이 나오리라 내 발이 그의 걸음을 바로 따랐으며 내가 그의 길을 지켜 치우치지 아니하였고 내가 그의 입술의 명령을 어기지 아니하고 일정한 음식보다 그 입의 말씀을 귀히 여겼구나"라며 고백한다.

출애굽 시에 광야에서 성막을 만들 때는 성전에 모든 기구를 조각목으로 하고 그 위에 정금을 입히라고 한다. "정금으로 속죄소를 만들되 장이 이 규빗 반, 광이 일 규빗 반이 되게 하고"(출 25:17)라고 말씀하며, 또한 "너는 대접과 숟가락과 병과 붓는 잔을 만들되 정금으로 만들지며"(출 25:29)라고 한다.

정금은 예수 그리스도를 상징하는 것으로 성소 안의 모든 기물들이 예수 그리스도로 만들어진다는 것을 의미한다.

여기서 '연단'이라는 말은 '퓌로오'(πυρόω)로서 '불을 붙이다, 태우다, 자극하다, 불타다, 불같이 타다'라는 의미로 불속에서 타는 상태를 말한다. 돌 속에 섞여 있는 금도 정금이 되기 위해서는 불 속에서 녹아야 하듯이, 주님은 불 속에서 연단되어 나온 정금이시다.

그러므로 라오디게아 교회의 사자에게 "불로 연단한 금을 사서 부요하게 하고"라는 권고는 마태복음 13장 44-46절의 말씀과 같이 "천국은 마치 밭에 감추인 보화와 같으니 사람이 이를 발견한 후 숨겨 두고 기뻐하여 돌아가서 자기의 소유를 다 팔아 그 밭을 샀느니라 또 천국은 마치 좋은 진주를 구하는 장사와 같으니 극히 값진 진주 하나를 만나매 가서 자기의 소유를 다 팔아 그 진주를 샀느니라"는 말씀과 같은 것이다.

진정한 보화와 값진 진주를 발견한 사람 그리고 그 가치를 알고 있는 사람은 자기의 소유를 다 팔아 그것을 사는 것처럼, 천국은 보화와 진주와 같은 것이며 그것은 곧 정금이신 예수 그리스도를 말한다.

예수 그리스도가 우리 안에 있으면 우리는 부유해지고 행복해지며 자유와 평안과 안식이 있다.

지금은 주님이 문 앞에 서서 문을 두드리는 시간이다. 지금은 세상의 보화나 진주가 아닌 오직 예수 그리스도를 사야만 하는 시간임을 깨달아야 한다.

2. 흰옷을 사서 입으라

> **계 3:18** 내가 너를 권하노니 내게서 불로 연단한 금을 사서 부요하게 하고 흰옷을 사서 입어 벌거벗은 수치를 보이지 않게 하고 안약을 사서 눈에 발라 보게 하라

주님은 '연단한 금을 사고, 옷을 사고, 안약을 사고…'라고 하며 사야 한다는 것을 강조한다. '사다'라는 말은 '아고라조'(ἀγοράζω)라 하여 '시장에서 사다, 손에 넣다, 취득하다, 속량하다'라는 뜻이다.

마지막 주의 재림을 앞둔 시간에 우리에게 가장 중요한 것이 무엇인지를 알고 그것들을 사야 한다는 말씀이다.

산다고 하는 의미 안에는 먼저 내 것, 곧 세상적인 것들을 팔아야 하는 순서가 있다는 것이다. 하나님의 나라를 얻고 주님의 신부가 되기 위해서는 우선 세상의 것들을 팔아야 하는데, 이것을 팔아야 할 대상은 바로 사단이다.

왜냐하면 세상에 속한 것, 육신에 속한 것, 지금까지 나의 삶을 풍요롭게 했던 모든 것들의 소유주는 사실 사단이다. 그러니 우리는 사단의 것을 다시금 사단에게 돌려주어야 한다는 것이다. 이런 것들이 사단에게 팔려 그 주인에게 돌아갔을 때 우리는 하나님의 것을 살 수 있게 된다. 세상의 것들은 돈을 주고 살 수 있지만 하나님 나라의 것들은 돈을 주고 사는 것이 아니고 주님이 은혜로 거져 주시는 것이기 때문이다.

주님이 라오디게아 교회의 사자에게 "흰옷을 사서 입고 벌거벗은 수치를 보이지 않게 하고"(계 3:18)라고 말씀하실 때 이 흰옷은 세상이 주는 옷이 아니라 주님이 입혀 주시는 옷이다.

계시록 7장 9절에는 "이 일 후에 내가 보니 각 나라와 족속과 백성과 방언에서 아무라도 능히 셀 수 없는 큰 무리가 흰옷을 입고 손에 종려 가지를 들고 보좌 앞과 어린양 앞에 서서"라고 한다.

또한 이들이 누구인가에 대하여 계시록 7장 14절에서는 "내가 가로되 내 주여 당신이 알리이다 하니 그가 나더러 이르되 이는 큰 환난에서 나오는 자들인데 어린양의 피에 그 옷을 씻어 희게 하였느니라"라고 말씀한다.

여기서 흰옷을 입은 자들은 큰 환난을 통과하고 나오는 자들이다. 곧 주님이 십자가에서 우리를 위하여 흘리신 대속의 피, 속죄의 피, 속량의 피를 바른 자들이라는 말이다.

마지막 큰 환난(The Great Tribulation)을 통과하기 위하여는 십자가의 피가 절대적으로 필요하다. 예수 그리스도의 피를 바른 자들만이 환난을 통과할 수 있기 때문이다.

창세기 6장 14절은 노아에게 방주를 지을 때 "너는 잣나무로 너를 위하여 방주를 짓되 그 안에 칸들을 막고 역청으로 그 안팎에 칠하라"라고 그 방법을 제시하고 있다.

역청을 안팎에 칠하라고 하는데 밖에 칠하는 역청과 안에 칠하는 역청은 다른 것이다. 역청은 나무와 나무 사이에 틈을 메꾸어 주어 물이 틈새로 들어오지 않게 하기 위한 것이다. 밖에 칠하는 역청은 '코페르'(כֹּפֶר)라고 하여 '속량과 속죄'를 의미한다. 여기서 말하는 '코페르'는 곧 예수 그리스도의 속죄의 피, 속량의 피를 말하며, 물이 밖에서 안으로 들어오지 못하게 하는 중요한 역할을 한다.

이것은 곧 세상의 사망의 물들이 밖에서 우리 안으로 들어오지 못하게 막는 역할과 기능을 한다는 말이다.

한편 방주 안에서 칠하는 역청은 '카파르'(כָּפַר)라 하여 율법에서는 '속죄하다'라는 의미이고 '코페르'(כֹּפֶר)는 '카파르'에서 유래한 단어이다. 이것의 영적인 의미를 살펴보자. 율법에서 말하는 '속죄하다'라는 의미의 '카파르'는 율법의 말씀이 제사를 통하여 안에 바르는 역청이라면 '코페르'는 예수 그리스도가 이 세상에 오시어 우리를 위하여 십자가를 지시고 흘리신 그 피를 직접 발라 주시는 역청으로 이해된다.

그러므로 율법에 짐승의 제사를 통하여 말씀으로 약속된 '카파르'가 주님이 직접 오시어 속죄의 피를 흘리시고 이 피를 '코페르'라는 역청으로 우리의 밖에 바르셨다는 의미이다. 흰옷을 입은 자들이란 바로 이 피를 안팎으로 바른 자들로, 안에는 '카파르'의 역청을 바르고, 밖에는 '코페르'의 역청을 바른 자들이라 할 것이다.

계시록 19장은 이 옷을 입은 자들을 "피 뿌린 옷을 입었는데"(계 19:13)라고 한다. 피 뿌린 옷은 결국 예수 그리스도의 보혈이 뿌려진 옷을 말하며, 피 뿌린 옷을 '하나님의 말씀'이라고 부른다.

그러므로 하나님의 말씀은 예수 그리스도의 피가 뿌려진 것으로 그 말씀 속에 우리의 죄를 대속하는 속죄가 있고, 우리에게 영원한 생명을 주고 구원하는 능력이 있다.

이와 같이 흰옷을 입은 자들은 예수 그리스도의 피 뿌린 옷, 곧 하나님의 말씀을 사서 안팎으로 바른 자들이다.

3. 안약을 사서 바르라

계 3:18 내가 너를 권하노니 내게서 불로 연단한 금을 사서 부요하게 하고 흰옷을 사서 입어 벌거벗은 수치를 보이지 않게 하고 안약을 사서 눈에 발라 보게 하라

라오디게아 교회 지역은 안약의 생산지로 유명하다.

주님이 안약을 사서 바르라고 하시는 말씀은 영적인 눈을 뜨라고 하시는 권고다. 사람에게는 두 가지의 눈이 있다. 하나는 세상을 보고 살아가는 육신의 눈이며, 다른 하나는 하나님의 세계를 보는 영의 눈이다.

마가복음 8장 22-26절에는 벳새다의 소경 이야기가 나온다. 사람들은 이 소경을 마을 안에서 주님에게 데리고 나오며 고쳐 달라고 한다. 그 소경을 데리고 나온 사람들 입장에서 자기들은 정상이고 이 소경은 병신이라는 것이다. 세상이 보는 관점과 하나님이 보시는 관점은 아주 다르다.

이사야 55장 8-9절은 "여호와의 말씀에 내 생각은 너희 생각과 다르며 내 길은 너희 길과 달라서 하늘이 땅보다 높음같이 내 길은 너희 길보다 높으며 내 생각은 너희 생각보다 높으니라"라고 말씀한다.

그러나 대부분의 사람들은 자신의 생각이 그리고 자기가 가는 길이 바르고 온전하다고 생각하며 상대방을 대한다.

지금 소경도 그들이 보기에는 고쳐야 할 질병을 가진 자이기 때문에 주님에게 소경을 데리고 나온 것이다.

그러나 주님은 이 소경의 손을 붙잡고 마을 밖으로 나가 그를 치료하신다. 사람의 중심을 보고 살피시는 주님의 눈에 이 소경은 하늘의 세계를 보고자 하는 마음으로 가득 찬 사람이었다.

세상은 이런 사람들을 볼 때, 곧 자신이 정상이라고 생각하는 사람들의 기준에서는 세상 물정을 모르고 관심이 없는 사람이니 병자로 인정한다. 그러나 주님이 보실 때 바로 이 소경은 하나님의 나라를 사모해서 하나님의 영적인 세계를 보고자 하는 마음을 가진 자였다. 그것을 아시는 주님은 그를 사람들이 없는 마을 밖으로 데리고 나가서 고치며 영적인 세계를 보여 주신다

그리고 주님은 그에게 "무엇이 보이느냐?"라고 물으신다. 그는 "나무 같은 것들의 걸어가는 것을 보나이다"(막 8:24)라고 하였다. 그리고 성경은 "저가 주목하여 보더니 나아서 만물을 밝히 보는지라"(막 8:25)라고 기록한다. 하나님이 창조한 세계의 비밀을 깨달았다고 하는 말이다.

여기서 '밝히 보는지라'는 '분명히 알아볼 정도의 가까운 거리에서 명료하게 관찰하고 눈여겨보며 생각하고 숙고한다'라는 뜻으로, 마음으로 생각하며 보는 영의 세계를 관찰하고 있음을 말한다.

주님은 영의 눈을 치료하러 오신 분이시다. 욥기 42장 5절의 “내가 주께 대하여 귀로 듣기만 하였삽더니 이제는 눈으로 주를 뵈옵나이다”라는 고백처럼 우리의 육신의 눈으로 인하여 볼 수 없었던 영의 세계를 안약을 발라 보게 하라는 것이다.

안약은 하나님의 말씀이다. 방주에 역청을 칠하듯이 우리의 마음의 눈에 역청, 곧 ‘카파르’와 ‘코페르’로 상징되는 예수 그리스도의 피를 뿌림으로 영의 눈이 열린다는 것을 말하고 있다.

[표25]

주님의 권고	라오디게아 교회(오늘의 교회)
* 불로 연단한 금을 사라 — 부요하게 하라 * 흰옷을 사라 — 수치를 면하게 하라 * 안약을 사라 — 보게 하라	➡ 정금이신 예수 그리스도의 말씀 ➡ 역청인 코페르와 카파르를 바르듯 예수 그리스도의 피뿌린 옷(말씀) ➡ 육신의 눈(죄악의 눈)을 예수 그리스도의 피(안약)로 씻어 영의 세계를 보게 함

4. 문밖에 서서 두드림

계 3:19 무릇 내가 사랑하는 자를 책망하여 징계하노니 그러므로 네가 열심을 내라 회개하라

계 3:20 볼지어다 내가 문밖에 서서 두드리노니 누구든지 내 음성을 듣고 문을 열면 내가 그에게로 들어가 그로 더불어 먹고 그는 나로 더불어 먹으리라

주님은 “내가 사랑하는 자를 책망하여 징계하노니”라고 하면서 열심을 내고 회개하라고 명하신다.

여기서 ‘책망’은 ‘엘렝코’(ἐλέγχω)라고 하여 ‘죄를 깨닫게 하다. 노출

시키다, 밝히 드러내다, 유죄를 선언하다, 책망, 논박하다, 꾸짖다'라는 뜻이다. 사랑하는 자가 무엇을 잘못했는지 그 실체를 드러내고 죄를 깨닫게 한다는 뜻이다.

또한 '징계'라는 말은 '파이듀오'(παιδεύω)로서 '아이를 훈련시키다, 훈육하다, 징계하다, 가르치다, 배우다, 교정하다, 채찍질하다'라는 뜻으로, 잘못된 것을 바로잡기 위하여 가르치고 훈육하며 교정하는 것을 의미한다.

이제는 주님이 문밖에 서서 두드리는 시간, 곧 마지막 종말의 시간으로 늦은 비가 내리는 때다. 그러므로 주님은 우리의 잘못된 것들을 바로잡고 고치기를 원하신다.

주님은 자신을 "나는 양의 문이라"(요 10:7)라고 말씀하신다. 그리고 요한복음 10장 9절에서는 "내가 문이니 누구든지 나로 말미암아 들어가면 구원을 얻고 또는 들어가며 나오며 꼴을 얻으리라"라고 하신다. 문밖에 서서 두드린다는 말은 종말론적인 말씀이다. 우리의 마음의 문 앞에 서서 두드린다는 것으로 우리가 문을 열면 그곳에 들어가 함께 먹고 마시겠다는 말이다.

우리 안에 들어오셔서 직접 하나님의 말씀을 가르치고 교훈하며 바른 길로 인도하시겠다는 말로 이제는 사람의 입에서 나오는 말이 아니라 주님의 성령이 직접 우리 안에 오셔서 아이를 훈련시키듯이 가르치며 인도하시겠다는 뜻이다. "너희가 사람의 미혹을 받지 않도록 주의하라"(마 24:4)라는 마지막 세상 끝에 있을 징조 때문이다.

그러므로 라오디게아 교회는 사람에게 배우고 가르침을 받는 시대가 아니고, 오직 성령의 가르침을 받아야 하는 시대이다.

대표적인 사례가 누가복음 13장 26절에 기록되어 있다. "그때에 너희가 말하되 우리는 주 앞에서 먹고 마셨으며 주는 또한 우리 길거리에서 가르치셨나이다 하나"라고 하며 자신들을 변호하고 있는 것을 본다. 주님은 이러한 자들을 향하여 "행악하는 모든 자들아 나를 떠나가라"(눅 13:27)라고 말씀하고 있는데도 그들 자신은 그 이유를 모르고 변명한다. 바로 이것이 라오디게아 교회 시대의 현상이다. 그러니 우리는 지금 우리가 어디서 먹고 마시며 또한 어디서 가르침을 받고 있는지를 알아야 한다.

주님은 우리 안에 들어와서 우리와 함께하시며, 우리는 주 안에서 먹고 마셔야 한다. 우리 자신 곧 사람이 만든 신앙과 믿음, 신학과 예배와 찬양의 길이 아니라 하나님이 성경에서 말씀하시는 신앙과 믿음의 길, 곧 주님의 길에서 가르침을 받아야 한다.

그러므로 주님 앞이 아닌 주님 안에서 먹고 마셔야 하고, 우리 길거리가 아니고 주님의 길거리에서 가르침을 받아야 한다.

이사야 4장 1절도 선지자를 통하여 앞으로의 교회가 어떻게 될 것인가를 예언하고 있다. "그날에 일곱 여자가 한 남자를 붙잡고 말하기를 우리가 우리 떡을 먹으며 우리 옷을 입으리니 오직 당신의 이름으로 우리를 칭하게 하여 우리로 수치를 면케 하라 하리라."

일곱 여자는 계시록에 나오는 일곱 교회를 말하는 것으로, 그날이라고 하는 종말의 시간에는 한 남자인 예수 그리스도에게 부끄러운 청을 하고 있는 장면을 보여 준다. 곧 우리가 우리 떡을 먹으며 우리 옷을 입는다고 하는 것이다.

마지막 종말의 교회는 우리가 만든 떡, 곧 인본적인 말씀과 도덕과 윤리의 말씀, 학문과 지식에 의한 말씀 등을 먹겠다는 것이다. 이러한 상황에서 당연히 예수 그리스도의 의의 옷과 말씀의 옷이 아니라 사람이 만든 그럴듯한 옷, 미혹의 옷들을 입을 것이라는 하나님의 예언이다.

그러면서도 "당신의 이름으로 우리를 칭하게 하여 우리로 수치를 면케 하라"는 부끄러운 청을 하고 있다. 속과 내용에는 하나님이 전혀 없고 사람의 것들로 가득 차 있음에도 불구하고 겉으로만 교회라는 하나님의 거룩한 이름으로 칭하게 해 달라는 것이다. 이렇게 회칠한 무덤과 같은 타락한 교회의 모습을 전형적으로 보여 준다.

여기서 우리는 주님이 문밖에 서서 두드리는 이유를 발견해야 한다. 문을 두드리는 것은 우리 안에 들어오셔서 우리의 잘못된 것을 바르게 훈육하고 가르치시어 주님의 신부로서 흠이 없고 정결한 신부로 만들기 위함이다.

주님은 라오디게아 교회와 같은 종말의 시간에는 마음의 문을 열고 주님을 받아들이는 사람과 함께 먹고 마시겠다고 하신다.

이것은 개인적인 것으로, 진정 주님의 말씀을 사모하고 주의 재림을 기다리며 신부로 준비되어야 할 하나님의 사람들을 향한 말씀으로 이해해야 한다. 신부는 신랑의 소리에 예민하며 항상 신랑의 음성이 들려오기를 기다리고 있기 때문이다.

주님은 "내 음성을 듣고 문을 열면"이라고 한다.

이 '음성'은 '포네'(φωνή)라 하여 '빛이 비치다'라는 말에서 유래되었으며 '소리, 목소리, 연설, 외침, 음성'의 뜻을 갖는다. 주님의 음성은 빛으로 오는 소리이며 외침이라는 뜻이다. 우리의 귀에 겉으로 들리는 음성이 아니라 우리의 마음 안에서 빛으로 들리는 소리라는 것이다.

이것에 대하여 베드로후서 1장 19절은 "또 우리에게 더 확실한 예언이 있어 어두운 데 비취는 등불과 같으니 날이 새어 샛별이 너희 마음에 떠오르기까지 너희가 이것을 주의하는 것이 가하니라라"라고 말씀한다. 우리의 마음에 샛별이 빛으로 떠오르기까지라고 했다. 곧 예수 그리스도께서 우리 안에 문을 두드리는 시간이다.

이런 시간이 되면 신부는 마음이 두근거리고 흥분되며 그 기쁨과 환희는 말로 표현하기 어려울 정도일 것이다. 이는 신랑을 애타게 기다렸던 신부에게 나타나는 현상이다.

그러나 신랑이 오는 것에 크게 관심이 없이 살던 잠자는 자들에게는 신랑이 문을 두드리는 소리가 들리지 않을 것이고 또한 그냥 지나쳐 버릴 것이다.

그러므로 라오디게아 교회에 살아가는 주님의 백성들은 잠에서 깨어 항상 신랑이 문을 두드리면 빨리 열어 주려고 준비하는 자들이 되어야 하며, 주님이 우리 안에 들어오셔서 우리를 신부로 정결하며 거룩하게 꾸미기 위한 가르침과 훈육을 받아야 한다.

5. 내 보좌와 아버지 보좌

> **계 3:21** 이기는 그에게는 내가 내 보좌에 함께 앉게 하여 주기를 내가 이기고 아버지 보좌에 함께 앉은 것과 같이 하리라

'보좌'는 왕권을 상징하는 말이다. '드로노스'(θρόνος)라고 하여 '왕좌, 주권, 권세, 왕권, 권력가, 보좌'라는 뜻이다.

주님은 "이기는 그에게는 내가 내 보좌에 함께 앉게 하여주기를 내가 이기고 아버지 보좌에 함께 앉은 것과 같이 하리라"(계 3:21)라고 말씀한다. 주님의 보좌는 히브리서 1장 8절에서 "아들에 관하여는 하나님이여 주의 보좌가 영영하며 주의 나라의 홀은 공평한 홀이니이다"라고 하듯이 영원한 보좌이다.

한편 계시록 20장에는 "내가 보좌들을 보니 거기 앉은 자들이 있어 심판하는 권세를 받았더라"(계 20:4)라고 한다. 보좌가 하나가 아니라 '거기 앉은 자들'이 있고 또한 그들이 '심판하는 권세'를 받았다는 것이다.

열왕기상 3장은 솔로몬 왕에게 하나님이 지혜의 영을 주시고 두 여자를 심판하는 장면이 등장한다. 이처럼 이기는 그에게는 오직 왕만이 가질 수 있는 심판하는 권세를 주겠다는 것이다. 원래 심판하는 권세는 하나님의 것이었는데 요한복음 5장 22절은 "아버지께서 아무도 심판하지 아니하시고 심판을 다 아들에게 맡기셨으니"라며 심판의 권세가 아들인 예수 그리스도에게 넘어갔음을 말씀하고 있다.

또 주님은 자신이 받은 심판의 권세, 곧 왕의 권세를 이기는 그에게 주겠다고 하신다. 그리하여 계시록 20장 6절 "이 첫째 부활에 참예하는 자들은 복이 있고 거룩하도다 둘째 사망이 그들을 다스리는 권세가 없고 도리어 그들이 하나님과 그리스도의 제사장이 되어 천년 동안 그리스도로 더불어 왕 노릇 하리라"는 말씀처럼 왕의 권세와 제사장의 권세를 모두 갖는 '왕 같은 제사장'으로 삼겠다는 것이다.

이것에 대하여 베드로전서 2장 9절은 "오직 너희는 택하신 족속이요 왕 같은 제사장들이요 거룩한 나라요 그의 소유 된 백성이니 이는 너희를 어두운 데서 불러내어 그의 기이한 빛에 들어가게 하신 자의 아름다운 덕을 선전하게 하려 하심이라"라고 말씀한다. 보좌에 앉아 심판의 권세를 받고 왕 같은 제사장의 직분을 받을 자들은 원래 어두운 데 있었으나 주님이 불러내신 자들로 이방인들을 가리킨다. 그 가운데서 라오디게아 교회와 같은 종말의 시간에 이기는 그에게 주시겠다고 약속하신다.

이것은 엄청난 사건이다. 이것을 고린도전서 3장 21-23절은 "그런즉 누구든지 사람을 자랑하지 말라 만물이 다 너희 것임이라 바울이나 아볼로나 게바나 세계나 생명이나 사망이나 지금 것이나 장래 것이나 다 너희의 것이요 너희는 그리스도의 것이요 그리스도는 하나님의 것이니라"라고 말씀한다. 모든 것이 그리스도 안에서 '너희 것'(All Things are Yours)이라고 한다. 이 모든 것들이 주님의 보좌에 앉게 하는 자들에게 주어질 영광이고 축복이라는 것이다.

하나님은 창세 이후로 자신이 갖고 있던 모든 보좌의 권세를 아들이신 예수 그리스도에게 주었고, 주님은 받은 그 권세를 이기는 그들에게 주심으로 왕 같은 제사장을 삼겠다고 언약하셨다.

[표26]

	예수 그리스도에게	이기는 그에게
아버지의 보좌(왕의 보좌)	* 왕, 제사장으로(멜기세덱) * 심판의 권세	* 주님의 보좌에 앉아 심판하는 권세 * 왕 같은 제사장(멜기세덱의 반차)

성령론적 요한계시록

I

REVELATION

제4장

(Revelation 4)

계 4:1 이 일 후에 내가 보니 하늘에 열린 문이 있는데 내가 들은 바 처음에 내게 말하던 나팔 소리 같은 그 음성이 가로되 이리로 올라오라 이 후에 마땅히 될 일을 내가 네게 보이리라 하시더라

⬇

계 4:11 우리 주 하나님이여 영광과 존귀와 능력을 받으시는 것이 합당하오니 주께서 만물을 지으신지라 만물이 주의 뜻대로 있었고 또 지으심을 받았나이다 하더라

1. 하늘에 열린 문

계 4:1 이 일 후에 내가 보니 하늘에 열린 문이 있는데 내가 들은바 처음에 내게 말하던 나팔 소리 같은 그 음성이 가로되 이리로 올라오라 이 후에 마땅히 될 일을 내가 네게 보이리라 하시더라

주님은 일곱 교회에 일어날 실제적이며 미래적인 현상과 사건들을 '네 본 것'이라는 과거시제를 사용하여 '이미 보았다' 또는 '이미 알았다'라는 말씀으로 2천 년의 교회 시대를 전하고 있다.

계시록 4장과 5장은 사도 요한의 영이 성령에 의하여 하늘로 직접 끌려 올라가 하나님의 보좌 앞에서 일어나는 일과 장차 마땅히 될 일에 대한 계시의 현장을 목도하는 장면으로, 하늘에서 벌어지는 '이제 있는 일'(What is Now)을 기록하고 있다.

먼저 하늘의 열린 문을 통하여 나팔 소리 같은 음성을 들었다고 한다.

우리는 하늘의 문이 이미 빌라델비아 교회 시대에 열렸으며 이 시대부터 하나님의 나팔이 불렸고 장차 될 일들, 곧 종말의 일들이 계시되기 시작했음을 알아야 한다. 이러한 사실을 우리가 교회사 속에서 발견한다. 존 넬슨 다비(John Nelson Darby)에 의한 세대주의 종말론이 바로 그것으로, 이때부터 교회는 종말에 대한 이해와 지식을 갖게 되었다.

세대주의 종말론은 텍사스의 댈러스 신학교와 시카고의 무디신학교에서 시작되었고, 우리나라는 세대주의 종말론의 전천년주의와 세대주의 성경 해석 방법에 깊은 영향을 받았던 관주성경의 해석자인 스코필드 박사에 의하여 1910년 전파되기 시작했다.

세대주의 종말론의 발생 배경을 보면 이것이 순수한 개신교의 종말론으로 출발한 것은 아니다. 가톨릭 예수회의 작품으로, 어거스틴을 비롯한 틴데일, 츠빙글리, 마틴 루터, 칼빈 등의 수많은 신학자들의 '적그리스도는 가톨릭의 교황이다'라는 이론에 대항하기 위해서 의도적이며 계획적으로 만들어진 종말론이라고 생각한다.

가톨릭의 교황제가 실시된 A.D. 538년을 기준으로 1,260일로 계산되는 1,260년이 끝나는 해가 A.D. 1798년이므로 이 시간에 교황은 적그리스도로 나타난 적이 없다는 사실을 입증하기 위해 계획적으로 만든 종말론이라는 것이다.

가톨릭의 예수회 신부였던 알카자(Alcazar)는 사도 요한이 기록한 요한계시록의 발생 배경을 538년 이전의 로마제국 시대에 벌어졌던 사건과 사실, 환경으로 '과거주의 종말론'을 서술하므로, 계시록의 시대적 배경을 과거의 역사 속에 일어났던 일들로 기록한 것이라고 했다. 또한 동일한 예수회의 신부인 리베라(Ribera)는 1798년 곧 나폴레옹의 프랑스 혁명군에 의해 교황 피우스 6세가 감옥에 투옥되고 옥중에서 죽음으로 1,260년 동안 지속되었던 교황의 권세가 끝이 났다고 하는 이론을 가지고 요한계시록의 서술을 미래적인 관점인 '미래주의 종말론'으로 기록하여 교황은 적그리스도와는 무관하다는 이론적 배경을 만들었다.

오늘의 세대주의 종말론을 만든 다비(Darby)는 원래 영국 성공회 신부 출신으로 플라머스 형제단과 합류하여 지도자가 되면서 리베라의 미래주의 종말론을 더욱 발전시켜 하나님의 구속의 구원이라는 현대적 세대주의 종말론을 완성하였다.

여기서 우리는 하늘의 열린 문을 통하여 마지막 양식을 주시려는 하나님의 의도가 있음을 깨닫고 이해해야 한다. 그러므로 하늘로부터 쏟아지는 이슬과 같은 영적인 양식을 주님이 오시는 시간까지 저장하라는 것으로 받아야 한다. 왜냐하면 하나님은 광야에서 이스라엘 백성들에게 만나라는 하늘의 양식을 주실 때 안식일 전날인 6일째는 갑절의 양식을 주면서 이를 저장하라고 하셨기 때문이다.

출애굽기 16장 5절에 "제육일에는 그들이 그 거둔 것을 예비할지니 날마다 거두던 것의 갑절이 되리라"라고 말씀하고 있으며, 출애굽기 16장 29절은 "볼지어다 여호와가 너희에게 안식일을 줌으로 제육일에는 이틀 양식을 너희에게 주는 것이니 너희는 각기 처소에 있고 제칠일에는 아무도 그 처소에서 나오지 말지니라"라고 기록되어 있다.

주님이 강림하시면 우리는 안식의 시간에 들어가는 것이고 제7일째가 되는 것이기 때문에, 우리가 살아가는 지금 이 시간은 6일째로 주님이 갑절의 양식을 주시는 것이 바로 약속을 이루는 것이라는 것이다.

하늘의 열린 문은 이런 목적으로 빌라델비아 교회 시대 이후 지금까지 우리가 살아가는 시대가 바로 6일째라는 사실을 알려 주는 신호이며, 열린 문을 통하여 하늘의 풍성한 영적인 지식을 먹을 수 있고 저장할 수 있는 하나님의 은혜의 시간임을 깨달아야 할 것이다.

2. 마땅히 될 일

> **계 4:1** 이 일 후에 내가 보니 하늘에 열린 문이 있는데 내가 들은바 처음에 내게 말하던 나팔 소리 같은 그 음성이 가로되 이리로 올라오라 이 후에 마땅히 될 일을 내가 네게 보이리라 하시더라

주님은 "이후에 마땅히 될 일을 내가 네게 보이리라"라고 말씀한다. 여기서 '마땅히'는 '데이'(δεῖ)인데 '반드시 ~ 해야 한다, 필요한 것이다'라는 뜻이고, '될 일'은 '기노마이'(γίνομαι)로 '존재하게 되다, 발생하다, 출현하다, 창조되다, 태어나다'라는 뜻이다. 그러므로 '마땅히 될 일'은 '반드시 발생할 일, '존재하게 될 일, 출현할 일'이라는 의미다. 즉 주님이 이 세상에 강림하시기 전에 당연하게 발생하고 출

현하며 존재하게 될 일이라는 것이다.

예수 그리스도가 세상에 태어나기 전에 동방 박사들이 별을 보고 베들레헴으로 향한 사건, 주님이 태어나신 후에 헤롯이 베들레헴 주변 2세 이하의 어린 아기들을 죽인 사건도 실질적인 예수 그리스도가 이 세상에 태어났음을 알리기 위해 마땅히 될 일이었다. 이처럼 마지막 종말은 예수 그리스도의 재림이 실질적으로 이루어지기 위하여서도 반드시 있어야 할 일을 계시로 보여 주겠다는 것을 의미한다.

모세가 애굽에서 이스라엘 백성들을 출애굽 시킬 때도 열 가지의 재앙은 반드시 필요한 일, 곧 마땅히 될 일이었다. 단순히 또는 갑자기 일어난 일들이 아니라 이미 하나님 안에 계획된 일들이었다.

리브가의 모태에 있던 두 국민에 대하여 창세기 25장 23절 "여호와께서 그에게 이르시되 두 국민이 네 태중에 있구나 두 민족이 네 복중에서부터 나누이리라 이 족속이 저 족속보다 강하겠고 큰 자는 어린 자를 섬기리라 하셨더라"라는 말씀처럼 이미 모태에서 에서와 야곱의 운명과 미래가 계시되었다.

하나님의 일은 일점일획도 틀림없고 완전무결하게 계획된 일이라는 것을 우리는 깨달아야 한다. 이 계획대로 주님의 통치하시는 우주의 섭리가 움직이고 있다.

그러므로 우리가 하나님이 계획하신 일들, 곧 마땅히 될 일을 아는 것은 우리의 지식이나 경험으로가 아니라 오직 주님의 영이 우리를 깨닫게 하고 마음에 보여 주셔야만 하는 것임을 알아야 한다.

지금 사도 요한은 성령에 의하여 하나님의 보좌 앞에 이끌려 올라가 그곳에서 벌어지는 일들을 마음의 눈으로 보고 그것을 기록한다. 사람이 이해할 수 있는 또한 사람의 문자로 표현한다. 그러므로 우리가 계시록을 이해하기 위해서는 또 앞으로 마땅히 될 일들에 대한 분명한 판단과 구별을 위해서는 절대적인 성령의 가르침과 보여 주심이 필요하다.

3. 이십사 보좌들

> **계 4:4** 또 보좌에 둘려 이십사 보좌들이 있고 그 보좌들 위에 이십사 장로들이 흰옷을 입고 머리에 금면류관을 쓰고 앉았더라

하나님의 보좌를 이십사 보좌들이 둘러 있고, 그 위에 장로들이 흰옷을 입고 머리에 면류관을 쓰고 앉아 있다고 한다.

여기에서 24개의 보좌들과 그 위에 앉은 장로들은 누구인가? 다윗은 역대상 24장에서 아론 자손의 제사장의 반차에 대하여 엘르아살의 자손 사독의 16개 반차와 이다말의 자손 아히멜렉의 8개 반차로 모두 24개 반차를 세우고 있음을 보자. 역대상 24장 4-5절은 “엘르아살의 자손 중에 족장이 이다말의 자손보다 많으므로 나눈 것이 이러하니 엘르아살 자손의 족장이 십육이요 이다말 자손은 그 열조의 집을 따라 여덟이라 이에 제비 뽑아 피차에 차등이 없이 나누었으니 이는 성소의 일을 다스리는 자와 하나님의 일을 다스리는 자가 엘르아살의 자손 중에도 있고 이다말의 자손 중에도 있음이라”라고 말씀하고 있다.

하나님의 보좌에 둘러 있는 자들은 보통 사람들이 아니라 하나님

의 일과 성소의 일을 맡았던 아론의 후손으로 제사장의 반차에 속한 24명의 족장일 수 있다. 이들은 항상 하나님의 전에서 하나님과 성소의 일을 맡아보던 자들로 가장 가까이 하나님을 보좌하던 자들이기 때문이다.

혹자는 보좌에 앉은 자들이 구약의 이스라엘 열두 지파와 예수 그리스도의 열두 사도를 합쳐 24명의 장로라고 말하는 사람들도 있다.

계시록 21장 12-14절에서는 새 예루살렘 성에 열두지파의 이름과 열두 사도의 이름에 대하여 기록하고 있다. "크고 높은 성곽이 있고 열두 문이 있는데 문에 열두 천사가 있고 그 문들 위에 이름을 썼으니 이스라엘 자손 열두 지파의 이름들이라 동편에 세 문, 북편에 세 문, 남편에 세 문, 서편에 세 문이니 그 성에 성곽은 열두 기초석이 있고 그 위에 어린양의 십이 사도의 열두 이름이 있더라."

이스라엘 열두 지파의 이름들과 어린양의 열두 사도의 이름들이 성문과 성곽의 기초석에 새겨져 있다고 했다. 성을 구성하는 기본이 신약의 열두 사도의 기초석, 곧 교회의 기초석이다. 이것을 바탕으로 세워진 예수 그리스도의 신부들의 몸체가 있고 이 안으로 들어가기 위하여는 문을 통과해야 하는데, 그것은 곧 "나는 양의 문이라"(요 10:7)라고 말씀하신 예수 그리스도의 몸이다. 이것은 바로 구약의 율법과 선지자의 글로 된 문이다.

이것을 좀 더 자세히 설명하면, 주님이 이 세상에 처음 오실 때 주님의 몸은 구약의 율법과 선지자의 글로 가득 채워져 있었다. 이것은 요한복음 2장의 돌항아리 여섯에 물이 가득 차 있는 상태로 주님 자신이 율법의 물로 가득 채워진 것을 보여 준다.

그런데 자신이 '나는 양의 문'이라는 것은 주님 자신을 율법의 문이라는 말씀이다. 이것은 곧 우리가 양의 문을 통과하기 위해서는 율법의 문을 통과해야 하는 것을 말한다. 새 예루살렘 성의 문이 이스라엘 열두 지파의 이름으로 된 것은 열두 지파에게 주어진 율법이 두루 도는 화염검이 되어 그 문을 지키고 있다는 것으로 해석할 수 있다.

주님이 십자가에서 죽으셔야만 하는 신학적 이유도 바로 여기서 발견하게 된다. 주님의 몸이 율법 자체이기에 자신의 몸을 죽이는 것이 곧 율법을 깨는 것이고, 이 율법이 깨어져야 복음이라는 생명이 나올 수 있다.

애벌레가 껍질을 벗어야 나비가 되어 날 수 있는 것과 같은 이치다. 율법이 껍질이 되어서 안에 있는 생명을 지키고 보호하고 있으며, 생명인 복음이 밖으로 나오기 위하여는 껍질인 율법은 반드시 깨어져야 한다.

그러므로 이스라엘의 열두 지파와 어린양의 열두 사도의 이름이 새 예루살렘 성에 기록된 이유는 새 예루살렘을 구성하는 본질 곧 이름이라는 '오노마'(ὄνομα)가 갖는 대외명분과 권위를 나타내듯이 사도들이 전하여준 복음의 성체로 된 사람들, 곧 이를 신부들이라고 부르며 또한 율법의 문, 이를 양의 문이라고 하여 새 예루살렘의 성 전체가 복음의 몸체와 율법의 문으로 되어 있음을 보여 주는 것이라 하겠다.

그 문을 통과하여 들어올 수 있는 자들에 대하여 계시록 21장 24-27절은 "만국이 그 빛 가운데로 다니고 땅의 왕들이 자기 영광을 가지고 그리로 들어오리라 성문들을 낮에 도무지 닫지 아니하리니 거기는 밤이 없음이라 사람들이 만국의 영광과 존귀를 가지고 그리로 들어오겠고 무엇이든지 속된 것이나 가증한 일 또는 거짓말 하는 자는 결코 그리로 들어오지 못하되 오직 어린양의 생명책에 기록된 자들뿐이라"라고 말씀한다.

그러므로 보좌들에 앉은 이십사 장로들은 항상 하나님의 곁에서 하나님을 섬기는 자들로 아론의 자손인 24반차의 제사장들이라고 해석한다.

4. 하나님의 일곱 영

계 4:5 보좌로부터 번개와 음성과 뇌성이 나고 보좌 앞에 일곱 등불 켠 것이 있으니 이는 하나님의 일곱 영이라

계시록 4장 5절은 "보좌로부터 번개와 음성과 뇌성이 나고 보좌 앞에 일곱 등불 켠 것이 있으니 이는 하나님의 일곱 영이라"라고 한다.

주님은 일곱 등불이 일곱 영이라고 한다. 일곱 등불은 곧 일곱 교회를 상징하는 말로, 주님은 이 세상을 비추는 빛으로 교회의 일곱 등불을 두고 가셨다.

마태복음 5장 14-15절은 "너희는 세상의 빛이라 산위에 있는 동네가 숨기우지 못할 것이요 사람이 등불을 켜서 말 아래 두지 아니하고 등경 위에 두나니 이러므로 집안 모든 사람에게 비취느니라"라고 말씀한다. 곧 교회는 세상의 등불로서 세상을 비추는 빛이 되어야 한다.

계시록의 일곱 교회는 일곱 교회의 영을 말하는 것이다. 에베소 교회로부터 라오디게아 교회까지는 각각의 서로 다른 하나님의 기능을 말한다. 계시록 1장에서의 일곱 영에 대한 해석에서 말씀했듯이 사람의 머리에 두 눈, 두 귀, 두 콧구멍과 입까지 7개의 구멍이 머리와 연결되어 있어 사람의 몸과 밖의 세상과 연결되어 소통하는 기능을 갖고 있다.

곧 각각 보는 기능과 듣는 기능 그리고 냄새 맡고 호흡하는 기능과 먹고 말하는 기능이 있어 생명 활동을 하듯이, 일곱 등불의 교회도 세상에서 이와 같은 기능을 한다. 이것이 일곱 영의 기능이다.

이 기능들은 머리이신 예수 그리스도에 붙어 있고 머리의 중추신경계에 전달되어 그때그때마다 몸과 세상에서 일어나는 모든 상태를 감각적으로 분석하고 느낀다. 그러므로 하나님의 일곱 영은 나와 멀리 떨어져 있는 영이 아니라 나를 성전으로 교회를 삼으신, 나 자신과 항상 함께하는 영이고 내 몸속에 함께 거하는 영이기도 하다.

만약 하나님과 무관하게 사는 사람들, 믿음 없이 사는 사람들이라면 자신 속에 있는 이 일곱 기능, 곧 일곱 등불이기도 한 일곱 영이 꺼져 있는 상태로 그 자체가 어둠이고 소경이며 사망이다.

그러나 믿음을 가진 자들 속에도 이 일곱 기능이 온전하지 않고 병들어 있는 것을 발견할 수 있다. 주님이 신약에서 병자들을 고치며 치료하시는 것은 잘못된 기능들을 치료하시는 것이다. 곧 소경된 자들, 귀먹고 소경 된 자, 중풍병자, 문둥병자, 귀신 들린 자 등은 모두가 이 일곱 기능이 잘못된 자들이며, 이럴 때 일곱 영이 병들었다고 말한다.

마가복음 16장 9절에서 주님이 부활하신 후 "예수께서 안식후 첫날 이른 아침에 살아나신 후 전에 일곱 귀신을 쫓아내어 주신 막달라 마리아에게 먼저 보이시니"라고 말씀하신 것은, 마리아가 일곱 마리의 귀신이 들었던 사람이라는 말이 아니다. 마리아 속에 일곱 영이 마귀에 의하여 잘못되고 병들어 있었음을 말하는 것으로 이해해야 한다.

마리아는 주님의 고침으로 일곱 영의 기능을 회복하고 부활하신 주님을 가장 먼저 만나는 축복의 여인이 되었던 것처럼, 종말에 살아가는 우리도 부활체로 강림하실 주님을 만나기 위하여는 우리 안에 있는 일곱 기능이 회복되어야 한다. 이것이 곧 하나님의 일곱 영이 살아 있는 사람이며 온전한 일곱 등불의 교회이다.

5. 네 생물

> **계 4:6** 보좌 앞에 수정과 같은 유리바다가 있고 보좌 가운데와 보좌 주위에 네 생물이 있는데 앞뒤에 눈이 가득하더라

"주께서 만물을 지으신지라 만물이 주의 뜻대로 있었고 또 지으심을 받았나이다"(계 4:11)라고 하며 하나님께서 영광과 존귀와 능력을 받으시는 것이 합당하다는 경배를 드리고 있다.

하나님이 창조하신 살아 있는 피조물 중 가장 대표적인 네 종류의 생물이 하나님 앞에서 찬양과 경배를 드리는 모습이다. 그 네 생물은 사람과 사자와 소와 독수리로 대표되고 있다. 이들 네 생물은 땅에서 살아가는 짐승들을 대표하는 짐승이자 땅에서 번성하고 충

만하라는 하나님의 명을 받은 생물들이다.

새를 대표하는 독수리는 5일째 만드셨지만 성경은 "새들도 땅에서 번성하라 하시니라"(창 1:22)라고 말씀한다.

에스겔 1장에도 네 생물이 등장하는데 "그 얼굴들의 모양은 넷의 앞은 사람의 얼굴이요 넷의 우편은 사자의 얼굴이요 넷의 좌편은 소의 얼굴이요 넷의 뒤는 독수리의 얼굴이니"(겔 1:10)라고 한다.

그러면 하나님의 보좌 주의에 네 생물은 무슨 의미일까? 이 생물들이 땅에서 사는 동물을 대표하는 생물이라고 하면, 이들을 다스리고 통치하며 소통하기 위해 하나님 안에는 네 생물의 특징이 있는 것이라고 볼 수 있다. 사람에게는 하나님의 속성과 특징이 있어서 서로 소통하며 알아들을 수 있고, 사자의 포효하는 소리가 있어 사자들이 하나님의 소리인 것을 알 수 있으며, 또한 소가 알아들을 수 있는 소리, 하늘의 모든 새들의 왕인 독수리의 소리로 모든 새들이 알아들을 수 있는 소리가 그 안에 있다고 보아야 할 것이다. .

에스겔 1장 20-21절을 보면 "어디든지 신이 가려 하면 생물도 신의 가려 하는 곳으로 가고 바퀴도 그 곁에서 들리니 이는 생물의 신이 그 바퀴 가운데 있음이라 저들이 행하면 이들도 행하고 저들이 그치면 이들도 그치고 저들이 땅에서 들릴 때에는 이들도 그 곁에서 들리니 이는 생물의 신이 그 바퀴 가운데 있음이더라"라고 한다.

에스겔이 본 환상은 신이 가는 곳에 생물의 신도 함께 가는 것이었다. 이것은 신 안에 생물의 신이 함께 있다는 말이고, 그 생물 곧 네 생물의 신은 땅에 있는 네 생물과 소통할 수 있는 능력이 있다는 의미로 받아들일 수 있다.

하나님은 많은 피조물들을 창조하시고 그중에 땅에 사는 대표적인 네 생물에게 생물의 신을 통하여 하나님과 소통할 수 있는 방법과 기능을 부여하셨다는 것이다. 그러므로 하늘 보좌 주위에 있는 네 생물의 신은 항상 하나님께 영광과 존귀와 감사를 드리도록 만들어진 피조물로서 살아 있는 생물들을 대표하는 존재다.

성령론적 요한계시록

I

REVELATION

제5장

(Revelation 5)

계 5:1 내가 보매 보좌에 앉으신 이의 오른손에 책이 있으니 안팎으로 썼고 일곱 인으로 봉하였더라

⬇

계 5:14 네 생물이 가로되 아멘 하고 장로들은 엎드려 경배하더라

1. 책과 일곱 인

계 5:1 내가 보매 보좌에 앉으신 이의 오른손에 책이 있으니 안팎으로 썼고 일곱 인으로 봉하였더라

보좌에 앉으신 이의 오른손에 책이 있고 안팎으로 썼으며 일곱 인으로 봉했다고 한다.

'안팎으로 썼고'에서 '안팎'이란 말은 '에소덴'(ἔσωθεν)이라 하여 '안으로부터, 내부로부터, 속에, 안에'라는 뜻과 '오피스덴'이라 하여 '뒤에, 배후에, 후에'라는 뜻의 결합어이다. 그러므로 이 말은 '안으로부터 뒤에 또는 배후에'라는 의미로, 주님의 안에 있는 영적이고 내적인 말씀으로부터 뒤와 배후에 있는 사단의 계획까지를 기록한 책을 말한다.

2. 일곱 뿔과 일곱 눈

> **계 5:6** 내가 또 보니 보좌와 네 생물과 장로들 사이에 어린양이 섰는데 일찍 죽임을 당한 것 같더라 일곱 뿔과 일곱 눈이 있으니 이 눈은 온 땅에 보내심을 입은 하나님의 일곱 영이더라

어린양에게 일곱 뿔과 일곱 눈이 있다고 한다.

'뿔'은 '케라스'(κέρας)라고 하여 '뿔, 제단의 뿔, 구원의 뿔'을 상징하는데 실상은 어린양의 권세를 말한다. 일곱 뿔이기 때문에 이는 완전한 권세, 완전한 구원을 상징하는 말이다.

주님은 이제 사단의 권세를 무너뜨리고 하늘의 권세를 다시 회복함으로 사단과 그의 사자들을 땅으로 내어 쫓았다. 그뿐만 아니라 제단 뿔의 권세를 회복함으로 사단이 항상 하나님 앞에서 참소하던 권한을 빼앗으셨다.

단 뿔은 우리의 죄가 기록된 뿔로 사단은 항상 단 뿔에 기록된 우리의 죄를 가지고 하나님 앞에서 참소한 자이기 때문이다.

예레미야 17장 1절에는 "유다의 죄는 금강석 끝 철필로 기록되되 그들의 마음판과 그들의 단 뿔에 새겨졌거늘"이라고 함으로 하늘 성소의 단 뿔에 우리의 죄가 기록된다는 것을 알려 준다. 그러나 주님은 십자가에서 자신을 죽임으로 그 흘리신 보혈로 말미암아 하늘 성소의 단 뿔에 피를 발라 도말하므로 우리의 죄를 깨끗하게 씻으셨다. 이것이 곧 생명의 복음이다.

열왕기상 1장에서는 솔로몬 왕 앞에 아도니아가 제단 뿔을 잡고 왕에게 목숨을 구걸하는 모습의 장면이 나온다. "아도니야도 솔로몬

을 두려워하여 일어나 가서 제단 뿔을 잡으니"(왕상 1:50)라고 하고 있으며, 솔로몬 왕 때에 다윗의 군대 장관이었던 요압도 "소문이 요압에게 들리매 저가 여호와의 장막으로 도망하여 단 뿔을 잡으니 이는 저가 다윗을 떠나 압살롬을 좇지 아니하였으나 아도니야를 좇았음이더라"(왕상 2:28)라고 기록하고 있다.

이들이 단 뿔을 잡은 것은 주님에게 자신들이 저지른 죄를 용서해 주시기를 바랐기 때문이다. 용서해 달라는 의미로 잡았는데 단 뿔에는 자신들의 죄가 기록되어 있기 때문이다.

구약 시대에는 사단이 단 뿔에 기록된 죄의 권세를 가지고 맘껏 하나님 앞에서 참소하였으나 예수 그리스도의 십자가의 대속의 사건 이후인 신약 시대에는 하늘 성소의 단 뿔에 예수 그리스도의 피를 발라 도말하고 단 뿔의 모든 권세를 회복시키심으로 더 이상 죄의 문제로 제사드릴 것이 없어진 것이다.

그러므로 어린양을 일곱 뿔이라고 부르는 것은 바로 하늘 성소의 단 뿔에 기록되었던 죄의 권세를 완전하게 회복했다는 의미이다.

한편 일곱 눈에 대하여 "이 눈은 온 땅에 보내심을 입은 하나님의 일곱 영이더라"(계 5:6)라고 한다. 일곱 눈과 일곱 영은 같은 의미로, 교회를 지키고 보고 듣고 말하는 하나님의 기능을 말한다. 특별히 일곱 눈이라고 한 것은 하나님의 일곱 가지 기능 중에 감찰의 기능, 곧 주님이 이 땅에 두고 가신 일곱 교회에 대한 불꽃같은 눈동자로 감찰하시는 완전한 기능을 말하는 것이다.

베드로전서 3장 12절은 "주의 눈은 의인을 향하시고 그의 귀는 저의 간구에 기울이시되 주의 낯은 악행하는 자들을 향하시느니라 하였느니라"라고 하여 주님의 눈은 의로운 일을 행하는 자에게 향한다고 하신다. 주님의 감찰하시는 눈을 말하며, 의인에게 무엇이 필요한가를 살피신다는 뜻이다.

창세기 16장은 사라를 피해 도망하는 하갈의 이야기를 기록하고 있다. 하나님의 사자가 술길 샘물 곁에서 그를 만났다. 이것을 "여호와의 사자가 광야의 샘곁 곧 술 길 샘물 곁에서 그를 만나"(창 16:7)라고 기록한다.

하갈이 무엇이 필요한지를 하나님의 사자는 알고 있었다. 광야에서 목마른 하갈에게 샘물을 주기 위하여 그녀에게 나타났다. 하갈은 하나님의 사자를 만나고 샘물을 마셨으며 그곳 이름을 브엘라해로이라고 불렀다. 이 말은 '나를 감찰하시는 하나님'이란 뜻으로, 하나님의 눈은 의인을 향하고 그에게 필요한 것을 주기를 원하신다는 것이다.

일곱 눈은 교회의 필요한 것을 감찰하면서 잘못된 길로 가지 않도록 돌보시는 눈이며 또한 교회의 필요를 채워 주시는 눈이다.

3. 향이 가득한 금대접

계 5:8 책을 취하시매 네 생물과 이십사 장로들이 어린양 앞에 엎드려 각각 거문고와 향이 가득한 금대접을 가졌으니 이 향은 성도의 기도들이라

"책을 취하시매 네 생물과 이십사 장로들이 어린 양 앞에 엎드려 각각 거문고와 향이 가득한 금대접을 가졌으니 이 향은 성도의 기도들이라"라고 한다. '책을 취하시매'라는 말씀은 신약성경의 말씀이 완성되었고 이 책이 주님의 손에 있다는 것으로, 이제는 주님과 사도들이 전한 복음대로 이루어질 것을 말한다.

유다서 1장 17절에서 "사랑하는 자들아 너희는 우리 주 예수 그리스도의 사도들의 미리 한 말을 기억하라"라고 하심처럼 이 말씀들이 주님의 손에서 성취될 것을 가리킨다. 그러므로 이 말씀을 믿고 간구와 기도를 하는 성도들의 기도가 하늘 성소의 향단의 금대접에 쌓일 것이다.

향단은 "증거궤 위 속죄소 맞은편 곧 증거궤 앞에 있는 장 밖에 두라"(출 30:6)라는 말씀에서 보듯 휘장을 사이에 두고 여호와 하나님과 상대하고 있으며, 그 거룩한 향은 지성소 내의 여호와 하나님이 속죄소 위에서 흠향하신다.

또한 그 향을 피울 때는 번제단의 불을 사용해야 하며, 향의 재료에 대해서 출애굽기 30장 34-36절에서 "여호와께서 모세에게 이르시되 너는 소합향과 나감향과 풍자향의 향품을 취하고 그 향품을 유향에 섞되 각기 동일한 중수로 하고 그것으로 향을 만들되 향 만드는 법대로 만들고 그것에 소금을 쳐서 성결하게 하고 그 향 얼마를 곱게 찧어 내가 너와 만날 회막 안 증거궤 앞에 두라 이 향은 너희에게 지극히 거룩하니라"라고 말씀한다.

바로 이 향이 가득한 금대접의 향이 곧 거룩한 향으로 성도들의 기도이다.

여기서 우리는 왜 번제단의 불로 향단의 향을 태우는가에 대한 지식이 필요하다. 첫째, 번제단의 불은 이 땅에서 우리가 항상 드리는 예배의 불로 그 예배를 통해 죄에 대한 속죄와 서원과 자원 그리고 감사의 번제가 드려져야만 한다. 곧 우리가 예배 속에 드려야 하는 실질적인 것들이다. 제사장은 성도들 곧 백성들이 드리는 이 예배의 불을 가지고 성소로 들어가 증거궤 앞에 있는 향단의 금대접 위의 향 재료와 함께 불살라 향의 냄새가 성소와 지성소를 가득 채우게 한다.

여기서 향 재료로 쓰이는 소합향과 나감향과 풍자향, 그 위에 뿌려져야 할 유향과 소금은 성도들을 위한 제사장의 간절한 기도와 변치 않는 예수 그리스도의 말씀과 중보의 기도가 합쳐져 거룩한 향이 될 때 하나님이 그 기도의 향을 흠향하신다는 것으로 이해해야 한다.

정리하면, 향이 가득한 금대접의 성도들의 기도는 성도와 제사장과 주님의 중보기도가 합쳐진 것으로 어느 것 하나가 빠지면 이는 거룩한 향이 될 수 없는 것이다.

이 말씀 속에서 우리는 출애굽기 17장의 모습을 발견한다. 이스라엘 백성들이 광야에서 아말렉과의 전쟁 중에 모세와 아론과 훌이 산에 올라가서 기도할 때 모세의 손을 아론과 훌이 양 옆에서 받쳐 들었다. 바로 이 모습이 주님과 제사장의 직분을 맞고 있는 목자와 성도의 기도가 하나 되어 하나님 앞에 올라갈 때 그 기도가 응답되며 승리한다는 것을 보여 주고 있다.

[표28]

향이 가득한 금대접		성도들의 기도
* 증거궤 앞 향단의 불과 향 * 번제단의 불(백성들의 번제) – 속죄, 서원, 자원, 감사 + 소합향, 나감향, 풍자향(백성을 향한 제사장의 기도) + 유향과 소금(주님의 말씀과 언약의 중보기도)	=	* 교회 내의 신령과 진정의 예배 * 성도들의 예배(속죄, 서원, 자원, 감사의 기도) + 목사의 성도를 향한 기도로 자신을 짜내어 땀방울이 핏방울이 되는 기도 + 예수 그리스도의 성도들을 향한 중보의 기도(승리하기 위한)

4. 새 노래

계 5:9 새 노래를 노래하여 가로되 책을 가지시고 그 인봉을 떼기에 합당하시도다 일찍 죽임을 당하사 각 족속과 방언과 백성과 나라 가운데서 사람들을 피로 사서 하나님께 드리시고

계시록은 새 노래를 부르는 자들이 있다고 한다. "저희가 보좌와 네 생물과 장로들 앞에서 새 노래를 부르니 땅에서 구속함을 얻은 십사만 사천인밖에는 능히 이 노래를 배울 자가 없더라"(계 14:3)라고 한다. 이 노래는 배워야 하는 노래이고 오직 땅에서 구속함을 얻은 십사만 사천 인만이 배울 수 있다고 한다.

여기서 '배운다'라는 말은 '만다노'(μανθάνω)인데 '배우다, 알아내다, 가르침을 받다, 습득하다, 깨닫다, 이해하다'라는 뜻으로, 이 노래는 배우고 가르침을 받아 습득해야 하며 또한 깨닫고 이해해야 한다. 이 노래는 단순한 노래가 아니라 오랫동안 가르침을 받고 습득해야 하며 그 노래의 내용을 깨닫고 이해해야 한다는 말이다.

시편에서는 새 노래를 부르는 자들을 의인들이라고 한다. 시편 33

편 1-3절은 "너희 의인들아 여호와를 즐거워하라 찬송은 정직한 자의 마땅히 할 바로다 수금으로 여호와께 감사하고 열 줄 비파로 찬송할지어다 새 노래로 그를 노래하며 즐거운 소리로 공교히 연주할지어다"라고 하며, 시편 40편 3절은 "새 노래 곧 우리 하나님께 올릴 찬송을 내 입에 두셨으니 많은 사람이 보고 두려워하여 여호와를 의지하리로다"라고 한다.

그렇다면 새 노래는 어떤 노래일까? 이 노래는 예배 시에 부르는 찬송이 아니다. 어떤 교파들이 자신들이 부르는 노래로 특별히 만든 노래도 아니다.

계시록 15장 2-3절에는 "또 내가 보니 불이 섞인 유리 바다 같은 것이 있고 짐승과 그의 우상과 그의 이름의 수를 이기고 벗어난 자들이 유리바다 가에 서서 하나님의 거문고를 가지고 하나님의 종 모세의 노래, 어린양의 노래를 불러 가로되 주 하나님 곧 전능하신 이시여 하시는 일이 크고 기이하시도다 만국의 왕이시여 주의 길이 의롭고 참되시도다"라고 노래를 부르고 있다. 바로 이들이 부르는 노래, 곧 모세의 노래와 어린양의 노래가 새 노래이다.

구약의 선지자이며 시내 산에서 하나님의 말씀인 율법을 받은 모세와 그 율법의 말씀을 성취하기 위하여 예루살렘으로 생명의 복음을 갖고 오신 예수 그리스도, 바로 이들이 이 세상에 갖고 온 말씀이 곧 새 노래이다.

그렇다면 이 새 노래는 구약과 신약의 성경을 의미하는 것이라고 생각할 수 있다.

사도 요한이 자기 자신을 표현하면서 "하나님의 말씀과 예수 그리스도의 증거 곧 자기의 본 것을 다 증거하였느니라"(계 1:2)라고 할 때 이것은 하나님의 말씀으로 주신 모세의 율법과 선지자의 글 그리고 예수 그리스도의 복음의 증거를 말한다.

여기서 우리가 또 하나 깨달아야 할 것이 있다. 계시록에서 말씀하는 새 노래는 앞으로 오실 주님을 기다리며 새롭게 펼쳐질 주님의 세계에서 불릴 노래라는 것이다. 이 새 노래는 종말에 불릴 노래로 곧 하나님의 말씀과 예수 그리스도의 증거를 말하며, 이것을 배우고 가르침을 받아서 깨닫고 이해해야 한다.

이 새 노래를 하는 자들은 "땅에서 구속함을 얻은 십사만 사천인 밖에는 능히 이 노래를 배울 자가 없더라"(계 14:3)라는 말씀처럼 종말에 의인들로 하나님의 손에 쓰임 받을 종들이다.

특별히 모세가 모압광야에서 이스라엘 백성들이 요단강을 건너 가나안 땅으로 들어가기 전에 그들과 그들의 후손들이 불러야 할 노래로 신명기 31장 19절에서 "그러므로 이제 너희는 이 노래를 써서 이스라엘 자손에게 가르쳐서 그 입으로 부르게 하여 이 노래로 나를 위하여 이스라엘 자손에게 증거가 되게 하라"는 말씀을 전한다.

이스라엘 백성들과 자손들이 불러야 할 노래가 바로 신명기 32장의 모세의 노래다. 이 말씀은 종말의 시대에 다가올 이스라엘 백성들의 영적인 상태를 보여 주며, 대적자인 사단의 실체 곧 적그리스도의 실체를 폭로하므로 이 말씀을 깨닫고 이해한 종말의 종들에게 경계와 교훈의 말씀으로 기록하였다.

한편 이 모세의 노래 속에서 종말의 말씀으로 기록된 신명기 32장의 말씀과 예수 그리스도의 종말의 계시인 요한계시록은, 곧 어린양의 노래가 되어 마지막 종말의 시대에 불려야 할 새 노래라고 이해할 수 있다.

[표29]

노래		모세의 노래와 어린양의 노래
* 종말에 의인들의 노래 * 땅에서 구속함을 얻은 십사만 사천인의 노래 * 하나님의 말씀과 예수 그리스도의 증거를 가진 자들의 노래	=	* 모세의 율법(구약)과 예수님의 복음(신약) * 신명기 32장(모세의 노래) 와 요한계시록(어린양의 노래) * 짐승과 그의 우상과 그의 이름의 수를 이기고 벗어난 자들

5. 나라와 제사장

> **계 5:10** 저희로 우리 하나님 앞에서 나라와 제사장을 삼으셨으니 저희가 땅에서 왕 노릇 하리로다 하더라

땅에서 왕 노릇 하며 하나님 앞에서 나라와 제사장으로 삼으신 자들을 '각 족속과 방언과 백성과 나라 가운데서 사람들을 피로 사서 하나님께 드려진'(계 5:9) 자들이라고 한다. 세계 모든 나라, 곧 이방인 교회로부터 사람들을 피로 사서 하나님 앞에서 나라와 제사장을 삼으신다는 말씀이다.

곧 예수 그리스도와 함께 멜기세덱의 반차를 따르는 하나님 나라의 제사장으로 삼으신다는 말씀이며, 이것은 이방인인 우리에게 영광이며 축복이다.

이사야 56장 3-7절은 여호와 하나님에게 연합한 이방인들에게 주

는 말씀이 기록되어 있다. "여호와께 연합한 이방인은 여호와께서 나를 그 백성 중에서 반드시 갈라내시리라 말하지 말며 고자도 나는 마른 나무라 말하지 말라 여호와께서 이같이 말씀하시기를 나의 안식일을 지키며 나를 기뻐하는 일을 선택하며 나의 언약을 굳게 잡는 고자들에게는 내가 내 집에서, 내 성안에서 자녀보다 나은 기념물과 이름을 주며 영영한 이름을 주어 끊치지 않게 할 것이며 또 나 여호와에게 연합하여 섬기며 나 여호와의 이름을 사랑하며 나의 종이 되며 안식일을 지켜 더럽히지 아니하며 나의 언약을 굳게 지키는 이방인마다 내가 그를 나의 성산으로 인도하여 기도하는 내 집에서 그들을 기쁘게 할 것이며 그들의 번제와 희생은 나의 단에서 기꺼이 받게 되리니 이는 내 집은 만민의 기도하는 집이라 일컬음이 될 것임이라"라고 약속한다.

베드로전서 2장 9절에서 베드로는 "오직 너희는 택하신 족속이요 왕 같은 제사장들이요 거룩한 나라요 그의 소유 된 백성이니 이는 너희를 어두운 데서 불러내어 그의 기이한 빛에 들어가게 하신 자의 아름다운 덕을 선전하게 하려 하심이라"라고 말씀한다. 곧 왕 같은 제사장들이 각 족속과 방언과 백성과 나라 가운데서 나온다는 것이다. 이들은 계시록 20장 6절에서 말씀하는 자들로 "이 첫째 부활에 참예하는 자들은 복이 있고 거룩하도다 둘째 사망이 그들을 다스리는 권세가 없고 도리어 그들이 하나님과 그리스도의 제사장이 되어 천년 동안 그리스도로 더불어 왕 노릇 하리라"에 해당하는 자들이다.

이들은 땅에서 왕 노릇 하는 자들이라고 한다. 주님의 재림 이후 이 땅에는 주님이 다스리시는 천년 왕국의 안식의 시간이 있을 것이며, 그때 이들이 그곳에서 왕 노릇 할 것이다.

이사야 65장 17-25절은 천년 왕국에서의 삶에 대하여 말하고 있는데 "보라 내가 새 하늘과 새 땅을 창조하나니 이전 것은 기억되거나 마음에 생각나지 아니할 것이라 너희는 나의 창조하는 것을 인하여 영원히 기뻐하며 즐거워할지니라 보라 내가 예루살렘으로 즐거움을 창조하며 그 백성으로 기쁨을 삼고 내가 예루살렘을 즐거워하며 나의 백성을 기뻐하리니 우는 소리와 부르짖는 소리가 그 가운데서 다시는 들리지 아니할 것이며 거기는 날수가 많지 못하여 죽는 유아와 수한이 차지 못한 노인이 다시는 없을 것이라 곧 백 세에 죽는 자가 아이겠고 백 세 못 되어 죽는 자는 저주 받은 것이리라 그들이 가옥을 건축하고 그것에 거하겠고 포도원을 재배하고 열매를 먹을 것이며 그들의 건축한 데 타인이 거하지 아니할 것이며 그들의 재배한 것을 타인이 먹지 아니하리니 이는 내 백성의 수한이 나무의 수한과 같겠고 나의 택한 자가 그 손으로 일한 것을 길이 누릴 것임이며 그들의 수고가 헛되지 않겠고 그들의 생산한 것이 재난에 걸리지 아니하리니 그들은 여호와의 복된 자의 자손이요 그 소생도 그들과 함께 될 것임이라 그들이 부르기 전에 내가 응답하겠고 그들이 말을 마치기 전에 내가 들을 것이며 이리와 어린 양이 함께 먹을 것이며 사자가 소처럼 짚을 먹을 것이며 뱀은 흙으로 식물을 삼을 것이니 나의 성산에서는 해함도 없겠고 상함도 없으리라 여호와의 말이니라"라고 한다.

이 천년 왕국은 하나님의 창조의 시간 7일째로, 이는 하나님의 자녀들에게 안식의 시간이며 바로 이 땅에서 이루어지는 주님의 통치의 시간이다. 주님은 바로 이곳에서 각 족속과 방언과 백성과 나라 가운데서 사람들을 피로 사서 하나님께 드린다고 한다. 곧 모든 족속 안에 있는 이방인들 중에서 택하여 나라와 제사장을 삼고 왕 노릇 하게 하신다는 말씀이다.

[표30]

하나님 앞에서 나라와 제사장, 땅에서 왕 노릇 할 자
* 각 족속과 방언과 백성과 나라 가운데서 피로 산 자들 * 처음 익은 열매로 하나님과 어린양에게 속한 자들 * 그 입에 거짓말이 없고 흠이 없는 자들 * 땅에서 구속함을 얻은 십사만 사천 인 * 여자로 더럽히지 아니하고 정절이 있는 자 * 어린양이 어디로 인도하든지 따라가는 자 * 새 노래를 부르는 자

성령론적 요한계시록

I

REVELATION

제6장

(Revelation 6)

계 6:1 내가 보매 어린양이 일곱 인 중에 하나를 떼시는 그 때에 내가 들으니 네 생물 중에 하나가 우레 소리같이 말하되 오라 하기로

⬇

계 6:17 그들의 진노의 큰 날이 이르렀으니 누가 능히 서리요 하더라

어린양이신 예수 그리스도께서 일곱 인을 떼기 시작한다. 이제 본격적으로 이 세상에서 교회와 사단의 싸움이 시작된 것이다. 주님은 이미 이 땅에서 모든 일을 마치고 하늘 성소의 하나님의 보좌 우편에 앉아 계시며, 이 땅에 세우고 가신 교회들과 성도들을 위하여 중보기도를 하신다.

이스라엘이 광야 르비딤에서 아말렉과 싸울 때 모세와 아론과 훌이 산에 올라가 하나님께 기도했다. "모세가 손을 들면 이스라엘이 이기고 손을 내리면 아말렉이 이기더니 모세의 팔이 피곤하매 그들이 돌을 가져다가 모세의 아래에 놓아 그로 그 위에 앉게 하고 아론과 훌이 하나는 이편에서, 하나는 저편에서 모세의 손을 붙들어

올렸더니 그 손이 해가 지도록 내려오지 아니한지라"(출 17:11-12)라고 하듯 주님은 지금 하늘의 시온산에서 이 땅을 보시며 기도하신다.

그러므로 이 땅의 아론과 훌 같은 제사장과 선지자들이 하나님의 말씀을 깨달아 주님의 손을 받쳐 주어야 한다. 주님 홀로 기도하시는 것이 아니고 주님의 양 옆에 주님의 팔을 들어 주는 이 땅의 종들이 있어야 한다는 말이다.

모세가 "내일 내가 하나님의 지팡이를 손에 잡고 산꼭대기에 서리라"(출 17:9)라고 말한 것처럼 주님도 지금 산꼭대기에서 이 땅을 내려다보며 교회와 아말렉으로 불리는 영적 사단의 세력과 싸우는 장면을 보고 계신다. 이 아말렉의 세력은 신명기 25장 18절의 말씀에서 "곧 그들이 하나님을 두려워하지 아니하고 너를 길에서 만나 너의 피곤함을 타서 네 뒤에 떨어진 약한 자들을 쳤느니라"라고 하듯 교회와 성도들이 영적으로 피곤하고 약하여 뒤쳐질 때를 틈타 공격하는 세력이다.

사단은 계속해서 교회와 성도들이 힘들고 어려우며 피곤하게 만드는 일을 계획하고 미혹의 미끼를 던져 유혹한다. 계시록 6장의 인이 하나씩 떼어질 때마다 사단은 이 세상에서 각가지 종류의 방법과 술수와 무기를 사용하여 교회와 성도들을 괴롭히며 피곤하게 하며 교회를 대적하는 일을 행하는 것이다.

이때 종말의 계시를 받는 종들은 이 사단의 계획과 공격하는 방법과 사용하는 무기를 계시의 말씀 속에서 발견하고 깨달아서 교회와 성도들을 지켜야 한다. 이것이 주님의 지략이다.

적을 알고 나를 알면 백전백승한다는 손자병법의 이야기처럼, 주님도 교회의 종들에게 적들의 동태와 움직임 그리고 그들의 방법을 알게 하고 깨닫게 하므로 싸움에서 승리하라는 계시로 이해해야 한다.

1. 첫째 인

계 6:1 내가 보매 어린양이 일곱 인 중에 하나를 떼시는 그때에 내가 들으니 네 생물 중에 하나가 우레 소리같이 말하되 오라 하기로
계 6:2 내가 이에 보니 흰말이 있는데 그 탄 자가 활을 가졌고 면류관을 받고 나가서 이기고 또 이기려고 하더라

어린양이 첫째 인을 떼시는데 네 생물 중에 하나가 등장한다. 왜 천사가 등장하지 않고 생물이 등장해서 사도 요한에게 말하는 것일까? 게다가 네 생물의 등장은 네 번째 인까지 계속된다. 우리는 여기서 생물의 등장에 대하여 생각해 볼 필요가 있다.

이 생물들은 땅에서 번성하라는 명령을 받는 모든 생물들을 대표한다.

곧 사람과 사자와 소와 독수리인데 이들은 각 생물의 특징을 나타낸다. 네 생물의 등장은 사단 속에 이 네 가지의 서로 다른 특징이 있고, 이들 특징대로 교회와 성도들에게 나타날 것을 알려주기 위한 주님의 모략이다.

먼저는 하나님의 형상대로 지음 받은 사람과 같이 이성적이고 지적으로 나타날 것이다. 또 사자와 같이 먹고 파괴하며 부수는 무서

운 동물의 특징으로, 풀을 먹는 양순한 소와 같이 사람에게 순종하는 모습으로, 마지막으로 하늘에서 땅을 내려다보며 먹을 것을 찾고 날카로운 발톱으로 채가는 독수리의 모습으로 나타날 것을 계시하는 것으로 이해한다.

"네 생물 중에 하나가 우레 소리같이 말하되 오라하기로"라고 기록하고 있다.

여기서 '오라'는 '엘코마이'(ἔρχομαι)로 '가다, 오다, 지나가다, 나타나다'를 뜻하는 말이다. 이 말씀에서는 사도 요한에게 오라고 하는 것은 아니다. 첫째 인을 떼심으로 나타나야 할 상황과 환경, 곧 '사단이 가지고 있는 계획을 가지고 오라 그리고 나타나라' 하는 뜻이다.

그리고 흰말이 나타난다. 곧 계시록 19장 14절에서 "하늘에 있는 군대들이 희고 깨끗한 세마포를 입고 백마를 타고 그를 따르더라"라는 말씀처럼 주님이 탄 백마를 흉내 내려고 한다.

사단은 "거짓을 말할 때마다 제 것으로 말하나니 이는 저가 거짓말쟁이요 거짓의 아비가 되었음이니라"(요 8:44)라고 하는 말씀처럼 하나님을 흉내 내려 하고 주님의 모든 것을 모방하며 카피하려고 한다.

말을 탄 자가 활을 가졌고 또 면류관을 썼다고 한다. 주님은 버가모 교회의 사자에게 "좌우에 날 선 검을 가진 이"(계 2:12)라고 말씀하고 있고 또 "그의 입에서 이한 검이 나오니 그것으로 만국을 치겠고"(계 19:15)라며 주님의 가진 무기는 검이라고 말한다.

한편 히브리서 4장 12절에서도 "하나님의 말씀은 살았고 운동력이 있어 좌우에 날 선 어떤 검보다도 예리하여 혼과 영과 및 관절과 골수를 찔러 쪼개기까지 하며 또 마음의 생각과 뜻을 감찰하나니" 라고 하여 주님이 가진 것은 예리한 검이라고 한다.

사단은 자신의 무기가 활이라는 것을 스스로 드러냈는데 활과 검은 전혀 성격이 다르다. 검은 사람을 보면서 싸우는 무기인 반면에 활은 멀리 보이지 않는 곳에 숨어서 쏜다.

이것은 곧 주님의 말씀인 검은 상대를 보고 그의 혼과 영과 관절과 골수를 찔러 수술을 하지만 사단의 활은 주님의 검처럼 살리기 위해서가 아니라 적을 죽이기 위해서 숨어서, 보이지 않는 곳에서 쏜다. 사실로 바로 이것이 교회와 성도를 죽이기 위한 사단의 전략이다.

활을 쏘는 자들은 적의 모습이 드러나길 기다리며 숨어 있다. 이처럼 사단은 교회와 성도들이 세상에 노출되고 세상의 즐거움에 취해 밖으로 나오는 시간을 기다리고 있다는 의미다.

이것은 교회 내에 잘못된 복음과 비진리를 넣어서 교회와 성도들이 스스로 세상 밖으로 나오도록 만들고 있다는 사실과도 연결된다.

면류관을 받았다고 하는 것은 곧 왕관으로 교회를 인도하고 지도하는 권세를 받았다는 말로, 흰말을 탄 거짓 그리스도가 왕관을 받고 교회의 주인으로 나타날 것을 말한다. 이와 같은 상황이 일어난 것이 313~538년 교회의 교리와 교황권 세력이 탄생하는 것이다. 흰말을 타고 활을 들고 있으며 면류관을 쓴 자는 바로 교황이다. 이런 권세를 가지고 사도 바울과 같은 종들의 증거를 통해서 기록된 진리의 말씀과 싸워 이기고 또 이길 것을 계시하는 것이다.

그러므로 에베소 교회로부터 시작하여 버가모 교회에 가서는 니골라당의 교훈과 발람의 교훈이 교회 가운데 세워지면서 주님의 통치가 아닌 사단이 면류관을 쓰고 통치하는 시대가 되었다. 이것은 세상의 교회는 애초부터 주님이 다스리고 통치하는 진리로 시작한 것이 아니라 로마 황제의 권세를 등에 업고 세속적인 사상과 이념 그리고 우상 위에 세워진 집이라는 것이다.

주님은 벌써 이렇게 될 것을 아시고 마가복음 4장 21-23절에서 "또 저희에게 이르시되 사람이 등불을 가져오는 것은 말 아래나 평상 아래나 두려 함이냐 등경 위에 두려 함이 아니냐 드러내려 하지 않고는 숨긴 것이 없고 나타내려 하지 않고는 감추인 것이 없느니라 들을 귀 있는 자는 들으라"라고 하여 교회의 진리의 등불을 숨기고 감출 것을 미리 말씀하신 것이다.

313년 이후 기독교가 로마의 국교로 인정되면서 지하에 숨어 있던 기독교의 진리가 밖으로 나오게 되었지만, 그동안 밖의 세상을 지배하던 우상의 사상과 종교들과 복음을 결탁하려는 사단의 움직임은 이미 시작되었다. 사도들에 의하여 증거된 예수 그리스도의 깨끗하고 확실하며 정확한 복음 위에 바벨론과 애굽과 헬라의 종교와 문화들이 결합되면서 결국 진리는 숨겨지고 감추어지기 시작했다. 이 사실을 깨닫는 것은 매우 중요하다.

첫째 인에서 등장하는 흰말을 탄 자는 결국 사단에 의해 세워진 자로, 교회의 진리를 숨기고 그 당시의 현실과 정치적인 세력과의 결탁을 통해서 교회의 면류관을 쓴 자이다.

2. 둘째 인

계 6:3 둘째 인을 떼실 때에 내가 들으니 둘째 생물이 말하되 오라 하더니
계 6:4 이에 붉은 다른 말이 나오더라 그 탄 자가 허락을 받아 땅에서 화평을 제하여 버리며 서로 죽이게 하고 또 큰 칼을 받았더라

주님이 둘째 인을 떼시는 시기는 교회가 정식으로 출발한 538년에서부터 1517년의 종교개혁 시기까지이다. 이 시기는 영적 암흑시대로 교황의 권세가 하늘을 찌를듯 하여 백성들을 무자비하게 다스렸으며, 사도들로부터 내려온 진리의 도가 훼손되고 손상되었고, 성도들은 하나님의 말씀에 접근할 수 없었다.

붉은 말을 탄 자가 허락을 받았다고 한다. 이는 말을 탄 자, 곧 교황이 로마 황제의 허락을 받아 교회를 다스리고 통치하는 권력의 소유를 허락받았음을 말한다. 그 허락은 첫째는 땅에서 화평을 제하는 것이고, 둘째는 서로 죽이게 하는 것이며, 셋째는 큰칼을 받은 것이다.

첫째, '화평'은 '에이레네'(εἰρήνη)라고 하여 '합하다, 연결하다'에서 유래된 말로 '평화, 화평, 고요, 번영, 일치, 조화, 선, 감사기도' 등을 뜻한다. 이것은 하나님의 말씀 안에서 그리고 믿음과 합하고 연결됨으로 얻는 평화와 화평과 조화, 감사기도가 사라졌다는 것을 말한다. 결국 주님 안에서 얻는 평화가 깨지고 사라졌다는 뜻이다.

이 시대의 교회는 주님의 말씀을 통한 마음의 평안과 화평 그리고 감사가 없고 말씀이 사라진, 강요된 의식을 통한 형식적인 예배

를 드렸다.

둘째, '서로 죽이게 한다'에서 '죽이다'는 말은 '습하조'(σφάζω)라고 하여 '죽이다, 도살하다, 살해하다, 죽임을 당하다'라는 뜻으로 어떤 세력을 가진 자에 의하여 살해되고 죽임을 당하는 것을 말한다.

이것은 힘과 권세의 허락을 받은 교회가 참된 그리스도의 말씀을 가지고 믿음과 신앙을 소유한 백성들을 죽이고 살해했다는 뜻이다.

이 시대에 로마 교회를 따르지 않고 진실한 믿음과 진리를 따르는 수많은 하나님의 백성들이 죽임을 당했다는 역사적 기록들이 지금도 존재하고 있다.

셋째, 큰 칼을 받았다고 한다. 교회는 말씀의 검을 가지고 있어야 하는데 큰 칼을 받았다고 하는 것은 이미 교회 안에서 불어닥칠 큰 죽음을 예고하는 것이다. 주님의 말씀으로 평화와 안식이 있어야 할 교회가 큰 칼의 권세를 가지고 진리의 길을 가려고 하는 믿음의 백성들을 무력으로 죽일 수 있는 권세를 부여받았다는 것이 바로 교회사 속에 나타날 주님의 계시이다.

이것은 사단의 세력이 교회 안에서 힘과 권세를 가지고 진리의 말씀을 제거하고 진리를 가지고 가는 믿음의 백성들을 제거하여, 외형적으로는 교회로 행사하지만 그 안에는 회칠한 무덤과 같이 썩고 더러운 것들로 가득한 사단의 집을 세우려는 음모와 술수가 벌어진다는 말이다.

이때 주님은 인을 떼므로 교회 안에서 벌어지고 있는 사단의 실체를 폭로하며, 마지막 시대의 종들은 이것을 발견하고 선과 악을 분별하라는 주님의 뜻을 드러내신다.

3. 셋째 인

계 6:5 셋째 인을 떼실 때에 내가 들으니 셋째 생물이 말하되 오라 하기로 내가 보니 검은 말이 나오는데 그 탄 자가 손에 저울을 가졌더라
계 6:6 내가 네 생물 사이로서 나는 듯하는 음성을 들으니 가로되 한 데나리온에 밀 한 되요 한 데나리온에 보리 석 되로다 또 감람유와 포도주는 해치 말라 하더라

셋째 인은 1517년 마틴 루터의 종교개혁 이후 1798년까지의 시간에 벌어지는 교회의 현상을 말한다. 이 시대는 가톨릭의 교황권에 대적하는 프로테스탄트(Protestant)들이 일어난 시기로 교회가 극과 극으로 대립하며 긴장관계가 지속되었다.

"검은 말이 나오는데 그 탄 자가 손에 저울을 가졌더라"라고 한다. 손에 저울을 가졌다는 말에서 '저울'은 '쥐고스'(ζυγός)라고 하여 '멍에를 씌운다'는 말에서 유래되었으며 '저울대, 봉사나 의무의 멍에, 종의 멍에'라는 의미이다. 말 탄 자가 멍에를 씌우는 일을 하는데 그 손에 그 권세를 쥐고 있다는 말이다.

여기서 우리는 저울이라는 것 때문에 먹는 식량에 문제가 생긴 것으로 이해할 수 있는데, 이 저울은 하나님의 믿음과 진리를 가진 자들에게 강제로 씌우는 종의 멍에라고 해석해야 한다.

왜냐하면 바로 이 시대는 1540년에 출발한 가톨릭의 예수회라는 기관을 통하여 만들어진 무자비한 종교재판의 시대로, 프로테스탄트들을 협박하고 각가지의 형틀로 죽음으로 몰아갔던 시기였기 때

문이다. 생명을 구하기 위해서는 예수회의 명을 따르고 진리를 부정해야 하는 시대였으므로 억지로 프로테스탄트들에게 종의 멍에를 씌웠다.

여기서 "한 데나리온에 밀 한되요 한 데나리온에 보리 석 되로다"라고 한다. 그런데 밀과 보리는 하나님의 종들을 의미하는 곡식이다. 이사야 28장 25-29절은 "지면을 이미 평평히 하였으면 소회향을 뿌리며 대회향을 뿌리며 소맥을 줄줄이 심으며 대맥을 정한 곳에 심으며 귀리를 그 가에 심지 않겠느냐 이는 그의 하나님이 그에게 적당한 방법으로 보이사 가르치셨음이며 소회향은 도리깨로 떨지 아니하며 대회향에는 수레바퀴를 굴리지 아니하고 소회향은 작대기로 떨고 대회향은 막대기로 떨며 곡식은 부수는가, 아니라 늘 떨기만 하지 아니하고 그것에 수레바퀴를 굴리고 그것을 말굽으로 밟게 할지라도 부수지는 아니하나니 이도 만군의 여호와께로서 난 것이라 그의 모략은 기묘하며 지혜는 광대하니라"라고 말씀한다.

바로 소맥과 대맥이 밀과 보리다. 하나님은 이들을 줄줄이 심고 또한 정한 곳에 심는다고 한다. 이것은 곧 이들을 심는 하나님의 계획이 있다는 것이다.

또한 이들에게는 작대기와 막대기 아닌 수레바퀴를 굴리고 말굽으로 밟게 할 것이라며 고난과 아픔과 연단에 대하여 말씀하신다.

한 데나리온에 밀 한 되라는 말씀을 살펴보자. 한 데나리온이 '하루 일한 노동자의 하루 일당'이라고 할 때 소맥에 해당하는 종들은 한 되의 멍에를 지게 된다는 뜻으로 이해해야 하며, 한 데나리온에 보리 석 되라는 말은 보리에 해당하는 종들이 받아야 할 멍에는 석

되의 양만큼이라는 뜻이다.

밀과 보리에 속한 하나님의 종들은 프로테스탄트 교회의 지도자들로서 백성들을 가르치고 인도하고 보호해야 하는 책임이 있는 종들이며, 수많은 하나님의 종들이 백성들을 죽음으로부터 살리기 위한 멍에를 졌다는 것을 말한다.

"또 감람유와 포도주는 해치 말라 하더라"(계 6:6)라는 말씀은, 모든 멍에는 밀과 보리의 종들이 질 것이며 감람유로 표현되는 이스라엘 백성들(유대인들)과 예수 그리스도의 피로 구원받은 이방인 교회의 백성들을 해치 말라는 주님의 명령이다.

그러므로 셋째 인으로 검은 말이 등장하는 시대에는 밀과 보리로 표현되는 수많은 하나님의 종들이 백성들을 대신한 멍에를 지고 순교의 길을 갔다. 교황 피우스 6세가 나폴레옹에 의하여 감옥으로 끌려가고 그가 감옥에서 옥사함으로 가톨릭의 권세가 무너질 때까지 진행되었던 이와 같은 역사는 오늘의 역사가 증명하고 있다.

4. 넷째 인

계 6:7 넷째 인을 떼실 때에 내가 넷째 생물의 음성을 들으니 가로되 오라 하기로

계 6:8 내가 보매 청황색 말이 나오는데 그 탄 자의 이름은 사망이니 음부가 그 뒤를 따르더라 저희가 땅 사분 일의 권세를 얻어 검과 흉년과 사망과 땅의 짐승으로써 죽이더라

청황색 말은 사망과 죽음을 상징한다.

말을 탄 자의 이름이 사망이고 음부가 그 뒤를 따르더라는 것은 무슨 의미일까? 1798년 이후 나폴레옹의 프랑스 혁명군에 의하여 교황 피우스 6세가 감옥으로 갔고 사망하므로 교황이 교회의 황제로 군림했던 1260년 동안의 권세가 끝이 난 사건에 대한 계시이다.

이때로부터 가톨릭의 교황권은 그 힘과 권세가 1929년 바티칸을 국가로 인정하는 이탈리아 정부, 곧 무솔리니의 정치적인 결단의 시간이 되기까지 죽음을 맞이할 것을 의미한다. 이러한 가톨릭의 추락은 반대로 프로테스탄트 개신교의 부흥의 계기를 맞아 세계적인 선교의 장이 열렸다. 이 모든 것은 결국 하나님의 계획이고 뜻이라 하겠다.

가톨릭도 이 시간에 남아메리카를 비롯한 아프리카와 아시아 지역에 선교를 하여 많은 교인들을 확보하였다. 세계는 개신교와 가톨릭의 선교 전쟁의 시대라 해도 과언이 아닐 것이다. 반면 이 시기에 가톨릭은 추락하고 위축된 교황권을 만회하기 위하여 계략과 음모를 행하는데 그것이 곧 제1차 세계대전이다.

세계의 전쟁에는 가톨릭 예수회의 비밀스러운 음모와 계획이 있다는 것은 이미 널리 알려진 사실이다. 프랑스 혁명을 비롯하여 미국의 남북전쟁, 일본의 아시아 침략과 대동아전쟁 그리고 제 1·2차 세계대전에 이르기까지 예수회는 그 모든 전쟁의 배후에 있었다.

이들은 프리메이슨과 일루미나티라는 비밀 조직 단체들과 결탁하여 자신들의 정치적·경제적·군사적 목적을 이루기 위한 온갖 모략과 사건들을 일으켜 왔다. 현대사는 바로 이들에 의해 진행되었다.

“땅 사분 일의 권세를 얻어”(계 6:8)라고 하는 것은 전 세계 땅과 인구의 사분의 일이 가톨릭에 의해서 지배를 받는 국가가 되었다는 것을 말하는 것으로, 지금도 가톨릭은 전 세계 인구의 사분의 일이라는 것에 주목해야 한다.

주님이 인을 떼시는 것을 해석하는 많은 종들 중에 이것을 세상에서 발생할 사건과 재앙들로 해석하고 가르치므로 계시록을 대하는 백성들에게 두려움과 공포심을 주기도 한다.

먼저 우리는 성경은 교회와 하나님의 백성들에 대한 기록이라는 사실을 명심해야 한다. 교회라는 이름과 거대한 조직체를 가지고 주님의 참된 교회와 백성들을 괴롭히고 죽이며 멸망의 길로 끌고 가는 실체, 곧 가톨릭의 음녀에 대하여 주님은 말씀하신다.

땅의 사분의 일의 권세를 얻어 “검과 흉년과 사망과 땅의 짐승으로써 죽이더라”(계 6:8)라고 한다.

여기서 ‘검과 흉년과 사망’에서 우리는 가톨릭의 사악한 음모를 발견할 수 있다. 이는 곧 백성들을 사망으로 끌고 가 죽이려는 계획이다.

성경에서 검은 하나님의 말씀을 상징한다. 에베소서 6장 17절은 “구원의 투구와 성령의 검 곧 하나님의 말씀을 가지라”라고 한다. 원래 이들은 첫째 인을 뗄 때는 활을 가졌고 둘째 인을 뗄 때는 큰 칼을 가졌던 자들이다. 그러나 이제는 검을 사용하겠다고 한다.

이것은 개신교가 하나님의 진리의 말씀을 가지고 사역을 하는 것에 대항하여 자신들도 검, 곧 성경의 말씀을 사용하겠다는 것을 의미한다. 곧 백성들을 미혹하기 위해 말씀을 사용하겠다는 것이다.

가톨릭은 참된 진리의 말씀을 먹지 못하는 기갈, 곧 말씀의 흉년으로 모든 영혼들을 사망으로 인도하겠다는 사단의 뜻을 실천하겠다는 의지를 밝히고 있다.

그러므로 첫째 인으로부터 시작하여 넷째 인까지 네 생물의 등장은 기독교의 역사에서 앞으로 나타나고 행해질 사단의 속마음을 들춰 내기 위한 것이다. 지금까지 모든 사단의 일들은 이 계획에 의하여 진행되어 왔다.

또한 "땅의 짐승으로써 죽이더라"라고 하고 있다.

이것은 바로 계시록 13장 11절에서 "내가 보매 또 다른 짐승이 땅에서 올라오니 새끼양같이 두 뿔이 있고 용처럼 말하더라"라고 말하는 그 짐승이다. 새끼양, 곧 예수 그리스도 어린양과 같이 꾸민 거짓된 종 바로 교황을 말한다. 그 머리에는 권세 있는 두 뿔이 있고 사단의 입을 대신해서 용처럼 말한다.

넷째 인에서부터 교황은 땅의 짐승으로 불리고 앞으로 많은 하나님의 백성들이 이 땅의 짐승에게 죽임을 당하게 될 것을 말하고 있다.

주님이 인을 떼시면서 이와 같은 사단의 속내를 보여 주시는 이유는, 하나님의 종들이 먼저 사단과 어둠의 세력들이 어떤 계획을 가지고 있는가를 보고 알아 깨닫게 하기 위함이다. 이는 곧 주님의 교회를 지키고 백성들을 보호하라는 주님의 뜻이 함께 담겨 있다고 할 것이다.

5. 다섯째 인

계 6:9 다섯째 인을 떼실 때에 내가 보니 하나님의 말씀과 저희의 가진 증거를 인하여 죽임을 당한 영혼들이 제단 아래 있어
계 6:10 큰 소리로 불러 가로되 거룩하고 참되신 대 주재여 땅에 거하는 자들을 심판하여 우리 피를 신원하여 주지 아니하시기를 어느 때까지 하시려나이까 하니
계 6:11 각각 저희에게 흰 두루마기를 주시며 가라사대 아직 잠시 동안 쉬되 저희 동무 종들과 형제들도 자기처럼 죽임을 받아 그 수가 차기까지 하라 하시더라

다섯째 인은 하늘에 있는 하나님의 제단 앞에서 순교자들의 신원하는 장면이다. 이 죽임을 당한 영혼들은 첫째 인으로부터 넷째 인까지 네 생물이 등장하고 네 마리의 말, 곧 흰말, 붉은 말, 검은 말, 청황색 말이 등장하는 시기에 땅에 거하는 자들로부터 죽임을 당한 순교자들이다.

이 순교자들에게는 하나님의 말씀과 저희가 가진 증거, 곧 예수 그리스도의 증거로 인하여 죽임을 당한 영혼들이라는 표징이 있어, 사도 요한과 같이 하나님의 말씀으로 인한 순교자임을 말하고 있다.

또한 이들은 계시록 20장 4절에서 "또 내가 보좌들을 보니 거기 앉은 자들이 있어 심판하는 권세를 받았더라 또 내가 보니 예수의 증거와 하나님의 말씀을 인하여 목 베임을 받은 자의 영혼들과 또 짐승과 그의 우상에게 경배하지도 아니하고 이마와 손에 그의 표를 받지도 아니한 자들이 살아서 그리스도로 더불어 천년 동안 왕 노릇 하니"라는 말씀처럼 그리스도와 더불어 천년 동안 왕 노릇 할 권

세를 소유한 순교자들이다. 그 신원하는 순교자들은 하나님의 말씀과 예수 그리스도의 증거로 인하여 목 베임을 받은 자들이기 때문이다.

이들은 하나님께 땅에 거하는 자들의 심판을 언제 하실 것인가를 묻는다. 이 질문은 마지막 종말에 대한 심판의 시간을 묻는 것으로, 때가 얼마 남지 않았음을 암시한다.

여기서 우리는 땅에 거하는 자들이 누구인가를 알아야 한다. 세상에 하나님을 알지 못하고 관심 없이 살아가는 사람들을 말하는 것이 아니다. 교회라는 울타리 안에서 하나님을 믿는다고 하면서 실상은 하나님의 나라에 대하여는 관심 없이 살아가는, 오직 세상에 목적을 두고 성공과 부와 물질을 바라보며 살아가는 자들이다.

이러한 자들은 주님의 재림을 원하지 않고 오히려 주님의 재림을 비판하며 공격한다. 하나님이냐 재물이냐를 선택하라 하면 당연히 재물을 선택하는 자들이다. 이들은 환난의 시간이 되면 결국 하나님과 어린양이신 예수 그리스도를 부인하고 배도할 것이다. 이러한 자들을 우리는 자칭 그리스도인들이라 하고 또한 자칭 주의 종들이라고 한다. 이들은 진실한 교회와 성도들을 미워하며 서로 이간질로 분리시키려 한다.

그러므로 계시록은 땅에 거하는 자들에게 화가 있을 것이라고 말한다.

계시록 8장 13절에서는 "내가 또 보고 들으니 공중에 날아가는 독수리가 큰 소리로 이르되 땅에 거하는 자들에게 화, 화, 화가 있으리로다 이 외에도 세 천사의 불 나팔소리를 인함이로다"라고 한다.

또 계시록 11장 10절은 "이 두 선지자가 땅에 거하는 자들을 괴롭게 한 고로 땅에 거하는 자들이 저희의 죽음을 즐거워하고 기뻐하여 서로 예물을 보내리라 하더라"라고 말씀한다.

땅에 거하는 자들은 누가복음 21장 12-13절과 같이 "이 모든 일 전에 내 이름을 인하여 너희에게 손을 대어 핍박하며 회당과 옥에 넘겨주며 임금들과 관장들 앞에 끌어가려니와 이 일이 도리어 너희에게 증거가 되리라"는 말씀처럼 진정한 하나님의 사람들을 핍박한다. "심지어 부모와 형제와 친척과 벗이 너희를 넘겨주어 너희 중에 몇을 죽이게 하겠고 또 너희가 내 이름을 인하여 모든 사람에게 미움을 받을 것이나"(눅 21:16-17)라는 말씀에서 보듯, 이와 같이 종말에는 땅에 거하는 자들에게 핍박과 배신과 미움을 받고 죽음까지 당할 것이다.

그러므로 땅에 거하는 자들은 먼 곳에 있지 않다. 우리와 함께 있으며 유다서 1장 12-13절에서 선언하는 자들이다. "저희는 기탄 없이 너희와 함께 먹으니 너의 애찬의 암초요 자기 몸만 기르는 목자요 바람에 불려가는 물 없는 구름이요 죽고 또 죽어 뿌리까지 뽑힌 열매 없는 가을 나무요 자기의 수치의 거품을 뿜는 바다의 거친 물결이요 영원히 예비된 캄캄한 흑암에 돌아갈 유리하는 별들이라."

이런 자들은 교회 안에서 함께 밥을 먹고 겉으로는 교인의 행세를 하지만 실상은 사단의 무리로 틈과 기회를 엿보고 있다. 하나님은 저희에게 각각 흰 두루마기를 주며 "저희 동무 종들과 형제들도 자기처럼 죽임을 받아 그 수가 차기까지 하라"(계 6:11)라고 말씀하신다.

하나님의 심판은 마태복음 23장 35절에서 "그러므로 의인 아벨의 피로부터 성전과 제단 사이에서 너희가 죽인 바라갸의 아들 사가랴의 피까지 땅 위에서 흘린 의로운 피가 다 너희에게 돌아가리라"는 말씀처럼 의로운 피의 양이 가득 차야만 한다. 또 마태복음 23장 31-32절에서 "그러면 너희가 선지자를 죽인 자의 자손 됨을 스스로 증거함이로다 너희가 너희 조상의 양을 채우라"라고 말씀함으로 악의 피의 양도 채워야 함을 말한다.

결국 마지막 종말에는 이들 땅에 거하는 자들에게 죽임을 당할 하나님의 사람들이 남아 있고 이들의 수가 차야 한다는 뜻으로, 의로운 피가 가득 차야 함을 말한다.

단 여기서 '동무 종들'이라는 표현은 곧 하나님의 말씀과 예수 그리스도의 증거를 가진 동무 종들이라는 의미로, 하나님이 인정하는 순교자가 갖추어야 할 조건이다. 모세의 율법과 선지자의 글인 하나님의 말씀과 사도들이 증거한 예수 그리스도의 증거의 말씀, 곧 복음을 소유하였으며 이 말씀 때문에 목 베임을 당한 자들이다.

다섯째 인은 넷째 인과 여섯째 인 사이에 하늘에 있는 하나님의 보좌 앞에서 벌어지는 일로 짐승의 등장으로 인한 교회사적 사건들이 넷째 인으로 끝나고 이제 여섯째 인부터는 종말을 향한 시간 곧 환난을 예고하는 것이다. 자기처럼 죽임을 받은 순교자들이 나올 것을 계시하고 있다.

[표31]

첫째 인	둘째 인	셋째 인	넷째 인	다섯째 인
* 흰말 활 면류관 이기고 또 이김	* 붉은 말 허락을 받음 땅에서 화평을 제거 서로 죽임 큰 칼을 받음	* 검은 말 손에 저울 밀 한 되 (한 데나리온) 보리 석되 (한 데나리온) 감람유와 포도주 는 보호	* 청황색 말 사망과 음주가 따름 땅 사분의 일의 권세 검과 흉년과 사망과 땅의 짐승으로 죽임	* 순교자의 신원 하나님의 말씀과 저희의 증거 땅에 거하는 자들을 심판
A.D. 313~538	A.D. 538~1517	A.D. 1517~1798	A.D. 1798~1929	A.D. 1929 이후

6. 여섯째 인

계 6:12 내가 보니 여섯째 인을 떼실 때에 큰 지진이 나며 해가 총담
같이 검어지고 온 달이 피같이 되며
계 6:13 하늘의 별들이 무화과나무가 대풍에 흔들려 선 과실이 떨
어지는 것같이 땅에 떨어지며
계 6:14 하늘은 종이축이 말리는 것같이 떠나가고 각 산과 섬이 제
자리에서 옮기우매
계 6:15 땅의 임금들과 왕족들과 장군들과 부자들과 강한 자들과
각 종과 자주자가 굴과 산 바위 틈에 숨어
계 6:16 산과 바위에게 이르되 우리 위에 떨어져 보좌에 앉으신 이
의 낯에서와 어린양의 진노에서 우리를 가리우라
계 6:17 그들의 진노의 큰 날이 이르렀으니 누가 능히 서리요 하더라

가) 진노의 큰 날

하나님의 말씀은 비밀이고 계시다.

여섯째 인은 자연과 우주 만물이 요동치는 현상으로 보이고 느껴지므로 두려움이 앞선다. 그러나 계시의 말씀은 두려움이 아니라 우리에게 구원을 주시려는 하나님의 은혜이다.

여섯째 인은 말세에 나타날 일에 대하여 설명하고 있다.

요엘서 2장 28-32절은 이미 이러한 일을 기록하고 있는데 "그 후에 내가 내 신을 만민에게 부어 주리니 너희 자녀들이 장래 일을 말할 것이며 너희 늙은이는 꿈을 꾸며 너희 젊은이는 이상을 볼 것이며 그때에 내가 또 내 신으로 남종과 여종에게 부어 줄 것이며 내가 이적을 하늘과 땅에 베풀리니 곧 피와 불과 연기 기둥이라 여호와의 크고 두려운 날이 이르기 전에 해가 어두워지고 달이 핏빛같이 변하려니와 누구든지 여호와의 이름을 부르는 자는 구원을 얻으리니 이는 나 여호와의 말대로 시온산과 예루살렘에서 피할 자가 있을 것임이요 남은 자 중에 나 여호와의 부름을 받을 자가 있을 것임이니라"라고 말씀한다.

'해가 어두워지고 달이 핏빛같이 변한다'는 말씀이 본 절에서는 "해가 총담같이 검어지고 온 달이 피같이 되며"라고 기록되었다.

요엘서의 '어두워지고'는 히브리어 '호셰크'(חֹשֶׁךְ)라 하여 '어둠, 모호한, 불확실한, 잊혀진'의 뜻을 갖는 말이다. 본장 12절의 '총담같이 검어지고'는 '검은 색의 털로 된 굵은 베 또는 거친 베옷'을 의미한다. 여기서 '해가 총담같이 검어지고'는 해처럼 빛이 나야 할 예수 그리스도의 복음이 어둠의 세력으로 인하여 모호해지고 불확실해져서 굵은 베옷을 입고 통곡하는 환난 시대의 교회의 모습을 표현하는 것으로 이해해야 한다.

해와 달과 별을 움직이는 분은 여호와 하나님이시므로 모든 것이 그의 권세 아래 있다. 하지만 여섯째 인에서 발생하는 천재의 모습은 이 세상에서 해와 달과 별의 역할을 해야 할 교회와 하나님의 종들에 대한 말씀이다.

종말의 현상 중에 가장 큰 것은 예수 그리스도의 빛이 세상에 비추지 못하게 하려는 사단과 그의 종들의 갖은 궤계와 술수와 미혹이다. 달이나 별은 해의 빛, 곧 예수 그리스도의 말씀의 빛을 받아서 발산하는 역할을 하는 주님의 종들을 말한다. 그러나 사단과 그의 종들은 다양한 방법으로 예수 그리스도의 빛이 비추지 못하게 한다. 여러 가지 이론과 사상 그리고 WCC와 같은 종교통합의 단체 등을 만들어서 그리스도의 빛이 교회 안에 그리고 종들에게 비추지 못하게 한다. 곧 사단과 그의 종들이 해가 총담같이 검어지도록 했다는 것이다.

더군다나 여섯째 인이 떼어지는 시대는 마지막 교회 시대인 라오디게아 교회 시대다. 자신들은 부요하여 부족한 것이 없다고 하는 영적상태의 시대라는 것이다.

주님은 이러한 교회를 향하여 "네 곤고한 것과 가련한 것과 가난한 것과 눈먼 것과 벌거벗은 것을 알지 못하도다"(계 3:17)라고 하듯이 시대의 교회를 영적인 어둠의 시대라고 말씀한다.

그러므로 "온 달이 피같이 되며 하늘의 별들이 무화과나무가 대풍에 흔들려 선 과실이 떨어지는 것같이 땅에 떨어지며"(계 6:12-13)라고 하는 것이다.

결국 주님의 종들이 타락하고 배도하며 땅으로 떨어져 죽어가는 모습으로 땅에 거하는 자들이 되어 사단의 세력과 결합했다는 것을 의미한다.

그러므로 이런 타락한 자들은 베드로후서 3장 3-4절에서 "먼저 이것을 알지니 말세에 기롱하는 자들이 와서 자기의 정욕을 좇아 행하며 기롱하여 가로되 주의 강림하신다는 약속이 어디 있느뇨 조상들이 잔 후로부터 만물이 처음 창조할 때와 같이 그냥 있다 하니" 라는 것처럼 주의 강림을 부정하고 거부하게 된다.

넷째 인까지는 가톨릭이 권세를 가지고 교회 곧 프로테스탄트들을 위협하며 가지고 있는 온갖 무력을 사용하여 하나님의 백성들을 죽이므로 공포스런 환경을 통하여 압박해 왔다. 이제 라오디게아 교회 시대인 말세에 와서는 이들이 방법과 수단을 바꾸었다. 물질과 미혹의 세력들을 내세워 정신적이며 사상적인 방향으로 프로테스탄트인 개신교를 변질시키는 것을 그들의 목표를 삼고 있다.

이러한 가톨릭, 특히 예수회를 통한 다양한 공격으로 교회의 종들과 성도들이 어디로 가야 할지 방향을 잊어버린 것이 오늘의 현실이다. 그러므로 본 절에서 말하는 해와 달과 별의 천재는 세상에서 일어나는 자연적·우주적 재앙이 아니라 교회, 곧 하나님의 말씀을 맡은 종들에게 발생되는 문제다.

또한 "하늘은 종이축이 말리는 것같이 떠나가고 각 산과 섬이 제 자리에서 옮기우매"(계 6:14)라고 한다. 만약에 이런 사건이 정말로 발생한다면 과연 지구는 살아남을까? 그러므로 우리는 성경의 계시의 말씀을 문자 그대로 해석하지 말고 그 속에 숨겨진 하나님의 비밀을 발견해야 한다.

이것은 오직 성령의 조명하심으로만 발견할 수 있음은 당연하다.

때로는 왜 하나님은 이와 같이 이해할 수 없는 문자 기록을 통해서 우리를 헷갈리게 하는 것인지 이해가 가지 않는다. 하지만 다 이유가 있다. 이 성경의 계시의 말씀을 교회와 하나님의 백성들만 보는 것이 아니라 사단과 그의 종들도 이 말씀을 연구하고 있기 때문이다. 사단과 그의 종들은 말씀 속에서 교회와 백성들을 죽이고 멸망시킬 계략을 찾고 있다.

그러므로 하나님은 마태복음 13장 11절의 기록처럼 "천국의 비밀을 아는 것이 너희에게는 허락되었으나 저희에게는 아니되었나니"라고 하는 것이다. 천국의 비밀을 아는 것도 제한되어 있듯이 요한계시록의 계시의 말씀을 깨닫는 것도 제한되어 있다는 말씀이다.

그러므로 주님은 사단과 그의 종들이 깨닫지 못하도록, 그들의 지식과 고급 두뇌의 머리를 쥐어짜도 알 수 없고 깨닫지 못하도록 기록하신 것이다.

이것을 베드로후서 3장 15-16절은 "또 우리 주의 오래 참으심이 구원이 될 줄로 여기라 우리 사랑하는 형제 바울도 그 받은 지혜대로 너희에게 이같이 썼고 또 그 모든 편지에도 이런 일에 관하여 말하였으되 그중에 알기 어려운 것이 더러 있으니 무식한 자들과 굳세지 못한 자들이 다른 성경과 같이 그것도 억지로 풀다가 스스로 멸망에 이르느니라"라고 말씀하고 있다.

베드로후서 1장 19절에도 "또 우리에게 더 확실한 예언이 있어 어두운 데 비취는 등불과 같으니 날이 새어 샛별이 너희 마음에 떠오르기까지 너희가 이것을 주의하는 것이 가하니라"라고 하며 더 확실한 예언, 곧 요한계시록에 대하여 말씀하고 있다. '요한계시록은 어두운 마지막 종말을 비취는 등불'이라는 것이고, 그것의 해석은 '샛별이신 예수 그리스도께서 너희 마음에 떠오르기까지 주의하고 조심하라'는 경고의 말씀이다.

결국 요한계시록의 말씀은 아무나 해석할 수 없고 오직 예수 그리스도께서 마음에 오시어 가르쳐 주고 보여 주셔야 한다는 말이다.

그러면 본 절에서 말씀하는 하늘은 무엇을 말하는가?

신명기 32장 1절은 "하늘이여 귀를 기울이라 내가 말하리라 땅은 내 입의 말을 들을지어다"라고 말씀한다. 또한 호세아 2장 21절은 "여호와께서 가라사대 그날에 내가 응하리라 나는 하늘에 응하고 하늘은 땅에 응하고"라고 한다. 계시록 12장에서는 "하늘과 그 가운데 거하는 자들"(계 12:12)이라고 하고, 계시록 13장 6절은 "짐승이 입을 벌려 하나님을 향하여 훼방하되 그의 이름과 그의 장막 곧 하늘에 거하는 자들을 훼방하더라"라고 한다.

이들 말씀을 보면, 하늘은 실체적이고 가시적인 하늘이 아니라 귀를 기울여야 할 존재, 곧 하나님의 말씀을 들어야 할 자들이며, 주님은 바로 그들에게 먼저 임한다는 것이다. 이들은 하나님의 종들이며 또한 하늘에 거하는 자들이다.

하나님의 임재는 먼저 하늘이라는 하나님의 종들에게 임하는데 이것은 구약에서는 제사장을 의미한다. 또한 그 종들에게 임한 하나님의 신이 땅이라고 칭하는 백성에게 임한다는 말이다. 이것이 바로 하나님이 교회 가운데 또한 이스라엘 백성 가운데 세우신 질서이다.

따라서 하늘이 종이축이 말리는 것같이 떠나간다는 말은 여섯째 인이 떼어지는 때에는 하나님의 종들이 하나님을 떠나 세상으로 떠나 배도한다는 것을 의미한다. 이와 같은 상황은 벌써 1948년 WCC가 출발한 이후 교회 안에서 시작되어 교단의 분열과 파괴로 이어졌으며, WEA와 같은 거짓 복음주의 단체의 출현으로 수많은 종들이 거짓에 속아 진리를 떠나는 현상이 가속화되고 있다.

또 "각 산과 섬이 제자리에서 옮기우매"라고 한다. 이사야 2장 2절에는 "말일에 여호와의 전의 산이 모든 산 꼭대기에 굳게 설 것이요 모든 작은 산 위에 뛰어나리니 만방이 그리로 모여들 것이라"라고 한다.

성경에서 말씀하는 산에는 두 종류가 있다. 첫째는 하나님의 산으로 시내산과 시온산 곧 예루살렘산이다. 시내산은 하나님의 말씀이 내려온 산이고 예루살렘산은 복음이 내려온 산이다

곧 하나님의 임재가 있는 산이다.

그리고 "모든 작은 산 위에 뛰어나리니"라고 할 때 '작은 산'이 있다. '작은 산'을 히브리어로 '하르'(הר)라고 하는데 '불법과 부정, 그리고 편법의 예배를 드리는 산'이다. 지금까지 불법과 편법으로 예배를 드리던 교회들을 일컫는 말이다.

주님은 요한복음 4장 23절에서 "아버지께 참으로 예배하는 자들은 신령과 진정으로 예배할 때가 오나니 곧 이때라 아버지께서는 이렇게 자기에게 예배하는 자들을 찾으시느니라"라고 말씀하셨다. 오늘의 불법과 부정, 편법으로 사람에 의하여 만들어진 인위적인 예배를 드리는 교회들은 제자리 곧 예수 그리스도의 자리에서 세상의 자리로, 사단과 마귀의 자리로 옮겨질 것이다.

또한 섬도 제자리에서 옮겨진다고 한다. 이사야 41장 1절에는 "섬들아 내 앞에 잠잠하라 민족들아 힘을 새롭게 하라 가까이 나아오라 그리하고 말하라 우리가 가까이 하여 서로 변론하자"라고 한다. 이사야 41장 5절은 "섬들이 보고 두려워하며 땅 끝이 무서워 떨며 함께 모여 와서"라고 하고, 이사야 49장 1절에도 "섬들아 나를 들으라 원방 백성들아 귀를 기울이라 여호와께서 내가 태에서 나옴으로부터 나를 부르셨고 내가 어미 복중에서 나옴으로부터 내 이름을 말씀하셨으며"라고 한다.

여기서 '섬'은 히브리어로 '이'(אִי)라고 하여 '연안지대, 해안지대, 또한 불법의 예배, 부정의 예배, 편법의 예배'라는 뜻을 갖는다. 이것은 곧 바다도 아니고 땅도 아닌, 바다와 땅 사이에 있는 해안지대같이 하나님도 아니고 사단도 아닌 교회, 곧 "너희가 하나님과 재물을 겸하여 섬길 수 없느니라"(눅 16:13)라고 말씀하신 주님의 경고에 해당하는 교회들이다. 바로 이러한 교회들도 주님의 자리에서 세상의 자리, 사단의 자리로 옮길 것을 말한다.

그러므로 산과 섬이 제자리에서 옮겨진다는 것은 결국 주님 안에서 신령과 진정으로 예배드리지 아니하고 불법과 부정과 편법으로 예배드리면서 하나님과 세상을 함께 쥐고 있는 교회들을 향한 주님의 경고이며 계시이다.

주님은 진노의 큰 날이 이를 것을 경고하신다. 그 대상자는 "땅의 임금들과 왕족들과 장군들과 부자들과 강한 자들과 각 종과 자주자"(계 6:15)라고 한다. 이들이 누구이며 이들은 왜 굴과 바위틈에 숨어서 "산과 바위에게 이르되 우리 위에 떨어져 보좌에 앉으신 이의 낯에서와 어린양의 진노에서 우리를 가리우라"(계 6:16)라고 할까?

이들은 바로 우상을 섬기는 자들이다.

이사야 2장 5-11절을 보면 "야곱 족속아 오라 우리가 여호와의 빛에 행하자 주께서 주의 백성 야곱 족속을 버리셨음은 그들에게 동방 풍속이 가득하며 그들이 블레셋 사람같이 술객이 되며 이방인으로 더불어 손을 잡아 언약하였음이라 그 땅에는 은금이 가득하고 보화가 무한하며 그 땅에는 마필이 가득하고 병거가 무수하며 그 땅에는 우상도 가득하므로 그들이 자기 손으로 짓고 자기 손가락으로 만든 것을 공경하여 천한 자도 절하며 귀한 자도 굴복하오니 그들을 용서하지 마옵소서 너희는 바위 틈에 들어가며 진토에 숨어 여호와의 위엄과 그 광대하심의 영광을 피하라 그날에 눈이 높은 자가 낮아지며 교만한 자가 굴복되고 여호와께서 홀로 높임을 받으시리라"라고 말씀한다.

교회 안에 야곱 족속과 같이 선택함을 받은 하나님의 사람들이 말세에는 우상으로 가득 차 있어 이들에게 진노가 내릴 것이라는 말이다. 임금과 왕들로부터 시작하여 종과 자주자에게 이르기까지 모든 사람들이 자신들이 만든 우상을 섬기고 굴복할 것이다. 하나님은 여호와 하나님을 버리고 이처럼 이 우상과 함께하는 모든 자들의 교만을 낮추고 이들로부터 우상을 제거하기를 원하신다.

그래서 이사야 2장 12-22절은 "대저 만군의 여호와의 한 날이 모든 교만자와 거만자와 자고한 자에게 임하여 그들로 낮아지게 하고 또 레바논의 높고높은 모든 백향목과 바산의 모든 상수리나무와 모든 높은 산과 모든 솟아오른 작은 산과 모든 높은 망대와 견고한 성벽과 다시스의 모든 배와 모든 아름다운 조각물에 임하리니 그날에 자고한 자는 굴복되며 교만한 자는 낮아지고 여호와께서 홀로 높임을 받으실 것이요 우상들은 온전히 없어질 것이며 사람들이 암혈과 토굴로 들어가서 여호와께서 일어나사 땅을 진동시키시는 그의 위엄과 그 광대하심의 영광을 피할 것이라 사람이 숭배하려고 만들었던 그 은 우상과 금 우상을 그날에 두더쥐와 박쥐에게 던지고 암혈과 험악한 바위틈에 들어가서 여호와께서 일어나사 땅을 진동시키시는 그의 위엄과 그 광대하심의 영광을 피하리라 너희는 인생을 의지하지 말라 그의 호흡은 코에 있나니 수에 칠 가치가 어디 있느뇨"라고 말씀한다.

하나님은 모든 자들, 곧 백향목 같은 자들과 상수리나무같이 크고 위대한 자들로부터 이 땅의 높은 산과 솟아오른 작은 산, 높아진 망대와 성벽, 아름다운 조각물에 이르기까지 교만한 자는 낮아지고 굴복될 것을 말씀하고 있다. 여섯째 인은 바로 이렇게 세상에서 높아진 자들의 교만을 낮추시고 그들 속에 있는 우상을 버리게 하기 위하여 땅을 진동시키실 것을 경고하고 있다.

여기서 땅을 진동시킨다는 것은 지진을 말하는 것이 아니다. 흙으로 만들어진 우리의 육체를 진동시킨다는 것으로, 하나님의 심판의 시간이 다가옴을 느끼므로 우리의 마음과 육체가 느끼는 진동, 곧 디스트레스(Distress)라는 마음의 환난을 말한다.

그때가 되면 우상과 금 우상같이 가장 소중하게 여겼던 물질이 소용없음을 깨닫고 두더쥐와 박쥐에게 던지고, 생명을 얻기 위하여 암혈과 토굴, 바위틈에 피하여 들어가서 여호와의 진노의 큰 날이 지나가기까지 기다릴 것이라고 말한다.

그렇다면 "굴과 산 바위틈에 숨어 산과 바위에게 이르되 우리 위에 떨어져"라는 표현은 무엇을 말하려는 것일까? 이것은 바로 그들이 섬기던 우상과 우상의 제단이 있던 곳이다. 우리의 조상들은 굴속에 또한 산과 바위틈에 자신들이 섬기는 우상을 놓고 그곳에 가서 절하며 제단을 쌓아 왔다. 그래서 이 우상들에게 자신들을 숨기고 하나님과 어린양의 진노로부터 자기들을 가리라고 말하는 것이다.

이와 같이 우상을 섬기는 자들은 자신들이 섬기던 우상이 하나님의 진노로부터 자신들을 지켜줄 것을 바라고 믿는 어리석은 자들임을 보여 준다.

하나님의 진노의 큰 날은 이미 우리에게 다가와 있다. 이 시간 속에서 하나님은 우리에게 높아지고 교만한 모든 것을 내려놓으라 하신다. 또한 모든 금 우상과 은 우상같이 우리가 소중히 여겼던 물질의 우상을 버리라고 말씀한다.

특히 교회 안에 하나님의 종들과 백성들에게 더욱 이것을 요구하신다. 하나님의 진노의 큰 날에는 세상의 모든 것, 곧 우리가 우상처럼 소중하게 여겼던 모든 것들이 아무 가치가 없다는 것을 알게 될 것이라는 말씀이다. 이 모든 말씀을 통해 지금은 바로 여섯째 인의 시간임을 명심하고 깨달아야 한다.

성령론적 요한계시록

I

REVELATION

제7장

(Revelation 7)

계 7:1 이 일 후에 내가 네 천사가 땅 네 모퉁이에 선 것을 보니 땅의 사방의 바람을 붙잡아 바람으로 하여금 땅에나 바다에나 각종 나무에 불지 못하게 하더라

⬇

계 7:17 이는 보좌 가운데 계신 어린양이 저희의 목자가 되사 생명수 샘으로 인도하시고 하나님께서 저희 눈에서 모든 눈물을 씻어 주실 것임이러라

1. 인 맞은 종 십사만 사천

계 7:4 내가 인 맞은 자의 수를 들으니 이스라엘 자손의 각 지파 중에서 인 맞은 자들이 십사만 사천이니

이 일은 여섯째 인 속에서 일어나는 사건으로 천사들이 등장한다. 이제 하나님의 계획이 시작된다.

땅의 사방 바람을 붙잡고 있는 땅 모퉁이에 선 네 천사가 나타난다. 바람을 붙잡고 있다는 것이 무엇일까? '바람'은 '아네모스'(ἄνεμος)

라고 하여 '숨을 쉰다, 바람이 불다'에서 유래된 말로 '교훈의 풍조, 사조, 바람, 공허'라는 뜻이다.

땅의 네 모퉁이에서 천사들이 붙들고 있는 바람은 세계 속에 태풍 같이 몰아칠 공허한 교훈과 사조의 풍조들이다. 곧 인터넷과 스마트폰들을 통한 거짓과 헛되고 공허한 풍조를 말한다. 현재는 이러한 풍조가 세계를 뒤덮고 있어서 이미 여섯째 인의 시간을 넘어 일곱째 인 속에 있음을 발견할 수 있다.

이러한 것들은 문화와 생활의 풍조로 우리의 마음과 생각이 하나님의 교회와 말씀 앞으로 가는 길에서 막고 방향을 전환시키는 사단의 최후의 수단이다. 또한 적그리스도의 어둠의 세력들이 만들어 가는 비밀한 교훈과 사조들로 아직 세상에 본격적으로 나타나지 않게 막는 천사의 명령으로 보인다.

그러므로 주님은 천사에게 명하여 "바람으로 하여금 땅에나 바다에나 각종 나무에 불지 못하게 하더라"(계 7:1)라고 하신다. 이는 앞으로 짐승이 올라오는 땅과 바다 곧 세상뿐 아니라 각종 나무라는 표현의 하나님의 사람들에게도 불지 못하게 한다는 말이다.

그러면 하나님의 종들의 이마에 인 치기까지 천사들에게 바람을 붙잡고 있으라는 시간은 어느 때일까? 이 시간이 곧 종들의 이마에 인을 치는 시간이고 인 치는 일이 끝나야 네 모퉁이의 천사들이 붙잡고 있는 바람을 놓을 것이기 때문이다.

이 시간은 일곱째 인이 떼어지기 전까지의 시간으로 본다. 교회시대의 일곱 교회 중 마지막 교회인 라오디게아 교회가 끝나는 시간으로 해석해야 한다. 왜냐하면 이방인에게 주었던 교회 시대가 끝이

나고 충만한 수가 채워지면 다시금 복음이 이스라엘로 들어갈 것을 말씀하고 있기 때문이다.

로마서 11장 25-27절에 "형제들아 너희가 스스로 지혜 있다 함을 면키 위하여 이 비밀을 너희가 모르기를 내가 원치 아니하노니 이 비밀은 이방인의 충만한 수가 들어오기까지 이스라엘의 더러는 완악하게 된 것이라 그리하여 온 이스라엘이 구원을 얻으리라 기록된 바 구원자가 시온에서 오사 야곱에게서 경건치 않은 것을 돌이키시겠고 내가 저희 죄를 없이 할 때에 저희에게 이루어질 내 언약이 이것이라 함과 같으니라"라고 말씀한다. 교회를 통한 이방인의 충만한 수와 언약의 백성인 이스라엘을 통한 마지막 시대의 남은 자들이 하나 되는 것이 하나님의 뜻임을 성경은 말하고 있다.

그러므로 하나님의 인을 맞은 종들 144,000인은 이방인과 이스라엘의 남은 자들로 구성될 것이다. 이것에 대하여 세대주의 종말을 가르치는 자들은 144,000인이 오직 유대인들이라고 말하는데, 이것은 하나님의 말씀을 깨닫지 못한 소치이다. 이것에 대하여 우리는 먼저 구약의 말씀을 살펴보아야 한다.

민수기 31장은 미디안에게 복수하라는 하나님의 명령이다. 왜 하나님은 모세에게 미디안에게 복수하라는 명령을 내리시는 것일까? 그것도 싸움에 나갈 만한 이스라엘 백성들의 남자들을 다 보내는 것이 아니고 각 지파에서 1천 명씩을 뽑아 열두 지파에 총 1만 2천 명 만을 보내라고 하시니 말이다.

미디안은 '심판'이라는 뜻으로 마지막 시대 하나님의 심판에 참여하는 이스라엘 백성들을 말한다. 지금 이스라엘 안의 유대인들을 볼 때 이들 속에서 하나님의 인을 맞은 종들로 144,000인은 불가능하다는 사실을 먼저 이해해야 한다. 계시록 14장에 144,000인이 누구인지에 대하여 자세히 기록되어 있기 때문이다.

계시록 14장 1-5절은 "또 내가 보니 보라 어린양이 시온산에 섰고 그와 함께 십사만 사천이 섰는데 그 이마에 어린양의 이름과 그 아버지의 이름을 쓴 것이 있도다 내가 하늘에서 나는 소리를 들으니 많은 물소리도 같고 큰 뇌성도 같은데 내게 들리는 소리는 거문고 타는 자들의 그 거문고 타는 것 같더라 저희가 보좌와 네 생물과 장로들 앞에서 새 노래를 부르니 땅에서 구속함을 얻은 십사만 사천 인밖에는 능히 이 노래를 배울 자가 없더라 이 사람들은 여자로 더불어 더럽히지 아니하고 정절이 있는 자라 어린양이 어디로 인도하든지 따라가는 자며 사람 가운데서 구속을 받아 처음 익은 열매로 하나님과 어린양에게 속한 자들이니 그 입에 거짓말이 없고 흠이 없는 자들이더라"라고 말씀하고 있다.

이 말씀 속에서 이들의 신분이 여자로부터 더럽히지 않았다는 것을 발견할 수 있다. 여기서 여자는 교회를 말하는 것으로 타락하고 변질된 교회로부터 더럽히지 않고 정절을 지킨 자들을 일컫는다.

유대인들은 교회 속에서 자라온 자들이 아니라 오직 율법 가운데 있던 자들로, 이 중에서 메시아닉 쥬라고 하는 그리스도를 믿는 유대인들도 마지막 종말에 기적같이 주님을 만나 예수 안으로 들어오게 된다. 바로 이렇게 끝까지 남은 자들을 열왕기상 19장 18절은 "그러나 내가 이스라엘 가운데 칠천 인을 남기리니 다 무릎을 바알에게 꿇지 아니하고 다 그 입을 바알에게 맞추지 아니한 자니라"라고 말씀함으로 남은 자에 대한 기록을 전한다.

바울도 로마서 11장 4-5절에서 "저에게 하신 대답이 무엇이뇨 내가 나를 위하여 바알에게 무릎을 꿇지 아니한 사람 칠천을 남겨 두었다 하셨으니 그런즉 이와 같이 이제도 은혜로 택하심을 따라 남은 자가 있느니라"라고 말씀하고 있다.

복음이 교회 시대로부터 이스라엘로 들어가면 바로 이와 같이 은혜로 남은 자들이 있을 것이라고 성경이 우리에게 알려 준다.

여기서 말씀하는 칠천 인도 숫자적인 칠천 명을 말하는 것이 아니라 야곱의 환난을 지나 마지막까지 남은 많은 수의 이스라엘 백성들을 온전하고 완전하게 구원하신다는 의미로 해석해야 한다. 그러므로 이스라엘의 유대인 곧 육체적 유대인들 속에서 하나님의 인을 맞을 십사만 사천에 속한 하나님의 종들은 민수기 31장에서 각 지파에 1천 인씩 도합 1만 2천 명이며, 이것이 마지막 심판 때에 이루어질 하나님의 약속이다.

주님은 계시의 말씀을 유대인들이 아닌 일곱 교회에게 주셨으며 또한 일곱 사도들에게 전한 말씀이다. 계시록 7장에서 유대인의 지파로 기록되어 있다고 이방인들과는 상관없는 말씀으로 받아들인다면 이것은 성경과 하나님의 뜻을 분별하지 못하는 어리석은 소치이다.

계시록은 주님의 재림, 곧 심판을 앞에 두고 일어날 일들에 대한 기록이다. 하나님은 복음의 증거에 유대인을 사용하셨지만 마지막 종말의 심판 때는 교회를 통해서 나온 많은 이방인들을 사용하실 것이다.

그리고 하나님의 인을 맞은 십사만 사천 인이 특별한 이유는, 육체적으로는 이방인이지만 이 안에 들어간 십삼만 이천(132,000)인의 이방인들을 유대인의 지파로 부르고 있다. 이것은 돌감람나무인 우리가 참감람나무에 접붙임을 받았다고 하는 말씀과도 상통한다. 로마서 11장 17절은 "또한 가지 얼마가 꺾여졌는데 돌감람나무인 네가 그들 중에 접붙임이 되어 참감람나무 뿌리의 진액을 함께 받는 자 되었은즉"이라고 말씀한다.

또한 로마서 2장 28-29절은 "대저 표면적 유대인이 유대인이 아니요 표면적 육신의 할례가 할례가 아니라 오직 이면적 유대인이 유대인이며 할례는 마음에 할지니 신령에 있고 의문에 있지 아니한 것이라 그 칭찬이 사람에게서가 아니요 다만 하나님에게서니라"라고 기록하고 있다.

이렇게 되는 것은 하나님의 예정된 뜻 가운데서 이미 정하신 것인데, 바울은 에베소서 1장 9-10절을 통하여 "그 뜻의 비밀을 우리에게 알리셨으니 곧 그 기쁘심을 따라 그리스도 안에서 때가 찬 경륜을 위하여 예정하신 것이니 하늘에 있는 것이나 땅에 있는 것이 다 그리스도 안에서 통일되게 하려 하심이라"라고 말씀하고 있다.

이것은 하나님 안에서는 이미 예수 그리스도를 통하여 유대인이나 이방인이 하나로 통일되게 하려는 예정이 있었다는 것이고, 바로 이것을 비밀이라고 한다.

우리의 의식 속에 유대인들과 이방인들을 분리하고 구분하려는 생각은 가톨릭의 예수회가 만든 계획적이고 의도적인 종말론이며, 이것이 오늘의 개신교의 세대주의 종말론이 되어 오랫동안 교회 안에서 자리 잡았기 때문이다.

우리가 구분해야 하는 것은 자칭 유대인이라 하는 자들로 이들은 자신들이 육체적인 유대인이라고 주장은 하지만 예수 그리스도와는 무관하며 하나님 안에서는 절대로 하나가 될 수 없는 자들이다. 스가랴서 13장 8-9절에서처럼 "여호와가 말하노라 이 온 땅에서 삼분지 이는 멸절하고 삼분지 일은 거기 남으리니 내가 그 삼분지 일을 불 가운데 던져 은같이 연단하며 금같이 시험할 것이라 그들이 내 이름을 부르리니 내가 들을 것이며 나는 말하기를 이는 내 백성이라 할 것이요 그들은 말하기를 여호와는 내 하나님이시라 하리라" 하는 말씀처럼 불 가운데 던져져 은같이 금같이 연단된 자들만이 하나님의 백성이라 하며, 이들은 예수 그리스도를 통하여 이방인과 연합된 자들이 된다.

그래도 우리 안에는 어떻게 이방인인 우리가 유대인의 지파에 포함될 수 있는가 하는 질문이 생길 수 있다.

이사야 56장 6-8절에는 "또 나 여호와에게 연합하여 섬기며 나 여호와의 이름을 사랑하며 나의 종이 되며 안식일을 지켜 더럽히지 아니하며 나의 언약을 굳게 지키는 이방인마다 내가 그를 나의 성산으로 인도하여 기도하는 내 집에서 그들을 기쁘게 할 것이며 그들의 번제와 희생은 나의 단에서 기꺼이 받게 되리니 이는 내 집은 만민의 기도하는 집이라 일컬음이 될 것임이라 이스라엘의 쫓겨난 자를 모으는 주 여호와가 말하노니 내가 이미 모은 본 백성 외에 또 모아 그에게 속하게 하리라 하셨느니라"라고 말씀하고 있다.

이스라엘의 본 백성들 외에 이방인들을 또 모아서 그들에게 속하게 한다는 것이다.

'속한다'는 말은 히브리어로 '카바츠'(קָבַץ)라고 하여 '조립하다, 모으다, 소집하다, 더미에 쌓다'라는 뜻이다. 유대인들과 이방인들을 한데 모아 소집하고 조립하며 더미에 쌓는다는 말이다.

이마에 인 침을 맞은 하나님의 종 십사만 사천은 마지막 종말에 사단과 그의 군사들과 이 땅에서 싸울, 특별히 선택된 하나님의 군사들이다.

그러므로 이들은 모세의 노래와 어린양의 노래인 새 노래를 부르는 자들로 에베소서 6장 11-13절의 "마귀의 궤계를 능히 대적하기 위하여 하나님의 전신갑주를 입으라 우리의 씨름은 혈과 육에 대한 것이 아니요 정사와 권세와 이 어두움의 세상 주관자들과 하늘에 있는 악의 영들에게 대함이라 그러므로 하나님의 전신갑주를 취하라 이는 악한 날에 너희가 능히 대적하고 모든 일을 행한 후에 서기 위함이라"는 말씀의 주인공들이다.

에스겔 선지자는 가는 베옷을 입고 서기관의 먹 그릇을 찬 사람에게 명하여 "이르시되 너는 예루살렘 성읍 중에 순행하여 그 가운데서 행하는 모든 가증한 일로 인하여 탄식하며 우는 자의 이마에 표하라 하시고 나의 듣는데 또 그 남은 자에게 이르시되 너희는 그 뒤를 좇아 성읍 중에 순행하며 아껴 보지도 말며 긍휼을 베풀지도 말고 쳐서 늙은 자와 젊은 자와 처녀와 어린아이와 부녀를 다 죽이되 이마에 표 있는 자에게는 가까이 말라 내 성소에서 시작할지니라 하시매 그들이 성전 앞에 있는 늙은 자들로부터 시작하더라"(겔 9:4-6)라고 말씀한다.

이 말씀은 계시록 9장 4절의 다섯 번째 나팔에서 나타난 현상과 동일한데 "저희에게 이르시되 땅의 풀이나 푸른 것이나 각종 수목은 해하지 말고 오직 이마에 하나님의 인 맞지 아니한 사람들만 해하라 하시더라"는 말씀과 같다.

이 말씀들을 비교해 보면 계시록에서 하나님의 종들을 이마에 인 맞은 종과 인 맞지 아니한 종들로 구분하고 있다. 인 맞은 종들, 곧 이마에 표를 한 사람들은 예루살렘 가운데 행하는 모든 가증한 일로 인하여 탄식하며 우는 자들이라고 명시하고 있다. 바로 이것은 마지막 종말의 종들이 예루살렘이 곧 교회 안에서 일어나는 가증한 일에 탄식하며 우는 자들이 되어야 한다는 것을 말한다. 하나님은 이런 종들의 이마에 하나님의 인을 치라고 하는 것이다.

진리가 사라지고 오히려 우상의 집이 되어 버린 교회를 보면서도 마음에 아무것도 느끼지 못한다면 이는 하나님의 종이라 할 수 없다. WCC와 WEA와 같은 거대한 교회협의회들과 한 짝이 되어서 종교 다원주의라는 종교 통합의 길로 나아가는 교회들, 그들이 추진하는 동성애법, 차별금지법, 낙태법을 추진하는 교회와 종들은 분명히 하나님의 인을 받지 못할 것이다.

[표32]

십사만 사천(144,000)		구성(이스라엘의 12지파의 이름)
* 이마에 하나님의 인을 맞은 종들 * 종말에 사단의 종들과 싸울 하나님의 군대 * 교회의 가증함을 보고 탄식하며 우는 자들	☞	이스라엘 각지파 1천 명씩 12,000인 이방인 교회로부터 132,000인 ――――――― 144,000인

2. 큰 환난에서 나오는 자들

계 7:14 내가 가로되 내 주여 당신이 알리이다 하니 그가 나더러 이르되 이는 큰 환난에서 나오는 자들인데 어린양의 피에 그 옷을 씻어

희게 하였느니라

하나님의 종들의 이마에 인 치는 일이 끝난 후에 각 나라와 족속과 백성과 방언에서 아무라도 능히 셀 수 없는 큰 무리가 흰옷을 입고 보좌 앞과 어린양 앞에 서서 구원하심에 감사하는 찬송을 부르고 있다. 이 구원은 이방인 교회로부터 나오는 하나님의 백성들이다. 이들은 앞으로 큰 환난을 지나 어린양의 생명수 샘으로 인도 받을 것이고, 하나님은 그들 위에 장막을 치실 것이라고 한다.

이 사건은, 예수 그리스도의 피로 속죄를 받은 교인들로 일곱째 인이 열리기 전 이미 하나님과 어린양에게 구원을 받은 자들이지만 환난 후에 이루어질 미래적 약속에 들어갈 자들에 대한 이야기다.

이 사건은 완성된 사건이 아니라 구원받을 백성들에게 앞으로 이루어질 사건에 대한 기록이다. 장로는 그래서 장로들이 "이 흰옷 입은 자들이 누구며 또 어디서 왔느뇨"(계 7:13)라고 묻는 것이다. 본격적인 환난은 일곱째 인이 떼어져야 시작되기 때문이다.

15-17절에서 '장막을 치실 것과 뜨거운 기운에 상하지 아니할 것과 생명수 샘으로 인도하실 것과 눈물을 씻어주실 것'에서 모든 시제가 미래시제로 되어 있는 것은 현재적인 사건이 아니라 앞으로 환난을 통과하고 나온 후에 하나님과 어린양이 그들에게 행하실 일들을 기록하고 있기 때문이다.

이들은 계시록 10장 11절의 "저가 내게 말하기를 네가 많은 백성과 나라와 방언과 임금에게 다시 예언하여야 하리라"는 말씀처럼 작은 책의 말씀을 들을 자들이고, 성도들의 인내를 지킨 자들이며, 또한 계시록 15장 2절에서 "또 내가 보니 불이 섞인 유리바다 같은 것이 있고 짐승과 그의 우상과 그의 이름의 수를 이기고 벗어난 자들이 유리바다 가에 서서 하나님의 거문고를 가지고"라고 하듯 짐승과 그의 우상의 이름의 수를 이기고 벗어난 자들이다.

하나님과 어린양에게는 이미 십사만 사천의 이마에 하나님의 인을 맞을 종들과 하나님의 군대들과 함께하며 이들을 도와 마지막 사단과의 싸움에서 승리하도록 도움을 주는 하나님의 백성들이 있다. 바로 이들이 환난에서 나오는 자들인데, 이들은 7년의 환난 기간 동안 십사만 사천과 동행하며 그들의 사역을 돕게 된다.

마치 바울의 전도 사역에 바울을 도와 동행했던 많은 하나님의 사람들처럼, 이 땅에서 하나님의 군대와 마귀의 군대의 최후의 싸움에서 환난의 기간이 끝나기까지 십사만 사천의 하나님의 군대를 지원하며 함께할 것이다.

하나님과 어린양은 이미 환난에 들어가기 전에 세계 속의 이방인 교회들로부터 이들을 준비시켜 왔다. 시험과 훈련의 과정을 거쳐 여섯째 인이 떼어지는 때에 앞으로 나타날 인 맞은 하나님의 군대와 그들을 둘러싼 백성들이 드러날 것이다.

[표33]

<table>
<tr><td rowspan="2">여섯째
인
(준비)</td><td>십사만 사천 – 하나님의
군대</td><td rowspan="2">일곱째
인
(환난)</td><td>정사, 권세, 어둠의 세상 주관자들
대항, 전신갑주 입음</td></tr>
<tr><td>이방인 교회 – 흰옷을
입은 자들
환난에 들어갈 자들</td><td>하나님의 군대를 돕는 자들
군대와 함께 환난을 통과 하는 자들</td></tr>
</table>

성령론적 요한계시록

I

R E V E L A T I O N

제8장

(Revelation 8)

계 8:1 일곱째 인을 떼실 때에 하늘이 반시 동안쯤 고요하더니

⬇

계 8:13 내가 또 보고 들으니 공중에 날아가는 독수리가 큰 소리로 이르되 땅에 거하는 자들에게 화, 화, 화가 있으리로다 이외에도 세 천사의 불 나팔 소리를 인함이로다 하더라

일곱째 인은 교회사의 가장 끝에 열리는 마지막 인으로, 이 일곱째 인 안에 다니엘서 9장 27절에 나타난 "그가 장차 많은 사람으로 더불어 한 이레 동안의 언약을 굳게 정하겠고 그가 그 이레의 절반에 제사와 예물을 금지할 것이며 또 잔포하여 미운 물건이 날개를 의지하여 설 것이며 또 이미 정한 종말까지 진노가 황폐케 하는 자에게 쏟아지리라 하였느니라"는 말씀 안에 있는 바로 한 이레의 언약의 시간이 들어 있다.

곧 하나님의 교회와 백성들이 통과해야 할 7년 환난의 시간이며, 누가복음 21장 35절의 말씀처럼 "이날은 온 지구상에 거하는 모든 사람에게 임하리라"라고 하는 날이다. 또한 마태복음 24장 15절에서

"그러므로 너희가 선지자 다니엘의 말한바 멸망의 가증한 것이 거룩한 곳에 선 것을 보거든 (읽는 자는 깨달을진저)"라고 하는 멸망의 가증한 것, 곧 미운 물건이 거룩한 곳에 서는 시간이다.

일곱째 인이 떼어지는 시간에는 우리가 상상하지 못했던 수많은 일과 사건들이 나타난다. 누가복음 21장 26절과 같이 "사람들이 세상에 임할 일을 생각하고 무서워하므로 기절하리니 이는 하늘의 권능들이 흔들리겠음이라"라고 말하는 것과 같다.

지금 우리는 바로 일곱째 인이 떼어진 시간 속에 살아가고 있음을 깨달아야 한다. 2020년 초부터 발생한 코로나 바이러스 팬데믹 사건을 통해서 우리의 삶과 생활이 얼마나 변화되었는지 세계가 이미 깨닫고 있으며, 이 사건을 통하여 교회 예배의 압박과 폐쇄라는 전무후무한 경험을 하고 있다. 또한 바이러스로부터 보호한다는 백신주사를 맞아야 하나 말아야 하나를 놓고 특히 하나님의 백성들은 심각한 갈등 속에 빠질 수밖에 없다. 이런 것들은 우리가 존재하는 시간이 일곱째 인이 떼어진 시간임을 말해 주는 확실한 현상들이다.

이러한 현상에 대하여 이제 세상에는 두 부류의 서로 다른 생각을 가진 사람들이 살아간다. 하나는 세상의 환경과 현실에 적응하며 살아가려고 하는 사람들이고, 다른 하나는 이러한 현상들이 주님의 재림을 앞두고 일어나는 환난의 시작이라는 생각을 가지고 이에 대항하여 이기고 극복하며 하나님의 말씀 안에서 살아가려고 하는 자들이다. 후자의 사람들은 분명 하나님의 백성들로 주님의 재림을 믿고 사모하는 사람들이다.

이 일곱째 인 안에는 일곱 천사의 손에 일곱 나팔이 들려 있어 나팔이 불릴 때마다 새로운 사건과 일들이 발생한다.

그러므로 계시록에서 나팔이 불리기 전인 7장까지가 환난을 위한 준비의 시간이라면, 8장 이후부터는 본격적인 환난의 시작이라고 보아야 한다.

먼저 본 절은 "일곱째 인을 떼실 때에 하늘이 반시 동안쯤 고요하더니"(계 8:1)라며 시작한다. 그리고 하늘 성소의 향단에 천사가 성도의 기도를 담아 보좌 앞 금단에 드리는 장면이 출현하고, 하나님은 이 성도의 기도를 흠향하고 계시고 있다.

공의의 하나님은 무슨 일이든 이 땅에 행하시기 전에 먼저 그에 합당한 양이 찼는가 무게를 재신다.

곧 성도들의 기도의 양이 찼을 때를 말한다. 원래 이 기도는 제사장이 성소 안에서 속죄소 앞 향단에 피우는 거룩한 향을 의미한다. 이 성도의 기도는 다섯째 인을 뗄 때에 하늘의 보좌 앞에서 하나님의 말씀과 그리스도의 증거로 인하여 목 베임을 당한 자들의 땅에 거하는 자들을 심판하여 달라는 신원의 기도가 아니다. 환난의 시간이 다가왔으므로 하나님의 교회와 백성들에게 나팔을 불어서 깨우라고 하는 청원의 기도다.

왜냐하면 구약에서 하나님의 나팔은 민수기 10장에서 하나님의 백성들을 위하여 불린 것이다. 그들을 소집하고 진행할 때, 대적을 치러 나갈 때, 그리고 "너희 희락의 날과 너희 정한 절기와 월삭에는 번제물의 위에와 화목제물의 위에 나팔을 불라"(민 10:10)라고 했기 때문이다.

하나님이 천사들을 통하여 나팔을 부는 것은 적을 위해서가 아니라 이 나팔 소리를 듣고 깨어서 주님을 맞을 준비를 하라는 것으로, 하나님의 은혜와 자비의 나팔로 이해해야 한다. 많은 사람들은 이 나팔을 재앙의 나팔로 생각해 왔는데 이러한 이론도 특히 세대주의 종말론으로부터 왔다고 본다.

복음서에서 마지막 종말의 징조에 대하여 묻는 제자들의 질문에 주님은 "너희가 사람의 미혹을 받지 않도록 주의하라"(마 24:4)라고 말씀하신다. 일곱째 인이 떼어지고 나팔이 불리기 시작하는 때부터 사단과 마귀의 세력들은 사람, 곧 거짓 종들과 선지자들의 미혹을 통하여 수많은 종들과 백성들을 주님으로부터 떨어져 나가게 할 것이기 때문이다.

그래서 주님은 이들 사단과 협잡한 거짓 종들의 실체를 하나하나 나팔을 통하여 드러내어 하나님의 종들과 백성들로 하여금 이들에게 미혹 당하지 않게 하시려는 것이다.

고린도후서 11장 14-15절에서도 "이것이 이상한 일이 아니라 사단도 자기를 광명의 천사로 가장하나니 그러므로 사단의 일꾼들도 자기를 의의 일꾼으로 가장하는 것이 또한 큰일이 아니라 저희의 결국은 그 행위대로 되리라"라고 말씀하고 있다. 이것은 바울의 고백처럼 "우리로 사단에게 속지 않게 하려 함이라 우리가 그 궤계를 알지 못하는 바가 아니로라"(고후 2:11) 함을 깨닫게 하려는 것이다.

그러므로 본 절에서 하늘이 반시 동안 고요했다는 것은 하나님의 성소의 향단에 성도의 기도를 올리고 하나님이 그 기도를 흠향하는 시간일 것이다. "천사가 향로를 가지고 단 위의 불을 담아다가 땅에 쏟으매 뇌성과 음성과 번개와 지진이 나더라”(계 8:5)라는 성도의 기도에 대한 하나님의 응답이 떨어진 것으로 이해한다.

1. 첫째 나팔

계 8:6 일곱 나팔 가진 일곱 천사가 나팔 불기를 예비하더라
계 8:7 첫째 천사가 나팔을 부니 피 섞인 우박과 불이 나서 땅에 쏟아지매 땅의 삼분의 일이 타서 사위고 수목의 삼분의 일도 타서 사위고 각종 푸른 풀도 타서 사위더라

앞에 여섯째 인에서는 하나님의 종들의 이마에 인 치기까지 땅 네 모퉁이의 천사에게 명하여 “바람으로 하여금 땅에나 바다에나 각종 나무에 불지 못하게 하더라”(계 7:1)라는 말씀으로 땅과 바다와 각종나무를 보호하였다. 일곱째 인이 떼어지고 첫째 나팔이 불리면서 나타나는 현상이 있다. 피 섞인 우박이 떨어지고 불이 나서 땅과 수목의 삼분의 일이 타서 사위고 푸른 풀도 타는 무서운 현상이 나타난다.

여기서 말하는 하늘에서 땅에 쏟아지는 피 섞인 우박과 불은 무엇인가?

원래 우박은 하나님의 진노의 표징 중 하나다. 출애굽기 9장에서는 애굽에 내린 열 개의 재앙 중에 일곱 번째 재앙이 우박 재앙이다.

일곱 번째 재앙을 보면 “이제 보내어 네 생축과 네 들에 있는 것을 다 모으라 사람이나 짐승이나 무릇 들에 있어서 집에 돌아오지 않은 자에게는 우박이 그 위에 내리리니 그것들이 죽으리라 하셨다

하라 하시니라 바로의 신하 중에 여호와의 말씀을 두려워하는 자들은 그 종들과 생축을 집으로 피하여 들였으나 여호와의 말씀을 마음에 두지 아니하는 자는 그 종들과 생축을 들에 그대로 두었더라" (출 9:19-21)라고 말한다.

우박 재앙에서 여호와의 말씀을 두려워하는 자와 두려워하지 아니하는 자로 나뉨을 알 수 있다. 출애굽기에 하나님이 내리시는 재앙은 멸망을 위한 재앙이 아니다. 하나님은 그 가운데서도 구원을 함께 베풀고 계신다.

그러므로 첫째 나팔 속에는 나팔 소리를 마음으로 듣고 피하며 준비하는 자에게는 구원이 있고, 주님의 나팔 소리를 마음으로 받지 아니하는 자에게는 죽음이 있다.

이 말씀 속에서 교회와 백성들을 위한 하나님의 마음을 살펴볼 필요가 있다.

먼저 '피'는 헬라어로 '하이마'(αἷμα)라고 하여 '피, 대속적인 피, 생명, 핏빛, 피 흘림'을 상징한다. 이 피는 예수 그리스도가 십자가에서 우리에게 생명을 주시기 위하여 흘리신 보혈이다. 주님은 우박과 함께 '퓌르'(πῦρ)라고 하는 '맹렬한 불' 곧 성령의 불을 함께 보냄으로 이 땅의 백성들을 깨우신다.

그러므로 '불에 타서 사위었다'는 표현은 '성령의 불에 태움을 받았다'라는 의미로 보아야 하며, 하늘로부터 내려오는 피 섞인 우박과 불을 마음으로 받아 자신이 깨지고 태워졌음을 말하는 것이다.

번제단의 불에 번제를 드리는 이유가 자신의 모든 것을 태워 하나님이 흠향하시는 연기로 올려보낸다는 의미가 있듯이, 피 섞인 우박과 불로 인하여 태움을 받은 땅의 3분의 1과 수목의 삼분의 일과 각종 푸른 풀들을 여호와 하나님께서 흠향하시고 받으셨다는 뜻으로 이해해야 한다.

만약 여기서 불에 사위었다는 표현을 죽음이라는 저주와 멸망을 받은 것으로 해석한다면 하나님은 잔인한 하나님이 되고 계시록은 사망의 책이 되어 버린다. 그래서 자비하고 온유하며 사랑 그 자체이신 여호와 하나님의 이름을 더럽히고 추하게 만드는 일이 된다.

그러므로 하나님의 종들은 사단이 그동안 계시록을 어떻게 해석해 왔는가를 잘 생각해야만 한다. 될 수 있으면 사단은 하나님을 무서운 하나님, 자비와 용서가 없는 폭력의 하나님으로 소개하여 하나님의 곁을 떠나게 만들려는 수법이자 계략이며 음모라는 사실을 깨달아야 한다.

하나님은 이스라엘 백성들을 적으로부터 보호하고 지키기 위하여, 그들을 모으고 진행하기 위하여, 또한 하나님께 드리는 번제와 화목제의 제물 위에 제사장들로 하여금 나팔을 불도록 명하셨다. 지금도 동일하게 계시록의 나팔을 통하여 하나님의 백성들을 깨어나게 하고 대적으로부터 미혹을 당하지 않도록 백성들을 지키고 보호하려 하신다.

그러므로 주님의 종들은 백성들을 지키고 보호하기 위하여 나팔소리에 귀를 기울여야 하며, 나팔이 불릴 때마다 그 나팔의 의미가 무엇인지 성령의 도우심으로 깨달아야만 한다.

특히 계시록의 말씀은 영으로 계시하는 말씀이므로 육으로 받으면 안 된다. 곧 '피 섞인 우박과 불'이 하늘에서 내려오는 실제적이고 가시적인 것이 아니라 마음으로 떨어지는 피 섞인 우박과 불이라는 것이다. 이것을 받을 수 있는 사람은 나팔 소리를 들을 수 있는 사람이며, 귀로 듣는 것이 아니라 마음의 귀로 들어야 한다.

첫째 나팔 소리를 마음의 귀로 듣고 하나님이 이 땅에 보내는 피 섞인 우박과 불을 맞은 사람은 마음과 심령이 타서 재가 되고, 이런 사람은 영으로 살아난다.

또 한 가지 주의해야 할 것은 있다. 사단은 나팔 소리를 흉내 내어 많은 사람들로 하여금 직접 귀로 듣게 한다는 것이다. 이런 일은 세계 각 지역에서 2012년 이후 이미 진행되어 왔고, 이러한 과학 기술이 이미 많이 축적되어 있어 하프(HAARP)나 켐트레일(Chemtrail)을 사용하여 우주로부터 나팔 소리가 들리게 하는 미혹의 방법을 사용하고 있다는 데에도 주의해야 한다.

거듭 말하지만 하나님의 나팔 소리는 육신의 귀로 들리는 소리가 아니다. 오직 그 마음이 하나님을 향해 있고 주님의 재림을 사모하여 신부로서 준비된 사람들의 마음속에서 영적으로 들리는 소리다.

이것은 그 소리를 듣는 자들은 자신이 어떻게 주님의 재림을 위하여 기름 등불을 준비를 해야 하는가 또한 세상 속에 어둠의 세력들, 곧 적그리스도의 동태를 파악하고 그들이 어떻게 움직이고 있는가를 정확하게 분별하게 하려는 하나님의 뜻이다.

결국 하나님의 나팔 소리는 백성들을 사단의 세력이 점령한 세상으로부터 깨어나게 하기 위한 마지막 경고의 나팔이며 회개의 나팔이고 구원의 나팔로 인식해야 한다.

따라서 땅의 3분의 1은 세상, 곧 땅에 목적을 두고 살아가던 하나님의 자녀들이 그리스도 안으로 돌아온다는 것을 말하는 것이고,

수목의 삼분의 일은 하나님의 종들 중 삼분의 일이, 그리고 푸른 풀도 사위더라는 것은 살아 있는 하나님의 백성들이 주님 안으로 돌아온다는 말이다.

또한 이 시대가 되면 수많은 사람들이 비진리와 함께 거짓 미혹에 넘어가 죽어가고 있음을 표현하는 말씀이기도 하다. 미혹의 세계, 비진리의 세계로부터 삼분의 일은 주님 앞으로 돌아올 것을 의미하기도 한다.

말라기서 3장 17-18절에는 "만군의 여호와가 이르노라 내가 나의 정한 날에 그들로 나의 특별한 소유를 삼을 것이요 또 사람이 자기를 섬기는 아들을 아낌같이 내가 그들을 아끼리니 그때에 너희가 돌아와서 의인과 악인이며 하나님을 섬기는 자와 섬기지 아니하는 자를 분별하리라"라고 말씀하고 있으며, 스가랴서 13장 8-9절은 "여호와가 말하노라 이 온 땅에서 삼분지 이는 멸절하고 삼분지 일은 거기 남으리니 내가 그 삼분지 일을 불 가운데 던져 은같이 연단하며 금같이 시험할 것이라 그들이 내 이름을 부르리니 내가 들을 것이며 나는 말하기를 이는 내 백성이라 할 것이요 그들은 말하기를 여호와는 내 하나님이시라 하리라"라고 말씀한다. 정리하면 3분의 1을 불 가운데 던져 시험하고 연단한다는 것이다.

일곱째 인이 떼어지고 첫 나팔이 불릴 때 하나님은 '피 섞인 우박과 불'을 던져 7년 환난 속에 들어가 은같이 금같이 시험하고 연단할 삼분의 일이 온 세상으로부터 나올 것을 말씀하는 것이다.

2. 둘째 나팔

계 8:8 둘째 천사가 나팔을 부니 불붙는 큰 산과 같은 것이 바다에 던지우매 바다의 삼분의 일이 피가 되고

계 8:9 바다 가운데 생명 가진 피조물들의 삼분의 일이 죽고 배들의 삼분의 일이 깨어지더라

둘째 천사가 부는 나팔은 세상에서 일어날 일을 전한다.

바다는 계시록 13장 1절 "내가 보니 바다에서 한 짐승이 나오는데 뿔이 열이요 머리가 일곱이라 그 뿔에는 열 면류관이 있고 그 머리들에는 참람된 이름들이 있더라"는 말씀과 같이 짐승이 나오는 장소이다. 우리가 사는 이 세상을 바다 같다고 말하듯이 바다는 그 깊이를 알 수 없을 정도로 깊고 넓다.

하나님의 백성들을 물고기로 표현하는 것은 세상 속에 이리저리 헤엄쳐 다니는 모습을 상징하는 것이고, 주님이 베드로와 요한과 야고보를 제자로 삼으신 것도 이들이 바다에서 고기를 잡는 어부였기 때문이다. 마태복음 4장 19절에서 주님은 "말씀하시되 나를 따라오너라 내가 너희로 사람을 낚는 어부가 되게 하리라 하시니"라고 말씀하시므로 세상이라는 바다에서 사람을 낚는 어부가 되라고 하셨다.

"불붙는 큰 산과 같은 것이 바다에 던지우매"(계 8:8)라고 한다. 이것은 환난 시대에 바다, 곧 세상을 핏빛으로 붉게 물들일 큰 산 같은 나라를 말한다.

이 나라로 인하여 세상이 붉게 물들게 되는데, 일대일로(One Belt

& One Road)라는 작업을 통하여 세계를 공산화시키려는 중국 공산당을 말한다. 공산화된다는 것은 결국 교회와 하나님의 백성들이 살 수 없는 지옥의 땅으로 변하는 것이다. 이렇게 세상을 바꿈으로 세상에서 하나님의 백성의 씨를 말리려는 의도가 사단에 의하여 진행되는 것을 말한다.

이들의 사단의 전략에 해당하는 가장 대표적인 나라가 바로 한국과 미국의 복음주의 국가다. 이 두 나라의 공산주의화는 이 세상에서 하나님의 복음이 끝나는 것을 의미하며, 사단과의 싸움에서 하나님이 실패하게 하여 주님의 재림을 막으려는 사단의 계획과 음모다. 이런 관점에서 한국의 정치 상황이 중국과 밀착한 가운데 공산화의 길을 가는 것은 우연이 아니다. 또한 미국의 선거에 중국이 개입하여 국가의 민주체제를 바꾸어 사회주의화하고 공산화하려는 무서운 사단의 시도를 지금 우리는 눈으로 보고 있다.

이미 큰 산이 바다에 던져져 있어 세계를 공산화하려는 사단의 계획과 음모는 지금도 진행 중이라는 사실을 하나님의 종들은 깨달아야 한다.

현재 진행되는 세계적인 사건들에 중국이 항상 개입되어 있다. 미국은 트럼프 대통령(2018~2021) 때부터 사단을 대표하는 이 중국과의 치열한 싸움을 벌이고 있다. 사실 이 싸움은 외적인 것이라기보다는 마지막 종말을 향한 영적인 싸움이다.

이것을 바울은 에베소서 6장 11-13절에서 "마귀의 궤계를 능히 대적하기 위하여 하나님의 전신갑주를 입으라 우리의 씨름은 혈과 육에 대한 것이 아니요 정사와 권세와 이 어두움의 세상 주관자들과 하늘에 있는 악의 영들에게 대함이라 그러므로 하나님의 전신갑주를 취하라 이는 악한 날에 너희가 능히 대적하고 모든 일을 행한 후에 서기 위함이라"라고 말씀한다.

지금은 세계를 공산화하여 하나님의 백성들을 세상에서 청소하려는 세력들이 강력하게 활동하는 악한 날이다.

"바다 가운데 생명 가진 피조물들의 삼분의 일이 죽고 배들의 삼분의 일이 깨어지더라"(계 8:9)라고 한다. 여기서 생명을 가진 피조물이라고 했다.

'생명'은 '프쉬케'(ψυχή)로 '생명의 본질, 생명, 호흡, 영, 영혼, 마음'을 가리킨다. '피조물'은 '크티스마'(κτίσμα)라고 하여 '세우다, 만들어내다, 창조하다, 존재하게 되다'라는 '크티조'(κτίζω)라는 말에서 유래한 말로 '만들어진 것, 피조물, 지으신 것'이라는 뜻이다.

생명의 본질은 하나님이므로 하나님의 생명을 가진 마음으로 만들어지고 창조된 자, 곧 하나님의 형상으로 지어진 사람을 말한다. 세상에서 사람의 삼분의 일이 죽는다는 것인데, 아마 코로나 바이러스와 같은 온역과 전쟁 때문일 것이라고 생각한다.

마지막 종말의 시대에 사단을 대신해서 하나님을 대적하는 나라로 용의 나라 중국이 사용되고 있음은, 세계 속에서 행하는 중국의 악행들을 통해 우리 눈으로 분명히 보고 듣고 있다.

중국은 벌써부터 이러한 일을 계획한 자들이다. 이들과 함께하는 UN을 중심으로 한 딥스테이트 세력들은 1992년 브라질의 리우데자네이루에서 열린 세계환경개발회의 이후 어젠다 21(Agenda 21)을 통해 온실가스 배출 규제라는 명목으로 세계 인구의 감축을 논의한 사실은 이미 알려진 사실이다.

특별히 1980년에 세워진 미국 조지아주의 조지아 가이드 스톤에 세계 인구를 5억 명으로 유지하라는 8개국 언어로 적힌 돌비석이 있다는 사실은 종말을 살아가는 우리에게 커다란 관심의 대상이 된다.

"배들의 삼분의 일이 깨어지더라"(계 8:9)라고 한다.

'배들'은 바다를 항해하기 위해 필요한 것으로 '플로이온'(πλοῖον)이라고 하며 '배타고 가다, 항해하다'라는 뜻의 '플레오'(πλέω)라는 말에서 유래했다.

'깨어지더라'는 말은 '디아프데이로'(διαφθείρω)라 하여 '완전히 부패하다, 완전히 파괴하다, 못쓰게 하다, 낭비하다, 타락시키다, 망하게 하다'라는 뜻이다.

이것은 '항해를 하지 못하게 완전히 부패시키고 파괴하고 못쓰게 하며 망하게 했다'라는 해석이 가능하다.

그렇다면 무엇을 그렇게 항해하지 못하게 파괴하며 타락시키고 부패하게 하였을까?

여기서 신약 성경은 주님이 제자들과 함께 배를 타고 가시는 장면을 여러 번 기록하고 있다.

마가복음 4장 35-41절은 제자들이 주님을 태우고 저편으로 건너가자는 주님의 음성을 듣고 배를 저어 가다가 광풍을 만난 사건이 나온다. 광풍이 일어나며 배가 물에 잠기게 되고 더 이상 소망이 없어지게 되자 제자들은 고물에서 잠을 주무시고 계신 주님을 깨웠다. 여기서 제자들이 노를 젓는 배는 주님을 모시고 항해하는 오늘의 교회를 말한다.

바다에서 일어나는 광풍은 배를 파괴하고 망하게 한다. 곧 교회를 파괴하고 부패시키며 타락시켜 망하게 하려는 것이다. 바닷물이 배에 들어오기 때문이며 또한 가득 찼기 때문이다. 바닷물은 먹을 수 없는 물로 이것을 먹게 되면 결국 죽게 된다. 이 바닷물이 바로 세상으로부터 오는 물로 지식과 사상과 이론과 철학 등과 같은 학문의 물이다.

교회 안에 이런 물들이 가득 차게 되면 교회는 썩고 부패하고 타락하고 파괴되며 망하고 만다.

중국은 지금도 각 나라에 공자학원이란 이름의 사상 교육을 시키는 교육기관을 만들어 물질과 함께 지원하고 있다. 하나님께 가는 사람들의 마음을 빼앗으려는 사단의 교묘한 술책으로 이미 수많은 나라들은 이러한 중국의 프로그램에 미혹되어 있다.

그러므로 배들의 삼분의 일이 깨진다는 말은 전 세계 교회의 3분의 1이 깨지고 파괴됨을 말한다고 해석할 수 있다.

현대에는 예전과 같이 무력이나 종교재판을 통해서 교회를 무너뜨리고 파괴하는 것이 아니고 교회 안에 세상의 교육 프로그램을 집어넣고 인본적인 도덕과 윤리의 사상들을 넣어서 자연스럽게 안으로부터 무너지게 한다. 그로 인해 파괴가 일어나도록 하려는 사단의 계획을 파악하는 것이 종들에게 얼마나 중요하고 필요한지 모른다.

사단과 그 하수인은 교회를 무너뜨리면 자기들의 세상이 될 것을 믿는 자들로 교회와 주님의 진리가 이들에게는 가장 무서운 적이다.

마태복음 4장에서 주님을 시험할 때 "마귀가 또 그를 데리고 지극히 높은 산으로 가서 천하 만국과 그 영광을 보여 가로되 만일 내게 엎드려 경배하면 이 모든 것을 네게 주리라"(마 4:8-9)라고 하는 것처럼 지금도 사단 마귀는 하나님의 종들에게 천하만국의 영광을 보여 주며 미혹하고 있다는 사실을 깨닫고 명심해야 한다.

3. 셋째 나팔

계 8:10 셋째 천사가 나팔을 부니 횃불같이 타는 큰 별이 하늘에서 떨어져 강들의 삼분의 일과 여러 물 샘에 떨어지니

계 8:11 이 별 이름은 쑥이라 물들의 삼분의 일이 쑥이 되매 그 물들이 쓰게 됨을 인하여 많은 사람이 죽더라

셋째 나팔은 교회 안에 그리고 하나님의 말씀 안에 떨어진 비진리와 거짓 복음에 대한 것으로, 이런 말씀을 먹은 많은 사람들이 영적으로 죽는 장면이다.

먼저 "횃불같이 타는 큰 별이 하늘에서 떨어져"라고 한다. '횃불'은 '람파스'(λαμπάς)라고 하며 이 말은 '람포'(λάμπω)라는 '비추다, 빛나다, 반짝이다, 빛을 발하다'라는 말에서 유래했고 '램프, 등불, 횃불'을 의미한다.

이 횃불은 '빛을 비추고 발하는 등불'을 말하는데 원래는 예수 그리스도이며, 교회의 사명을 의미하기도 한다.

문제는 이런 역할을 하던 큰 별이 하늘에서 떨어졌다는 것이다. 여기서 '횃불같이'에서 '같이'라는 말은 '호스'(ὡς)라고 하여 '마치 ~처럼, ~같이, ~을 따라, ~ 후에'라는 의미로, 횃불이 아니면서도 횃불같

이 또는 횃불처럼 행동했던 큰 별을 말한다.

사사기 7장 20절은 기드온이 미디안을 물리칠 때 300용사를 데리고 나가 싸웠다. "세 대가 나팔을 불며 항아리를 부수고 좌수에 횃불을 들고 우수에 나팔을 들어 불며 외쳐 가로되 여호와와 기드온의 칼이여" 하고 외치는 장면을 기록하고 있다. 이들이 미디안을 물리치는 무기가 곧 횃불과 나팔이었다.

여기서 횃불은 곧 예수 그리스도로 우리의 대장이시며 우리의 구세주이다. 이 말씀이 우리에게 가르치는 것은 미디안이라는 '심판'을 위해서는 나팔을 불 때 횃불이 올라가야 하며, 이는 곧 예수 그리스도의 말씀의 빛이 함께 비추어야 승리한다는 것이다.

창세기 15장은 아브람과 여호와 하나님이 언약을 맺으시는 장면을 기록하면서 3년 된 암소와 3년 된 암염소와 3년 된 숫양 그리고 산비둘기와 집비둘기 새끼를 취해 그 중간을 쪼개 놓고 하나님의 언약이 내려오기를 기다린다. "해가 져서 어둘 때에 연기 나는 풀무가 보이며 타는 횃불이 쪼갠 고기 사이로 지나더라"라고 말씀한다.

이것은 예수 그리스도인 횃불이 그 언약의 당사자라는 것을 알려주는 것으로, 사단이 통치하는 어둠의 세상 속에서도 아브람과 그의 후손들을 지키시겠다는 약속의 표시다.

이처럼 횃불은 예수 그리스도를 상징하는 등불인데, 본 절에서는 마치 예수 그리스도인 것처럼 보이고 나타나는 큰 별이 하늘에서 떨어진다고 한다. 이 큰 별은 기독교가 인정하는 별로 그동안 수많은 교회와 하나님의 백성들에게 영향을 미친 존재로 보아야 할 것이다.

그렇다면 이 큰 별은 누구일까?

가톨릭의 교황은 이미 이세벨의 영을 가진 음녀로 사단의 영을 가지고 교회를 속이는 자라는 사실을 알고 있다. 그렇다면 왜 주님은 또 큰 별을 말하는 것일까? 이 큰 별은 개신교에서 출현하는 자이기 때문이다. 주님의 복음을 가지고 세계적으로 많은 교회와 하나님의 백성들에게 영향을 주었던 종이었기에 주님은 이를 큰 별이라고 명하신다.

이 별은 강과 물 샘에 떨어져 물을 쓰게 함으로 많은 사람들을 죽인다고 한다. 강과 물 샘은 곧 백성들이 먹고 마시며 생명을 얻을 하나님의 말씀이다.

에스겔 47장은 성전 문지방 밑에서 흘러나오는 물로 인하여 모든 생물이 번성하는 말씀을 기록한다. "이 강물이 이르는 곳마다 번성하는 모든 생물이 살고 또 고기가 심히 많으리니 이 물이 흘러 들어가므로 바닷물이 소성함을 얻겠고 이 강이 이르는 각처에 모든 것이 살 것이며 또 이 강가에 어부가 설 것이니 엔게디에서부터 에네글라임까지 그물 치는 곳이 될 것이라 그 고기가 각기 종류를 따라 큰 바다의 고기같이 심히 많으려니와"(겔 47:9-10)라고 한다.

성전으로부터 흘러나오는 물은 바로 주님의 생명의 말씀이다. 이 물이 가는 곳마다 모든 생물은 살아나고 세상의 바닷물도 소성함을 입는다.

요한복음 7장 38절은 "나를 믿는 자는 성경에 이름과 같이 그 배에서 생수의 강이 흘러나리라"라고 한다. 이 큰 별은 쑥이라는 이름을 갖고 있고 "물들의 삼분의 일이 쑥이 되매 그 물들이 쓰게 됨을 인하여 많은 사람이 죽더라"(계 8:11)라고 한다.

여기서 '쑥'은 '압신도스'(ἄψινθος)라 하여 '쓴 쑥, 재난'을 뜻한다. 먹을 수 없고 먹어서는 안 되는 쓴 쑥물, 곧 재난을 가져다주는 물로, 하나님의 진리의 말씀이 아닌 거짓 복음으로 기복적인 믿음을 만들며 번영에 목적을 둔 신앙을 가지게 한다.

이러한 거짓 복음은 주님의 뜻과는 상관없이 복음이라는 이름으로 덮인 쑥물인 것을 깨달아야 한다.

"그 물들이 쓰게 됨을 인하여 많은 사람들이 죽더라"는 말씀을 보면 많은 사람이 물들이 쓰게 되었기 때문에 죽었다고 한다. '쓰게 됨을 인하여'라는 말은 '피크라이노'(πικραίνω)라고 하며 이 뜻은 '괴롭히다, 쓰라리게 하다, 격분시키다'이다. 이 말은 또한 '피크로스'(πικρός)라는 말에서 유래되었는데 '쓴, 극악한, 날카로운, 가혹한, 독한'이라는 뜻이다.

주님의 참된 복음은 우리의 마음을 수술하여 드러나게 한다. 누가복음 2장 35절의 "또 칼이 네 마음을 찌르듯 하리라 이는 여러 사람의 마음의 생각을 드러내려 함이니라 하더라"라는 시므온 선지자의 말씀에서 그 사실을 알 수 있다. 또 히브리서 4장 12절의 "하나님의 말씀은 살았고 운동력이 있어 좌우에 날 선 어떤 검보다도 예리하여 혼과 영과 및 관절과 골수를 찔러 쪼개기까지 하며 또 마음의 생각과 뜻을 감찰하나니"라고 하여 우리 안에 있던 악한 것들을 말씀의 빛을 통하여 드러내는 것이라고 가르친다.

그러나 거짓 복음은 이 모든 것을 덮고 오직 우리 안에 더럽고 추악하며 죄악 된 것들 위에 축복과 성공과 번영이라는 미혹의 것들을 쌓게 만든다. 이런 거짓 복음으로 우리 안에 빠지지 않고 남아 있던 것들이 종말에는 우리 자신을 찌르고 괴롭히며 극악하고 날카로운 올무가 되어 우리를 죽인다는 사실을 가르쳐 준다.

이것은 오늘의 교회 현실 속에서 아주 중요한 문제다. 그동안 거짓 복음을 하나님의 진리인 것처럼 전해 왔던 큰 별에 대하여 누구누구라고 칭할 수는 없지만, 이 책을 읽는 독자 여러분이 각자의 생각 속에서 판단하리라 믿는다.

4. 넷째 나팔

> **계 8:12** 넷째 천사가 나팔을 부니 해 삼분의 일과 달 삼분의 일과 별들의 삼분의 일이 침을 받아 그 삼분의 일이 어두워지니 낮 삼분의 일은 비췸이 없고 밤도 그러하더라
>
> **계 8:13** 내가 또 보고 들으니 공중에 날아가는 독수리가 큰 소리로 이르되 땅에 거하는 자들에게 화, 화, 화가 있으리로다 이외에도 세 천사의 불 나팔 소리를 인함이로다 하더라

넷째 천사가 나팔을 부니 해와 달과 별들이 침을 받아 어두워진다고 한다. 이것은 실제로 해와 달과 별들이 어두워지는 것이 아니고 이 땅에 있는 교회의 영들, 곧 주님의 말씀과 종들의 영이 어두워진다는 말이다.

넷째 나팔이 불릴 때는 사단과 그의 종들의 막강한 세력이 교회와 하나님의 백성들을 압박하여 하나님의 사역이 힘들어지는 시기가 된다는 것을 의미한다. 그러므로 이 일은 하늘의 해와 달과 별들의 빛이 어두워진다는 말이 아니라 교회의 빛이 어두워진다는 것을 해석하면 된다.

지금 우리가 사는 이 시대에, 바로 코로나 바이러스를 이유로 교회의 예배를 압박하고 중지시키며 심지어는 교회 예배를 폐지시키려는 움직임까지 있는 현실을 볼 때 이미 네 번째 나팔이 불리고 있음을 느낀다.

첫째 해 삼분의 일이 침을 받았다라는 말에서 '침을 받았다'라는 것은 '스코티조'(σκοτίζω)이다. 이 말은 '어둡게 하다, 어둠에 싸이다, 어두워지다, 어둡게 되다'의 뜻을 가지며, 그늘, 어두움, 징벌과 고통의 어두움, 영적 어두움, 흑암'을 뜻하는 '스코토스'(σκότος)에서 유래되었다.

이 말의 뜻을 해석하면 '예수 그리스도의 빛의 말씀을 받아야 할 교회가 사단의 미혹에 빠져 영적인 어두움으로 인한 징벌과 고통의 어둠에 싸이게 되었다'라고 말할 수 있다.

이것은 곧 이 땅에서의 주님의 역할이 삼분의 일이 줄어들었음을 의미하며, 주님의 능력이 줄어든 교회와 하나님의 종들의 사역이 얼마나 더 힘들 것인지를 보여 주는 것이기도 하다.

이러한 일들이 교회에 임하는 종말의 현상으로, 7년 환난의 시간에는 하나님의 백성들에게 세상의 물질적인 부족보다도 말씀을 듣지 못한 기갈의 현상이 더욱 강하게 다가온다.

이러한 현상을 두고 아모스 8장 11-13절은 "주 여호와께서 가라사대 보라 날이 이를찌라 내가 기근을 땅에 보내리니 양식이 없어 주림이 아니며 물이 없어 갈함이 아니요 여호와의 말씀을 듣지 못한 기갈이라 사람이 이 바다에서 저 바다까지, 북에서 동까지 비틀거리며 여호와의 말씀을 구하려고 달려 왕래하되 얻지 못하리니 그날에 아름다운 처녀와 젊은 남자가 다 갈하여 피곤하리라"라고 말씀한다.

또 아모스 4장 6-8절에서는 "또 내가 너희 모든 성읍에서 너희 이를 한가하게 하며 너희 각처에서 양식이 떨어지게 하였으나 너희가 내게로 돌아 오지 아니하였느니라 이는 여호와의 말씀이니라 또 추수하기 석달 전에 내가 너희에게 비를 멈추어 어떤 성읍에는 내리고 어떤 성읍에는 내리지 않게 하였더니 땅 한부분은 비를 얻고 한 부분은 비를 얻지 못하여 말랐으매 두세 성읍 사람이 어떤 성읍으로 비틀거리며 물을 마시러 가서 만족히 마시지 못하였으나 너희가 내게로 돌아 오지 아니하였느니라 이는 여호와의 말씀이니라"라고 말씀한다.

하나님의 말씀이 이 땅에 어떤 성읍, 곧 어떤 교회에는 내리고 어떤 교회에는 내리지 않았다는 것이다 그러므로 많은 사람들이 그날 곧 종말에는 말씀으로 인한 기갈이 있을 것이다. 바로 이때를 위하여 특히 하나님의 종들은 지금 말씀으로 채워야 하며, 이것을 위하여 계시록은 하나님의 말씀과 예수 그리스도의 증거를 가진 종들을 찾고 있는 것이다.

둘째로 달 삼분의 일이 침을 받았다고 한다.

달은 해의 빛에 의존하는 것으로 하나님의 말씀의 빛, 곧 진리의 빛이 침을 받으면 당연히 달도 그만큼 빛을 반사하지 못하게 된다. 이는 하나님의 종들이 백성들에게 비추어야 할 빛이 삼분의 일이 줄었다는 것이며, 말씀이 침을 받았다는 것이다.

여기서 한 가지 살펴볼 것은 달은 때에 따라 크기가 달라지면서 그 비추는 빛의 양도 달라진다는 것이다.

보름달이 있는가 하면 반달도 있고 초승달도 있듯이 그때마다 크기도 밝기도 달라지게 된다. 하나님의 종들이 세상을 비추는 빛의 크기가 다르다는 것을 말한다. 가장 큰 보름달이면 어둠의 세상을 밝히는 빛의 강도가 강하겠지만 반달, 초승달이 될수록 빛은 점점 약할 수밖에 없다.

이 달빛마저도 해의 빛이 침을 받아 약해지면 더 이상 빛으로서의 역할을 할 수 없게 된다.

이는 요한복음 15장 4-5절 "내 안에 거하라 나도 너희 안에 거하리라 가지가 포도나무에 붙어 있지 아니하면 절로 과실을 맺을 수 없음 같이 너희도 내 안에 있지 아니하면 그러하리라 나는 포도나무요 너희는 가지니 저가 내 안에, 내가 저 안에 있으면 이 사람은 과실을 많이 맺나니 나를 떠나서는 너희가 아무 것도 할 수 없음이라"라는 말씀과 같다.

해와 달의 관계는 바로 포도나무와 가지의 관계와 같다. 가지가 포도나무에 붙어 있지 않으면 아무 과실을 맺을 수 없듯이 달도 해가 없으면 어떤 빛도 비출 수 없다. 그러므로 하나님의 종들은 당연히 예수 그리스도에게 붙어 있어야 하고 그로부터 생명의 말씀을 받아야 한다.

이 말씀은 바로 세상에 비추어야 할 주님의 영적인 빛, 곧 주님의 종들로부터 비추어야 할 빛이 사라지므로 어둠의 세상이 되었음을 말한다.

또한 별들도 동일하게 삼분의 일의 빛이 침을 받게 되므로 하나님의 백성들의 영적인 빛이 희미하게 되었다는 뜻이다.

원래 별들은 밤에 세상을 비추는 역할이 아니라 세상에게 아름다움과 기쁨 그리고 환희를 주는 것이다. 우리가 밤하늘의 영롱한 별들을 바라보면 하나님의 창조의 솜씨에 감탄하게 되고, 우리의 마음에 하늘의 세계에 대한 신비함이 솟아오르는 것은 당연하다.

하늘에 떠 있는 무수한 별들은 하나님의 백성들을 보는 것과 같다. 그러나 이 별빛의 삼분의 일이 침을 받아 흐려지므로 별빛은 희미해지고, 멀리 있는 별들은 보이질 않는다. 밤하늘의 아름다움이 사라지고 그나마 가까이 있는 별들만 보인다는 것이다. 하나님의 백성들의 영적 상태가 그렇다는 말이다. 보이지 않는 별이 많아진 것처럼 사라진 백성들이 많아졌다는 뜻이다.

결국 해와 달과 별이 침을 받았다는 것은 하나님의 진리의 빛이 이 땅에서 삼분의 일이 사라져서 하나님의 영적인 세계가 희미해지고 어두워졌음을 말한다.

이와 같은 일이 일어나면 하나님의 종들과 백성들은 영적인 분별력이 약해지면서 선과 악 그리고 진리와 비진리를 구분하는 지혜와 능력이 미약해질 수밖에 없다. 그러므로 넷째 나팔의 사건은 교회 안에 하나님의 백성들에게 나타나는 영적 상태라고 해석해야 한다.

지금까지 살펴본 바, 첫째 나팔로부터 시작하여 넷째 나팔까지의 사건들은 이미 우리의 교회 안에 그리고 종들과 백성들 속에 들어와 역사하고 있다는 것을 발견하게 되며, 이것은 결국은 교회의 타락과 변질로부터 하나님의 영이 그 모습을 감추고 계시는 것이라고 해석할 수 있다.

이러한 현상은 우리가 벌써 환난의 문을 한 발짝 넘었다는 것을 말한다. 이제 다섯째 나팔부터 여섯째 나팔까지는 더욱 강력한 사단의 공격과 미혹으로 하나님의 종들과 백성들을 넘어뜨릴 것이며, 이 일은 일곱째 나팔로 대적자 곧 "하나님이나 숭배함을 받는 자 위에 뛰어나 자존하여 하나님 성전에 앉아 자기를 보여 하나님이라 하느니라"(살후 2:4)가 나타날 때까지 지속될 것이다.

다섯째 나팔로부터 앞으로 불릴 일곱째 나팔까지를 땅에 거하는 자들에게 화, 화, 화가 있다고 공중에 날아가는 독수리가 선포하고 있다. 여기서 '화'는 '우아이'(οὐαί)라고 하여 '슬프다, 슬픔과 재해의 위협적인 경고의 표현'이다. 이는 곧 주님의 신부로 준비되지 않았고 아직도 땅에 목적을 두고 살아가는, 그래서 '땅에 거하는 자들'이라고 불리는 자들에게 슬픔과 재해의 고통과 슬픔이 있을 것을 경고하는 것이다.

계시록은 분명히 '땅에 거하는 자들'과 '하늘에 거하는 자들'을 분리하고 있으며, 모든 재해와 슬픔과 아픔은 '땅에 거하는 자들'에게 임할 것이라고 한다.

즉 다섯째 나팔에서 일곱째 나팔까지의 모든 화가 주님의 재림을 바라보고 신부로서 준비하는 자들에게는 임하지 않고, 아직도 이 세상에 꿈과 소망을 두고 살아가는 자들 곧 땅에 거하는 자들에게 임할 것이다.

'거한다'는 말을 보면 '카토이케오'(κατοικέω)라 하여 '거주하다, 자리잡다, ~ 안에 살다'라는 뜻이다. 곧 이 말은 '땅에 자리잡고 그 안에 살다'라는 의미이다.

우리는 주님이 이처럼 땅에 거하는 자들에게 화를 내리는 이유를 알아야 한다. 주님은 이들을 하나님의 분노로 심판하고 징계하려는 것이 아니라 환난 속에서 깨닫고 돌아오기를 바라신다.

그러므로 계시록의 환난은 분노와 징계와 심판이 아니다. 오직 땅에 거하는 자들을 한 명이라도 더 구원하고자 하시는 하나님의 사랑임을 깨달아야 한다. 베드로후서 3장 9절에 있는 "주의 약속은 어떤이의 더디다고 생각하는 것 같이 더딘 것이 아니라 오직 너희를 대하여 오래 참으사 아무도 멸망치 않고 다 회개하기에 이르기를 원하시느니라"는 말씀이 바로 우리 주님의 마음이다.

한편 날아가는 독수리가 등장하는데 이 독수리는 무엇을 의미할까? 독수리의 입을 통하여 다섯째 나팔로부터 불릴 세 나팔을 경고하고 있다. 계시록 4장은 네 생물 중에 하나인 날아가는 독수리에 대하여 "그 넷째 생물은 날아가는 독수리 같은데"(계 4:7)라고 말한다.

네 생물은 하나님의 보좌 주위에 있는 생물들로 보좌에 앉으신 이에게 항상 영광과 존귀와 감사의 찬양을 올리고 있다.

"네 생물이 각각 여섯 날개가 있고 그 안과 주위에 눈이 가득하더라"(계 4:8)라고 한다.

눈은 세상을 감찰한다는 의미로 독수리의 눈은 하늘에서 땅을 감찰하는 역할을 하고 있다. 곧 땅에서 사단 마귀들이 계획하고 행하며 움직이는 모든 것을 자세하게 지켜보고 있다는 것이다. 그리고 하나님의 종들에게 사단이 이런저런 일들을 행할 것이라고 미리 알려 준다.

그런데 이런 일을 직접 독수리가 와서 한다는 말은 아니다. 이 세상에서 독수리로 쓰임 받는 나라가 그런 일을 한다는 것이다. 그 나라는 독수리가 국가의 상징인 미국이다. 앞으로 환난 속에 화가 있을 것을 말하는 나라가 미국이며, 또한 그 가운데서 하나님의 백성들을 지키고 보호하는 나라 역시 미국이다.

이것에 대하여 계시록 12장 14절은 "그 여자가 큰 독수리의 두 날개를 받아 광야 자기 곳으로 날아가 거기서 그 뱀의 낯을 피하여 한 때와 두 때와 반 때를 양육 받으매"라고 한다. 곧 독수리의 역할은 화를 선포하는 일과 동시에 이 땅의 하나님의 교회와 백성들을 사단으로부터 지키고 보호하는 일임을 말해 주는 것이다.

[표34]

전 3년 반 직전 세상과 교회의 영적 상태			
첫째 나팔 (세상, 교회)	둘째 나팔 (세상)	셋째 나팔 (교회)	넷째 나팔 (세상, 교회)
땅 수목, 푸른 풀 삼분의 일 불에 탐	바다 피조물, 배들 삼분의 일 죽고 깨어짐	하늘(큰별=쑥) 강들, 여러 물 샘 삼분의 일 물이 써서 죽음	해, 달, 별들 어둠 삼분의 일 빛이 침을 받음

제9장

(Revelation 9)

계 9:1 다섯째 천사가 나팔을 불매 내가 보니 하늘에서 땅에 떨어진 별 하나가 있는데 저가 무저갱의 열쇠를 받았더라

⬇

계 9:21 또 그 살인과 복술과 음행과 도적질을 회개치 아니하더라

1. 다섯째 나팔

가) 무저갱으로부터 올라오는 연기

계 9:2 저가 무저갱을 여니 그 구멍에서 큰 풀무의 연기 같은 연기가 올라오매 해와 공기가 그 구멍의 연기로 인하여 어두워지며

다섯째 천사의 나팔은 화, 곧 재앙과 슬픔이 있을 것을 예고한다. 그리고 땅에 거하는 자들에게 바로 이런 화가 있을 것을 말씀하고 있다. 그리고 주님과 말씀 안에 확실하게 붙어 있어 주님의 신부로 양육되고 있는 자에게는 재앙과 슬픔이 닥치지 않을 것을 약속하였다.

먼저 "하늘에서 땅에 떨어진 별 하나가 있는데 저가 무저갱의 열쇠를 받았더라"라고 한다.

여기서 '떨어진'이란 말은 '핍토'(πίπτω)라 하여 '떨어지다, 넘어지다, 엎드러지다, 쓰러지다, 실패하다, 무너지다, 몰락하다, 파멸에 이르다, 죄에 빠지다' 등을 일컫는 말이다. 이것은 하늘에 속해 있던 누군가가 땅으로 떨어지고 넘어졌으며 또한 몰락하고 파멸에 이르게 되었다는 말이다.

그렇다면 하늘에서 떨어진 별은 분명 하늘에 속한 일을 하고 하늘에 거하던 자로 몰락하고 파멸에 이른 주님의 종이었을 확률이 높다.

'무저갱'도 '프레알'(φρέαρ)이라고 하여 '우물, 샘'을 가리키는 말이다. '지옥의 우물 또는 지옥의 샘'이라는 뜻으로, 이 무저갱으로부터 나오는 물은 우리를 몰락과 파멸과 죽음으로 인도하는 사망의 늪이다. 하늘에서 떨어진 별은 파멸과 죽음을 가져오는 사망의 늪의 문을 여는 열쇠를 받았다.

여기서 '열쇠'는 '클레이스'(κλείς)로 '주권이나 권력을 상징'하는 말이고, 또한 이 말은 '닫다, 잠그다, 감금하다, 마음을 닫다, 동정이 없다'라는 '클레이오'(κλείω)에서 유래되었다.

그러므로 열쇠는 '동정이 없이 마음을 닫아 잠그는 주권이나 권력'이라는 의미이다. 무엇인가 어떤 주권과 권력이 사람들의 마음의 문을 잡고 감금하는 힘이 있다는 것이다.

이것은 오늘날 코로나 바이러스로 인하여 사람들에게 마스크를 쓰게 함으로 서로의 교재와 대화의 문을 감금하고 잠그는 힘을 말하는 것일 수도 있다.

무저갱을 여니 구멍에서 큰 풀무의 연기가 올라와 해와 공기가 어두워졌다고 한다. 우리는 이 풀무의 연기가 무엇이며, 해와 공기가 어두워졌다는 것의 의미가 무엇일지가 궁금하다.

이 연기는 어느 지역에만 있는 연기가 아니라 온 세상이 이 연기로 인하여 해와 공기가 어두워졌음을 말한다. 이 연기를 올려 보내는 것은 해와 공기를 어둡게 하려는 데 목적이 있다고 생각한다.

해는 이 세상을 비추는 빛으로 예수 그리스도의 말씀을 상징한다.

그리고 '공기'는 '아엘'(ἀήρ)이라고 하여 '숨을 쉬다, 바람이 불다'에서 유래했으며 '대기, 바람, 공중'이라는 뜻이다. 해와 공기가 어두워지면 교회와 하나님의 백성들 속에 예수 그리스도의 말씀이 흐려지고 볼 수 없게 되며, 하나님과의 기도를 통한 호흡이 힘들어져 숨을 쉴 수 없는 세계적인 환경과 공기가 만들어짐을 말한다.

이것은 교회와 하나님의 백성들을 향한 강력한 핍박이 시작되었음을 말하는 것으로 7년 환난의 전 3년 반, 곧 다섯째 나팔이 불리면서 시작될 환난의 출발을 말하는 것이다.

이와 같은 일을 행하기 위하여 먼저 무저갱으로부터 올라오는 연기가 있어야 하는데, 이 연기는 공기 중에 있는 연기를 우리가 코를 통해 호흡함으로 질병을 만드는 코로나 바이러스일 확률이 높다.

지금 우리가 현실에서 보고 느끼고 실제적으로 체험하고 있는 오늘의 코로나 바이러스 사태는 바로 무저갱으로부터 올라온 연기일 가능성이 있음을 깨달아야 한다. 이러한 사건은 전 세계적으로 교회의 문을 닫게 하고 하나님 앞에 말씀과 예배와 찬양과 기도를 할 수 없는 환경으로 만들었음을 우리는 생생하게 보고 있다.

나) 황충

계 9:3 또 황충이 연기 가운데로부터 땅 위에 나오매 저희가 땅에 있는 전갈의 권세와 같은 권세를 받았더라

"황충이 연기 가운데로부터 땅 위에 나오매"라고 한다.

'황충'은 '아크리스'(ἀκρίς)라고 하여 '메뚜기, 탐욕한 사람'을 상징한다. 그런데 이 황충이 땅에 있는 전갈과 같은 권세를 받았다고 한다. 여기서 '권세'는 '행할 힘, 능력, 권세, 권위, 통치권, 정부'의 뜻을 가지며, 이 말은 '엑세스티'(ἔξεστι)라는 "허락되다, 합법적이다, 가능하다, 합당하다"라는 뜻으로부터 유래하였다. 황충이 갖고 있는 권세는 합법적으로 허락된 힘이며 능력이고 권세라는 말이다.

따라서 우리는 황충의 실체가 무엇인가를 발견해야 한다.

이 황충의 괴롭힘이 실제적으로 사막에 사는 전갈이 쏠 때의 괴롭힘 같다고 표현하고 있다. 여기서 '괴롭게 하다'는 '바사니조'(βασανίζω)라고 하여 '고문하다, 고통을 당하다, 괴롭히다, 괴롭힘을 당하다'라는 말이고 이 말은 '바사노스'(βάσανος)라는 '고문에 의한 시험, 심한 고통, 고문'으로부터 유래된 말이다.

괴롭힘을 당하는 사람들이 '고통을 당하는데, 이는 고문에 의한 시험'이라는 것이다.

이 말은 엄청 고통스러운 시험의 과정을 통과해야 하는 것을 의미한다. 스가랴서 13장에서는 "내가 그 삼분지 일을 불 가운데 던져

은같이 연단하며 금같이 시험할 것이라"(슥 13:9)라는 말씀과 같다.

괴롭힘을 당해야 하는 사람들이 '오직 이마에 하나님의 인 맞지 아니한 사람들'이라는 단서가 있듯이 바로 이들은 하나님의 종들이다. 여섯째 인이 떼어지는 계시록 7장에서 "우리가 우리 하나님의 종들의 이마에 인치기까지"(계 7:3)라고 하여 이마에 인을 맞아야 하는 자들은 하나님의 종들이다. 그러나 지금 괴롭힘을 당하는 자들은 여섯째 인에서 이마에 하나님의 인을 받지 못한 종들이기 때문에 이들을 고통스런 시험 속에 넣어 은같이 금같이 연단하고 시험 받는 것이다.

바울은 주의 종들에게 부탁의 말을 전하면서 디모데후서 2장 23-26절에서 "어리석고 무식한 변론을 버리라 이에서 다툼이 나는 줄 앎이라 마땅히 주의 종은 다투지 아니하고 모든 사람을 대하여 온유하며 가르치기를 잘하며 참으며 거역하는 자를 온유함으로 징계할지니 혹 하나님이 저희에게 회개함을 주사 진리를 알게 하실까 하며 저희로 깨어 마귀의 올무에서 벗어나 하나님께 사로잡힌바 되어 그 뜻을 좇게 하실까 함이라"라고 했다. 이 말씀처럼 우리는 바울이 전하는 주의 종의 계율을 지켜야 하며, 이러한 자에게 하나님은 여섯째 인이 떼어질 때 그 이마에 인을 치실 것이기 때문이다.

반대로 주님은 "땅의 풀이나 푸른 것이나 각종 수목은 해하지 말고"(계 9:4)라고 한다. 이는 어린 하나님의 백성들을 말한다.

하나님의 종들로부터 진리의 가르침과 온전한 교육을 받았어야 할 백성들이 다섯째 나팔이 불리는 시간에도 연약한 풀, 푸른 것, 각종 수목으로 남아 있어 불의 공력이 나타나면 모두가 불에 타 없어지고 말, 영적으로 어린 상태임을 보여 준다.

이것에 대하여 고린도전서 3장 14-15절에서는 "만일 누구든지 그 위에 세운 공력이 그대로 있으면 상을 받고 누구든지 공력이 불타면 해를 받으리니 그러나 자기는 구원을 얻되 불 가운데서 얻은 것 같으리라"라고 말씀한다.

그러나 주님은 다섯째 나팔에서도 이 어린 백성들을 황충의 재앙, 곧 시험으로부터 지키기를 원하신다. 이 고통을 견디어 낼 영적인 힘이 백성들에게는 없다. 그러나 어린 싹도 꺾지 아니하시려는 하나님의 사랑과 자비의 모습이며, 또한 이들은 환난 속에서 두 증인들을 통하여 가르침을 받을 것이기 때문이다.

그러나 이마에 하나님의 인을 맞지 않은 하나님의 종들은 주님의 말씀을 신뢰하지 않은 게으른 종들로, 전갈같이 쏘는 황충의 고통스런 시험을 통과해야만 한다.

단 주님은 고통스런 시험의 시간을 다섯 달로 제한하고 있다. 여기서 다섯 달이라는 시간을 상징적으로 볼 것이냐 아니면 실제적인 시간으로 볼 것이냐에 대한 논쟁이 많다. 주님이 인 맞지 아니한 종들에게 고통스런 시험의 시간을 주는 이유는 회개하고 본래의 자리로 돌아오라는 의미가 강하다.

만약 누가 말하는 것처럼 하루를 일년으로 하여 다섯 달, 곧 150일이라는 날을 150년으로 계산한다면 이것은 7년 환난 속에서 이루어지고 있는 계시의 말씀과 너무나 다르며, 이것은 결국 역사 속에서 있었던 어떤 과거의 시간으로 돌아가야만 하는 비합리적인 시간이 되고 만다.

그러므로 이 다섯 달, 곧 150일이라는 시간은 실제적인 시간으로 다섯째 나팔이 불리는 때에 나타날 사건으로 보는 것이 합당하다.

그렇다면 사람들을 해하는 권세가 어디에서 나오는 것일까?

황충에는 "전갈과 같은 꼬리와 쏘는 살이 있어 그 꼬리에는 다섯 달 동안 사람들을 해하는 권세가 있더라"(계 9:10)라고 한다. 사람들을 괴롭히는 무기가 바로 꼬리와 쏘는 살이라는 것이다.

이사야 선지자는 하나님 앞에 돌아오지 않는 자들에게 이사야 9장 13-16절에서 "이 백성이 오히려 자기들을 치시는 자에게로 돌아오지 아니하며 만군의 여호와를 찾지 아니하도다 이러므로 여호와께서 하루 사이에 이스라엘 중에서 머리와 꼬리며 종려가지와 갈대를 끊으시리니 머리는 곧 장로와 존귀한 자요 꼬리는 곧 거짓말을 가르치는 선지자라 백성을 인도하는 자가 그들로 미혹게 하니 인도를 받는 자가 멸망을 당하는도다"라고 말씀한다. 이 말씀 속에서 꼬리는 곧 '거짓말을 가르치는 선지자'라고 한다.

하나님의 진리의 말씀을 백성들에게 가르쳐야 할 선지자, 곧 하나님의 종들이 미혹의 말로 잘못된 길로 인도하여 백성을 죽게 하는 것을 말씀하는 것이다. 그렇다면 황충은 거짓을 가르치는 종들로, 이들에게는 꼬리가 있고 또 거기에 쏘는 살이 있어 사람들을 괴롭힌다.

'쏘는 살'은 '켄트론'(κέντρον)이라 하여 '따끔하게 찌르다, 날카로운 끝, 쏘는 살, 바늘가시, 꼬챙이, 막대기, 치명적인 독'이라는 의미를 가지고 있다. 황충의 꼬리에서 따끔하게 쏘는 바늘가시의 치명적인 독,

이것은 사망으로 가는 잘못된 가르침 때문에 그 마음과 심령이 고통 받고 있음을 말한다.

다시 말하면 자신이 황충의 꼬리에서 쏘는 거짓된 말씀이나 설교를 들으면서 그동안 자신이 백성들에게 했던 거짓된 가르침을 깨닫고 함께 고통스러워하는 종의 모습을 말한다.

그러므로 이것은 외형적·육체적 공격이 아니라 마음을 찌르는 공격을 말하는 것이다. 그동안 하나님의 종으로서 백성들을 바르게 가르치지 못하고 잘못된 길로 인도했던 자들이 스스로의 심령이 찔림을 받으므로 고통 받는 것이다.

이제 다섯째 나팔이 불릴 때는 무저갱에서 나오는 수많은 황충들처럼 그동안 숨겨졌던 거짓 종들이 그 모습을 드러낼 것이며, 이들은 본격적으로 꼬리에서 쏘는 미혹의 말을 가지고 종과 백성들을 속일 것을 보여 준다.

우리는 황충들의 모습에서 이들의 거짓됨이 숨어 있음을 발견해야 한다.

첫째, 황충은 전쟁을 위하여 예비한 말들 같다고 한다. 그렇다. 바로 이들이 마지막 종말에 진리의 종들 곧 이마에 인 맞은 하나님의 종들과 영적 전쟁을 할 자들이기 때문이다.

이들에게 원래 임금이 있다. "무저갱의 사자라 히브리 음으로 이름은 아바돈이요 헬라 음으로 이름은 아볼루온이더라"(계 9:11)라고 한다. '아바돈'('Aβαδδών)이나 '아볼루온'('Aπολλύων)은 '무저갱의 천사, 파괴자'를 의미한다. 세상을 파괴하고 하나님의 교회와 백성들을 파괴하는 자, 곧 사단이다.

황충은 사단을 임금으로 섬기는 거짓 선지자이며 거짓 종들로, 종말에 하나님의 교회와 백성들을 파괴하고 죽이려고 보냄을 받은 자들이다. 이들을 고린도후서 11장 13-15절에서는 "저런 사람들은 거짓 사도요 궤휼의 역군이니 자기를 그리스도의 사도로 가장하는 자들이니라 이것이 이상한 일이 아니라 사단도 자기를 광명의 천사로 가장하나니 그러므로 사단의 일꾼들도 자기를 의의 일꾼으로 가장하는 것이 또한 큰 일이 아니라 저희의 결국은 그 행위대로 되리라"라고 말씀한다.

지금도 이와 같은 자들이 수많은 교회의 종으로, 의의 일꾼으로 가장하여 하나님의 백성들을 미혹의 길로 멸망의 길로 인도하고 있다.

마태복음 7장 15절은 "거짓 선지자들을 삼가라 양의 옷을 입고 너희에게 나아오나 속에는 노략질하는 이리라"라고 말씀함으로 이들 곧 황충들의 실체를 폭로한다. 이들은 전쟁을 위하여 예비한 말들 같이 쉬지 않고 영혼을 사냥하는 일을 하고 있음을 말한다. 이 세상은 하나님과 사단의 전쟁터로 기독교 역사 2천 년 동안 하나님의 종들과 황충들의 싸움이 지속되어 왔다. 특히 종말에는 의의 일꾼으로 가장한 수많은 황충들이 무저갱으로부터 나와 백성들을 미혹할 것이다.

사무엘상 25장에서는 다윗에게 말씀을 전하는 아비가일의 고백이 기록되어 있는데 "반드시 내 주를 위하여 든든한 집을 세우시리니 이는 내 주께서 여호와의 싸움을 싸우심이요"(삼상 25:28)라고 한다. 다윗이 여호와의 싸움을 하고 있다는 것이다.

여기서 '싸움'은 '밀카마'(מִלְחָמָה)라고 하여 전쟁을 말하는데, 이 전쟁은 세상에 있는 주님의 신부들을 찾아오기 위한 사단과의 전쟁이라는 것이다.

다윗의 싸움은 곧 예수 그리스도의 싸움을 말한다. 하나님의 종들은 주님의 생명의 복음을 가지고 사단이 뿌려놓은 황충들과 싸움을 통해서 주님의 신부들을 탈취해 오는 전쟁을 하는 사람들이다. 이렇게 탈취한 것을 구약에서는 '다윗의 탈취한 것'(삼상 30:20)이라고 한다.

둘째, 황충들은 "금 같은 면류관 비슷한 것을 썼으며 그 얼굴은 사람의 얼굴 같고"(계 9:7)라고 한다.

면류관이 금이 아니라 금 비슷한 것이고, 황충의 얼굴이 사람 얼굴 같다고 한다. 사단에 의하여 세워진 거짓 종들은 외형이 사람 같을 뿐이지 그 속은 짐승이라는 말이다. 그리고 주님이 씌워 준 금면류관을 흉내 내며 영적 분별력이 없는 백성들을 미혹하고 있는 모습을 가리킨다.

셋째, "여자의 머리털 같은 머리털이 있고 그 이는 사자의 이 같으며"(계 9:8)라고 한다.

주님의 신부인 것처럼 위장하기 위하여 여자의 머리털로 꾸민 모습이다. 이 세상의 모든 자들은 주님의 신부가 될 수 있다. 그러므로 여자는 신부가 되기 위한 전제 조건이다.

교회를 주님의 몸 된 신부라 하여 에베소서 5장은 여자에 대하여 설명한다. 먼저 주님과 한 몸을 이루기 위해서는 여자에서 신부로 그리고 아내로 신분이 바뀌어야 한다. 계시록 19장 7절은 "우리가 즐거워하고 크게 기뻐하여 그에게 영광을 돌리세 어린 양의 혼인 기약이 이르렀고 그 아내가 예비하였으니"라고 하여 비로소 주님의 아내가 준비되었음을 말한다.

종말에 황충의 역할을 하는 거짓 종들은 자신을 여자의 머리털로 꾸며서 주님의 신부인 것처럼 위장하고 있다는 것이다. 그러나 실제로는 사자의 이빨을 갖고 있어 기회를 틈타 언제든지 백성들을 물어 죽이려고 하는 본색이 감추어져 있다.

넷째, "철흉갑 같은 흉갑이 있고"라고 한다.

에베소서 6장은 하나님의 종들이 악한 날에 싸우기 위하여 전신갑주를 입으라고 말씀한다. 전신갑주 중에는 '의의 흉배'가 있는데 이는 구약 시대에 제사장들이 가슴에 차던 흉패를 의미한다. 하나님의 의는 예수 그리스도이므로 예수 그리스도의 말씀으로 가슴을 둘러 적의 공격과 침입을 막으라는 것이다.

출애굽기 28장은 제사장들의 가슴에 흉패를 달아야 함을 말씀하고 있다. 출애굽기 28장 29-30절은 "아론이 성소에 들어갈 때에는 이스라엘 아들들의 이름을 기록한 이 판결 흉패를 가슴에 붙여 여호와 앞에 영원한 기념을 삼을 것이니라 너는 우림과 둠밈을 판결 흉패 안에 넣어 아론으로 여호와 앞에 들어갈 때에 그 가슴 위에 있게 하라 아론이 여호와 앞에서 이스라엘 자손의 판결을 항상 그 가슴 위에 둘지니라"라고 한다.

흉패 안에 두는 우림과 둠밈은 '빛과 완전'이라는 의미로, 제사장은 이스라엘 백성들을 판결할 때 빛이신 예수 그리스도의 말씀, 곧 의로 완전한 판결을 하라는 뜻이다. 이 말은 오늘날 하나님의 종들도 제사장들과 같이 가슴에 의의 흉배를 달아야 한다는 것으로, 이것을 통해서 백성들을 지도하고 판결해야 한다는 뜻이다.

그러나 여기서 황충도 철흉갑을 두르고 있음을 본다. 철로 된 흉갑은 로마 군인들이 전쟁에서 싸울 때 사용하던 자기 보호를 위한 장비이다. 전신갑주에서의 의의 흉배나 제사장의 판결 흉패는 가슴으로부터 백성들에게 그리스도의 빛을 나타내는 반면, 철흉갑은 외부의 공격에서 자기 자신을 보호하겠다는 의미이다. 곧 자신의 속을 숨기고 있는 거짓 종들, 곧 황충의 모습을 전형적으로 표현하는 장비라고 하겠다.

2. 여섯째 나팔

가) 큰 강 유브라데에 결박한 네 천사

계 9:14 나팔 가진 여섯째 천사에게 말하기를 큰 강 유브라데에 결박한 네 천사를 놓아 주라 하매

여섯째 천사가 나팔을 부니 “하나님 앞 금단 네 뿔에서 한 음성이 나서”라고 한다.

하나님 앞 금단은 향단으로 성도들의 기도가 쌓여 올라가는 곳이다. 이 향단 뿔을 위하여는 1년에 한 차례씩 대제사장이 속죄해야 한다. 출애굽기 30장 10절은 “아론이 일년 일차씩 이 향단 뿔을 위하여 속죄하되 속죄제의 피로 일년 일차씩 대대로 속죄할지니라 이

단은 여호와께 지극히 거룩하니라"라고 한다.

향단의 향에 관해서는 출애굽기 30장 7-9절에서 "아론이 아침마다 그 위에 향기로운 향을 사르되 등불을 정리할 때에 사를지며 또 저녁 때 등불을 켤 때에 사를지니 이 향은 너희가 대대로 여호와 앞에 끊지 못할지며 너희는 그 위에 다른 향을 사르지 말며 번제나 소제를 드리지 말며 전제의 술을 붓지 말며"라고 한다.

여기서 우리는 향을 사르는 때가 정해져 있음에 주의해야 한다. 아침에 등불을 정리할 때 사르고, 저녁에 등불을 켤 때 살라야 한다.

성소 안의 등불은 일곱 등불이 켜 있는 등대로서 일곱 교회를 상징한다.

아침에는 등불 정리해야 한다. 이는 곧 등대의 등불을 끈다는 것으로 영적으로는 교회 시대가 끝났음을 의미한다. 그런데 바로 이 시간에 성도의 기도가 향단의 기도가 되어 하나님의 보좌로 올라간다는 것이다. 교회 시대가 끝이 나고 종말의 시간이 되었을 때 그동안 성도들의 기도의 양이 쌓여 번제단의 불과 함께 올라간다는 의미이다.

한편으로 저녁에 등불을 켤 때에 향단의 향을 올린다고 한다. 주님이 이 땅에 오시어 교회를 만들어 놓고 올라가심으로 이제 세상은 빛이 없는 밤, 사단이 다스리는 시간이 되었다. 바로 사도들의 시대이며 초대교회의 시대이다.

주님은 이 시간에 성도들의 기도를 향단의 향으로 받으시겠다고 말씀한다.

이러한 율법의 가르침을 볼 때 하나님은 아침과 저녁 시간, 곧 교회의 등불이 켜질 때와 교회의 등불이 꺼질 때 하늘 성소에서 성도들의 기도를 받으신다는 것을 알 수 있다. 여섯째 나팔이 불리는 시간은 교회의 등불이 꺼지고 그동안 드려진 성도들의 기도가 향단의 향이 되어 하나님께 올라가는 시간으로 보아야 한다.

금단 네 뿔에서 나는 음성은 여섯째 나팔을 가진 천사에게 '큰 강 유브라데에 결박한 네 천사를 놓으라'는 명령이다. 이것은 곧 주님의 음성으로 향단의 기도를 받으신 여호와 하나님의 기도에 대한 응답으로 이해하면 된다.

'결박하다'라는 말은 '데오'(δέω)라고 하여 '묶다, 매다, 동이다, 방어하다, 속박하다, 제한하다, 훼방하다, 결박하다'라는 뜻을 가진다. 그동안 무엇인가 하고자 하는 것을 제한하고 속박 당해 왔음을 의미하며, 이제는 그 시간이 되었으므로 그 속박과 결박을 풀라고 한다.

그렇다면 큰 강 유브라데라는 지역은 무엇을 의미하고 있을까?

큰 강 유브라데는 하나님이 주신 이스라엘의 동쪽 경계로 신명기 11장 24절은 "너희의 발바닥으로 밟는 곳은 다 너희 소유가 되리니 너희의 경계는 곧 광야에서부터 레바논까지와 유브라데 하수라 하는 하수에서 서해까지라"라고 하고, 여호수아 1장 4절은 "곧 광야와 이 레바논에서부터 큰 하수 유브라데에 이르는 헷 족속의 온 땅과 또 해지는 편 대해까지 너희 지경이 되리라"라고 말씀한다.

사실 이 지역은 하나님이 정해 주신 이스라엘의 경계로 수많은 이스라엘 백성들이 앗수르와 바벨론의 포로로 끌려가 살았던 지역으로 보아야 한다. 물론 70년의 바벨론 포로 이후에 예루살렘으로 돌아온 사람들도 있지만 그 수는 미약하며, 유브라데 강을 중심으로 그 지역에 정착해 살았던 이스라엘 백성들과 그 후손들은 오늘날 아랍인이 되어 이슬람을 믿으며 살았다고 본다.

여기서 '동이다, 매다, 속박하다, 결박하다'라는 말은, 바로 이들 아랍화된 이스라엘 백성들이 이슬람이라는 종교에 매여 있고 결박되어 있었음을 의미한다. 하나님께서 이들 흩어져 있는 이스라엘 백성들이 다시금 주님 앞으로 돌아오게 하시는 것이 구약의 선지자들을 통해서 약속하신 말씀이다.

이스라엘의 독립 후에 유럽이나 러시아, 아메리카 대륙, 아시아와 아프리카 지역에서 이스라엘 백성들이 이스라엘 땅으로 귀환하고 있지만 사실상 이슬람 속에 결박되어 있는 수많은 중동지역의 이스라엘 백성들의 후손들은 돌아가지 못하고 있다. 그리고 이제 수많은 이들이 스스로도 '내 조상은 이스라엘인이고 나는 그들의 후손이다' 하고 생각하지 않고 그냥 '나는 아랍인이야'라고 생각하며 살아간다고 할 때 하나님은 이것을 어떻게 하실까를 생각해야 한다.

여섯째 나팔을 통하여 유브라데에 결박한 네 천사를 풀어 줌으로 이 문제를 해결하고 이스라엘 백성들을 구원하시려는 하나님의 종말론적 계획이 그 답이 된다. 다니엘서 2장에는 다니엘이 느부갓네살 왕의 꿈을 해석하면서, 신상의 발이 철과 진흙이 섞여 있다는 것을 다니엘서 2장 41-43절에 "왕께서 그 발과 발가락이 얼마는 토기장이의 진흙이요 얼마는 철인 것을 보셨은즉 그 나라가 나누일 것이며 왕께서 철과 진흙이 섞인 것을 보셨은즉 그 나라가 철의 든든함이 있을 것이나 그 발가락이 얼마는 철이요 얼마는 진흙인즉 그 나라가 얼마는 든든하고 얼마는 부숴질 만할 것이며 왕께서 철과 진흙이 섞인 것을 보셨은즉 그들이 다른 인종과 서로 섞일 것이나 피차에 합하지 아니함이 철과 진흙이 합하지 않음과 같으리이다"라고 해석하고 있기 때문이다.

'철과 진흙이 섞였다', '다른 인종과 섞일 것이다'라는 말에서 '섞이다'라는 말은 바로 히브리어로 '아랍'(עָרַב)이라고 하며, 오늘날 이슬람을 믿는 아랍 국가를 칭하는 말이다. 이 말은 아랍 국가는 이스라엘의 피와 다른 인종의 피가 섞여 있다는 것으로, 이 섞임이 철과 진흙이 섞일 수 없음과 같다는 것이다.

하나님은 이 섞여 있는 사람들을 구분하고 분리해 내려는 일을 지금 여섯째 나팔에서 하시려는 것이다.

대부분의 계시록의 강해는 이 사건을 거대한 전쟁의 사건으로 그려 수많은 사람들이 죽어가는 재앙으로 설명을 한다. 그러나 우리는 하나님이 이 땅에 전쟁을 통해서 무수한 사람을 죽이는 그런 악한 하나님이 아니라는 것을 먼저 이해해야 한다. 그런 해석은 사단이 사람들의 인식 속에 하나님을 무자비한 분으로 그림으로 의도적으로 폭군 이미지를 갖게 하려는 계획적인 술책이다.

이사야 55장 8-9절 "여호와의 말씀에 내 생각은 너희 생각과 다르며 내 길은 너희 길과 달라서 하늘이 땅보다 높음같이 내 길은 너희 길보다 높으며 내 생각은 너희 생각보다 높으니라"라는 하나님의 말씀을 상고할 때, 우리는 사람의 생각과 기준에 맞추지 말고 하나님의 생각에 그 기준을 맞추어야 함을 깨닫는다.

그러므로 여섯째 나팔의 네 천사가 "그 년 월 일 시에 이르러 사람 삼분의 일을 죽이기로 예비한 자들이더라"(계 9:15)라는 말씀은 해석이 매우 중요하다.

여기서 '죽인다'는 말은 '아포크테이노'(ἀποκτείνω)라고 하여 '죽이다, 살해하다, 멸절시키다, 파괴하다'라는 뜻으로, 유브라데 지역의 사람 삼분의 일을 죽이고 파괴하며 멸절시키겠다는 말이다. 이 말대로라면 그야말로 역사상 경험해 보지 않았던 살해 현장일 것이고 그 참혹함은 말할 수 없을 것이다.

사단은 이 말씀을 기회로 잔인한 하나님을 만들기 위해 사람 삼분의 일을 죽일 계획을 하고 있다. 그러나 이 말씀은 실제적으로 전쟁을 통해서 사람 삼분의 일을 죽이겠다는 것이 아니다. 이슬람의 사상과 이론으로 무장되어 있는 유브라데 지역에 살고 있는 이스라엘 사람들의 매임과 결박된 생각으로부터 자유를 준다는 뜻이다.

이 말씀을 이해하기 위하여 요한복음에서 "아버지께서 죽은 자들을 일으켜 살리심같이 아들도 자기의 원하는 자들을 살리느니라"(요 5:21)라는 말씀과 "진실로 진실로 너희에게 이르노니 죽은 자들이 하나님의 아들의 음성을 들을 때가 오나니 곧 이때라 듣는 자는 살아나리라"(요 5:25)라고 하신 말씀을 보자. 예수 그리스도 안에서 생명을 얻기 위하여 먼저 우리에게 죽음이 와야 하는 것을 말씀하고 있다.

그러므로 "곧 이때라"는 연월일시를 말하는 것이며, 여섯째 나팔이 불림과 함께 모든 사람에게 예수 그리스도의 말씀이 들리는 시간이 시작되고, 이때 이 복음의 소리를 듣고 생각이 죽고 육체가 죽고 감정이 죽고 자신이 믿었던 이슬람의 이론과 사상이 죽는 사람들이 삼분의 일이 된다는 말이다. 이 사람들은 결국 예수 그리스도 안에서 생명을 얻은 자들로 그 신분이 바뀔 것이다.

주님이 연월일시를 세세하게 기록하신 이유는 모든 사람에게 예수 그리스도께서 임하는 시간이 다르기 때문에 각각 이 시간을 알게 되기 때문이다. 여기서 시간은 자신에게 임하는 개인적인 시간으로 보아야 한다.

하나님의 백성이란 이스라엘 땅에 있는 유대인들만이라고 생각할 수 있는데, 사실은 팔레스타인 지역과 아랍 지역에는 수많은 야곱의 후손들이 살고 있다.

현재는 이스라엘 땅에 있는 유대인들의 대부분은 아쉬케나즈 유대인들이다. 이들은 야곱의 피를 물려받은 후손은 아니고 종교적으로 유대교로 개종한 사람들의 후손으로, 이들이 정치적·경제적·군사적 권력을 가지고 있고 또한 행사하고 있다.

실제로 야곱의 후손들은 현재 이스라엘 땅보다 아랍 지역에 널리 분포해서 살고 있다. 하나님은 바로 이들을 본토로 귀환시켜야 하고, 이들에게 여호와가 하나님이신 것을 종말에 깨닫게 해야 한다. 바로 이것을 위해서 유브라데에 결박한 네 천사를 놓으라고 하신 것이다. 이스라엘 백성을 다시 찾으시기 위한 하나님의 약속이다.

한편 "마병대의 수는 이만만이니 내가 그들의 수를 들었노라"(계 9:16)라고 한다.

많은 사람들은 아직도 이만만이라는 수를 이억 명의 군대라고 생각하고, 이 군대의 수를 채우기 위해서는 러시아의 군대와 중국의 군대가 참가해야 한다는 엉뚱한 생각도 한다. '이만만'(Two myriads of myriads)이라는 '디스뮈리아스'(δισμυριάς)는 '두 번, 두 배로, 반복해서'라는 뜻의 '디스'(δίς)와 '셀 수 없이 많은, 막연하게 많은, 무수한'이라는 뜻의 '뮈리오스'(μυρίας)의 의 결합어로 '허다하게 많으며 무수하여 셀 수 없이 많은 무리'를 뜻한다.

그러므로 마병대의 수가 이만만이라 하는 것은 '마병대라는 '스트라튜마'(στράτευμα) 곧 '원정 군대, 무장한 군대, 군단, 군인들의 무리' 이므로 셀 수 없이 많은 무장한 군대라는 의미로 해석된다.

하나님은 여섯째 나팔에서 중동과 아랍 지역에 흩어져 있는 자신의 백성, 곧 야곱의 후손들에게 여호와 하나님을 알리기를 원하신다. 에스겔 38장 16절은 "구름이 땅에 덮임같이 내 백성 이스라엘을 치러 오리라 곧 아 끝날에 내가 너를 이끌어다가 내 땅을 치게 하리니 이는 내가 너로 말미암아 이방 사람의 목전에서 내 거룩함을 나타내어 그들로 다 나를 알게 하려 함이니라"라고 말씀한다.

여섯째 나팔의 군대는 곡과 마곡의 군대로 이스라엘과 팔레스타인, 아랍 지역을 치기 위해 하나님의 부르심을 받은 자들이다.

하나님의 심판에서는 자신의 백성들이 돌아와야만 하는 것이 말씀이고 약속이다. 이것을 위하여 주님은 여섯째 나팔을 통하여 하나님의 백성들, 곧 구약의 이스라엘 백성들을 찾으신다. 이 부르심에 응답하지 않는 자들이 바로 "이 재앙에 죽지 않고 남은 사람들"(계 9:20)이다.

나) 불과 연기와 유황

계 9:17 이같이 이상한 가운데 그 말들과 그 탄 자들을 보니 불빛과 자주빛과 유황빛 흉갑이 있고 또 말들의 머리는 사자 머리 같고 그

입에서는 불과 연기와 유황이 나오더라

다섯째 나팔에서 황충은 철흉갑을 했고, 여섯째 나팔에서는 말 탄 자들이 불빛과 자줏빛과 유황빛 흉갑을 했다. 그리고 이들의 입에서는 불과 연기와 유황이 나온다고 한다.

에스겔 38장 22-23절에는 "내가 또 온역과 피로 그를 국문하며 쏟아지는 폭우와 큰 우박덩이와 불과 유황으로 그와 그 모든 떼와 그 함께한 많은 백성에게 비를 내리듯하리라 이와 같이 내가 여러 나라의 눈에 내 존대함과 내 거룩함을 나타내어 나를 알게 하리니 그들이 나를 여호와인 줄 알리라"라고 말씀한다.

야곱의 환난을 묘사하는 것이다. 예레미야 30장 7-11절에서는 "슬프다 그날이여 비할데 없이 크니 이는 야곱의 환난의 때가 됨이로다마는 그가 이에서 구하여냄을 얻으리로다 만군의 여호와가 말하노라 그날에 내가 네 목에서 그 멍에를 꺾어버리며 네 줄을 끊으리니 이방인이 다시는 너를 부리지 못할 것이며 너희는 너희 하나님 나 여호와를 섬기며 내가 너희를 위하여 일으킬 너희 왕 다윗을 섬기리라 그러므로 나 여호와가 말하노라 내 종 야곱아 두려워 말라 이스라엘아 놀라지 말라 내가 너를 원방에서 구원하고 네 자손을 포로된 땅에서 구원하리니 야곱이 돌아와서 태평과 안락을 얻을 것이라 너를 두렵게 할 자 없으리라 나 여호와가 말하노라 내가 너와 함께 하여 너를 구원할 것이라 내가 너를 흩었던 그 열방은 진멸한다 할지라도 너는 진멸하지 아니하리라 그러나 내가 공도로 너를 징책할 것이요 결코 무죄한 자로 여기지 아니하리라"라고 말씀한다.

유브라데 지역에 결박되어 있던 야곱의 후손들을 구원하고 그들을 구속시켰던 그 땅을 심판하기 위하여 하나님은 군대를 일으킨다는 것이다

물론 그 야곱의 환난 속에서 삼분의 일은 죽을 것이다. 이 삼분의 일의 죽은 자들이 여호와 하나님 앞에, 곧 예수 그리스도 앞에 돌아온 자들로, 이들은 스가랴서 13장 9절의 말씀처럼 "내가 그 삼분지 일을 불 가운데 던져 은같이 연단하며 금같이 시험할 것이라 그들이 내 이름을 부르리니 내가 들을 것이며 나는 말하기를 이는 내 백성이라 할 것이요 그들은 말하기를 여호와는 내 하나님이시라"라고 말하는 자들이다.

종말론 강의를 오래 했던 어빈 백스터 목사님은 여섯째 나팔의 현상을 후 3년 반의 환난 후에 올 아마겟돈 전쟁과는 다르며, 이것을 전 3년 반 기간에 다가올 제3차 세계대전으로 현상으로 보고 있다. 그러나 필자는 이것을 흩어져 있고 결박되어 있던 이스라엘 백성들을 모으기 위한 야곱의 환난으로 해석한다.

불과 연기와 유황의 실체를 먼저 파악해야 하기 때문이다. 사람 삼분의 일을 죽이는 직접적인 무기가 그 불과 연기와 유황이며 그것은 입에서 나온다는 점을 살펴보아야 한다. 말들의 머리는 사자 같으며 바로 그 입에서 불과 연기와 유황이 나오는데 그것으로 인하여 사람 삼분의 일이 죽임을 당한다는 것이다.

여기서 '사자'는 '레온'(λέων)이라고 하여 '사자, 압제자, 독재자'를 의미한다. 또한 '입'은 '스토마'(στόμα)라 하여 '입, 말, 입을 벌리다, 어학재능, 땅의 갈라짐, 칼날'을 말한다.

이 말들을 결합해 보면 '독재자 또는 압제자가 입을 벌려 칼날처럼 말을 하니 땅이 갈라진다'라는 해석이 가능하다. 그리고 그 입에서 칼날처럼 말함으로 땅이 갈라지도록 하는 무기가 바로 불과 연기와 유황이라는 것이다. 이것은 실제적인 무기로 사람을 죽이는 것이 아니고 독재자의 입에서 나오는 불과 연기와 유황과 같은 날카로운 말로 사람들을 죽인다는 의미가 된다.

만약 사단이 하나님의 계획, 곧 바벨론과 앗수르의 포로를 통하여 유브라데 강 지역의 아랍 민족 속에 흩어져 있던 유대인, 그 지역에서 뿌리를 내리고 살았던 야곱의 자손들을 약속의 말씀대로 구원하기를 원하신다는 사실을 알게 된다면 사단은 하나님의 계획과 뜻이 이루어지지 않도록 방해할 것이다. 곧 예수 그리스도의 재림을 방해하려고 이들 지역의 독재자는 적극적으로 그 입을 사용할 것이다. 또한 거짓 선지자와 종들을 사용하여 불과 연기와 유황을 뿌림으로 하나님의 백성들을 죽음으로 몰아갈 것이다.

왜냐하면 말들의 힘이 입과 꼬리에 있으며 그 꼬리는 뱀 같고 또 꼬리에 머리가 있기 때문이다.

한편 꼬리에 머리가 있다고 한다. 입은 머리에 붙어 있는 것인데 꼬리에 머리가 있으니 입도 꼬리에 붙어 있게 된다. 이 꼬리는 뱀과 같이 사단의 짓을 하는 거짓말을 가르치는 거짓 선지자다.

이사야 9장 15절에서 "머리는 곧 장로와 존귀한 자요 꼬리는 곧 거짓말을 가르치는 선지자라"라고 하고 있음을 주의해야 한다.

"꼬리에 머리가 있어 이것으로 해하더라"(계 9:19)라고 할 때 '해하더라'라는 말은 '아디케오'(ἀδικέω)라고 하여 '악을 행하다, 사악하게 행동하다, 잘못하다, 해하다, 불법을 행하다, 법을 어기다' 등의 의미를 가진다.

꼬리는 뱀 같고 또 꼬리에 머리가 있는 거짓 선지자들과 종들이, 죽임을 당했다고 하는 삼분의 일의 사람들에게 악을 행하고 사악하게 행동하며 불법을 행했다는 뜻이다.

만약 여섯째 나팔의 상황이 전쟁이라면 거짓말을 가르치는 선지자들이 등장할 이유가 없다. 그러므로 이 상황에서 야곱의 백성들의 영혼을 미혹하고 거짓으로 속여서 하나님의 계획과 뜻이 이루어지지 않게 하기 위해서는 반드시 거짓말을 가르치는 선지자와 종들이 필요하다.

여기서 우리는 "이 재앙에 죽지 않고 남은 사람들"(계 9:20)에 대하여 살펴보아야 한다.

왜냐하면 살아남은 자들은 "손으로 행하는 일을 회개치 아니하고 오히려 여러 귀신과 또는 보거나 듣거나 다니거나 하지 못하는 금, 은, 동과 목석의 우상에게 절하고 또 그 살인과 복술과 음행과 도적질을 회개치 아니하더라"(계 9:20-21)라고 하기 때문이다.

삼분의 일의 죽은 사람들과 죽지 않고 살아남은 자들과의 차이가 무엇일까? 오히려 살아남은 자들은 하나님이 가장 싫어하며 분노할 우상에게 절하고 섬기며 온갖 악행을 행하고 있다. 이 상황을 보면 죽은 자들이 하나님의 백성들이고, 죽지 않고 남은 자들은 땅에 거하는 자들로 우상을 섬기는 악한 자들이다.

결국 여섯째 나팔에 대하여 우리가 이해해야 할 것은, 하나님께서는 구약의 말씀에서 약속하신 그 언약을 종말에 이루기를 원하시는 반면 사단은 그 하나님의 약속이 이루어지지 않게 하기 위하여 술수를 쓴다는 것이다. 사단은 거짓말을 가르치는 거짓 선지자들과 종들을 통하여 야곱의 후손들이 예수 그리스도를 발견하지 못하도록 온갖 사상과 이론과 철학 그리고 종교적인 것을 통하여 불법을 행하며 사악하게 행동함으로 하나님의 백성들을 괴롭히고 해롭게 한다.

그러므로 필자는 여섯째 나팔을 유브라데 강을 중심으로 흩어져 살아온 이스라엘 백성들을 구원하시려는 하나님의 계획이라고 생각하며, 이 계획을 망치고 해치려는 거짓 선지자와 종들을 통한 사단의 계획의 대충돌 현상이라고 본다.

이러한 현상은 전 3년 반의 시간 동안에 중동 지역에서 일어날 것이고, 지금은 바로 이러한 현상이 일어나기 직전이다.

다섯째 나팔이 이방인 하나님의 종들을 깨닫게 하여 주님에게 돌아오게 하기 위한 사건이라면 여섯째 나팔은 포로로 결박되어 있던 큰 강 유브라데 지역의 이스라엘 백성들을 돌아오게 하기 위한 사건으로 해석한다.

[표35]

전 3년 반 동안	
다섯째 나팔	여섯째 나팔
* 땅에 떨어진 별 – 무저갱의 열쇠 무저갱으로부터 연기와 황충 이마에 하나님의 인 맞지 아니한 사람들만 해하라 – 다섯 달 동안 * 이방인 일곱 교회의 종들을 시험함 * 꼬리에 쏘는 살이 있어 다섯 달 동안 사람들을 해하는 권세 – 꼬리는 거짓 선지자와 거짓 종들	* 유브라데에 결박한 네 천사 마병대의 수 이만만 연월일시 사람 삼분의 일을 죽임–불과 연기와 유황으로 * 포로로 결박된 이스라엘 백성들을 부르심(유브라데 강 유역) * 꼬리는 뱀 같고 꼬리에 머리가 있어 이것으로 해함 – 꼬리는 거짓 선지자와 거짓 종들

제10장

(Revelation 10)

계 10:1 내가 또 보니 힘센 다른 천사가 구름을 입고 하늘에서 내려오는데 그 머리 위에 무지개가 있고 그 얼굴은 해 같고 그 발은 불기둥 같으며

⬇

계 10:11 저가 내게 말하기를 네가 많은 백성과 나라와 방언과 임금에게 다시 예언하여야 하리라 하더라

본 장은 바다와 땅을 밟고 서 있는 힘센 천사로부터 사도 요한이 작은 책을 받는 장면이다.

전 3년 반의 시간에 나타날 장면인데, 하늘에서 구름을 입은 천사가 내려온다고 한다. 그 천사의 모습이 머리에 무지개가 있고 얼굴은 해 같으며 그 발은 불기둥 같다. 바로 천사로 분장한 예수 그리스도시다.

일곱째 나팔이 불리기 전에, 곧 후 3년 반이 시작되기 전에 주님은 먼저 하늘에 강림하시어 전무후무한 환난의 역사를 지켜볼 것이다. 그러나 주님의 발이 바다와 땅을 밟고 있어 아직 짐승들이 바다

와 땅으로부터 올라올 시간이 되지 않았다. 이제 하늘과 땅과 바다 그리고 그 가운데 있는 모든 피조물들이 후 3년 반에 일어날 세기적이고 역사적인 환난을 지켜볼 것이다.

로마서 8장 18-23절에서 "생각건대 현재의 고난은 장차 우리에게 나타날 영광과 족히 비교할 수 없도다 피조물의 고대하는 바는 하나님의 아들들의 나타나는 것이니 피조물이 허무한 데 굴복하는 것은 자기 뜻이 아니요 오직 굴복게 하시는 이로 말미암음이라 그 바라는 것은 피조물도 썩어짐의 종노릇한 데서 해방되어 하나님의 자녀들의 영광의 자유에 이르는 것이니라 피조물이 다 이제까지 함께 탄식하며 함께 고통하는 것을 우리가 아나니 이뿐 아니라 또한 우리 곧 성령의 처음 익은 열매를 받은 우리까지도 속으로 탄식하여 양자 될 것 곧 우리 몸의 구속을 기다리느니라"는 말씀처럼 피조물들도 이 순간, 곧 후 3년 반의 환난을 통하여 나타날 하나님의 아들들을 고대하고 있기 때문이다.

이것은 모든 피조물이 고대하는 바이고, 그동안 사람의 죄악으로 인하여 피조물도 썩어짐의 종노릇한 데서 해방되어 하나님의 아들들의 영광의 자유에 이르는 것이기 때문이다. 그러므로 하늘과 땅과 바다의 모든 피조물들은 이 시간을 숨죽이고 바라보며 지켜보고 응원할 것이다.

1. 손에 펴 놓인 작은 책

계 10:2 그 손에 펴 놓인 작은 책을 들고 그 오른발은 바다를 밟고 계시록 5장 1절의 "내가 보매 보좌에 앉으신 이의 오른손에 책이 있으니 안팎으로 썼고 일곱 인으로 봉하였더라"라는 말씀과는 달리, 여기에서는 손에 펴 놓인 작은 책은 열려 있다. 이것은 이제 작은 책을 볼 시간이 되었다는 것으로 그동안 닫혀 있던 시간이 해제되었음을 의미한다.

이 작은 책은 요한계시록이다. 그동안 많은 사람들에게 이해되지 않는 책, 가까이하기에 두려운 책으로 우리의 마음에서 멀리 떨어져 있었으나 이제는 주님이 이 책을 펴서 주시겠다고 한다. 여기서 '펴 놓인'이라는 말은 '아노이고'(ἀνοίγω)라고 하여 '열다, 펴다, 열리다, 밝아지다'라는 뜻의 단어다. 계시록에서 닫혀 있고 이해되지 않았던 부분들이 열리고 밝혀진다는 의미다.

베드로는 이것에 대하여 베드로후서 1장 19절에서 "또 우리에게 더 확실한 예언이 있어 어두운데 비취는 등불과 같으니 날이 새어 샛별이 너희 마음에 떠오르기까지 너희가 이것을 주의하는 것이 가하니라"라고 말하였다. 예언의 말씀이 열리는 때, 곧 날이 새어 너희 마음에 샛별이 떠오르는 때가 있음을 말하는 것이며, 바로 그때가 여섯째 나팔의 시간으로 천사의 손에 펴 놓인 책을 사도 요한에게 주어서 먹으라고 하는 때다.

우리는 지금 수많은 계시록의 해석을 대하고 있으며, 이것이 과연 계시의 말씀인가 우리 스스로도 혼돈하고 불안해하고 있다. 서로의 주장과 해석이 다르다 보니 많은 성도들이 계시록이 중요한 말씀임에도 불구하고 말씀에 흥미를 잃는 경우가 많으며, 또한 이단들이 이 계시의 말씀을 가지고 성도들을 현혹하는 사례도 빈번하게 발생한다.

또한 일어나지도 않은 사건을 두고 그럴 것이라는 추측성의 해석을 하여 많은 사람들이 회의를 느끼고 있는 것도 주변에서 종종 본다.

주님은 우리에게 혼돈을 가져다주시는 분이 아니다. 사람의 성품을 아시기 때문에 정확한 때에 우리에게 답을 주시는 분이다. 그러므로 "날이 새어 샛별이 너희 마음에 떠오르기까지"라는 말씀의 의미를 깊이 새겨야 할 것이다.

계시의 말씀에서 우리가 주의해야 할 것은, 복음은 모든 사람에게 주어진 은혜의 소리로 공동체와 무리들에게 들리는 말씀이지만, 계시의 말씀은 히브리서 9장 28절에서 "이와 같이 그리스도도 많은 사람의 죄를 담당하시려고 단번에 드리신바 되셨고 구원에 이르게 하기 위하여 죄와 상관 없이 자기를 바라는 자들에게 두번째 나타나시리라"라고 말씀하시는 것처럼 주님의 강림을 바라시는 자들에게 두 번째 나타난다.

이 말씀은 결국 천사의 손에 펴 놓인 요한계시록이 아무에게나 열리고 이해되도록 펴 놓인 책이 아니라, 주님의 강림을 바라는 자들에게 샛별이 떠오르듯이 열리며 펴서 이해되고 깨달아진다는 뜻이다.

천사는 요한에게 이 책을 주면서 갖다 먹어 버리라고 한다. 그리고 네 입에서는 꿀 같이 달고 배에서는 쓰다고 한다. '먹어 버리라'는 말은 '카테스디오'(κατεσθίω)라고 하여 '먹어 없애다, 삼키다, 소비하다, 써 버리다, 소멸하다'의 뜻으로 책의 내용을 완전히 소화시켜 먹어 버리라는 말이다.

여섯째 나팔이 불리는 때에 요한이 작은 책을 먹고 삼켜서 완전히 자기의 것으로 소화시키듯이 하나님의 종들도 계시록의 말씀을 먹어 자기 것이 되게 해야 한다.

한편 "내 입에는 꿀 같이 다나 먹은 후에 내 배에서는 쓰게 되더라"(계 10:10)라는 말씀은, 말씀을 먹고 입에서 그 말씀을 씹을 때 곧 입속에서 그 맛을 느낄 때는 달고 좋으나, 그 말씀이 내 속에 곧 위장 속에 들어갔을 때는 쓰게 되었다는 의미다. 여기서 '위장'은 '코일리아'(κοιλία)라고 하여 '구멍, 배, 복부, 자궁, 마음, 내적인 자아'를 말하기 때문에, 결국 내 마음속에 자아가 아프고 쓰라리며 괴롭게 되었다라는 뜻으로 볼 수 있다.

이는 작은 책, 곧 요한계시록의 말씀을 입에서 씹듯이 하나하나 알아갈 때는 그 맛이 달콤하고 좋았는데 내가 이 내용을 다 알고 나니 내 마음이 '쓰다' 곧 '피크라이노'(πικραίνω)라고 하였다. 이 말은 '괴롭히다. 쓰라리게 하다, 격분시키다, 쓰게 하다'는 뜻으로 사단의 실체와 그들이 하는 일들을 알게 되니 격분함이 생기고 하나님의 마음을 생각하니 괴롭고 마음이 쓰게 되었다는 말이다.

여기서 우리가 알아야 할 중요한 것이 있다. 바로 요한이 '내 입에서' 그리고 '내 배에서라'는 말을 사용하고 있다는 것이다. 이는 이 계시록의 말씀을 먹은 자의 입과 배에서만 느낄 수 있는 감정으로, 이 말씀을 먹지 못한 자는 그러한 느낌과 감정을 전혀 가질 수 없다는 뜻이다.

그러므로 하나님의 종이라면 후 3년 반의 환난에 들어가기 전에 여섯째 나팔에서 들리는 작은 책, 곧 계시록의 말씀을 반드시 먹어야 하며 "네가 많은 백성과 나라와 방언과 임금에게 다시 예언하여야 하리라"(계 10:11)라는 말씀을 좇아 증인의 사역을 감당하려는 결단을 해야 한다.

2. 다시 예언하여야 하리라

계 10:11 저가 내게 말하기를 네가 많은 백성과 나라와 방언과 임금에게 다시 예언하여야 하리라 하더라

주님은 이 말씀을 먹고 다시 예언하여야 한다고 말씀한다.

본 장은 전 3년 반의 후반에 속한 때로, 이 시간이 되면 사도 요한과 같은 증인들에게 계시록의 말씀이 열리며 이 말씀을 많은 백성과 나라와 방언과 임금에게 예언하여야 한다는 것이다. 계시록 11장에는 두 증인이 등장하는데 이들은 열린 계시록의 말씀을 먹고 일곱째 나팔이 불린 후 3년 반의 시간 동안 다시 예언해야 할 자들이다.

그러나 다시 예언을 하기 위하여 먼저 손에 펴 놓인 작은 책을 받아야 하고 그것을 먹고 소화해서 내 것으로 만들어야만 한다. 그러므로 이 작은 책을 받을 수 있는 자는 증인으로 선택된 자일 것이며 "이는 이 땅의 주 앞에 섰는 두 감람나무와 두 촛대"(계 11:4)일 것이다.

이 작은 책을 먹은 자들은 후 3년 반의 시간 동안 전무후무한 환난이 펼쳐지는 세상에서 땅에 거하는 자들에게 하나님의 말씀을 전

해야 하는 사명을 가진 자들이다.

여기서 '예언'한다는 말은 '프롭헤튜오'(προφητεύω)라고 하여 '영감으로 말하다, 예언하다, 장차 일을 미리 말하다, 통찰하다'라는 뜻이며, 이 말은 '프롭헤테스'(προφήτης)라는 '선언하다, 말하다, 예언자, 신의 대변자, 예고자, 선견자, 해석자, 영감을 받은 자'라는 뜻을 가진 말에서 유래되었다. 그러므로 예언한다는 말은 '영감을 받은 선견자로 통찰력을 가지고 장차 일을 말하며 예언하다'라는 뜻으로 해석된다.

또한 "다시 예언하여야 하리라"(계 10:11)라는 말에서 '다시'라는 반복의 단어가 들어 있음을 주의해야 한다. 이는 '팔린'(πάλιν)이라는 말로 '장소적인 다시, 새로, 뒤에, 시간을 돌아, 반복해서, 그 이상으로, 그 위에, 더욱이'라는 의미로 전 3년 반 동안에 했던 일을 다시금 반복해서, 장소적으로 또 시간적으로 그 이상으로 해야 함을 말하는 것으로 이해하면 된다.

이 말씀은 예언의 사역은 이미 전 3년 반의 시간에서도 지속되어 왔다는 것을 말하는 것으로 후 3년 반 동안 그 이상으로 반복해야 한다는 것이다. 이러한 증인의 활동은 땅에 거하는 자들 중에 한 명이라도 더 주님 앞으로 돌아오게 하기 위한 사역으로, 이들은 죽음을 무릅쓰고 말씀의 예언 사역을 감당한다.

바울이 로마의 가이사에게 복음을 전하기 위하여 죽음을 무릅쓰고 로마로 가기를 청했던 것처럼, 또 사도행전 26장 22-23절에서 "하나님의 도우심을 받아 내가 오늘까지 서서 높고 낮은 사람 앞에서 증거하는 것은 선지자들과 모세가 반드시 되리라고 말한 것밖에 없으니 곧 그리스도가 고난을 받으실 것과 죽은 자 가운데서 먼저 다시 살아나사 이스라엘과 이방인들에게 빛을 선전하시리라 함이니이다"라는 말씀처럼 그가 아그립바 왕과 베스도에게 이들은 임금 앞에서도 또한 방언이 다른 많은 나라와 백성들에게도 예언하도록 부름을 받은 것처럼, 증인들도 그런 사역을 감당하기 위해 부름 받았다.

[표36]

천사의 손에 펴 놓인 작은 책		요한계시록(예언의 말씀)
* 전 3년 반 동안에 계시가 열리고 펴짐 * 하늘과 땅과 바다의 모든 피조물이 원함 * 일곱째 천사의 나팔 소리 전임 * 작은 책을 먹어야 함 (입에서는 꿀같이 달고 배에서는 쓰다) * 먹은 자는 내 입, 내 배에서 알고 느낌 * 많은 백성과 나라와 방언과 임금에게 다시 예언	⇒	* 전 3년 반 샛별이 떠오름 * 두 증인의 사역자들 (후 3년 반) * 예언의 말씀을 먹고 소화 * 땅에 거하는 자들에게 다시 예언

성령론적 요한계시록

I

R E V E L A T I O N

제11장

(Revelation 11)

계 11:1 또 내게 지팡이 같은 갈대를 주며 말하기를 일어나서 하나님의 성전과 제단과 그 안에서 경배하는 자들을 척량하되

⬇

계 11:19 이에 하늘에 있는 하나님의 성전이 열리니 성전 안에 하나님의 언약궤가 보이며 또 번개와 음성들과 뇌성과 지진과 큰 우박이 있더라

1. 성전과 제단과 성전 밖 마당

> **계 11:1** 또 내게 지팡이 같은 갈대를 주며 말하기를 일어나서 하나님의 성전과 제단과 그 안에서 경배하는 자들을 척량하되
> **계 11:2** 성전 밖 마당은 척량하지 말고 그냥 두라 이것을 이방인에게 주었은즉 저희가 거룩한 성을 마흔두 달 동안 짓밟으리라

이제 주님은 하나님의 백성들을 분리하고 이방인들과도 구별하신다. 백성들은 그들이 어디에서 하나님 앞에 경배를 드리느냐에 따라 성전과 제단 그리고 그 안에서 경배하는 자들로 나누신다. 그리고

이방인의 자리는 성전 밖 마당으로 이는 척량하지 말 것을 명하고 있다

여기서 이방인은 누구일까? 유대인이 아닌 사람들을 이방인이라고 하는가, 아니면 주님을 믿지 않고 알지 못하는 사람들을 이방인이라 하는가?

당연히 계시록은 후자라고 말하며, 주님 안에 있지 않고 알지 못하는 사람들, 또한 주님을 믿는다고 하면서 잘못된 믿음을 가지고 주님이 보시기에 우상을 섬기는 자들을 성전 밖에 두고 척량하지 말라고 한다.

세대주의 종말론을 믿는 자들은 유대인이 아닌 모든 사람들을 이방인이라고 한다고 주장하기도 한다. 그러나 이것은 너무나 잘못된 이론으로 성경적이지 못하고, 하나님을 유대인과 이방인으로 편 가르는 편협한 하나님으로 생각하게 만드는 행위다.

하나님에게 유대인은 "표면적 유대인이 유대인이 아니요 표면적 육신의 할례가 할례가 아니라 오직 이면적 유대인이 유대인이며 할례는 마음에 할지니"(롬 2:28-29)라는 말씀처럼 오직 예수 그리스도를 믿음으로 또한 심령에 할례를 받음으로 유대인으로 인정받는 것이 성경이 말하는 유대인이다.

로마서 4장 13-16절에도 아브라함의 후사가 되는 것에 대하여 "아브라함이나 그 후손에게 세상의 후사가 되리라고 하신 언약은 율법으로 말미암은 것이 아니요 오직 믿음의 의로 말미암은 것이니라 만일 율법에 속한 자들이 후사이면 믿음은 헛것이 되고 약속은 폐하여졌느니라 율법은 진노를 이루게 하나니 율법이 없는 곳에는 범함

도 없느니라 그러므로 후사가 되는 이것이 은혜에 속하기 위하여 믿음으로 되나니 이는 그 약속을 그 모든 후손에게 굳게 하려 하심이라 율법에 속한 자에게뿐 아니라 아브라함의 믿음에 속한 자에게도니 아브라함은 하나님 앞에서 우리 모든 사람의 조상이라"라고 말하고 있다.

많은 사람들이 사단의 철저한 거짓 교리에 의하여 유대인과 이방인을 구약의 선례를 따라 구별하도록 교육받아 왔기 때문에, 이런 구분이 깊은 이론이 되어 많은 사람들의 생각을 붙잡고 있다. 사단은 이러한 이론을 교회 가운데 그리고 신학 속에 집어넣어서 유대인과 이방인이 서로를 적대시하며 하나 될 수 없는 존재, 서로 원수로 생각하도록 만들었다.

바로 이것이 우리 기독교 역사의 현실이었고 지금도 이런 마음과 감정을 갖은 사람들이 많다. 매우 안타까운 일이다.

이제 주님은 계시록에서 그리고 종말을 맞은 우리의 현실에서 유대인과 이방인의 구분은 없으며, 오직 예수 그리스도를 믿는 믿음 안에 있느냐 없느냐로 유대인과 이방인을 구분하고 있다는 사실을 깨달아야 한다.

주님은 본 장에서 믿음의 사람들을 세 부류로 분류하고 이들을 척량하라고 하신다.

첫째는 성전에 있는 자들이다. 이들은 구약의 제사장 같은 자들로, 영적으로는 예수 그리스도와 한 몸 된 자들이며 말씀과 제사를 맡은 자들이다. 오늘날은 부름 받아 세우신 하나님의 종들로 이들을 척량하라고 한다. 제사장으로서의 사명을 잘 감당하고 있는가,

흠이 없는가를 척량하라는 것이다.

척량하는 잣대는 '지팡이 같은 갈대'인데 '갈대'는 '칼라모스'(κάλαμος)라 하여 '길고 곧은 장대, 갈대 막대기, 지팡이, 측량자'를 말한다. 곧 하나님의 말씀의 잣대로 척량하라는 것이다.

레위기 27장 32절은 "소나 양의 십분 일은 막대기 아래로 통과하는 것의 열째마다 여호와의 거룩한 것이 되리니"라고 한다. 이 막대기는 목자의 막대기로 예수 그리스도의 말씀의 막대기다. 제사장이라면 그리고 주의 종이라면 예수 그리스도의 말씀의 잣대를 통과해야 한다는 것이다.

둘째는 제단에 있는 자들이다. 이들은 제단의 일을 보는 자들로 구약에서는 레위인들을 말한다.

레위의 후손으로서 아론과 그의 아들들과 같은 제사장은 아니지만 항상 제단의 일을 섬기며 제사장을 돕고 보조하는 일을 하는 자이다.

오늘 교회에도 바로 이와 같이 제단의 일을 보며 항상 하나님의 전에서 봉사하며 섬기는 성직자들이 있는데, 이들이 제단에 있는 자들이다. 민수기 8장 19절은 이들에 대하여 "내가 이스라엘 자손 중에서 레위인을 취하여 그들을 아론과 그 아들들에게 선물로 주어서 그들로 회막에서 이스라엘 자손을 대신하여 봉사하게 하며 또 이스라엘 자손을 위하여 속죄하게 하였나니 이는 이스라엘 자손이 성소에 가까이 할 때에 그들 중에 재앙이 없게 하려 하였음이니라"라고 말한다.

그들이 회막에서의 직무를 말하는 것으로, 오늘 교회 안에서도 제단에 속한 자들은 동일한 직무를 수행해야 함을 말한다. 주님은 이들도 또한 환난 시에 말씀의 잣대로 척량하라고 하신다.

셋째는 그 안에서 경배하는 자들이다. 성전 뜰에서 하나님을 섬기는 백성들 곧 성도들을 말한다. 구약의 성막에는 동서남북을 세마포장으로 둘러 친 성막의 뜰이 있어 세상과 성전을 구별하였다. 세마포장 안쪽을 성전의 뜰이라고 하고 세마포장 밖을 성전 밖 마당이라고 했다. 출애굽기 27장 9절에는 "너는 성막의 뜰을 만들지니 남을 향하여 뜰 남편에 광이 백 규빗의 세마포장을 쳐서 그 한 편을 당하게 할지니"라고 말씀하고 있다.

이와 같이 하나님의 백성들도 종말에는 그 믿음과 신앙이 성전 뜰 안에서 경배하고 예배드리는지, 아니면 헛된 것을 경배하는지를 척량하라고 한다.

주님이 지팡이 같은 갈대 곧 말씀의 척량자를 요한에게 주면서 각각 성전과 제단과 성전 뜰 안을 척량하라고 하시는 것처럼, 계시록 10장에서 작은 책을 받은 하나님의 종들도 이와 같은 말씀의 척량자를 가지고 있어야 하며 성전 안과 밖을 구별하는 영적인 지혜가 있어야 한다.

주님이 각각의 직분들을 척량하라고 하는 이유는 온 세상이 사단의 미혹에 의하여 바알의 우상을 섬기는 자들을 구별하기 위해서다. 이들은 성전 뜰 안에 있지 못하고 결국 이방인이 되어 성전 밖 마당으로 쫓겨날 것이다.

"성전 밖 마당은 척량하지 말고 그냥 두라 이것을 이방인에게 주었은즉 저희가 거룩한 성을 마흔두 달 동안 짓밟으리라"(계 11:2)라고 말씀한다.

여기서 '그냥 두라'는 말을 살펴보면 '에크발로'(ἐκβάλλω)라 하여 '내쫒다, 추방하다, 몰아내다, 내던지다, 쫓아내다'라는 뜻으로, 척량할 가치도 없으니 추방하고 쫓아내라고 해석할 수 있다. 또한 '짓밟으리라'는 말은 '파테오'(πατέω)라고 하여 '밟다, 짓밟다, 포도즙 틀을 밟다'라는 말이다.

우리가 주의해야 할 것은 성전 밖 마당에 있는 자들의 신분이다. 보통 우리는 이방인이라는 이름 때문에 예수 그리스도를 믿지 않거나 모르는 자들일 것이라고 생각하기 쉽다. 그러나 여기 성전 밖에 있는 자들은 교회에서, 성전과 제단과 성전 안에서 쫓겨나고 추방되고 내던짐을 받은 자들이다.

이렇게 주님으로부터 버림을 받은 자들이 결국은 거룩한 성을 마흔두 달 동안 짓밟는다는 것으로 이해해야 한다.

결국 하나님의 성전과 제단과 그 안에서 경배하는 주님의 성도들을 괴롭히고 짓밟으며 죽이는 것은, 곧 주님을 모르고 믿지 아니하는 세상에 있는 이방인들에 대한 말씀이 아니라 교회 안에서 한솥밥을 먹었던 자칭 그리스도인들, 광명의 천사같이 의의 일꾼으로 보였던 거짓 선지자들과 종들에 대한 말씀이다.

베드로후서 2장 12-17절까지의 말씀을 보면 "그러나 이 사람들은 본래 잡혀 죽기 위하여 난 이성 없는 짐승 같아서 그 알지 못한 것을 훼방하고 저희 멸망 가운데서 멸망을 당하며 불의의 값으로 불의를 당하며 낮에 연락을 기쁘게 여기는 자들이니 점과 흠이라 너희와 함께 연회할 때에 저희 간사한 가운데 연락하며 음심이 가득한 눈을 가지고 범죄하기를 쉬지 아니하고 굳세지 못한 영혼들을 유혹하며 탐욕에 연단된 마음을 가진 자들이니 저주의 자식이라 저희가 바른 길을 떠나 미혹하여 브올의 아들 발람의 길을 좇는도다 그는 불의의 삯을 사랑하다가 자기의 불법을 인하여 책망을 받되 말 못하는 나귀가 사람의 소리로 말하여 이 선지자의 미친 것을 금지하였느니라 이 사람들은 물 없는 샘이요 광풍에 밀려 가는 안개니 저희를 위하여 캄캄한 어두움이 예비되어 있나니"라고 하여 성전 밖으로 쫓겨난 이유를 말하고 있다.

주님은 이와 같은 자들을 바로 이방인이라고 말씀하며, 이들은 사단이 뿌려놓은 가라지들로 마태복음 13장 30절은 "둘 다 추수 때까지 함께 자라게 두어라 추수 때에 내가 추수꾼들에게 말하기를 가라지는 먼저 거두어 불사르게 단으로 묶고 곡식은 모아 내 곳간에 넣으라 하리라"라고 하신다.

그들은 "거룩한 성을 마흔두 달 동안 짓밟으리라"라고 한다.

마흔두 달은 바다에서 올라오는 짐승과 땅에서 올라온 짐승이 권세를 가지고 통치하며 하나님의 백성들을 핍박과 괴롭힘으로 힘들게 하는 후 3년 반의 기간이다. 이 시간에 그들은 적그리스도의 세력과 하나가 되어 포도즙 틀에서 포도를 짓밟듯이 하나님의 성도들에게 고통을 가할 것을 말한다.

거룩한 성은 외형적으로는 예루살렘에 앞으로 건축될 제3성전일 수도 있지만 주님이 계시록을 통하여 우리에게 말씀하고자 하는 진정한 거룩한 성은 내 안에 세워진 하나님의 성전, 곧 마음의 성전이다. 고린도전서 3장 16-17절의 말씀처럼 "너희가 하나님의 성전인 것과 하나님의 성령이 너희 안에 거하시는 것을 알지 못하느뇨 누구든지 하나님의 성전을 더럽히면 하나님이 그 사람을 멸하시리라 하나님의 성전은 거룩하니 너희도 그러하니라"라고 말씀하고 있기 때문이다.

그들은 갖은 미혹과 유혹을 가지고 우리 안에 있는 거룩한 하나님의 성전을 더럽히고 무너뜨리려고 온갖 방법을 동원할 것이다. 또한 앞으로 예루살렘에 세워질 제3성전은 거룩한 성전이 아니라 모든 종교의 성전이 되어 우상의 집으로 바알의 단이 될 것이다. 그렇기 때문에 주님이 말씀하시는 성전은 바로 우리 안에 세워진 거룩한 성이며, 이 성이 마흔두 달 동안 영적으로 짓밟힐 것을 말한다.

2. 두 증인

> **계 11:3** 내가 나의 두 증인에게 권세를 주리니 저희가 굵은 베옷을 입고 일천이백육십 일을 예언하리라

첫째, 두 증인이 누구일까?

많은 사람들이 두 증인에 대한 관심을 가진다. 환난 시간 동안 두 증인의 사역은 너무나 중요하기 때문에 주님은 두 증인에게 특별한 권세를 주어 1,260일 동안 주님의 사역을 이 땅에서 감당하게 하신다.

두 증인은 마지막 종말에 사단의 세력과 싸울 하나님의 말씀의

군사들이고 전신갑주를 입은 자들이다. 이들은 굵은 베옷을 입었다고 한다.

'굵은 베옷'은 '삭코스'(σάκκος)라고 하여 '거친 베, 굵은 베, 거친 베옷'을 뜻하는 말이며 '회개와 슬픔과 통곡'을 의미한다.

열왕기하 6장에는 아람 왕 벤하닷이 이스라엘의 사마리아 성을 침략하여 성을 에워싸므로 성중에 먹을 것이 없어 굶주릴 때의 사건이 기록되어 있다. 30절에서 "왕이 그 여인의 말을 듣고 자기 옷을 찢으니라 저가 성 위로 지나갈 때에 백성이 본즉 그 속살에 굵은 베를 입었더라"라고 했다. 에스겔 9장에는 가는 베옷을 입고 서기관의 먹그릇을 찬 사람이 예루살렘의 가증한 일을 인하여 탄식하며 우는 자의 이마에 표를 하라는 말씀이 있다.

베옷은 하나님 앞에 회개를 상징하며 '오늘 나는 죽었습니다'라는 의미를 포함하는 상징성을 갖는 옷이다. 두 증인이 굵은 베옷을 입었다는 것은 이 땅에 하나님의 교회와 백성들이 주의 신실한 말씀 앞에 온전하지 못하고 불법과 불의를 행하며 우상 앞에 절하며 살았던 신앙과 삶을 가슴으로 회개하며 통곡하는 상징적인 표라고 볼 수 있다.

출애굽기 32장은 모세가 하나님께 아론과 함께 금신상을 만든 이스라엘 백성들의 죄를 사하여 달라는 청을 여호와 하나님께 올리는 기록이 나온다. "이튿날 모세가 백성에게 이르되 너희가 큰 죄를 범하였도다 내가 이제 여호와께로 올라가노니 혹 너희의 죄를 속할까 하노라 하고 여호와께로 다시 나아가 여짜오되 슬프도소이다 이 백성이 자기들을 위하여 금신을 만들었사오니 큰 죄를 범하였나이다 그러나 합의하시면 이제 그들의 죄를 사하시옵소서 그렇지 않사오면 원컨대 주의 기록하신 책에서 내 이름을 지워 버려 주옵소서"(출 32:30-32)라는 탄원을 올린다.

모세는 자신에게도 백성들의 죄악의 책임이 있다고 생각하고 주께서 기록하신 책에서 자신의 이름을 뺄 정도의 간절함으로 여호와 하나님께 청하였다. 두 증인의 굵은 베옷은 모세와 같은 심정으로 종말에 하나님의 백성들의 죄를 사해 달라는 간절함의 표현인 것이다.

그리고 주님은 두 증인을 "이 땅의 주 앞에 섰는 두 감람나무와 두 촛대"(계 11:4)라고 표현하고 있다.

그동안 계시록을 통해서 많은 이단들이 나타나고 없어졌으며, 지금도 이단들이 나타나고 있다. 계시록은 주님의 예언의 말씀이고 이루어지지 않은 미래적 사건에 대한 기록이므로 사람들을 미혹시키기에 아주 좋은 말씀이기도 하다. 그중에 가장 이단으로 갈 수 있는 단어가 바로 '두 증인'이다. 누가 두 증인일까 하는 궁금증 때문에 미혹의 소리에 현혹되기 쉽다.

주님은 이러한 것까지 아시고 여기에 대한 확실한 대안을 제시하시는데 그것이 곧 두 감람나무와 두 촛대다.

여기서 먼저 베드로와 야고보와 요한이 본 변화산에서의 사건을 살펴보아야 한다.

마태복음 17장 1-4절은 "엿새 후에 예수께서 베드로와 야고보와 그 형제 요한을 데리시고 따로 높은 산에 올라가셨더니 저희 앞에서 변형되사 그 얼굴이 해같이 빛나며 옷이 빛과 같이 희어졌더라 때에 모세와 엘리야가 예수로 더불어 말씀하는 것이 저희에게 보이거늘 베드로가 예수께 여짜와 가로되 주여 우리가 여기 있는 것이 좋사오니 주께서 만일 원하시면 내가 여기서 초막 셋을 짓되 하나는 주를 위하여, 하나는 모세를 위하여, 하나는 엘리야를 위하여 하리이다"라고 한다.

주님은 왜 제자들에게 이런 변화산의 모습을 보여 주셨을까? 그리고 베드로는 왜 여기에 초막 셋을 짓겠다고 말하며 주를 위하여, 모세를 위하여, 엘리야를 위하여라고 말했을까?

누가복음 9장에서는 이 말을 하는 베드로 자신도 "자기의 하는 말을 자기도 알지 못하더라"(눅 9:33)라고 말하고 있다.

이것은 자신의 의도가 들어 있는 말이 아니라 성령이 베드로의 입을 사용하여 한 말이라는 뜻이다. 곧 성령이 이 땅에 세 사람이 필요함을 교회의 반석인 베드로와 제자들에게 보여 주신 것이다. 이 땅의 교회는 예수 그리스도와 모세와 엘리야라는 세 사람이 있어야 함을 말한다.

여기서 '초막'은 '스케네'(σκηνή)라고 하여 '천막, 막사, 초막, 사는 집'을 말한다. 하나님의 사람들이 사는 집이고 천막이며 막사로, 곧 교회다. 이는 또한 베드로라는 반석을 통하여 세워질 이 땅의 교회 안에는 예수 그리스도의 복음의 집과 모세의 율법의 집 그리고 엘리야를 통한 선지자의 집이 있어야 함을 말하는 것이다.

바울이 로마로 가기 전에 베스도와 아그립바 왕 앞에서 증거할 때도 "하나님의 도우심을 받아 내가 오늘까지 서서 높고 낮은 사람 앞에서 증거하는 것은 선지자들과 모세가 반드시 되리라고 말한 것 밖에 없으니"(행 26:22)라고 말하면서, 모세의 율법과 선지자의 글 속에 있는 예수 그리스도에 대하여 증거했다.

또한 로마에 가서 복음을 전하면서 바울은 예수 그리스도를 전하기 위하여 모세의 율법과 선지자의 글 속에 있는 예수를 증거했다고 말한다. 사도행전 28장 23절은 "저희가 일자를 정하고 그의 우거하는 집에 많이 오니 바울이 아침부터 저녁까지 강론하여 하나님 나라를 증거하고 모세의 율법과 선지자의 말을 가지고 예수의 일로 권하더라"라고 기록되어 있다.

따라서 예수 그리스도를 증거하는 증인은 모세의 율법과 엘리야를 통하여 전해진 선지자의 글 속에서 예수 그리스도를 전해야 한다. 예수 그리스도의 빛으로서의 교회는 모세의 율법과 선지자의 글이 없으면 존재할 수가 없는 것이다. 바로 여기서 말하는 모세의 율법과 선지자의 글이 곧 모세와 엘리야를 대신하는 두 감람나무다.

두 감람나무, 곧 모세의 율법과 선지자의 글로부터 기름을 공급받아야 교회의 등불을 밝힐 수 있음을 말하는 것이다. 스가랴 4장 11-14절은 이것에 대하여 "내가 그에게 물어 가로되 등대 좌우의 두 감람나무는 무슨 뜻이니이까 하고 다시 그에게 물어 가로되 금기름을 흘려내는 두 금관 옆에 있는 이 감람나무 두 가지는 무슨 뜻이니이까 그가 내게 대답하여 가로되 네가 이것이 무엇인지 알지 못하느냐 대답하되 내 주여 알지 못하나이다 가로되 이는 기름 발리운 자 둘이니 온 세상의 주 앞에 모셔 섰는 자니라 하더라"라고 말씀한다.

마태복음 17장과 마가복음 9장 그리고 누가복음 9장에 나오는 변화산의 사건에서 온 세상의 주 앞에 모셔 섰는 자가 등장하는데 기름 발린 자 둘, 곧 모세와 엘리야다. 그러므로 두 증인은 지금 살아 있는 사람을 말하는 것이 아니라 두 감람나무이다. 교회에 금기름을 흘려 내는 모세의 율법과 엘리야로 대변되는 선지자의 글이 바로 두 감람나무이다.

결국 이는 구약의 말씀으로 교회가 등불을 켜고 비추기 위해서는 반드시 모세의 율법과 선지자의 글에서 공급되는 금기름이 있어야 한다는 말이다.

이것은 또한 이러한 하나님의 뜻을 모르는 교회는 두 증인으로서의 사명을 감당할 수 없어 일곱 교회가 아닌 오직 두 교회만이 종말에 주님의 쓰임을 받는 교회가 됨을 말하는 것이기도 하다. 처음에 주님이 요한을 통해서 일곱 교회의 사자에게 편지를 보내지만 결국 계시록 11장에 와서는 두 교회의 사자만이 쓰임을 받는다.

이는 모세의 율법과 선지자의 글로부터 금기름을 흘려 받는 교회만이 살아서 마지막 종말의 증인으로서 사명을 감당한다는 것으로, 두 감람나무와 두 촛대는 사람 곧 어떤 위대한 종을 말하는 것이 아니라 모세의 율법과 선지자의 글인 하나님의 말씀과 이곳으로부터 금기름을 받는 교회 그리고 그것을 통하여 예수 그리스도를 증거하는 교회를 가리키는 것이다.

그러므로 계시록은 하나님의 말씀과 예수 그리스도의 증거를 강조하고 있다. 사도 요한 자신도 본인이 "하나님의 말씀과 예수 그리스도의 증거 곧 자기의 본 것을 다 증거하였느니라"(계 1:2)라고 말하고 있으며 밧모라 하는 섬에 가게 된 이유도 "하나님의 말씀과 예수의 증거를 인하여 밧모라 하는 섬에 있었더니"(계 1:9)라고 말하고 있다.

다섯째 인이 떨어질 때 하나님 보좌 앞에 신원자들이 등장하는데 이들이 목 베임을 받아 죽은 원인도 "하나님의 말씀과 저희의 가진 증거로 인하여 죽임을 당한 영혼들"(계 6:9)이라고 기록하고 있으며, 계시록 14장에서는 추수되는 성도들에 대하여 "성도들의 인내가 여기 있나니 저희는 하나님의 계명과 예수의 믿음을 지키는 자니라"(계 14:12)라고 말씀하고 있다.

그리고 계시록 12장에서는 땅으로 쫓겨난 용이 마지막 싸움을 위하여 "용이 여자에게 분노하여 돌아가서 그 여자의 남은 자손 곧 하나님의 계명을 지키며 예수의 증거를 가진 자들로 더불어 싸우려고 바다 모래 위에 섰더라"(계 12:17)라고 말하며 계시록 20장은 용, 곧 사단이 잡혀 무저갱에 결박되어 일천 년 동안 갇혔을 때 "또 내가 보좌들을 보니 거기 앉은 자들이 있어 심판하는 권세를 받았더라 또 내가 보니 예수의 증거와 하나님의 말씀을 인하여 목 베임을 받은 자의 영혼들과"(계 20:4)라고 기록하고 있다.

계시록은 이들 모두가 하나님의 말씀과 예수의 증거, 또는 하나님의 계명과 예수의 증거를 가진 자들이라 기록하고 있다. 이것이 바로 두 증인이 누구냐 또는 무엇이냐 하는 질문에 대한 답이다.

두 증인을 "이 땅에 주 앞에 섰는 두 감람나무와 두 촛대"(계 11:4)라고 말하는 것은 구약의 두 감람나무로서 모세의 율법과 엘리야를 통한 선지자의 글을 말하는 것이고, 두 촛대는 이와 같이 두 감람나무와 연결되어 금기름을 흘려 받는 종말의 두 교회를 말하는 것이다. 계시록은 이들을 하나님의 말씀과 예수의 증거를 가진 자들이라고 말한다.

결국 하나님의 말씀과 예수의 증거를 갖고 있는 자들이 두 감람나무와 두 촛대가 되며 바로 두 증인이다.

둘째, 주님은 두 증인에게 권세를 준다고 한다.

두 증인이 주님의 철저한 보호 속에 있다는 것이다. "만일 누구든지 저희를 해하고자 한즉 저희 입에서 불이 나서 그 원수를 소멸할지니"(계 11:5)라고 한다. 여기서 '해한다'는 말은 '아디케오'(ἀδικέω)라 하여 '악을 행하다, 사악하게 행동하다, 잘못하다, 불법을 행하다, 죄짓다'라는 뜻이다.

누구든지 두 증인에게 악과 불법과 사악하게 행동하므로 죄를 짓게 되면 그 원수를 소멸한다고 한다. 여기서 두 증인을 대적하는 '원수'는 '엑드로스'(ἐχθρός)라고 하여 '미워하는, 증오와 적의를 품은, 적대적인, 가증한, 싫어하는, 원수'의 뜻이다. 주님의 종말 사역을 방해하고 대적하는 사단의 마음을 가진 자들로 두 증인의 입에서 나오는 강력한 성령의 검의 말씀, 곧 불에 의하여 더 이상 회개할 수 없는 영적인 죽음을 맞게 된다는 의미이다.

주님이 이러한 권세를 주시는 것은 두 증인이 활동하는 후 3년 반의 시간이 사단의 역사가 가장 강력한 시간으로 하나님의 말씀을 대적하는 수많은 사단의 무리가 이들을 대항할 것이기 때문이다.

또한 "저희가 권세를 가지고 하늘을 닫아 그 예언을 하는 날 동안 비 오지 못하게 하고 또 권세를 가지고 물을 변하여 피 되게 하고 아무 때든지 원하는 대로 여러 가지 재앙으로 땅을 치리로다"(계 11:6)라고 한다.

'하늘을 닫아'에서 '닫는다'는 말은 '클레이오'(κλείω)라고 하여 '닫다, 잠그다, 감금하다, 마음 문을 닫다, 동정이 없다'라는 뜻이다. 이는 깨닫지 못한 자녀들을 위한 말씀으로, 그동안 하나님으로부터 내려오던 은혜의 단비가 멈추고 오직 두 증인의 입에서 나오는 말씀, 곧 하나님의 말씀과 그리스도의 증거만을 들어야 한다는 것을 의미한다.

이때는 주님이 하나님 말씀의 모든 전권을 두 증인에게 주었으므로 하늘로부터는 어떤 성령의 단비가 내려오지 않는 시기이기도 하다. 오직 물을 변하여 피가 되게 하는 능력은 두 증인에게만 있다. 요한복음 2장의 가나의 혼인잔치의 모습처럼 종말에는 포도주가 떨어진 시간이기 때문에, 두 증인이 와서 물을 변하여 피 되게 하는 것은 곧 물이 포도주가 되게 하는 것이다. "연회장은 물로 된 포도주를 맛보고 어디서 났는지 알지 못하되 물 떠온 하인들은 알더라"(요 2:9)라는 말씀과 같이 오직 하인들, 곧 두 증인들은 알더라는 것이다.

이 말씀은 두 증인을 통하여 후 3년 반의 시간 동안 땅에 거하는 자들에게 하나님의 말씀과 예수의 증거를 전하므로 그들로 주님의 품으로 돌아오게 하시는 방법이다. "여러 가지 재앙으로 땅을 치리로다"라고 하는 것은 그들의 굳고 딱딱한 마음과 육체를 말씀으로 친다는 의미이다.

여기서 '재앙'은 '플레게'(πληγή)라고 하여 '타격, 강타, 재난, 때림,

구타, 상처'의 뜻으로, 딱딱한 심령과 거칠고 굳은 생각과 마음을 깨기 위하여 말씀으로 때리고 강타하며 상처를 주는 것을 말한다.

이와 같이 두 증인의 사역은 절대적인 주님의 보호과 권세를 가지고 하는 사역으로 후 3년 반의 1,260일 동안 진행되며, 이들의 사역을 통하여 많은 하나님의 자녀들이 다시 주님의 품으로 돌아오게 되는 것이다.

3. 무저갱으로부터 올라오는 짐승

계 11:7 저희가 그 증거를 마칠 때에 무저갱으로부터 올라오는 짐승이 저희로 더불어 전쟁을 일으켜 저희를 이기고 저희를 죽일 터인즉

"저희가 그 증거를 마칠 때에"(계 11:7)라고 한다.

'마치다'라는 말은 '텔레오'(τελέω)라고 하여 '끝마치다, 완성하다, 결론짓다, 끝내다, 성취하다'라는 뜻이다. 두 증인이 후 3년 반, 곧 1,260일 동안의 사역을 완성하고 성취했다는 말이다. 이것은 두 증인의 이 땅에서의 권세가 끝났다는 뜻이며, 또한 백성과 나라와 방언과 임금에게 예언해야 하는 일이 성취되었다는 뜻이다.

주님은 두 증인의 사역이 끝남과 동시에 무저갱으로부터 짐승이 올라오도록 허락하신다. 그러면 '무저갱으로부터 올라오는 짐승'은 무엇을 말하는가?

계시록 9장은 하늘에서 떨어진 별 하나가 무저갱의 열쇠를 받았다고 한다. 그리고 무저갱을 여니 연기와 함께 황충이 연기 가운데로서 올라온다.

하늘에서 떨어진 별 하나는 분명 하나님의 종이었던 자로 정확히 누구라고 말할 수는 없지만 아마 세상이 인정하는 종이었을 것이라고 생각한다. 그가 하늘로부터 땅에 떨어져 무저갱, 곧 환난의 시간 동안 지옥의 열쇠를 받은 자로서 하나님의 사자들과 백성들을 대적하는 자로 세움을 입었다.

이 자는 예수님의 제자 중에 가룟 유다와 같은 자로 요한복음 13장 27절 "조각을 받은 후 곧 사단이 그 속에 들어간지라 이에 예수께서 유다에게 이르시되 네 하는 일을 속히 하라 하시니"는 말씀처럼 주님께 악의 도구로 쓰임 받는 자다.

여기서 '짐승'은 '데리온'(θηρίον)이라고 하여 '맹수, 야수, 들짐승, 사나운 짐승, 싫은 사람, 짐승 같은 사람'이란 뜻이다. 이것은 악의 도구로 쓰임 받는 사람을 가리키는 말로 하나님의 영이 없는 자들이라면 분명 짐승일 수밖에 없다.

시편 49편 20절은 "존귀에 처하나 깨닫지 못하는 사람은 멸망하는 짐승 같도다"라고 말한다.

그러므로 무저갱으로부터 올라오는 짐승은 믿음이 없는 세상 사람들이 아니라 주님 안에 그리고 믿음 안에 있던 배도한 자들이라는 것을 알 수 있다.

이것에 대하여 베드로후서 2장 12절은 "그러나 이 사람들은 본래 잡혀 죽기 위하여 난 이성 없는 짐승 같아서 그 알지 못한 것을 훼방하고 저희 멸망 가운데서 멸망을 당하며"라고 말하고 있다.

또한 이들은 주님의 강림에 대하여 "말세에 기롱하는 자들이 와서 자기의 정욕을 좇아 행하며 기롱하여 가로되 주의 강림하신다는 약속이 어디 있느뇨 조상들이 잔 후로부터 만물이 처음 창조할 때와 같이 그냥 있다 하니"(벧후 3:3-4)라며 주님의 강림을 부정한다.

이들은 이미 하나님의 영이 없는 자들로 사단과 마귀의 사자가 되었다. 이에 두 증인과 전쟁을 일으켜 이들을 이기고 죽일 것이라고 한다.

이 일은 계시록 6장의 다섯째 인에서 하나님의 말씀과 저희의 가진 증거로 인하여 죽임을 당한 영혼들이 제단 아래 있어서 신원할 때 주님은 "저희 동무 종들과 형제들도 자기처럼 죽임을 받아 그 수가 차기까지 하라 하시더라"(계 6:11) 하신 말씀을 성취하기 위한 것이다.

하나님의 의로운 피의 양이 차야만 공의로우신 하나님이 마지막 대접 재앙을 통하여 이들을 진멸할 수 있다. 그러므로 본 사건은 두 증인의 1,260일의 사역, 곧 후 3년 반의 사역이 끝나고 대접 재앙이 일어나기 직전의 상황으로 이해해야 할 것이다.

한편 "저희 시체가 큰 성길에 있으리니 그 성은 영적으로 하면 소돔이라고도 하고 애굽이라고도 하니 곧 저희 주께서 십자가에 못 박히신 곳이니라"(계 11:8)라고 한다. 왜 주님은 갑자기 "영적으로 하면 소돔이라고 하고 애굽이라고도 하니"라는 말을 하실까?

이는 세상이 도덕적, 성적, 우상적으로 타락해 있음을 말하는 것이다. 불과 유황으로 소돔 성을 멸했던 것처럼 대접 재앙으로 인한 하나님의 심판이 가까이 와 있다는 뜻이다. 애굽을 말씀하시는 것은 이스라엘 백성들이 모세를 통해서 애굽으로부터 출애굽함으로 세상과 분리했던 것처럼 곧 하나님의 백성들을 세상으로부터 출애굽이 있을 것을 상징하는 것이다.

이러한 표현은 이 사건 이후에 나타날 일들을 알려주는 신호로 해석된다. 두 증인의 시체가 3일 반 후에 하나님으로부터 생기가 들어가 발로 일어서며 구름을 타고 하늘로 올라가는 장면을 원수들이 목격하고 있기 때문이다.

또한 이제는 이 땅에 있던 하나님의 자녀들, 특히 후 3년 반의 환난의 시간을 지내고 이긴 자들이 하나님의 잔치에 참여할 시간이 되었고, 이들이 세상으로부터 출애굽, 곧 휴거할 시간이 이르렀음을 의미한다.

'저희 주께서 십자가에 못 박히신 곳'은 실제적인 장소, 곧 우리 주님이 못 박히신 예루살렘 성문 밖의 갈보리 언덕이 아니다. 이 장소는 모든 인생들, 곧 죄와 불법과 우상으로 가득 차 있는 사람들의 현재의 자리를 말하는 것으로, 이러한 자리는 "백성들과 족속과 방언과 나라 중에서 사람들이 그 시체를 사흘 반 동안을 목도하며 무덤에 장사하지 못하게 하리로다"(계 11:9)라는 말처럼 온 세상이다.

주님은 이 세상에 저들을 위하여 십자가에 죽으시고 대속하심으로 구원의 길을 열어 놓으셨다. 그래서 이제 종말의 시간이 되어 세상이 심판을 받는 시간이 되었는데도 땅에 거하는 자들이 되어서 주님의 증인들의 죽음을 보고 즐거워하는 어리석고 악한 자들을 향한 우리 주님의 탄식의 자리, 곧 주께서 십자가에 못 박히신 곳은, '모든 사람들을 위하여, 바로 너희들 각자의 그 자리'에서 죽으셨다는 안타까운 고백이라고 생각한다.

'땅에 거하는 자들'을 '하늘에 거하는 자들'로 만들기 위하여 두 증인은 3년 반 동안 사역을 하였다. 그러나 여전히 세상이 좋고 소망과 꿈과 미래로 가득 차 있어 하나님의 나라가 마음에 보이지 않는 자들을 땅에 거하는 자들이라고 한다.

여기서 땅에 거한다고 할 때 '거한다는 말은 '카토이케오'(κατοικέω)이다. 영어로는 to dwell, 또는 inhabitants라는 말인데 '거주하다, 자리잡다, ~ 안에 거하다, 정착해 사는 사람, 주민'이란 뜻으로 사용된다. 즉 이 땅에 자리 잡고 그 안에 거하면서 정착해 사는 사람이란 뜻이다.

반면에 하늘에 거하는 자들에서 '거한다'는 말은 '스케노오'(σκηνόω)라고 하여 '장막을 치다, 천막을 치다, 임시로 거주하다'라는 뜻이다.

여기서 우리는 땅에 거하는 자들과 하늘에 거하는 자들과의 거하는 목적과 이유가 전혀 다른 것을 발견하게 된다.

땅에 거하는 자들은 이 땅에 안주해서 자리를 잡고 정착하며 살 생각을 하는 반면, 하늘에 거하는 자들은 이 세상에서의 삶이 천막을 치고 임시로 거주하는 삶이라는 생각을 갖고 산다. 하늘의 처소를 생각하기 때문이며, 우리는 잠시 세상에 왔다 가는 방문객이라는 의식이 있어 항상 하나님의 나라를 바라보며 사모하고 살아가는 삶이다.

이들 간에는 완전한 의식의 차이가 있어 살아가는 삶의 방향과 목적이 전혀 다르다.

그러므로 땅에 거하는 자들은 주님의 강림을 원하지 않는다. 이 세상이 영원하게 지속되어야 하고 세상에서의 성공과 부를 붙잡은 것이 이들의 꿈과 목표이므로 그 어떤 말씀도 소리도 들리지 않는다.

그러니 두 증인의 복음 전파가 얼마나 귀에 가시처럼 들렸겠는가는 짐작할 만하다. 오죽하면 두 증인의 죽음을 놓고 서로 즐거워하며 예물을 보냈을까. 그 행태를 보면서 사단에게 붙잡힌 마음들이 노아의 방주 때와 같이, 롯의 때와 같이 강팍하고 완고하다는 것을 깨닫는다.

누가복음 17장 26-30절에서처럼 "노아의 때에 된 것과 같이 인자의 때에도 그러하리라 노아가 방주에 들어가던 날까지 사람들이 먹고 마시고 장가들고 시집가더니 홍수가 나서 저희를 다 멸하였으며 또 롯의 때와 같으리니 사람들이 먹고 마시고 사고 팔고 심고 집을 짓더니 롯이 소돔에서 나가던 날에 하늘로서 불과 유황이 비오듯하여 저희를 멸하였느니라 인자의 나타나는 날에도 이러하리라"는 말씀이다.

환난 속에서 심판의 소리를 부르짖어도 이 안타까운 증인들의 소리를 전혀 듣지 않은 자들의 결과가 어떠한가는 노아의 때와 롯의 때가 우리에게 귀감이 되며, 성경은 이것을 우리에게 가르치고 있다.

4. 성 십분의 일과 칠천 인의 죽음

계 11:13 그 시에 큰 지진이 나서 성 십분의 일이 무너지고 지진에 죽은 사람이 칠천이라 그 남은 자들이 두려워하여 영광을 하늘의 하나님께 돌리더라

"그 시에 큰 지진이 나서"라고 한다. 그 시는 바로 두 증인들이 구름을 타고 하늘로 올라가는 바로 그 시간이다. 동시에 발생한 사건을 말하고 있다.

여기서 시간을 말하는 그 '시'는 '호라'(ὥρα)라고 하여 '한정된 시간, 중대한 때, 예정된 시간, 이미 정해진 시간'을 의미한다. 곧 두 증인들이 하늘로 올라가는 바로 그 시간에 지진이 날 것과 또한 성 십분의 일이 무너지고 칠천인이 죽을 것이 이미 정해져 있다는 말이다.

'지진'이라는 말은 '세이스모스'(σεισμός)라고 하여 '동요, 소동, 교란, 흔들림, 진동, 지진'의 뜻이며. 이 단어는 '세이오'(σείω)라고 하여 '흔들다, 뒤 흔들다, 교란시키다, 소동하다, 교란하다'라는 뜻을 가진 말로부터 유래되었다.

여기서 말하는 지진은 외형적이고 실제적인 지진이 아니라 우리 안에서 일어나는 마음의 진동과 교란, 흔들림이다. 즉 내적이며 영적인 지진을 말한다.

두 증인이 하늘로 올라가는 현장을 목격한 사람들의 마음속에서 발생하는 흔들림, 바로 이것은 하나님의 살아 계심과 두 증인들의 증거가 옳았다는 것을 깨닫고 그동안 자신들의 완고함과 강퍅함을 회개하는것, 그동안 가지고 있던 자신들의 생각이 죽었음을 뜻한다.

그동안 육체적으로 지식적으로 알고 믿어 왔던 것들에 대한 내적인 동요와 흔들림의 지진과 함께 자신의 의가 깨어지고 완고함과 지식이 부서짐으로 오는 죽음이라고 해석해야 한다.

마태복음 27장 50-53절에는 예수님이 십자가에서 죽으시면서 동시에 일어나는 사건을 기록하고 있다. "예수께서 다시 크게 소리지

르시고 영혼이 떠나시다 이에 성소 휘장이 위로부터 아래까지 찢어져 둘이 되고 땅이 진동하며 바위가 터지고 무덤들이 열리며 자던 성도의 몸이 많이 일어나되 예수의 부활 후에 저희가 무덤에서 나와서 거룩한 성에 들어가 많은 사람에게 보이니라."

이 사건 또한 직접적으로 땅이 진동하며 바위가 터지고 무덤에서 자던 성도의 몸이 일어나는 실제적인 사건이 아니라 예수님의 십자가 사건 이후에 나타날 영적 현상들에 대하여 상징적으로 보여 주는 것이다. 성 십분의 일이 무너지고 칠천의 사람들이 죽는 사건도 또한 우리 안에서 일어나는 영적인 사건이다.

그러므로 성 십분의 일이 무너졌다는 것은 실제적인 성이 무너졌다는 말이 아니다. 예수 그리스도의 몸 된 신부 곧 하늘로부터 내려오는 거룩한 성 예루살렘을 구성하는 신부들, 하나님에게 드려질 십분의 일의 사람들로서 멜기세덱의 반차를 좇아 들어갈 왕 같은 제사장들을 말한다.

지진에 죽은 사람이 칠천이라고 말하는 것도 숫자적인 7천 명이 아니라 하나님께서 원하고 계획하신 완전한 수가 찼음을 말하는 것이다. 7이라는 안식의 시간 속으로 들어갈 하나님의 자녀들의 수가 준비되었음을 의미하는 말씀이다.

베드로후서 3장 8절에서 "사랑하는 자들아 주께는 하루가 천년 같고 천년이 하루 같은 이 한 가지를 잊지 말라"라고 말씀하시는 것도 주님이 왕으로 통치하시는 이 땅에서의 천년 왕국을 바라며 하신 말씀이다.

하나님은 이 땅에서의 완전한 충만의 수를 '천'이라고 한다면 하늘에서의 충만한 수는 '만'이라고 표현하신다.

사무엘상 18장 7절에서 "여인들이 뛰놀며 창화하여 가로되 사울의 죽인 자는 천천이요 다윗은 만만이로다 한지라"라고 한 말씀 속에도 사울은 땅으로 땅의 충만한 숫자를 말한 것이고 다윗은 하늘로 하늘의 충만한 수를 노래한 것으로, 영적으로는 사울과 다윗을 땅과 하늘로 비교한 것이었다.

또한 다니엘서 7장 10절은 "불이 강처럼 흘러 그 앞에서 나오며 그에게 수종하는 자는 천천이요 그 앞에 시위한 자는 만만이며 심판을 베푸는데 책들이 펴 놓였더라"라고 한다. 하나님의 심판, 곧 책들을 펴 놓고 심판을 베푸실 때에 천천과 만만이 자리를 잡아야 한다는 것이다.

즉 땅과 하늘의 충만한 숫자가 차야 하나님의 심판이 이루어진다고 하는 것을 말하고 있다.

이제 두 증인의 죽음과 그들의 하늘로 올라감을 통하여 이 땅에서 하나님에게 드려질 십분의 일 곧 십일조의 예물이 완성되었다. 이것은 창세기 14장에서 아브라함이 멜기세덱에게 드린 노획물 중에 좋은 것으로 십분의 일을 드림과 같은 것으로, 이들의 땅에서의 숫자 곧 칠천이라는 완전한 땅의 숫자가 찼다는 뜻이다.

그러므로 이제부터는 마지막 나팔인 일곱째 나팔을 불 수 있으며, 일곱째 나팔 속에 들어 있는 일곱 대접의 재앙을 땅에 거하는 자들과 이 땅을 망하게 하는 악한 자들을 향하여 퍼부을 수가 있게 된 것이다.

5. 일곱째 나팔 소리

계 11:15 일곱째 천사가 나팔을 불매 하늘에 큰 음성들이 나서 가로되 세상 나라가 우리 주와 그 그리스도의 나라가 되어 그가 세세토록 왕 노릇 하시리로다 하니

일곱째 나팔은 후 3년 반의 시작을 알리는 나팔이다. 첫째로 종과 선지자들을 통해서 말씀하신 하나님의 뜻이 이루어지는 나팔이며, 둘째로는 그 일곱째 나팔 속에 들어 있는 일곱 대접 재앙을 통하여 하나님을 대적하고 주님의 종들과 백성들을 괴롭혔던 땅에 거하는 자들을 심판하고 죽은 자들의 피를 신원하는 재앙의 나팔이다.

그러므로 일곱째 나팔은 하나님의 종과 백성들에게는 기쁨의 나팔이고 즐거움의 나팔이지만 하나님을 대적했던 악의 세력들에게는 심판과 저주의 재앙의 나팔이다.

일곱째 나팔이 불리면서 가장 먼저 대적자가 등장한다. 데살로니가후서 2장 4절에서 "저는 대적하는 자라 범사에 일컫는 하나님이나 숭배함을 받는 자 위에 뛰어나 자존하여 하나님 성전에 앉아 자기를 보여 하나님이라 하느니라" 하는 대적자다.

이 대적자는 계시록 13장 5절에서 "또 짐승이 큰 말과 참람된 말하는 입을 받고 또 마흔두 달 일할 권세를 받으니라"는 말씀처럼 후 3년 반의 기간 동안 세상을 통치할 권세를 받았다.

이러한 일들은 하나님이 계획한 시간표를 따라 진행될 텐데, 그 전에 우선 예루살렘의 성전이 완성됨을 우리 눈으로 보므로 말씀의

성취가 이루어져 감을 확인할 수 있다.

그동안 사단의 통치를 받고 그 안에서 신음하며 고통 받던 하나님의 백성들에게 “세상 나라가 우리 주와 그 그리스도의 나라가 되어 그가 세세토록 왕 노릇 하시리로다”(계 11:15)라고 말한다.

이제 세상이 주님의 나라, 곧 그리스도의 나라가 되었다는 말씀으로, 곧 주님이 왕이 되어 통치하신다는 것이다. 바로 이 땅과 이 세상에서 이루어질 천년 왕국이다.

이것은 여호와 하나님의 창조 역사에 7일째로 하나님이 말씀하신 안식의 날이고 연합의 날이며 평화의 날이다. 이 땅에서 이루어질 천년 동안의 주님의 통치에서 주님은 그동안 왕 같은 제사장들을 찾으며 기다리셨다.

계시록 20장은 바로 이것에 대하여 “내가 보니 예수의 증거와 하나님의 말씀을 인하여 목 베임을 받은 자의 영혼들과 또 짐승과 그의 우상에게 경배하지도 아니하고 이마와 손에 그의 표를 받지도 아니한 자들이 살아서 그리스도로 더불어 천년 동안 왕 노릇 하니”(계 20:4)라고 말씀하고 있으며 또한 “그들이 하나님과 그리스도의 제사장이 되어 천년 동안 그리스도로 더불어 왕 노릇 하리라”(계 20:6)라고 말씀하고 있다.

“주 하나님 곧 전능하신 이여 친히 큰 권능을 잡으시고 왕 노릇 하시도다”(계 11:17)라는 이십사 장로들의 찬양과는 반대로 “이방들이 분노하매”(계 11:18)라고 한다.

여기서 말하는 이방들은 이스라엘과 이방인의 구별에 의한 이방들이 아니다. 하나님과 예수 그리스도를 대적하는 자들 모두를 이방들이라고 말한다. '이방'은 '에드노스'(ἔθνος)라 하여 '떼, 무리, 종족, 군중, 민족, 국가'를 뜻하며, 이 말은 '익숙하다, 익숙해 있다, 관습, 풍습이 되다'라는 뜻의 '에도'(ἔθω)라는 말에서 유래되었다.

그러므로 본 절에서 말씀하는 이방들은 하나님이 아닌 세상적인 것에 익숙해 있고 관습이 되었고 풍습으로 삼는 자들로, 결국은 우상을 섬기는 자들이다. 이 안에는 바리새인과 서기관, 사두개인처럼 유대인의 풍습을 갖고 그 관습을 버리지 않고 익숙해 있는 자들도 포함되어 있다.

이러한 이방들은 주님의 나라가 된다는 사실에 분노의 마음을 갖고 있다.

그리고 "주의 진노가 임하여 죽은 자를 심판하시며"(계 11:18)라고 한다.

마지막 사단의 마음을 품고 있는 자들이 분노한다고 하는데 이 '분노'는 '올기조'(ὀργίζω)라고 하여 '자극하다, 화나게 하다, 짜증나게 하다, 노엽게 하다, 격분하다, 노하다'라는 뜻이다. 주님과 주의 백성들이 이 세상을 통치하는 것에 화나고 짜증나며 격분한다는 말이다.

이 같은 표현 속에서, 사단의 속성을 가지고 땅에 거하는 자들에게서는 절대로 수긍이나 긍정, 회개라는 것은 찾을 수 없으며 끝까지 대적하는 악의 속성을 보이고 있음을 확인할 수 있다. 하나님은 이러한 자들을 '죽은 자'라고 말한다.

누가복음 9장에서 주님이 제자들을 부르실 때 "가라사대 죽은 자들로 자기의 죽은 자들을 장사하게 하고 너는 가서 하나님의 나라를 전파하라"(눅 9:60)라고 말씀하셨던 것처럼 하나님은 세상의 풍습과 관습에 익숙해 있는 이방인들을 '죽은 자'라고 부르신다. 저들에게 진노를 내리며 대접 재앙의 심판을 내리실 것을 말씀하는 것이다.

일곱째 나팔의 마지막은 "종 선지자들과 성도들과 또 무론대소하고 주의 이름을 경외하는 자들에게"(계 11:18)라는 상을 주시며 "땅을 망하게 하는 자들"은 멸망이라는 저주를 주님은 약속하고 있다.

이것은 모세를 통하여 이미 신명기 30장 19-20절에서 약속하신 말씀이다. "내가 오늘날 천지를 불러서 너희에게 증거를 삼노라 내가 생명과 사망과 복과 저주를 네 앞에 두었은즉 너와 네 자손이 살기 위하여 생명을 택하고 네 하나님 여호와를 사랑하고 그 말씀을 순종하며 또 그에게 부종하라 그는 네 생명이시요 네 장수시니 여호와께서 네 열조 아브라함과 이삭과 야곱에게 주리라고 맹세하신 땅에 네가 거하리라." 우리는 이 말씀을 기억해야 한다.

일곱째 나팔의 마지막은 일곱 대접의 재앙으로 하나님이 이 땅을 심판한다.

"이에 하늘에 있는 하나님의 성전이 열리니 성전 안에 하나님의 언약궤가 보이며"(계 11:19)라고 한다. 언약궤는 증거궤라고도 하며, 그 안에는 하나님이 모세에게 만들어 준 두 돌판이 들어 있다. 곧 하나님의 말씀이다.

신명기 10장 1-5절은 "그때에 여호와께서 내게 이르시기를 너는 처음과 같은 두 돌판을 다듬어 가지고 산에 올라 내게로 나아오고 또 나무궤 하나를 만들라 네가 깨뜨린 처음 판에 쓴 말을 내가 그

판에 쓰리니 너는 그것을 그 궤에 넣으라 하시기로 내가 싯딤나무로 궤를 만들고 처음 것과 같은 돌판 둘을 다듬어 손에 들고 산에 오르매 여호와께서 그 총회날에 산 위 불 가운데서 너희에게 이르신 십계명을 처음과 같이 그 판에 쓰시고 그것을 내게 주시기로 내가 돌이켜 산에서 내려와서 여호와께서 내게 명하신 대로 그 판을 내가 만든 궤에 넣었더니 지금까지 있느니라"라고 말씀한다. 모세의 율법에서 말씀한 심판이 그 말씀대로 이루어질 것의 예고다.

신명기 32장 모세의 노래에서는 종말에 일어날 일에 대한 기록을 하고 있다. 특별히 신명기 32장 40-42절은 "내가 하늘을 향하여 내 손을 들고 말하노라 나의 영원히 삶을 두고 맹세하노니 나의 번쩍이는 칼을 갈며 내 손에 심판을 잡고 나의 대적에게 보수하며 나를 미워하는 자에게 보응할 것이라 나의 화살로 피에 취하게 하고 나의 칼로 그 고기를 삼키게 하리니 곧 피살자와 포로된 자의 피요 대적의 장관의 머리로다 하시도다"라며 심판을 노래하고 있다.

또한 대적의 반석, 곧 예수 그리스도를 흉내 내는 적그리스도가 나타날 것도 노래하고 있다. 신명기 32장 31-35절에서 "대적의 반석이 우리의 반석과 같지 못하니 대적도 스스로 판단하도다 그들의 포도나무는 소돔의 포도나무요 고모라의 밭의 소산이라 그들의 포도는 쓸개포도니 그 송이는 쓰며 그들의 포도주는 뱀의 독이요 독사의 악독이라 이것이 내게 쌓이고 내 곳간에 봉하여 있지 아니한가 보수는 내 것이라 그들의 실족할 그때에 갚으리로다 그들의 환난의 날이 가까우니 당할 그 일이 속히 임하리로다"라고 말씀하고 있다.

계시록에서 일어날 일들이 이미 모세에게 준 율법 안에 기록되어 있고 이것을 이스라엘 백성들에게 노래로 만들어 부르게 했다. 따라서 계시록 15장 3절은 "하나님의 종 모세의 노래, 어린양의 노래를 불러 가로되 주 하나님 곧 전능하신이시여 하시는 일이 크고 기이하시도다 만국의 왕이시여 주의 길이 의롭고 참되시도다"라고 말씀하심은 바로 신명기 32장의 모세의 노래가 곧 어린양의 노래이며, 이 노래를 '새 노래'라고 하는 것이다.

계시록은 이 새 노래를 부르는 자가 한정되어 있다고 한다. 계시록 14장 3절에서 "저희가 보좌와 네 생물과 장로들 앞에서 새 노래를 부르니 땅에서 구속함을 얻은 십사만 사천 인밖에는 능히 이 노래를 배울 자가 없더라"라고 말씀한다. 이들은 계시록 7장에서 이마에 인을 맞은 하나님의 종들이다.

성전 안에 언약궤를 보며 이 언약궤 속에 들어 있는 하나님의 말씀, 곧 율법대로 하나님의 심판이 이루어질 것을 보여 주는 것으로, 하나님의 종들은 이것을 깨달아야 한다. 이 일은 일곱 대접의 재앙이 시작되기 전에 보인다. 계시록 15장 5-6절에는 "또 이 일 후에 내가 보니 하늘에 증거 장막의 성전이 열리며 일곱 재앙을 가진 일곱 천사가 성전으로부터 나와 맑고 빛난 세마포 옷을 입고 가슴에 금띠를 띠고"라고 하며 일곱 재앙을 가진 천사가 성전으로부터, 곧 증거궤가 있는 증거 장막으로부터 나오는 것을 말씀하고 있다.

또한 성전 안에는 "또 번개와 음성들과 뇌성과 지진과 큰 우박이 있더라"라고 한다.

여기서 사실 '있더라'라는 말은 '기노마이'(γίνομαι)라고 하여 '존재하게 되다, 발생하다, 출현하다, 창조되다, 태어나다, 생기다'라는 뜻으로, 세상과 땅에 속한 자들에게 베푸시는 하나님의 마지막 자비를 말한다. 후 3년 반 동안 증인들의 음성을 통해서 주님의 빛의 소리를 선포하여 그들의 마음에 동요와 진동을 주며 하나님의 천둥소리 같은 두려움과 경고를 발하는 표현이다.

후 3년 반의 시기는 땅에 거하는 자들을 향해 당근과 함께 회초리와 매를 드는 시기다. 이것은 하나님이 한 영혼이라도 구원하려는 사랑의 표시로 이해된다. 이 일은 하나님의 진노의 대접 재앙이 일어나기 전의 일로, 계시록 14장 6-7절은 이것에 대하여 "또 보니 다른 천사가 공중에 날아가는데 땅에 거하는 자들 곧 여러 나라와 족속과 방언과 백성에게 전할 영원한 복음을 가졌더라 그가 큰 음성으로 가로되 하나님을 두려워하며 그에게 영광을 돌리라 이는 그의 심판하실 시간이 이르렀음이니 하늘과 땅과 바다와 물들의 근원을 만드신 이를 경배하라 하더라"라고 말씀한다.

그러므로 본 11장에서 일곱째 나팔은 후 3년 반 속에서 일어날 전체적인 일을 의미한다. 곧 종과 선지자들의 예언이 이루어질 것과 세상 나라가 주님의 나라가 될 것 등과 함께, 증인들의 입을 통하여 땅에 거하는 자들에게 끝까지 주님의 말씀이 선포되어 하나님에게 돌아오라는 외침이 있을 것이며, 마지막으로 하나님의 진노의 대접 재앙이 심판으로 있다는 것이다.

제1권을 마치면서

코로나19 바이러스 사태로 세계가 갑작스레 얼어붙고, 교회와 하나님의 백성들이 방황하며 혼돈하는 상황에 빠졌다. 이런 현실을 직면하면서 종말에 대한 인식이 필요함을 깨닫고 이를 전해야겠다는 마음을 기도 중에 받았다.

그러나 계시록 강해서를 집필하고 이를 전한다는 것이 얼마나 두려운 일인가를 잘 알고 있기에, 내가 가진 생각과 지식과 이론, 관념 모두 내려놓고 오직 성령의 가르치심으로만 글을 쓰려고 노력했다. 착상이 떠오르지 않을 때면 며칠 동안 한 가지 주제를 놓고 기도하면서 주님이 주시는 응답만을 기록하려고 노력했다.

그 결과 우리에게 계시록을 주신 하나님과 주님의 마음이 무엇인지 깨달았다. 세상으로부터 한 영혼이라도 더 구원하시려는 안타까움이었다. 그러고 나서야 요한계시록은 무섭고 두려운 책이 아니고 사랑과 은혜와 자비의 책임을 발견하게 되었다. 그리고 종말의 시간에 외적인 것보다는 세상과 함께 어둠에서 잠자고 있는 교회와 하나님의 백성들의 영을 깨우기 위하여 환난을 허락하신다는 사실도 발견했다.

성경 중심의 말씀으로 하나님이 의도하시는 종말의 의미와 뜻을 부각시키려 애를 썼고, 어려운 부분들의 이해를 돕기 위해 신학적이며 이론적인 내용들을 피해 강해와 설교식의 표현을 함께 사용하였다.

특히 계시록은 하나님의 종들을 향한 주님의 메시지이므로 주의 종들은 반드시 정독을 통해 마음 깊숙이 이해해야 할 것이다. 또한 주님의 재림을 사모하고 신부로 준비되어야 할 하나님의 백성들도 본 책을 정독하여 더욱 깊은 영적 지식을 발견하고 깨달으며 준비되어야 할 것이다.

계시의 말씀과 병행해서, 과거로부터 현실에 이르기까지 발생한 사건들에 관해 그동안 수집해 온 사진도 함께 게재함으로 말씀을 이해하는 데 도움이 되도록 하였다.

필자는 이번 요한계시록 제1편을 출간하면서 책을 집필한다는 것이 얼마나 힘들고 어려운 일인가를 절감하였다. 더군다나 앞으로 일어날 일들과 사건들에 대한 기록이라는 점에서 마음에 많은 떨림이 있음을 고백한다. 그러나 나의 사심이나 지식이 배제된, 온전히 성령의 인도하심에 의해 집필했다는 마음의 뿌듯함도 동시에 고백한다.

나의 바람은 많은 이들이 이 작은 책을 통하여 종말이라는 시대를 알고 주님의 재림을 사모하며 하나하나 준비해 가는 신부들이 되어 가는 것이다.

특별히 책 출간을 위해서 도움을 주신 한국의 최명자 목사님, 임하영 목사님, 김선희 강도사님 그리고 이향자 원장님과 박태종 목사님께 진심으로 감사드린다.

지금 제2권을 집필하고 있고, 늦어도 5월경에는 완성되리라 생각한다. 2021년 신축년 새해에 주님의 사랑과 은총이 이 책을 읽고 주님의 신부로 준비되는 모든 이에게 이슬처럼 봄비처럼 내리기를 축복한다.

2020년 12월 28일 미국 뉴저지에서

예수 그리스도의 종 손요한 목사

성령론적 요한계시록 I

기이한 빛 속으로

1판 1쇄 인쇄 _ 2022년 5월 10일
1판 1쇄 발행 _ 2022년 5월 16일

지은이 _ 손요한
펴낸이 _ 이형규
펴낸곳 _ 쿰란출판사

주소 _ 서울특별시 종로구 이화장길 6
편집부 _ 745-1007, 745-1301~2, 747-1212, 743-1300
영업부 _ 747-1004, FAX 745-8490
본사평생전화번호 _ 0502-756-1004
홈페이지 _ http://www.qumran.co.kr
E-mail _ qrbooks@daum.net / qrbooks@gmail.com
한글인터넷주소 _ 쿰란, 쿰란출판사
페이스북 _ www.facebook.com/qumranpeople
인스타그램 _ www.instagram.com/qrbooks
등록 _ 제1-670호(1988.2.27)
책임교열 _ 김영미 · 이화정

 ISBN 979-11-6143-725-5 94230
979-11-6143-727-9 (세트)

책값은 뒤표지에 있습니다.